AF546900

Bob Dylan

DIE PHILOSOPHIE *des* MODERNEN SONGS

Bob Dylan
Die Philosophie des modernen Songs

Aus dem amerikanischen Englisch
von Conny Lösch

C.H.Beck

Originalausgabe: THE PHILOSOPHY OF MODERN SONG
Simon and Schuster, New York, 2022

Für die deutsche Ausgabe:
© Verlag C.H.Beck oHG, München 2022
www.chbeck.de
Umschlaggestaltung: Rothfos & Gabler, Hamburg
Umschlagabbildung: © William Claxton
Satz: Fotosatz Amann, Memmingen
Druck und Bindung: Appl, Wemding
Printed in Germany
ISBN 978 3 406 79284 7

myclimate

klimaneutral produziert
www.chbeck.de/nachhaltig

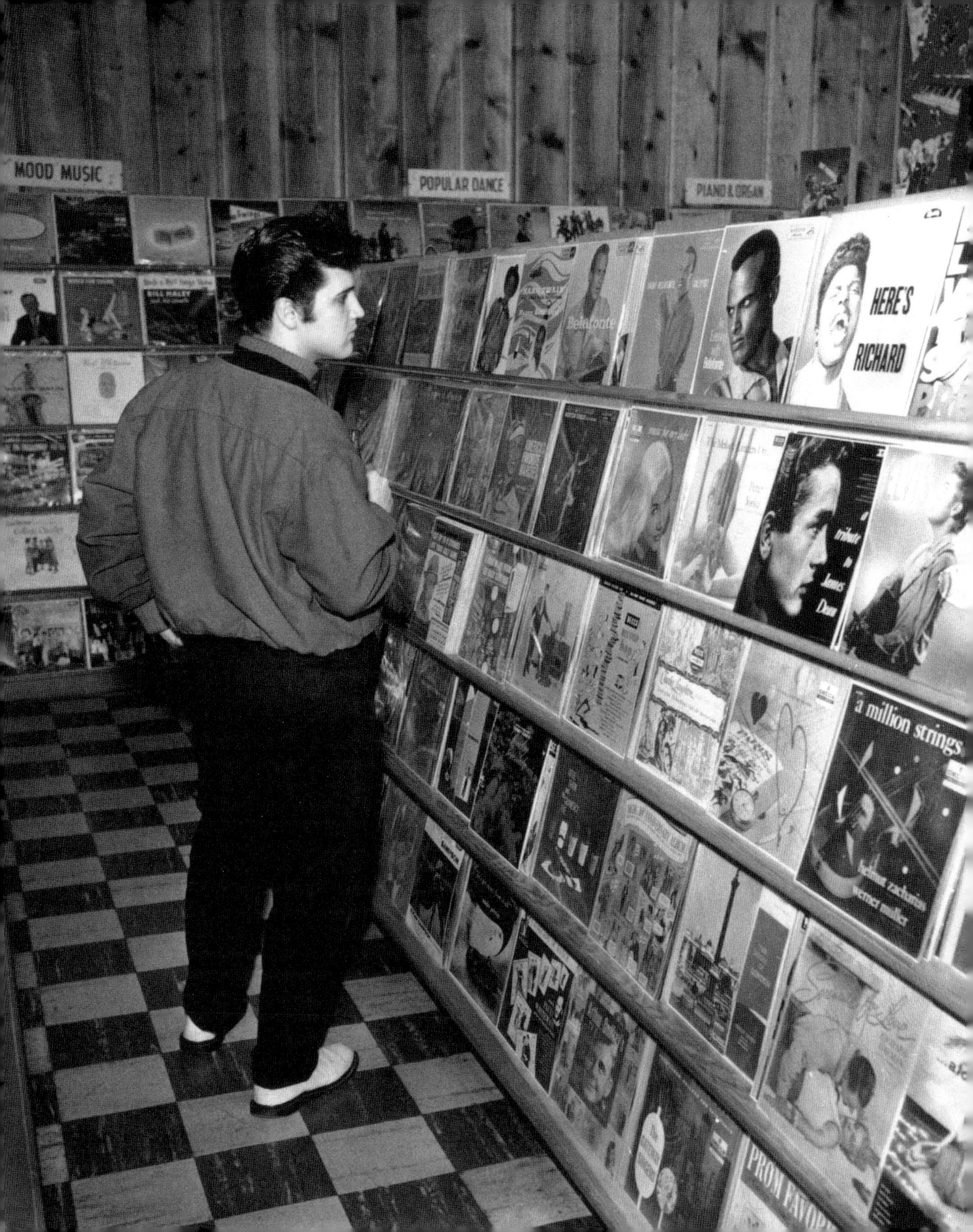
MOOD MUSIC
POPULAR DANCE
PIANO & ORGAN
HERE'S
RICHARD
Belafonte
a tribute to James Dean
a million strings
helmut zacharias
werner müller
PROM FAVORI

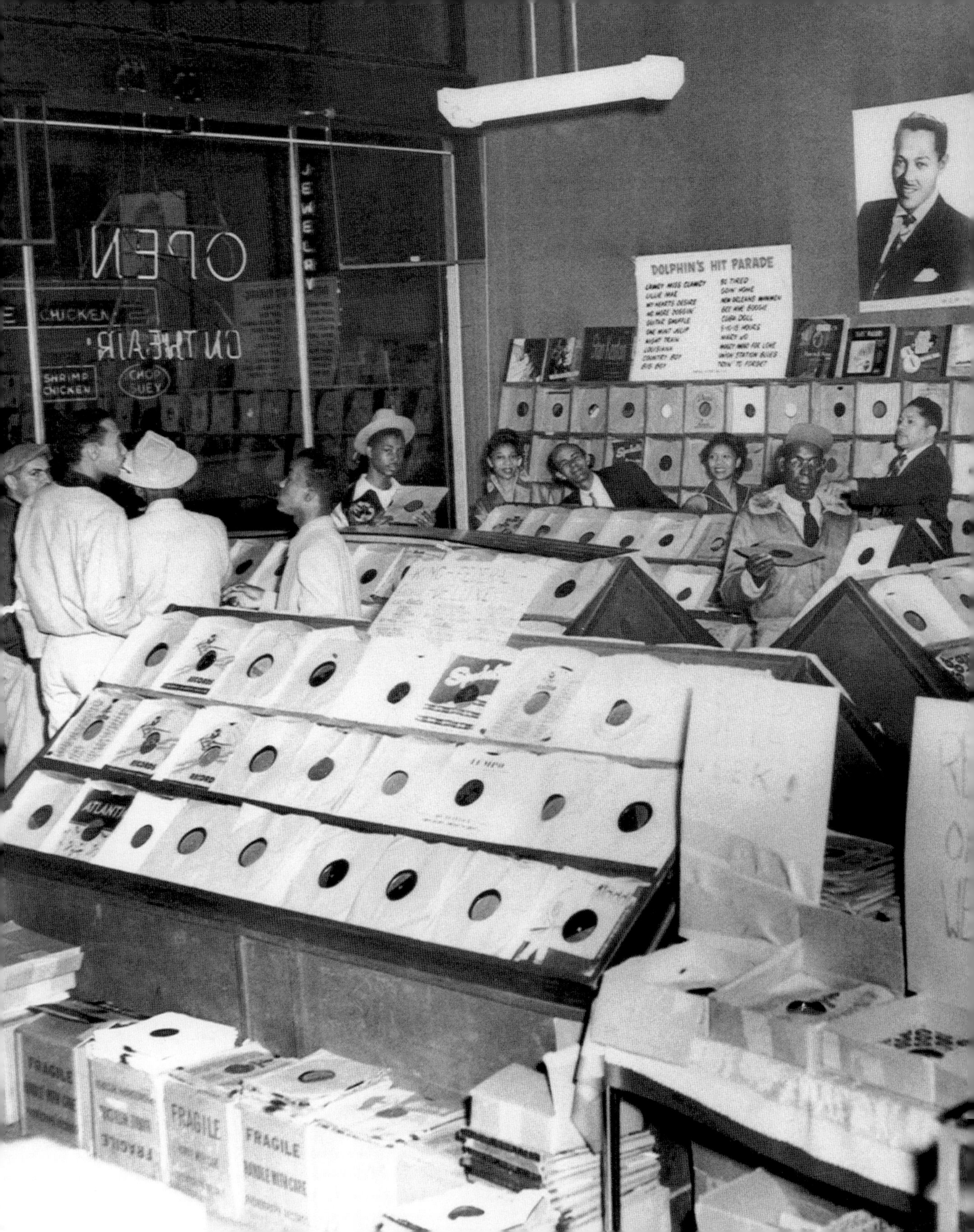
OPEN
ON THE AIR
JEWELRY
CHICKEN
SHRIMP
CHICKEN
CHOP SUEY
DOLPHIN'S HIT PARADE
FRAGILE
FRAGILE
FRAGILE

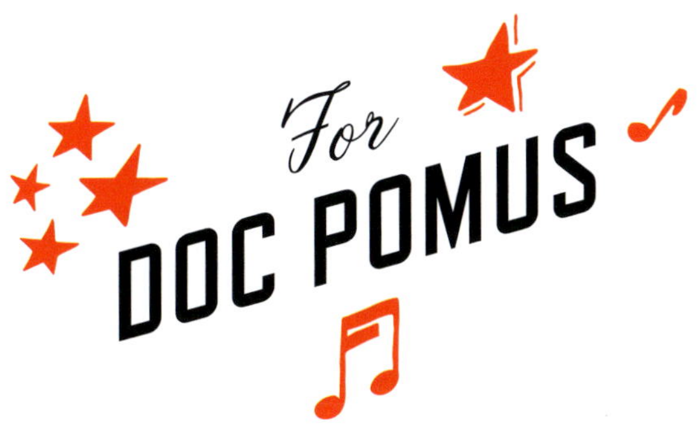

Besonderer Dank gilt meinem Anglerfreund Eddie Gorodetsky für Input und ausgezeichnetes Quellenmaterial, Sean Manning, Jackie Seow, Sal and Jeremy the Hot Rod Kings, allen bei Dunkin' Donuts, P. K. Ferguson («keine pauschalen Vorgaben»), und Jonathan Karp wegen seines unerschütterlichen Enthusiasmus, seines kenntnisreichen Rats und dafür, dass er mir Mut gemacht hat dranzubleiben, er hat mir genau zur richtigen Zeit, als ich sie hören musste, die richtigen Sachen gesagt.

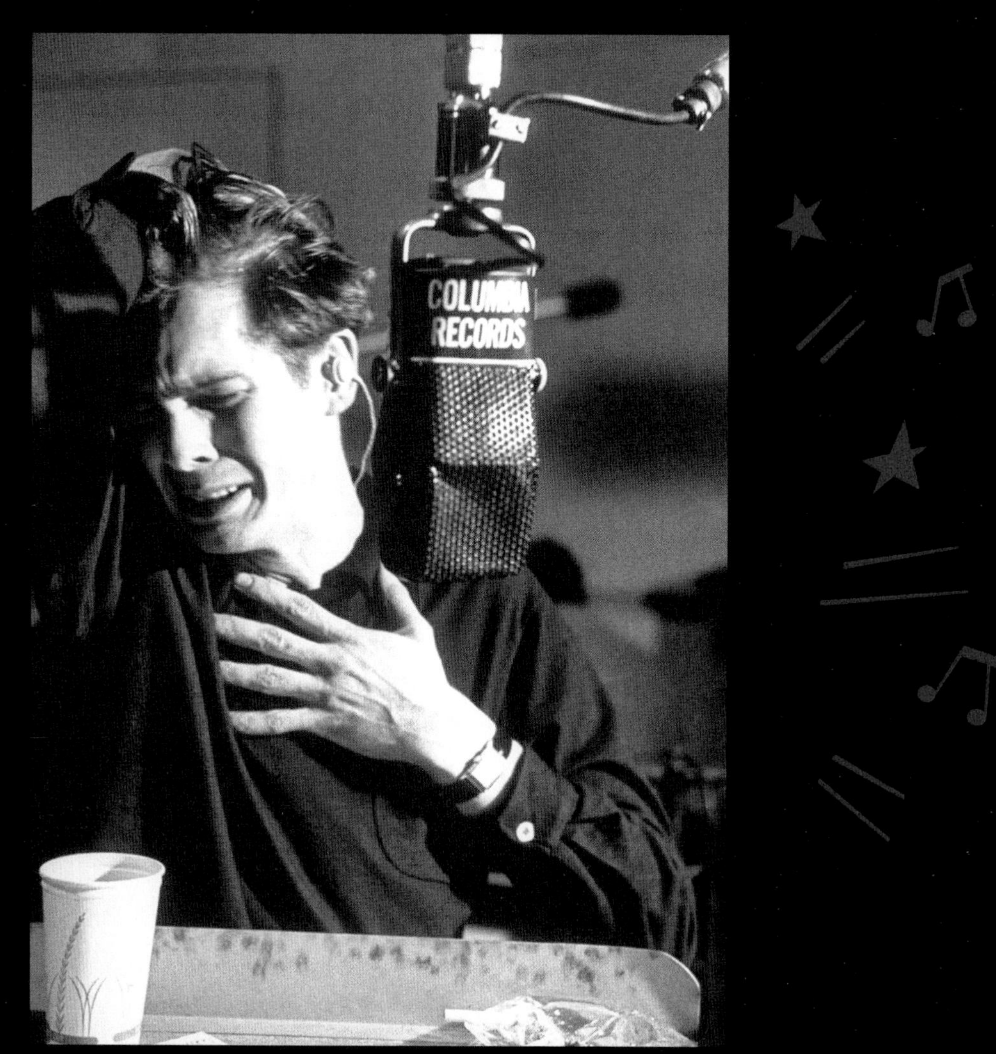
COLUMBIA
RECORDS

INHALT

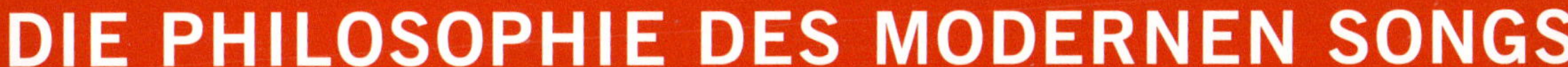

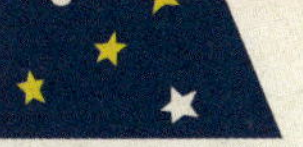

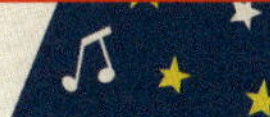

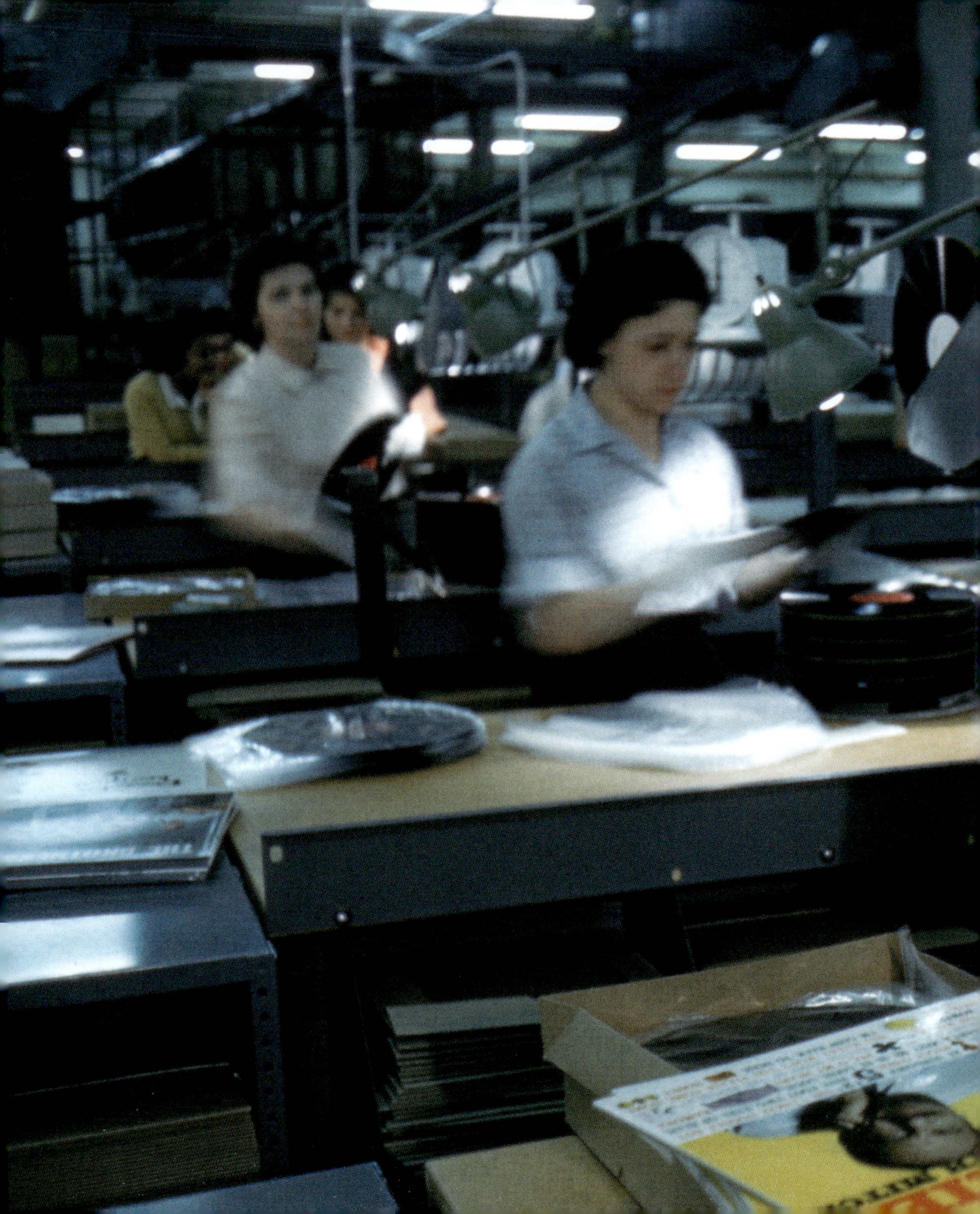

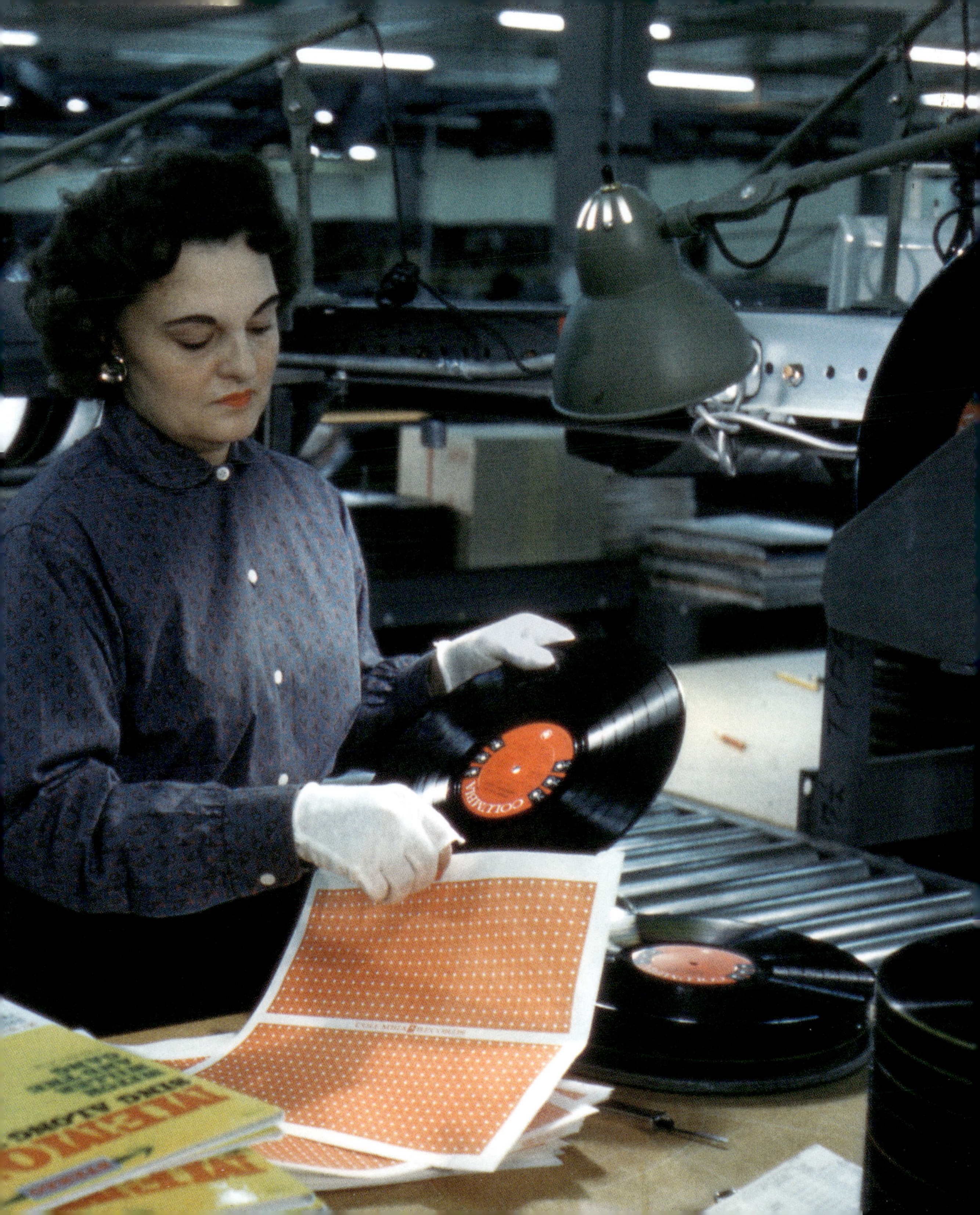

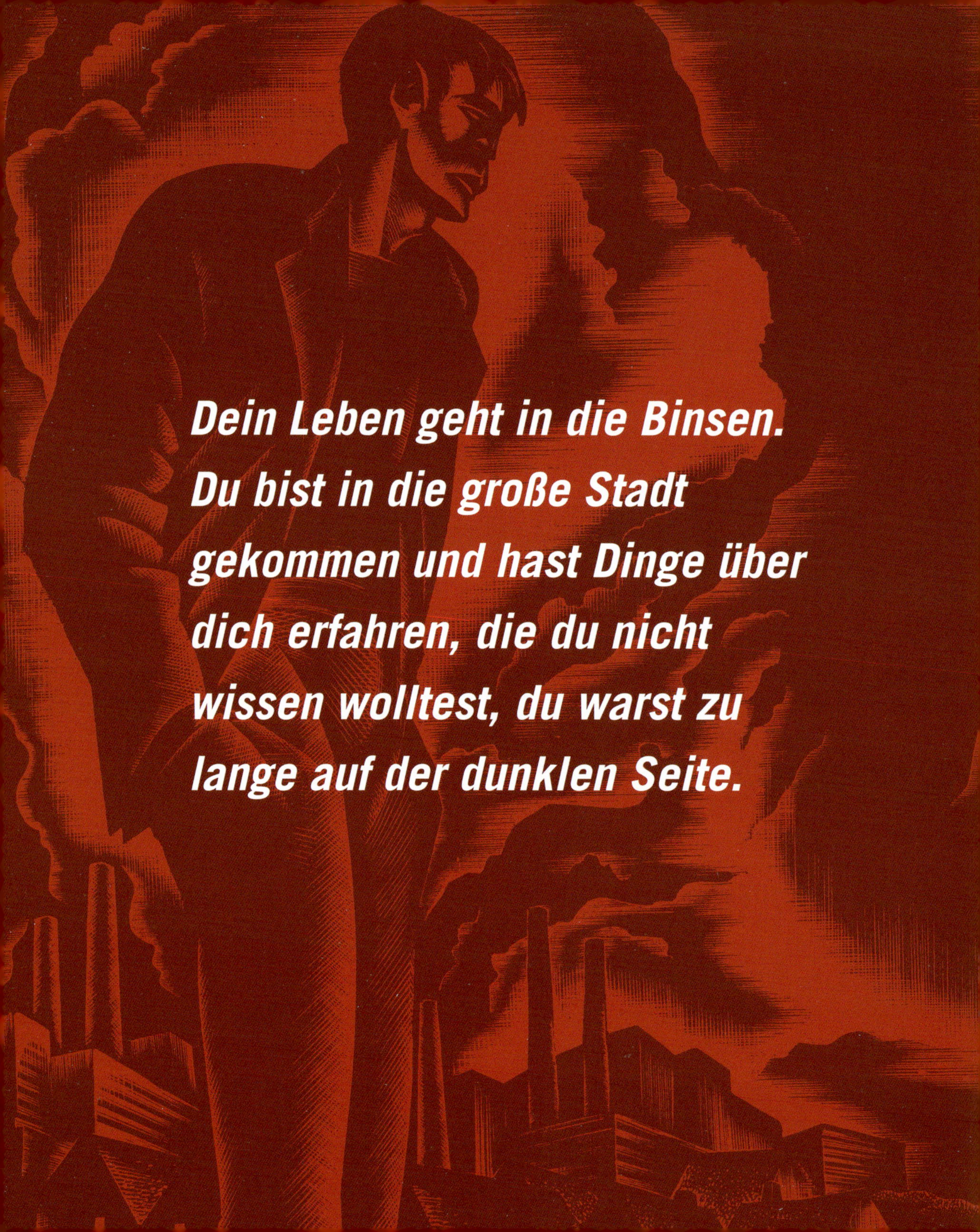
Dein Leben geht in die Binsen.
Du bist in die große Stadt
gekommen und hast Dinge über
dich erfahren, die du nicht
wissen wolltest, du warst zu
lange auf der dunklen Seite.

KAPITEL 1

DETROIT CITY
BOBBY BARE

Erstveröffentlichung als Single

(RCA Victor, 1963)

Von Danny Dill und Mel Tillis

★ ★ ★

IN DIESEM SONG BIST DU DER VERLORENE SOHN.

Gestern Abend bist du in Detroit City zu Bett gegangen. Heute Morgen hast du verschlafen, von schneeweißen Baumwollfeldern geträumt und imaginären Bauernhöfen phantasiert. Hast dir über deine Mutter Gedanken gemacht, deinen alten Papa vor dir gesehen, dir Geschichten über deinen Bruder ausgedacht und deine Schwester verklärt – jetzt willst du wieder nach Hause. Dorthin zurück, wo es nachbarschaftlicher zugeht.

Wegen der Postkarten und Junkmails, die du rausgehauen hast, halten dich alle für eine große Nummer und denken, alles ist cool und wunderbar, aber das stimmt nicht und die Schmach deines Scheiterns überwältigt dich. Dein Leben geht in die Binsen. Du bist in die große Stadt gekommen und hast Dinge über dich erfahren, die du nicht wissen wolltest, du warst zu lange auf der dunklen Seite.

Tagsüber baust du Jeeps, Limousinen und Spritfresser, nachts zieht es dich in die Cocktailbars. Wo du auch gehst und stehst, die Leute behandeln dich, als wärst du tot, überall deckst du weitere Lügen auf – wenn sie nur zwischen den Zeilen lesen könnten, dann würden sie draufkommen, ist nicht schwer zu erraten.

Du bist in einem vollen Güterzug Richtung Norden gefahren und in Detroit City gelandet, hast das große Geld gesucht, einen vergeblichen Versuch nach dem nächsten gestartet, was jedes Mal unerwartet eine schlechte Wendung nahm, und jetzt bist du erschöpft – kommt dir vor, als wärst du schon dein ganzes Leben lang hier, du verschleuderst Chancen, verpasst Chancen. Jeden Tag eine neue Dosis Gift, was sollst du nur machen?

Du wirst deine lächerliche Eigenliebe und deine Selbstgefälligkeit nehmen und zurückkehren zu dem, was dir vertraut ist, den Menschen, die zu dir halten, die du zurückgelassen hast. Du willst nach Hause, das erwartest du von dir. Du hast Durst, Hunger und ein Verlangen, du musst aufstehen und gehen, abhauen und dich verziehen. Es wird Zeit, Adios zu sagen. Du willst nach Hause, wo man dich in die Arme schließen und aufnehmen wird. Niemand wird eine Erklärung von dir verlangen. Niemand wird dich mit unnachgiebigen Fragen löchern. Du gehst dorthin zurück, wo du Ordnung in dein Leben bringen kannst, zurück zu verständnisvollen Menschen. Denen, die dich am besten kennen.

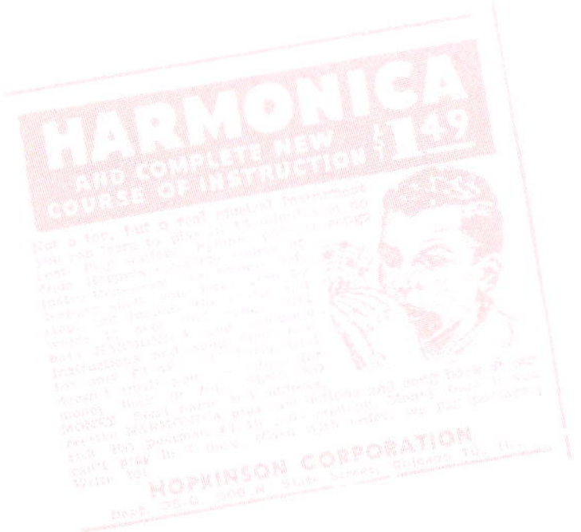

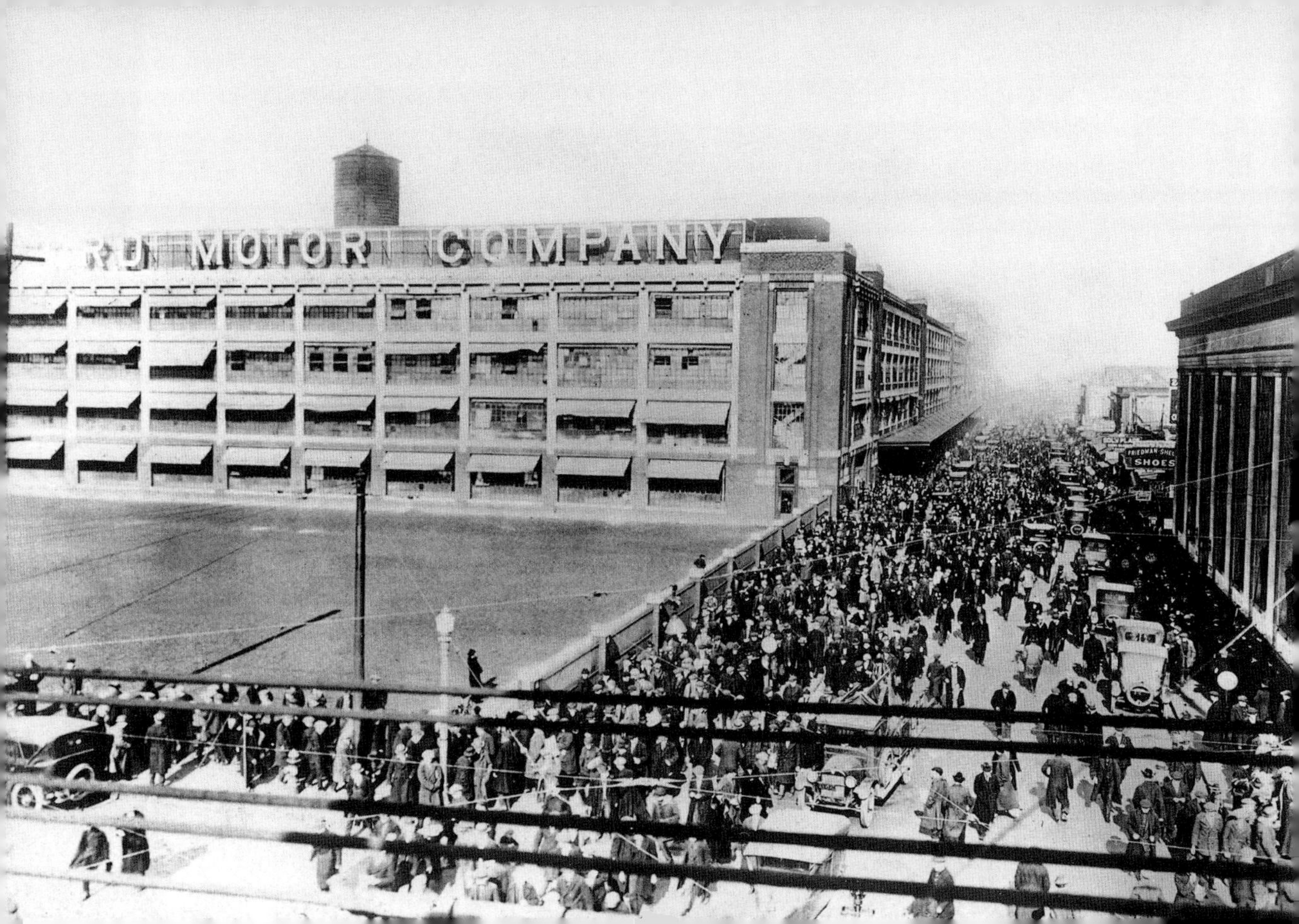
MOTOR COMPANY
SHOES

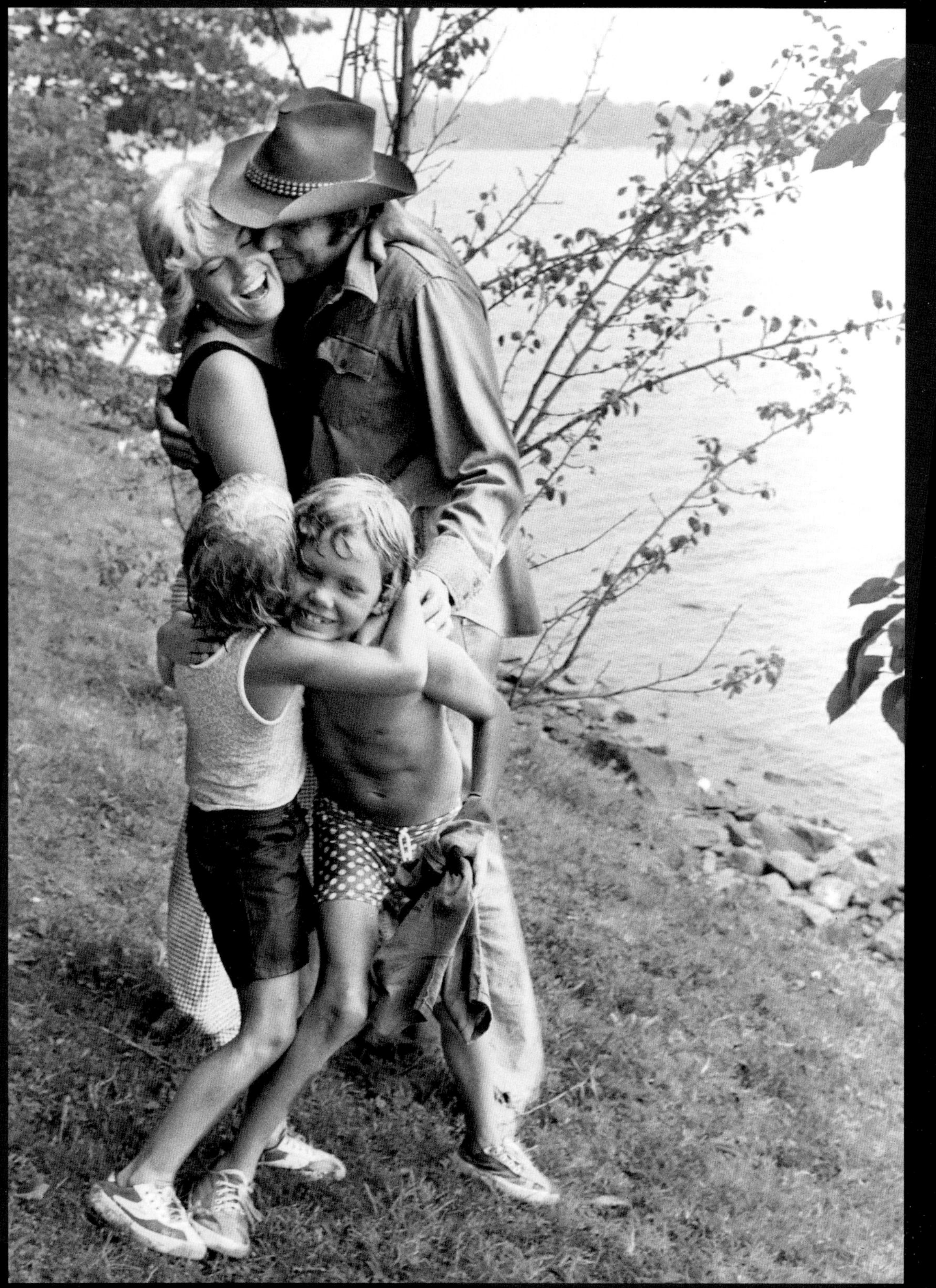

★ ★ ★

ALS DER SONG ENTSTAND, WAR DETROIT ein angesagter Ort. Neue Jobs, neue Hoffnungen, neue Gelegenheiten. Autos rollten vom Fließband direkt in unsere Herzen. Seither befindet sich die Stadt wie so viele andere amerikanische Städte auf einer Achterbahnfahrt zwischen Überfluss und Abstieg. Nach Jahren des Niedergangs sieht sie sich nun wieder neuen Bewährungsproben gegenüber. Aber die Menschen in Detroit – der Heimat von Motown und Fortune Records, dem Geburtsort von Hank Ballard, Mitch Ryder, Jackie Wilson, Jack White, Iggy Pop und den MC5 – wissen, dass Rückschläge nicht von Dauer sind, und deshalb wirken Träume wie der von Bobby Bare heute noch genauso wahr wie an dem Tag, an dem er ihn zum ersten Mal besang. Er bekommt ein komplett fiktives Leben, indem er nichts weiter tut als ein paar Briefe nach Hause zu schreiben.

Wieso denkt man, ein Sänger würde plötzlich eine Wahrheit offenbaren, wenn er in einem Song eine Geschichte erzählt?

Bobby Bare versuchte sich erstmals in den 1950er Jahren als Musiker, unterzeichnete schließlich einen Vertrag bei Capitol Records und veröffentlichte ein paar Singles, die niemanden interessierten. Danach versuchte er sein Glück als Songwriter, schrieb «The All American Boy» und nahm ein Demo für seinen Freund Bill Parsons auf. Auch Bill nahm eine Version des Songs auf, aber bei Fraternity Records, der Plattenfirma, entschied man sich für die Veröffentlichung der ersten Demofassung von Bare. Versehentlich blieb Bill Parsons' Name auf dem Etikett stehen, so dass Bobby Bare seinen ersten Charterfolg unter dem Namen Bill Parsons feierte. Vermutlich der erste Fall von Identitätsbetrug in Amerika.

Der Song ist weniger der eines Träumers als der einer Person, die in einer Phantasiewelt gefangen ist, wo die Dinge so sind, wie sie früher mal waren. Der Hörer weiß, dass diese Welt gar nicht existiert. Es gibt keine Mutter, keinen lieben alten Vater, keine Schwester und keinen Bruder. Sie sind alle entweder tot oder gegangen. Das Mädchen, von dem der Sänger träumt, ist längst mit einem Scheidungsanwalt verheiratet und hat drei Kinder mit ihm bekommen. Wie tausende andere verließ er die Farm, zog in die Großstadt, um es zu etwas zu bringen, und ging dort unter. Deshalb funktioniert der Song.

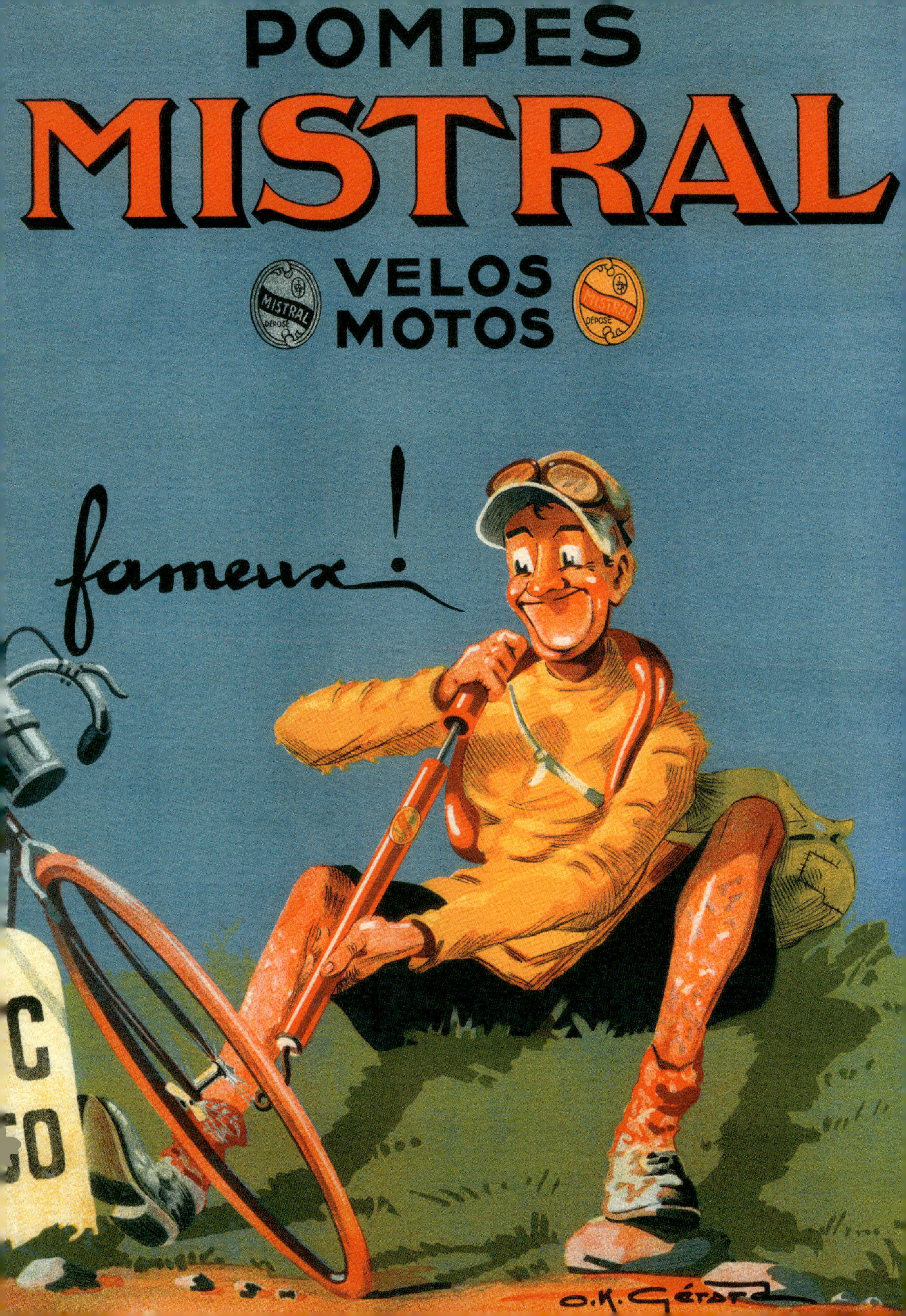

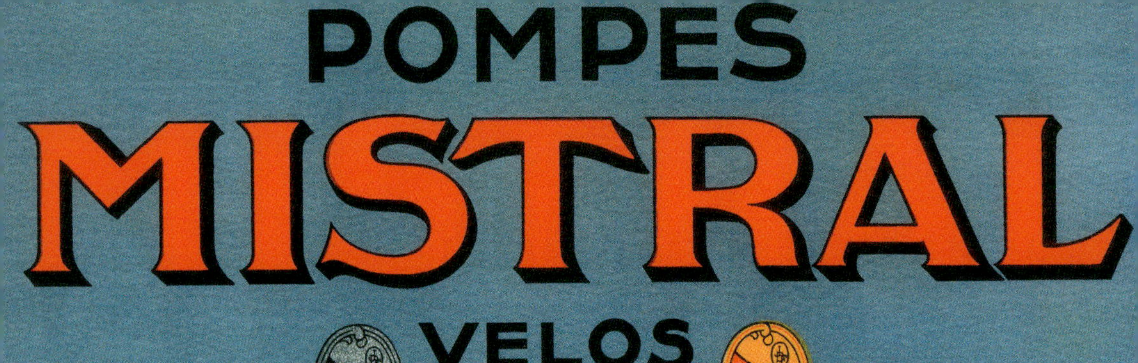

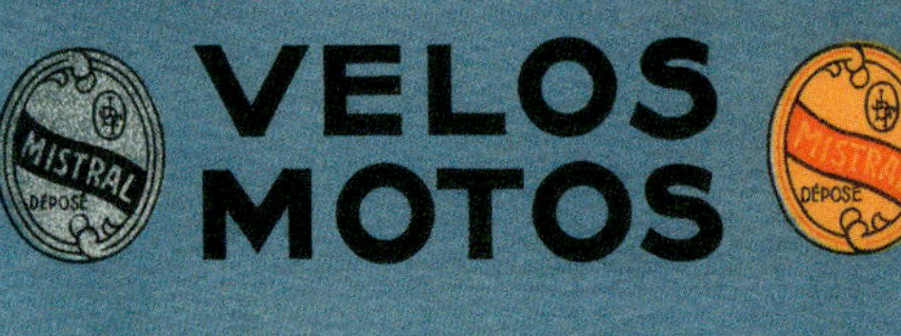

fameux !

O.K. Gérard

KAPITEL 2

PUMP IT UP
ELVIS COSTELLO

Erstveröffentlichung auf dem Album *This Year's Model*
(Radar, 1978)
Von Elvis Costello

★ ★ ★

DER SONG SPRICHT NEUSPRECH. Es ist der Song, den du singst, wenn du den Siedepunkt erreichst. Angespannt und beklommen, du bekommst ihn mit Rabatt – und noch jede Menge Krempel gratis dazu. Du dehnst den Kram so weit, bis er reißt und in eine Million Teile zerspringt. Du schaust nie zurück, du schaust nach vorne, du hast eine klassische Erziehung genossen und auch schon eine kurze Berufsausbildung hinter dir. Du hast gelernt, in jedes abscheuliche Gesicht zu schauen und nichts zu erwarten.

Du lebst in einer Welt der Romantik und Trümmer, streifst nachts durch die Straßen. Du hast Dinge erworben und Ware vertickt.

Deine Zukunft sieht nicht gerade vielversprechend aus. Du bist der entfremdete Held, der von einem schlagfertigen kleinen Teufelsweib verarscht wurde, dem heißblütigen, sexuell ausgehungerten Mädchen, von dem du so abhängig warst, die dich aber enttäuscht hat. Du hast gedacht, sie wäre der Himmel und das ewige Leben, dabei war sie nur eigensinnig und entschlossen – hat dich zu einer künstlichen und gewissenlosen Person gemacht. Jetzt bist du dort angekommen, wo du alles nur noch hochjagen, zerfetzen, abknallen wirst.

Der Song läuft sehr hochtourig. Doppelschlag, Kinnhaken und Prügel, dann nichts wie weg und die Kurve kratzen. Du hast gegen die Gebote verstoßen und herumgetrickst. Jetzt musst du klein beigeben, kapitulieren und deinen Rücktritt einreichen.

Was ist überhaupt los mit dir? Du willst alles größer machen, übertreiben, bis du es anfassen und befummeln kannst.

Wieso kommt einem das alles so unehrlich und verstohlen vor?

Wozu das ganze belanglose Gelaber und Gequatsche?

Wozu die monotone und leblose Musik, die sich in deinem Kopf abspielt?

Und was ist mit der kleinen Ziege, die nicht verschwinden will? Du willst sie verstümmeln und zerfleischen. Du willst sie leiden sehen und die Sache aufblasen, bis sie prall ist, und dann willst du dich mit deinen Händen dran vergreifen und zudrücken, bis alles in sich zusammenfällt.

Dieser Song ist gehirngewaschen und kommt mit gemeinem dreckigem Blick zu dir, er übertreibt und bläht sich auf, bis du ihn vor dir siehst und er deiner Stimmung entspricht. Dieser Song hat viele Fehler, aber er versteht es, sie alle zu verstecken.

★ ★ ★

ELVIS IST SO EINER, DESSEN FANS sich irgendwo zwischen den beiden Polen von Passion und Präzision bewegen. Einige führen so akribisch Buch über sämtliche Einzelheiten seines Lebens wie jemand, der einen Zugfahrplan erstellt, andere dagegen wissen nicht mehr über ihn, als dass er den Song gesungen hat, der bei einer besonders verheerenden Trennung im Hintergrund lief. Selten hört man ein fröhliches Hochzeitslied von ihm, dafür jede Menge Songs über Trennungen.

Kennt man die Lebensgeschichte eines Sängers, hilft einem das nicht unbedingt, einen Song zu verstehen. Angeblich fanden Frank Sinatras Gefühle für Ava Gardner Eingang in «I'm a Fool to Want You», aber das ist unerheblich. Was zählt, sind die Gefühle, die ein Song bei seinen Hörern in Hinblick auf das eigene Leben hervorruft.

Elvis Costello and the Attractions waren eine bessere Band als alle anderen zu ihrer Zeit. Lichtjahre besser. Elvis selbst war eine einzigartige Figur. Hornbrille, schräg, x-beinig und eindringlich. Er war der einzige Sänger und Gitarrist in der Band. Man konnte schlecht behaupten, er würde nicht an Buddy Holly erinnern. Er war das Buddy-Klischee schlechthin. Jedenfalls oberflächlich betrachtet. Außerdem hatte Elvis auch noch Harold Lloyd in seiner DNA. Vor «Pump It Up» hatte er offensichtlich zu viel Springsteen gehört. Und eine starke Dosis «Subterranean Homesick Blues» intus. «Pump It Up» ist gewissermaßen eine wortgewandte Stoptime-Tune mit starker Ansage, womit Elvis nichts anderes als Angriffslust auf höchstem Niveau ausstrahlte. Er war in jeder Hinsicht angriffslustig. Bis hin zu seinem Blick. Ganz egal, in welchem Dreck er lebte, als typischer Engländer oder Ire trat er stets in Anzug und Krawatte auf.

Engländer traten damals grundsätzlich in Anzug und Krawatte auf, egal wie arm sie waren. Dank ihres Kleidungsstils waren alle Engländer gleich. Anders als in den Staaten, wo man Jeans, Arbeitsstiefel und alle möglichen Klamotten trug und damit Ungleichheit zum Vorschein brachte. Wenn sie schon sonst nichts hatten, so besaßen die Briten doch Würde und Stolz und kleideten sich nicht wie Penner. Ob sie Geld hatten oder nicht. Der Dresscode im alten Britannien machte sie alle gleich.

«Pump It Up» ist so intensiv und fein herausgeputzt wie nur was. Der Song kommt auf glühenden Kohlen mit anzüglichen Blicken daher, mit himmlischer Propaganda und

Verunglimpfungen, die man sowieso nicht versteht. «Torture her», «talk to her», «bought for her», «temperature» reimten sich schon lange vor Biggie Smalls und Jay-Z. «Submission» und «transmission», «pressure pin» und «other sin» rattern einfach durch. Der Song ist gnadenlos, so wie alle von Elvis aus dieser Zeit. Das Problem ist nur, danach ist man erledigt. In den Songs steckt zu viel drin, als dass man wirklich daran andocken könnte. Zu viele Gedanken und viel zu viele Wörter. Zu viele Ideen prallen aufeinander. Hier wurden sie alle in einen einzigen langen Song gepackt. Elvis ist kompromisslos in seiner Angriffslust, er versteht es, ihr in seinem Werk eine Form zu geben. Die Songs sind superschnell, und dieser gehört zu seinen allerbesten. Im Lauf der Zeit bewies Elvis, dass er ein riesengroßes musikalisches Herz besitzt. Größer als diese aggressive Musik es in sich aufzunehmen vermochte. Er machte alles Mögliche, und seinem Publikum fiel es schwer, ihn zu fassen zu kriegen.

Später spielte er Kammermusik, schrieb Songs mit Burt Bacharach, nahm Country-Platten auf, Cover-Platten, Soul-Platten, Ballett- und Orchestermusik. Wenn man Songs mit Burt Bacharach komponiert, ist einem offensichtlich scheißegal, was die Leute denken. Elvis brettert durch alle möglichen Genres, als gäbe es sie gar nicht. «Pump It Up» gibt ihm das Recht dazu.

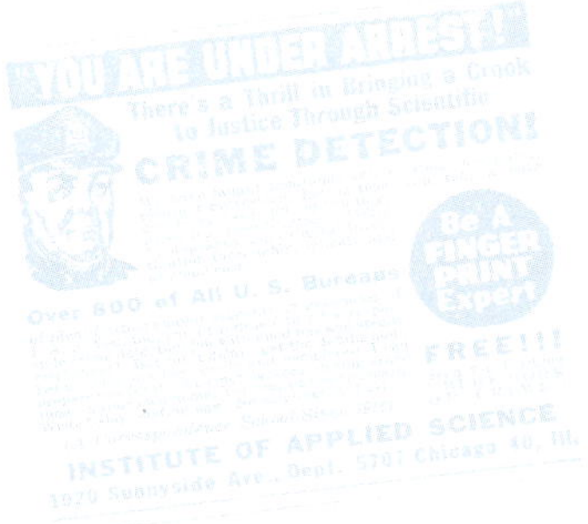

KAPITEL 3

WITHOUT A SONG
PERRY COMO

Erstveröffentlichung als Single

(RCA Victor, 1951)

Musik von Vincent Youmans

Text von Billy Rose und Edward Eliscu

★ ★ ★

DER TITEL DES SONGS, OHNE DEN ES auf der Welt schlechter aussähe, wird in diesem Song gar nicht genannt. Er bleibt ein Rätsel. Elvis Presley führt die erste Strophe als sinnbildlich für alles an, woran er glaubte. Die meisten hörten den Song zum ersten Mal von Perry Como.

Perry Como war alles andere als Rat Pack, er war der Anti-Frank. Unter gar keinen Umständen hätte er sich mit einem Drink in der Hand sehen lassen, und beim Singen konnte er es mit jedem aufnehmen. Seine Leistung ist einfach absolut unglaublich. Man kann nichts Kleines über ihn sagen. Allein die Orchestrierung haut einen um.

Außerdem ist Perry das anti-amerikanische Idol. Er ist das Gegenteil von angesagt, das Gegenteil von topaktuell und das Gegenteil von bling-bling. Er war schon ein Cadillac, bevor es Heckflossen gab; ein 45er Colt, keine Glock; ein Steak mit Kartoffeln, keine kalifornische Cuisine. Perry Como liefert ab. Kein geziertes Getue, keine hauchdünn über mehrere Töne gezogenen Silben.

WITHOUT A SONG

MUSIC BY
VINCENT YOUMANS

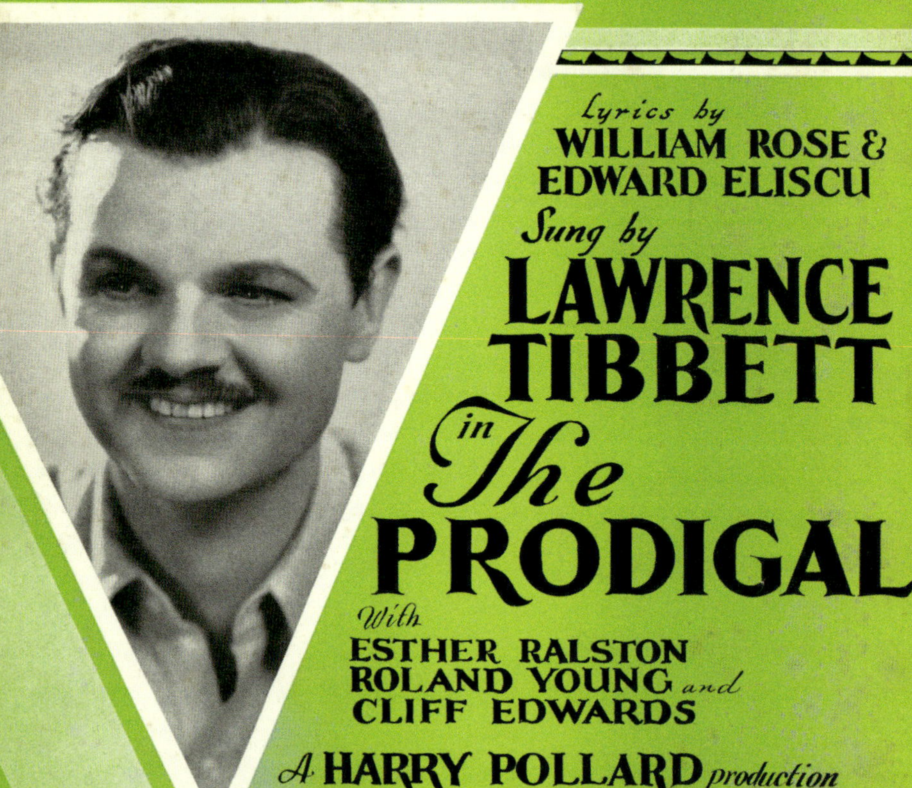

VINCENT YOUMANS, *Inc.*, *Music Publisher 67 west 44th. Street*, NEW YORK

Barbelle

Er kann es sich leisten, bescheiden zu bleiben, weil er alles hat, was man braucht. Ein Mann mit Blitzen in der Tasche hat es nicht nötig zu prahlen. Er geht auf die Bühne, neigt den Kopf, um die Band besser zu hören, stellt sich vor das Publikum und singt … und die Menschen vor ihm verwandeln sich, werden andere. Nicht durch die Klamotten, die er trägt, oder den Drink in seinem Glas, nicht durch das letzte Starlet, das er geküsst hat, oder den Wagen, den er fährt. Allein durch den Song, den er singt. Ohne diesen Song hat er nichts, und das hier ist der Song, den er singt.

Perry Como lebte jeden Augenblick von jedem Song, den er sang. Dafür musste er ihn nicht mal schreiben. Vielleicht war er von den Songs überzeugter als so mancher ihrer Urheber. Wenn er aufstand und sang, gehörte ihm der Song, und er teilte ihn mit anderen, wir haben ihm jedes einzelne Wort geglaubt. Was kann man mehr von einem Künstler verlangen?

Without a Song. Wenige Songs werden populär, aber ohne sie kommen wir wohl nicht aus.

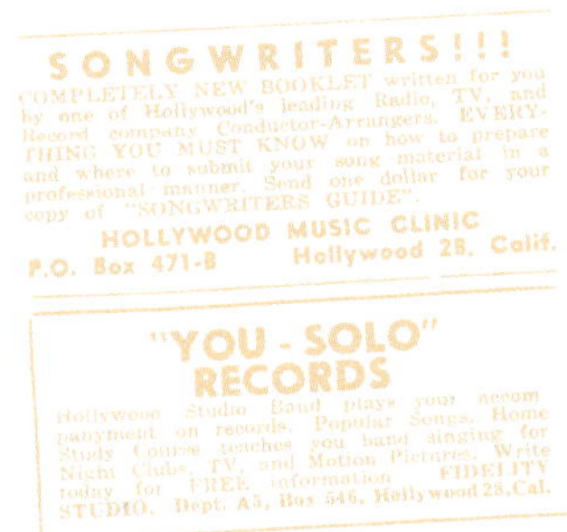
SONGWRITERS!!!
COMPLETELY NEW BOOKLET written for you
by one of Hollywood's leading Radio, TV, and
Record company Conductor-Arrangers. EVERY-
THING YOU MUST KNOW on how to prepare
and where to submit your song material in a
professional manner. Send one dollar for your
copy of "SONGWRITERS GUIDE".
HOLLYWOOD MUSIC CLINIC
P.O. Box 471-B Hollywood 28, Calif.

"YOU - SOLO"
RECORDS
Hollywood Studio Band plays your accom-
paniment on records. Popular Songs. Home
Study Course teaches you band singing for
Night Clubs, TV, and Motion Pictures. Write
today for FREE information. FIDELITY
STUDIO, Dept. A5, Box 546, Hollywood 28, Cal.

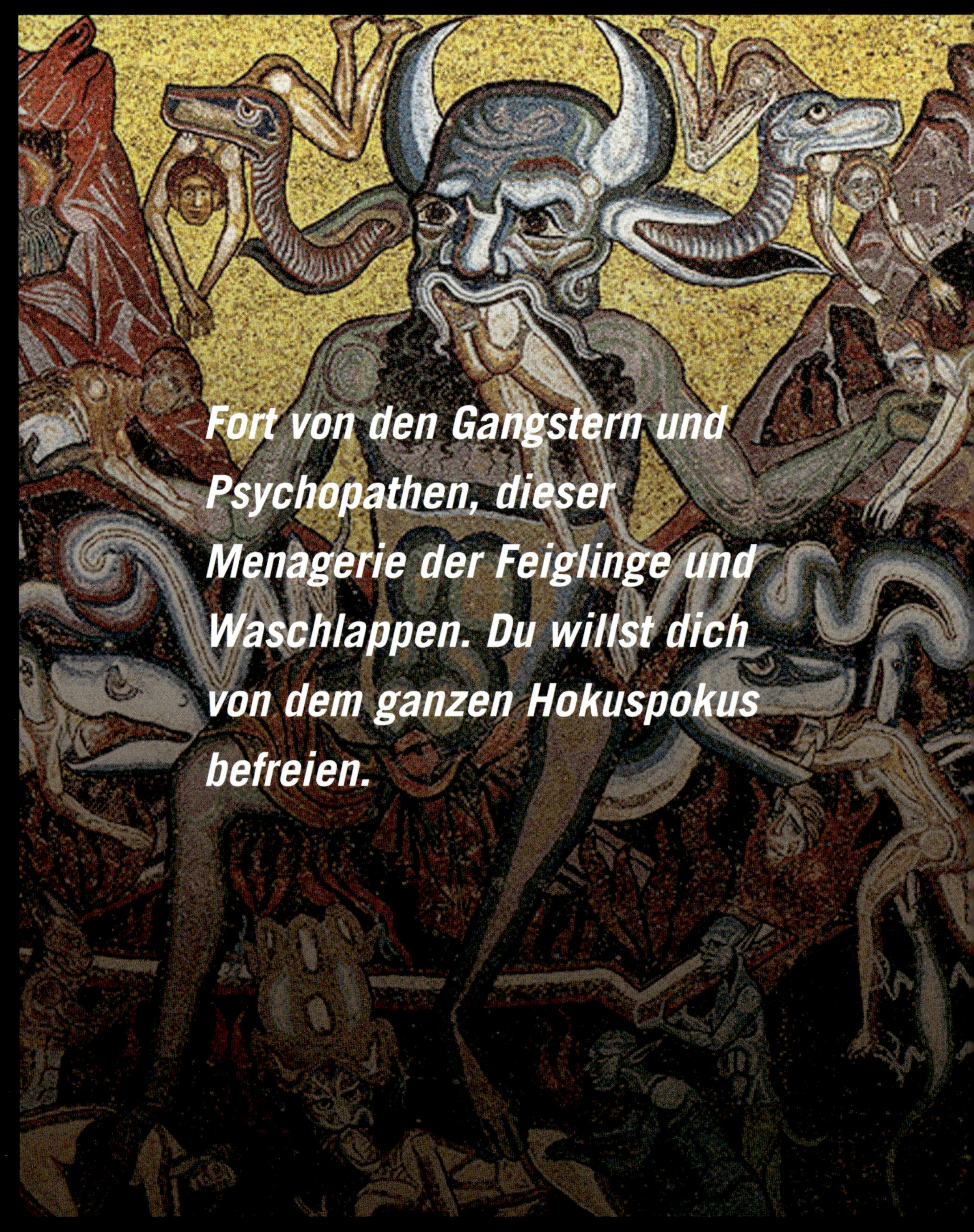

Fort von den Gangstern und Psychopathen, dieser Menagerie der Feiglinge und Waschlappen. Du willst dich von dem ganzen Hokuspokus befreien.

KAPITEL 4

TAKE ME FROM THIS GARDEN OF EVIL JIMMY WAGES

Aufgenommen bei Sun Records,
1956 – unveröffentlicht
Von Jimmy Wages

★ ★ ★

DU WILLST EIN FREUNDLICHES GESICHT sehen, ein schönes und anmutiges. Jemanden auf dem aufsteigenden Ast, eine ehrliche Haut, anständig und in guter Verfassung, jemanden an einem einladenden Ort, wo es gastfreundlich zugeht, in einer gemütlichen Kneipe mit Hausmannskost. Niemand hat es eilig, Schnelligkeit ist hier nicht das Thema, alle lassen es ruhig angehen. Dein kleines Mädchen wird dich unterstützen; sie bedient dich von vorne bis hinten und hält immer zu dir.

Aber für dich ist es die Hölle, und du schreist es allen entgegen, die es hören wollen, sie sollen dich rausholen aus diesem Garten des Bösen. Fort von den Gangstern und Psychopathen, dieser Menagerie der Feiglinge und Waschlappen. Du willst dich von dem ganzen Hokuspokus befreien. Willst dein Leben nicht mit Tagträumen verplempern, willst über Grenzen hinaus und hast sowieso schon viel zu lange gegrübelt.

Man hat dich in der Luft hängen lassen, aber jetzt ist der Weg frei, und du wirst ihn gehen, wohin er auch führt, nur raus aus diesem Tollhaus, das vor die Hunde geht. Hier wirst du unterdrückt, und du willst weg aus dieser miesen Gegend, möglichst weit weg von der ganzen Verkommenheit. Du willst auf einem Streitwagen zwischen Lichtsäulen hindurchfahren, du bist zuversichtlich, furchtlos und unerschrocken, ein zäher Hund, und du hast es so satt, all diese Steine in den Weg gelegt zu bekommen, immer nur ausgebremst zu werden. Mit Pauken und Trompeten willst du einziehen in ein fernes Reich, wo du erlöst wirst, und du gehst mit jedem mit, der bereit ist, dich aus diesem Dschungel des Schwachsinns und Oberfaulen hinauszugeleiten. Selbst wenn du wie ein Hund über die sieben Weltmeere paddeln müsstest, du würdest es tun, da kannst du drauf wetten, dein ganzes Geld kannst du setzen. Du überwindest deine Angst und löschst sie aus, Hauptsache raus aus diesem Garten des Bösen. Dieser Landschaft aus Hass und Horror, diesem undurchdringlichen Nebel, der dich mit Abscheu erfüllt.

Du willst Huckepack in eine andere Dimension einreiten, in der dein Geist und dein Körper erneuert werden. Wenn du hierbleibst, steht deine Würde auf dem Spiel, du bist kurz davor, ein mentales Monster zu werden, und das geht auf gar keinen Fall.

Du wendest dich an jemanden, bittest ihn inständig, dich hier rauszuholen. Du sprichst mit dir selbst und hoffst, nicht verrückt zu werden.

Du musst über die Schwelle treten, aber sei vorsichtig. Vielleicht musst du dich mit Händen und Füßen zur Wehr setzen, und bereits besiegt willst du dich auf so etwas nicht einlassen.

★ ★ ★

DER SONG HAT NICHTS KÜNSTLICHES, nichts Fabriziertes oder Ausgeklügeltes. Nichts Kosmetisches oder Plastisches. Er ist die reine Lehre, und er ist abwegig. Hier gibt es keine Abstammungslinien. Der Song ist kein Witz.

Der Gitarrist klingt wie Luther Perkins an einer Gibson Les Paul, statt wie gewohnt an seiner Fender. Eigentlich klingt er genau wie das, was Luther spielen würde, er könnte es wirklich sein. Das ist eine Sam Phillips-Platte. Roh und unerschrocken wie alles, was Sam je aufgenommen hat.

Der Sänger Jimmy Wages wuchs mit Elvis im selben Viertel in Tupelo, Mississippi, auf, bis Elvis nach Memphis zog. Damals war Jimmy acht Jahre alt. Man muss sich fragen, was gewesen wäre, wäre Elvis in Tupelo geblieben und Jimmy Wages weggezogen? Und was wäre gewesen, hätte Sam Elvis zu Luther geschickt und nicht zu Scotty Moore? Scotty und Bill hätten in Johnny Cashs Band gespielt und Luther und Marshall Grant bei Elvis.

Es heißt, Sam hätte so ungefähr jeden aufgenommen, der durch die Tür spaziert kam, vorausgesetzt er war irgendwie anders, besaß Charakter und gefühlvolle Brillanz. Aber bei einer Platte wie dieser wusste Sam wahrscheinlich, dass er nicht zu weit gehen durfte. Das war keine Platte für Teenager. War es eine, mit der er zu seinem Freund Dewey Phillips, dem Discjockey bei WHBQ, gehen und sie in seiner Sendung *Red Hot & Blue* auflegen konnte? Wohl kaum.

Die Platte löst Panik aus. Gut möglich, dass es die erste und einzige Gospel-Rockabilly-Platte ist. Das Böse ist ein Diktator, das Böse herrscht über das Land, nenn es, wie du willst. Jimmy sieht die Welt so, wie sie ist. Im Tal herrscht kein Frieden. Dies ist ein Garten der kommerziellen Habsucht, der sexuellen Gier, der willkürlichen Grausamkeit und des alltäglichen Irrsinns. Hypnotisierte Massen und unverbesserliche Arschlöcher, der Sänger möchte davon erlöst werden, wer will das nicht?

Er will, dass Gerechtigkeit und Tugend vom Himmel herabsteigen und ihn mit sich nehmen. Das kleine Mädchen wird sein Tempo bestimmen, ein anderer wird das Duell für ihn bestreiten. Das ist so roh und Country, wie es nur geht. Elvis hätte den Song aufnehmen können, und er geht sogar noch einen Schritt weiter als Sister Rosetta Tharpe.

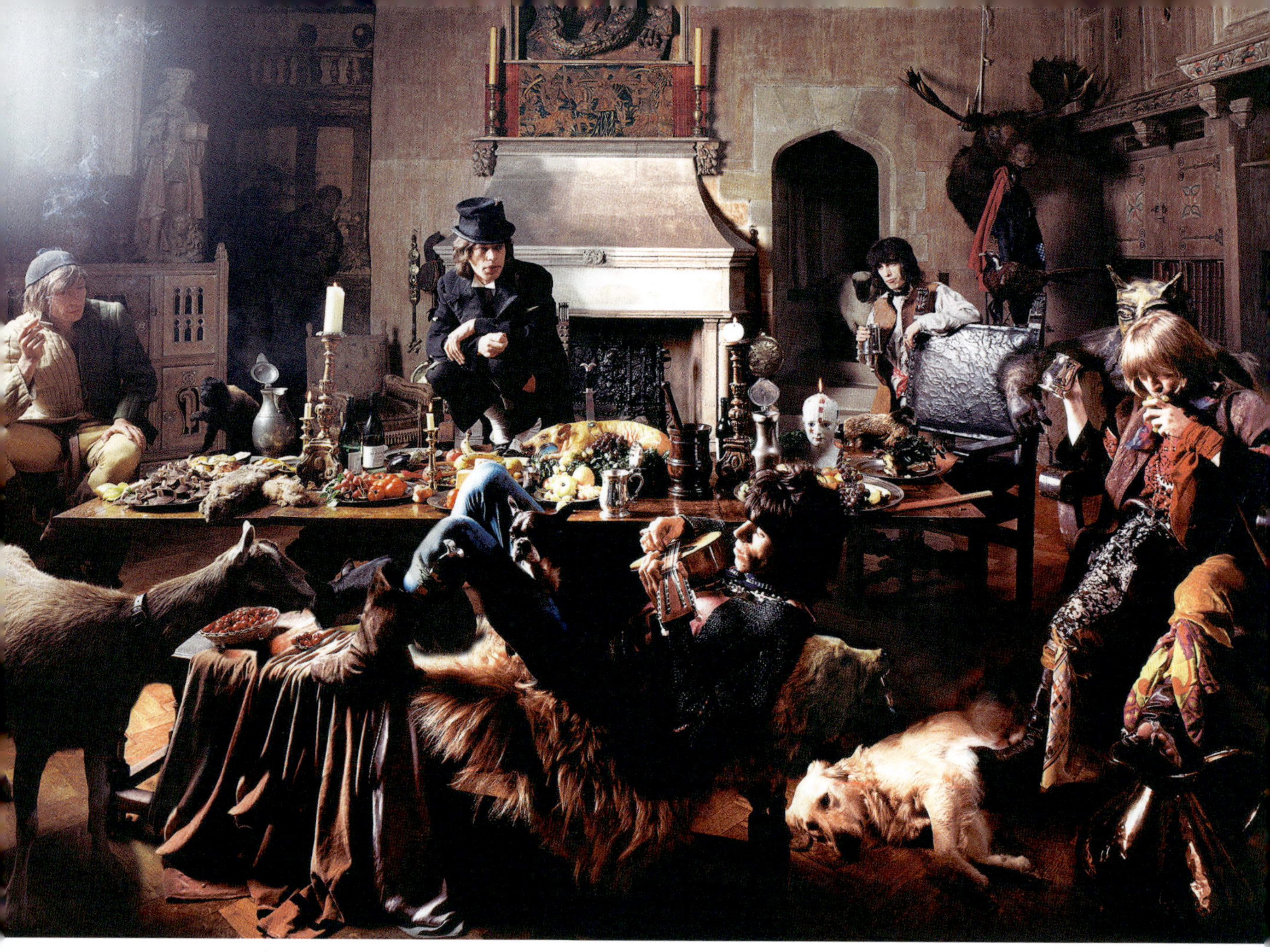

CINEMASCOPE

IN THE WONDER OF HIGH-FIDELITY DIRECTIONAL-STEREOPHONIC SOUND

GARY COOPER · SUSAN HAYWARD · RICHARD WIDMARK

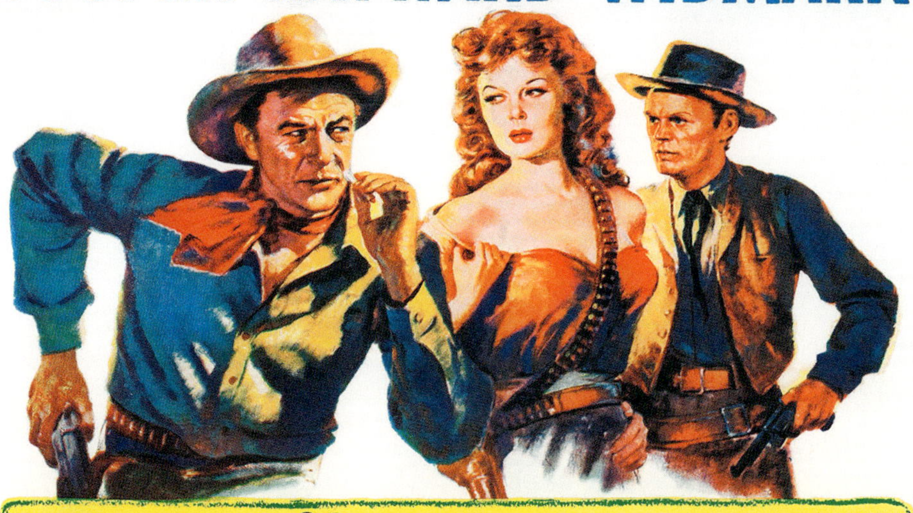

20th CENTURY-FOX presents

GARDEN OF EVIL

COLOR BY TECHNICOLOR

WITH

HUGH MARLOWE

CAMERON MITCHELL

RITA MORENO VICTOR MANUEL MENDOZA

PRODUCED BY CHARLES BRACKETT · DIRECTED BY HENRY HATHAWAY

SCREEN PLAY BY FRANK FENTON

FROM A STORY BY FRED FREIBERGER and WILLIAM TUNBERG

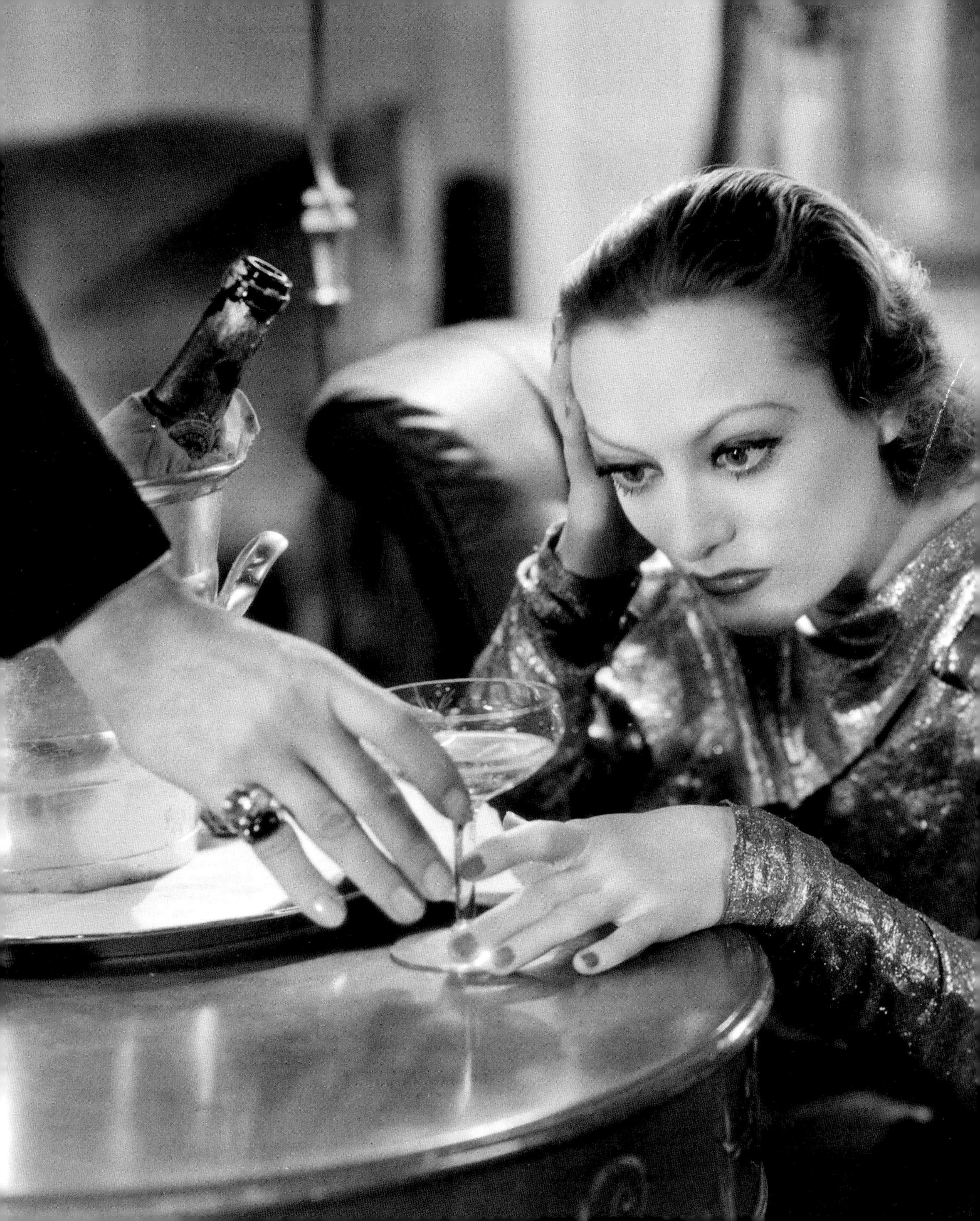

KAPITEL 5

THERE STANDS THE GLASS
WEBB PIERCE

Erstveröffentlichung als Single

(Decca, 1953)

Von Russ Hull, Mary Jean Shurtz und Autry Greisham

★ ★ ★

DER TYP IN DEM SONG HAT EINE GANZ SCHÖN heftige Vorgeschichte und einiges auf dem Kerbholz. Ist schon hart, an einem aussichtslosen Fall zu scheitern, einer Sache ohne Sinn und Zweck, bei der nie etwas drin war, es ist eindeutig falsch von Anfang bis Ende, der Mann ist mental festgenagelt. Er muss sich rechtfertigen und sein gesamtes Dasein verteidigen, er wurde von Politikern daheim betrogen, enttäuscht und verraten. Von Abgeordneten und Angehörigen der eigenen Regierung hintergangen. Er kann sich nicht erinnern, je eine Seele gehabt zu haben, und wenn, dann liegt sie längst tot auf dem Grund eines Sees.

Er hat gekämpft wie ein Wilder, sein Bajonett in Babybäuche gestoßen und alten Männern die Augen ausgestochen. Er ist dem menschlichen Geist untreu geworden und hat Priester ermordet. Vor Jahren schon verlor er seine Unabhängigkeit. Er lebt von Rationen und hat Degeneriertes und Dämonisches verbrochen. Er steckt den Kopf in nächtliche Träume und sieht Heimatschüsse und Purple Hearts. Die eigenen Reihen aufgerieben. Er trommelt Alte, Frauen und Kinder zusammen, zündet ihre Hütten an und richtet sein Maschinengewehr auf sie. Er sieht schemenhafte Gestalten in schwarzen Schlafanzügen und mit Kegelhüten. Er sieht einen zweijährigen Jungen und bringt ihn um, sieht, wie seine Kumpels ein kleines Mädchen mit einem Messer aufschlitzen, sie reißen ihr die Kleider vom Leib und vergewaltigen sie, dann erschießt sein geiler Kumpel sie mit der Automatik.

Jetzt ist er wieder zuhause, hat Granatsplitter in den Armen und Beinen – Moskitostiche, sagt er sich. Er steht in einem überfüllten Raum, der Schänke im Grünen, und er schaut sich um, er ist vom Feind umzingelt, es ist die Stunde null.

Dies ist eine rituelle Feier, bei der er als Held geehrt wird. Er verlangt vom Kellner, er möge ihm das Glas randvoll einschenken. Das ist es. So ist es. Es hätte auf keinen Fall irgendwie anders sein können.

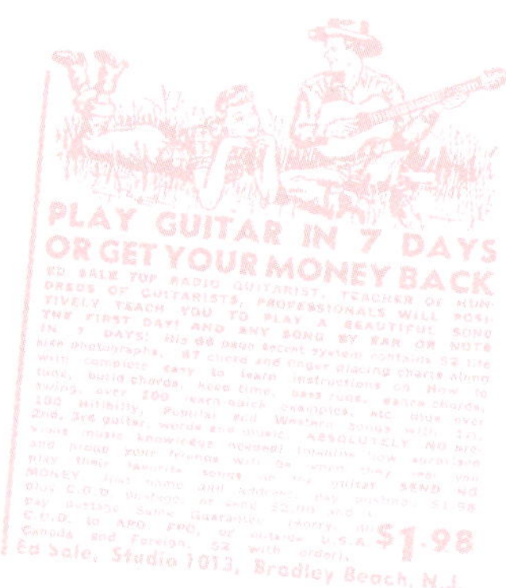

★ ★ ★

WEBB MAG WIE EIN FROMMER MANN GESUNGEN HABEN, angezogen hat er sich für die Honkytonk-Bühne. Ein ukrainischer Jude namens Nuta Kotlyarenko, der wie viele andere vor den Pogromen im zaristischen Russland in die Vereinigten Staaten geflohen war, kleidete ihn ein. Als junger Mann ging Nuta allen möglichen Beschäftigungen nach, er versuchte es mit dem Boxen und der Schauspielerei, fand eine Frau in Minnesota und zog Anfang der dreißiger Jahre mit ihr nach New York, wo sie gemeinsam ein Unternehmen gründeten und dekorative Mieder für Showgirls fertigten.

Wenig später nannte sich Nuta Nudie, verließ New York und ging nach Hollywood, wo er seine Begabung zur Geltung brachte, indem er Tänzerinnen Strasssteine auf die Höschen nähte und Hillbilly-Stars mit spektakulär bunten Anzügen ausstaffierte, die deren Fans von Nashville bis Bakersfield elektrisierten. Porter Wagoner verpasste er Planwagen, und Webb Pierce bekam Spinnennetze. Hank Williams wurde mit Musiknoten übersät und Elvis Presley mit Goldlamé.

Wie so häufig, wenn Menschen sich neu erfinden, sitzt der Teufel im Detail. Anscheinend gab es einen kleinen Zusammenstoß mit dem Gesetz, Nudie wurde wegen Drogenschmuggel zu einem kurzen Gefängnisaufenthalt verurteilt. Als später Gram Parsons, der einer Generation angehörte, die sich einbildete, das Drogennehmen erfunden zu haben, bekifft und kichernd bei Nudie hereinschaute und einen Anzug mit Drogenthema bestellte, kann man sich lebhaft vorstellen, wie sehr Nudie sich darüber amüsiert haben muss. Ein paar Leute rechts von «Okie from Muskogee» wunderten sich, dass Nudie bereit war, den Anzug zu nähen, aber wenn er eins war, dann praktisch veranlagt, und solange Grams Dollars so grün waren wie sein Gras, bekam er auch einen Anzug dafür.

Country Music war das einzige, das Nudie mehr liebte als Geld. Sein Laden war eine Oase und ein Treffpunkt der größten Namen, alle stellten sich auf die kleine Bühne dort und spielten. Als George Jones auf eine Anprobe bei Manuel Cuevas wartete – Nudie hatte Sinatra seinen persönlichen Schneider ausgespannt, der Nudie erst verließ, als er sich von dessen Tochter scheiden ließ –, borgte er sich eine akustische Gitarre und stellte zum ersten Mal «The Grand Tour» vor. Little Jimmy Dickens testete hier das Material, das er am Wochenende in der Opry zum Besten geben wollte. Einheimische Bands hofften, von einem großen Namen gehört und als Vorgruppe engagiert zu werden. Und wenn niemand da war, der spielen wollte, stellte Nudie sich selbst mit den ungleichen Stiefeln, die sein Markenzeichen waren, und seiner Cowboy-Kippa hin, spielte zaghaft Mandoline und sang die Lieder, die er liebte.

Nudie kleidete vier US-Präsidenten und zwei Päpste ein. Zwei Oscar-Preisträger nahmen ihre Trophäen in Nudie Suits entgegen, Neil Armstrong wurde in einem beerdigt.

Nudie liebte Webb Pierce, den extravaganten singenden Pfingstkirchler aus den fünfziger Jahren, dessen kräftige Tenorstimme ebenso auffiel wie seine paillettenbesetzten Anzüge.

Der Star dieses Songs ist das leere Glas Bourbon, was auf demselben kaputten Gitarrensound aufbaut, den man auf Platten von Hank Williams hört, und der magische, leer angeschlagene Akkord.

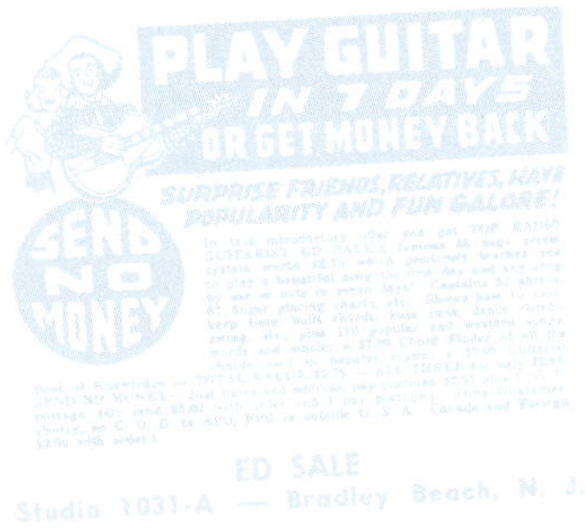

KAPITEL 6

WILLY THE WANDERING GYPSY AND ME BILLY JOE SHAVER

Erstveröffentlichung auf dem Album *Old Five and Dimers Like Me* (Monument, 1973)

Von Billy Joe Shaver

★ ★ ★

DER SONG IST EIN RÄTSEL. Je eingehender man sich damit beschäftigt, umso seltsamer wird er, umso mehr Motive scheinen sich darin zu verstecken. Das ist so ein Song, den man erst kommen sieht, wenn es schon zu spät ist. Nicht leicht, ihn in den Griff zu bekommen, es gibt kaum Anhaltspunkte, die einem die Richtung weisen. Da bist du und da ist Willy, und da ist der Vagabund. Vielleicht eine, vielleicht zwei, vielleicht aber auch drei Personen. Sicher ist, dass Gypsys in der Gruppe oder in der Sippe reisen. Sie haben ihre eigenen Regeln, sie halten seit Jahrhunderten zusammen. Einige Historiker sagen, sie kamen aus Ägypten, seien die ursprünglichen Ägypter. Von Afrikanern aus ihrem Heimatland vertrieben, die ins Land geholt wurden, um schwere körperliche Arbeiten zu verrichten – und schließlich die Ureinwohner verdrängten. Gypsys sind nie alleine unterwegs, sie sind autark und nehmen keine Ehrenmitglieder auf. Wenn Willy ein Gypsy ist, dann ist er ein Betrüger.

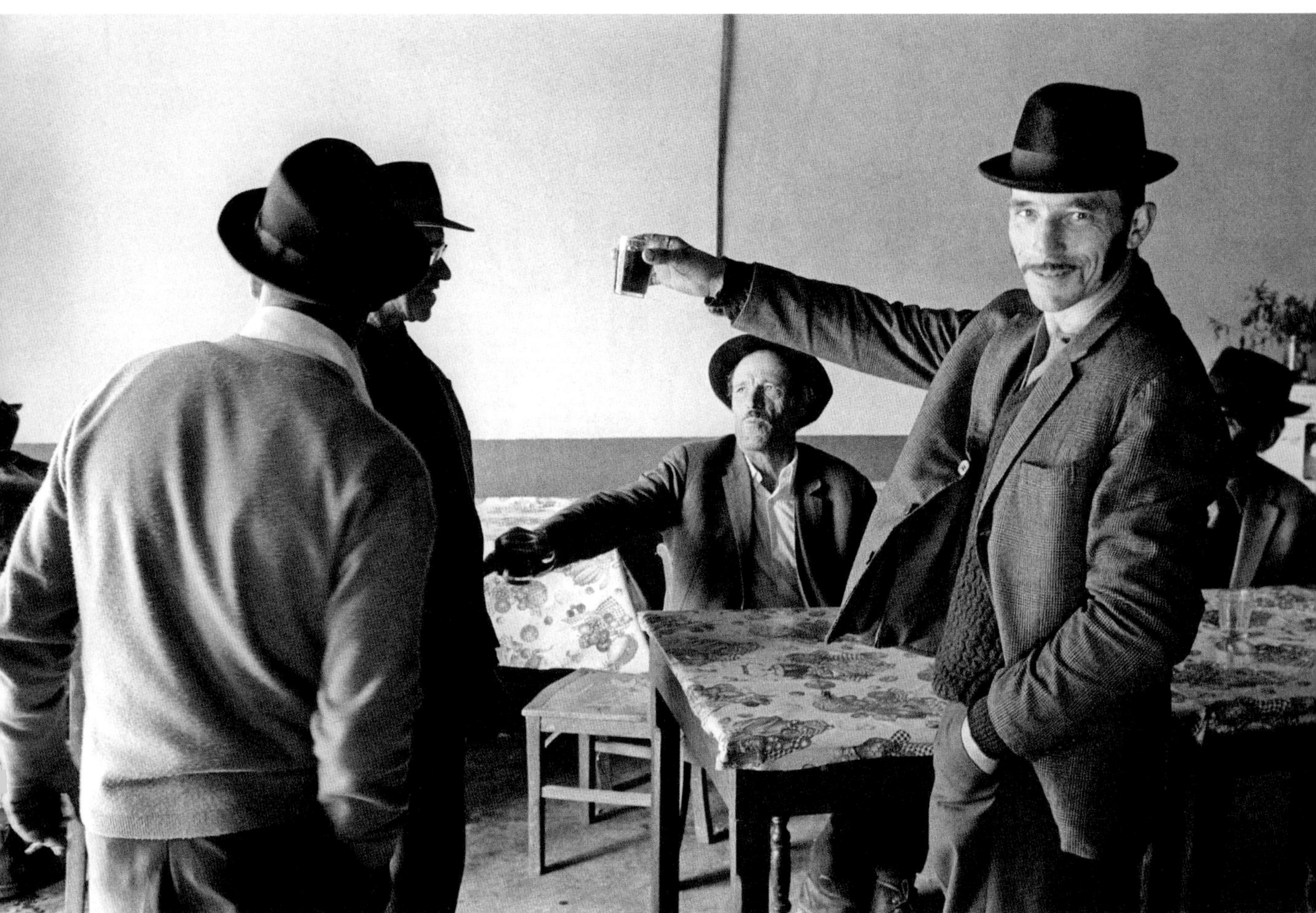

Der Song nimmt einen philosophischen Standpunkt ein. Zieh weiter, lass den Zug lieber weiterfahren. Besser als Saufen und ins Bierglas heulen. Auf geht's. Auf geht's bis in alle Ewigkeit. Weiter bis zur neuen Eiszeit. Willy wird dich für dumm verkaufen, für ihn ist es immer längst zu spät und du bist ein Armleuchter. Willy hätte gerne, dass du deine leidgeprüfte Frau sitzenlässt, schwerfällig und schwanger ist sie, du sollst sie verlassen und mit ihm fahren. Er sagt, wenn du bleibst, dann auf eigenes Risiko. Komm, lass uns gehen, lass uns Leine ziehen. Er will, dass du deine Frau verlässt und keine Widerworte gibst. Du und

Willy, der Weise und der Trottel. Du befindest dich auf der Straße ins Nirgendwo, lässt dich nicht aufhalten – der gute alte Junge und sein Vetter vom Land, ihr schmarotzt bei den Ladys, die sich euch hingeben und gut zu euch sind. Sie stehen Schlange und schütten euch ihre Herzen aus.

Willy bezwingt das wildeste Pferd, er reitet beim großen Rodeo mit und sackt ein fettes Preisgeld ein. Und du, du schaust tief ins Glas und trottest hinter ihm her. Du willst dich nicht festlegen. Du hörst auf niemanden, aber kriegst alles mit. Ihr prostet euch zu und erzählt euch Witze, habt beide schon Tritte in die Eier kassiert, noch einen und noch einen, und es tut immer noch weh.

Ihr reist ziellos im Mondschein über unbefestigte Straßen.

Willy ist der Wilde, er ist der Barbar, der entflohene Herumtreiber, ein schlimmeres Scheusal, als es den Anschein hat. Aber ihr kommt beide aus demselben Loch. Ihr seid beide so, aus demselben Holz geschnitzt. Da, wo du herkommst, hat nichts einen festen Preis, nichts ist endgültig. Wenn jemand was möchte, gibst du's ihm nie, aber du weißt, wie man ihn ködert.

In diesem Song gibt es drei Personen. Da sind Willy, der Vagabund und du. Egal, wie man es dreht und wendet – Männerliebe, fünftes Rad am Wagen –, du bist stolz und unnahbar. Im besten Fall bist du Sancho Panza, im schlimmsten wirst du abgehängt. Du musst die Augen aufmachen, bevor es zu spät ist.

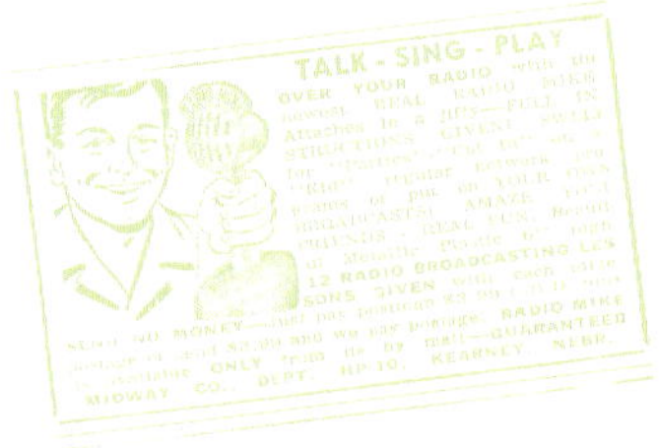

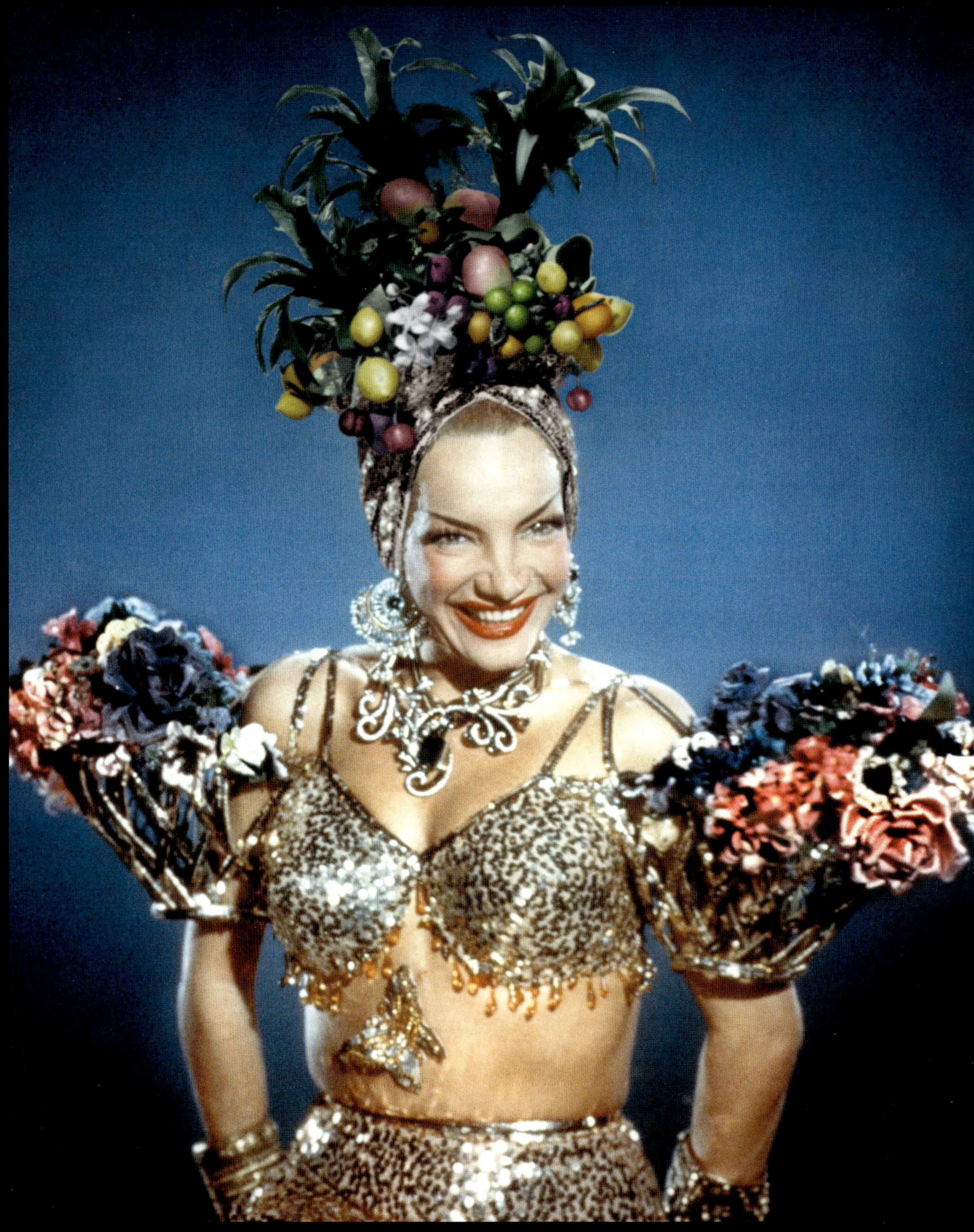

KAPITEL 7

TUTTI FRUTTI LITTLE RICHARD

Erstveröffentlichung als Single

(Specialty, 1955)

Von Little Richard und Dorothy La Bostrie

★ ★ ★

A-WOP-BOP-A-LOO-BOP-A-WOP-BAM-BOOM. Little Richard sprach in Zungen, lange bevor irgendwer gemerkt hat, was los war. Er hat das Sprachgebet direkt aus dem verschwitzten Zeltgottesdienst geholt und ins Mainstream-Radio gebracht, hat geschrien wie ein geweihter Priester – und genau das war er ja auch. Little Richard ist der Meister der Zweideutigkeit. «Tutti Frutti» ist ein gutes Beispiel. Eine Schwuchtel («fruit»), ein homosexueller Mann, außerdem heißt «tutti frutti» auch noch «alle Früchte» und ist der Name einer zuckersüßen Eiscremesorte. Ein Mädchen namens Sue und eins namens Daisy, beide sind sie Transvestiten. Wer hat Elvis bei *Ed Sullivan* «Tutti Frutti» singen sehen? Ob er wusste, wovon er da singt? Ob Ed Sullivan es wusste? Oder wussten es beide? Von allen, die «Tutti Frutti» gesungen haben, war Pat Boone wahrscheinlich der Einzige, der kapiert hat, worum es ging. Pat versteht auch einiges vom Sprechen in Zungen.

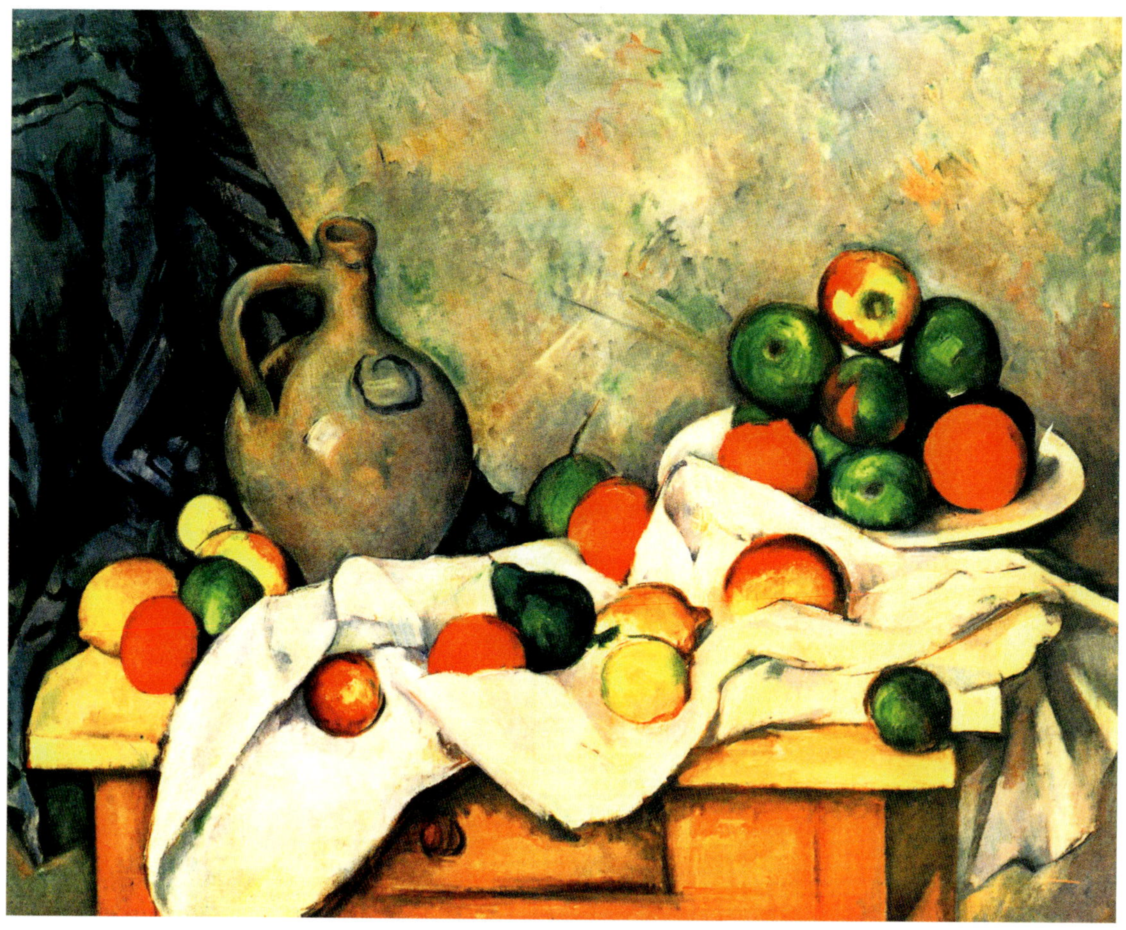

In Songs von Little Richard kommen immer viele Leute vor. Alle Stereotypen: Uncle John, Long Tall Sally, Mary und Jenny, Daisy, Sue und Melinda. Sie ziehen in der zwielichtigen Welt des Sex und der Träume an dir vorbei und machen dir Konkurrenz.

Little Richard war alles andere als klein. Er sagt, dass etwas passiert. Die Welt geht unter. Er ist ein Prediger. «Tutti Frutti» ist das Alarmsignal.

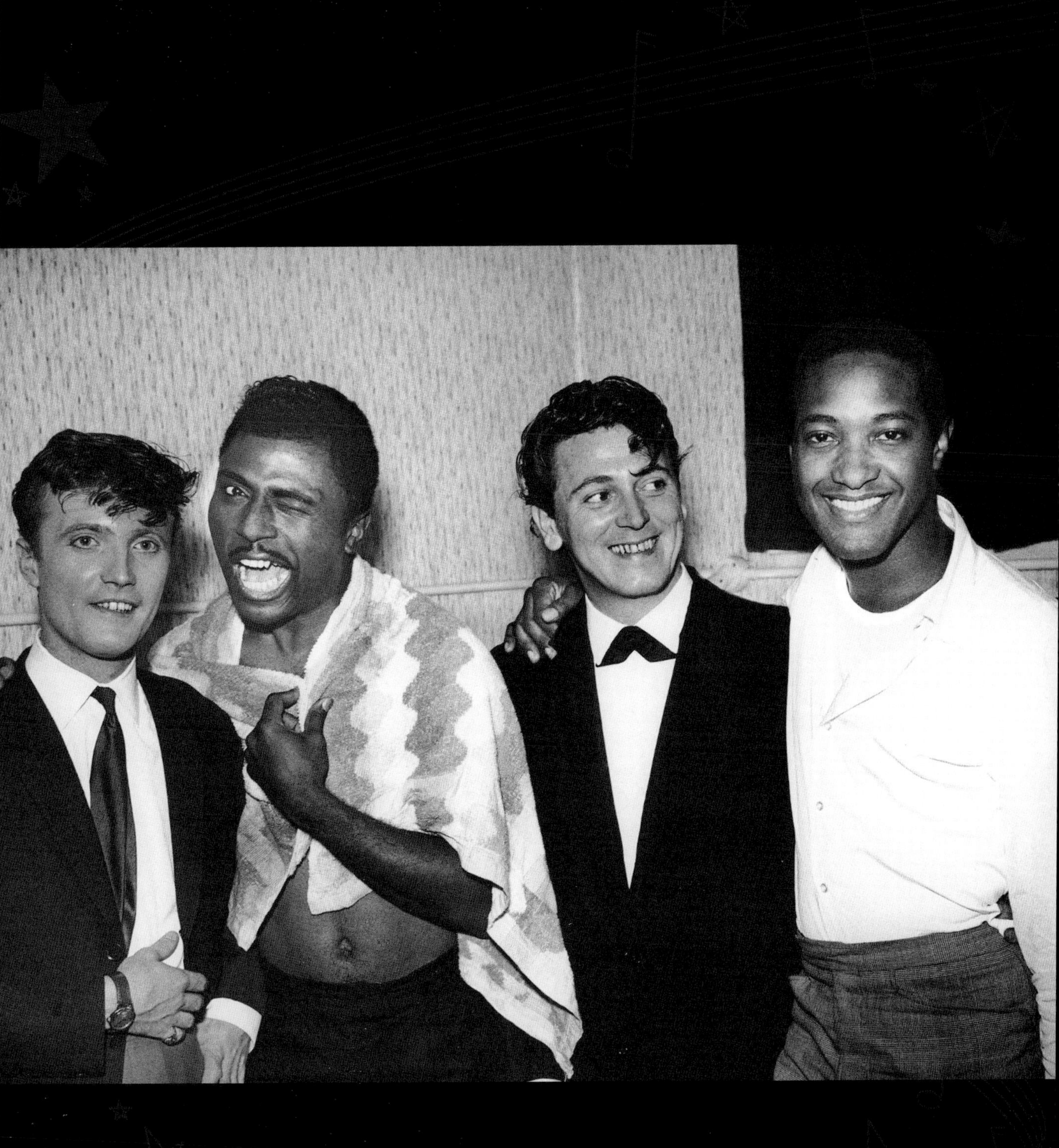

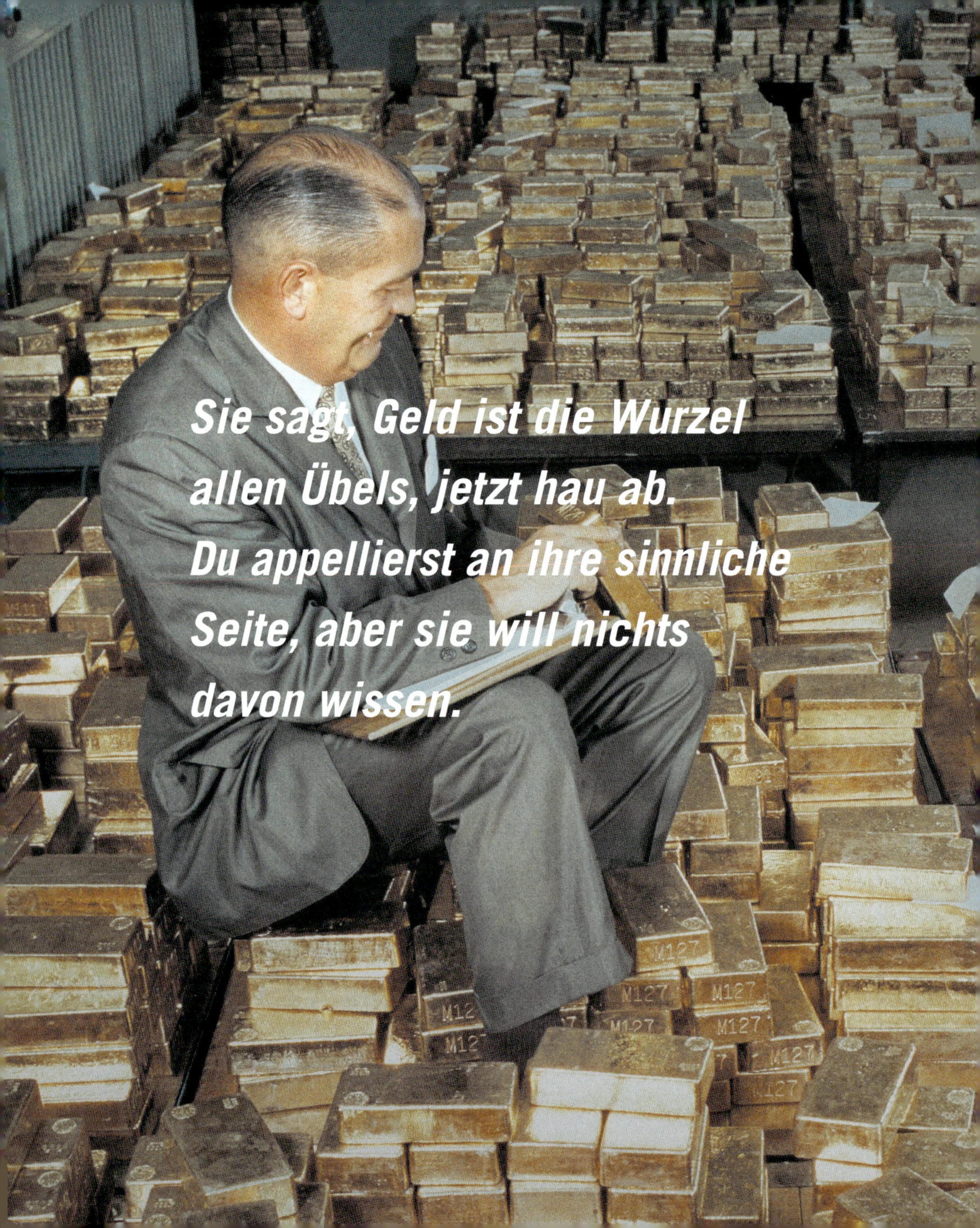
Sie sagt, Geld ist die Wurzel
allen Übels, jetzt hau ab.
Du appellierst an ihre sinnliche
Seite, aber sie will nichts
davon wissen.

KAPITEL 8

MONEY HONEY
ELVIS PRESLEY

Erstveröffentlichung auf dem Album *Elvis Presley*

(RCA Victor, 1956)

Von Jesse Stone

★ ★ ★

DAS MIT DEM GELD KANN EINEN IN DEN WAHNSINN TREIBEN, es macht dich fertig und jagt dir Angst ein, eine ständige Sorge. Der Vermieter steht vor deiner Tür und klingelt. Lange Pausen zwischen dem Klingeln, und du hoffst, dass er weggeht, weil er denkt, dass niemand zu Hause ist. Du linst durch die Jalousie, aber er hat ein scharfes Auge und entdeckt dich. Der alte Halsabschneider ist schon zum zehnten Mal wegen der Miete da, und er will sie jetzt sofort, keine Sperenzchen mehr.

Du hältst ihm denselben Vortrag wie immer, die Zeiten sind hart und du kommst an deine Finanzen nicht ran, aber demnächst wird dir was von deinem letzten Job überwiesen. Er nimmt es dir nicht ab. Du bist in der Defensive. Der Hausbesitzer ist ein alter Skeptiker, der knauserige Pfennigfuchser will sein Geld auf der Stelle. Bezahl oder verzieh dich, sonst ist es mit der Freundschaft aus.

Was willst du jetzt machen? Du schreist und du brüllst, du jaulst den Mond an. Du bist außer dir, du bist zappelig. Du rufst die härteste Frau an, die du kennst. Die beste von allen, die coolste und tollste, deine erste und größte Liebe, du weckst sie um halb vier Uhr früh. Sie ist verärgert, stinksauer und kocht vor Wut, sie will wissen, warum du angerufen hast.

Du sagst, du bräuchtest Hilfe, und wenn sie den intimen Draht zu dir behalten möchte, soll sie dir etwas Bargeld schicken.

Sie sagt, hör mal zu, Mister Lovey-dovey, du bist zu extravagant, du bist wohl auf Drogen. Ich hab' dir Geld gegeben, aber du hast es verzockt, jetzt geh und verschwinde. Du erwiderst, Moment mal! Wieso bist du denn so kratzbürstig? Du liegst voll daneben. Sei nicht so kleinkariert, das ist doch lächerlich. Ich dachte, wir hätten einen Liebespakt. Wieso willst du mich loswerden, und mich in der Tinte sitzen lassen? Was ist überhaupt los mit dir? Ich sag dir, lass uns nett zueinander sein, und wenn du's nicht bist, dann ziehe ich einen Strich unter diese Beziehung und beende sie. Du bittest sie um Geld. Sie sagt, Geld ist die Wurzel allen Übels, jetzt hau ab. Du appellierst an ihre sinnliche Seite, aber sie will nichts davon wissen. Sie hat einen anderen, was dich komplett ausrasten lässt.

Aber keiner kann in deine Fußstapfen treten, kein anderer Mann deinen Platz einnehmen. Keiner kann bei ihr für dich einspringen. Wie konnte das passieren? Ich hab's kapiert, sie liebt dich sowieso nicht, sie liebt nur den allmächtigen Dollar. Jetzt hast du deine Lektion gelernt und siehst klar. Früher hast du dich nur mit hervorragenden Menschen abgegeben, jetzt sind sie alle nichts Besonderes mehr, aber du musst das ganz nüchtern betrachten. Irgendjemand ist immer besser als du, und irgendeiner ist immer besser als er. Du willst deine Sache gut machen. Du weißt, du kannst es, aber es ist schwer, seine Sache gut zu machen. Du weißt nicht, was dein Problem ist. The best things in life are free, aber dir ist das Schlechteste lieber. Vielleicht ist das dein Problem.

★ ★ ★

KUNST IST KEINE ÜBEREINKUNFT. Geld ist eine Übereinkunft.

Ich mag Caravaggio, du magst Basquiat. Beide mögen wir Frida Kahlo, aber Warhol lässt uns kalt. Kunst gedeiht durch solche lebendigen Auseinandersetzungen. Deshalb kann es auch so etwas wie eine nationale Kunstform nicht geben. Schon dem Versuch merkt man die geglätteten Kanten an, das Bestreben, möglichst alle Ansätze zusammenzufassen, die Hoffnung, bloß niemandem zu nahe zu treten. Viel zu schnell schlägt das in Propaganda oder reinen Kommerz um.

Nicht dass an Kommerz etwas falsch wäre, aber er beruht wie alle finanziellen Dinge auf einem Vertrauensvorschuss; er ist abstrakter als die geometrischen Formen von Frank Stella. Geld ist einzig und allein deshalb etwas wert, weil wir uns darauf geeinigt haben. Wie bei der Religion können sich diese Übereinkünfte je nach Land und Kultur verändern, aber diese Veränderungen sind lediglich kosmetisch, betreffen meist nur den Namen oder die Denomination. Die Grundsätze bleiben bestehen.

Geld beruht auf der Knappheit dessen, was seinen Wert bestimmt, aber ist das nicht auch eine Illusion? Seltene und kostbare Metalle oder Diamanten werden von skrupellosen Händlern kontrolliert, die deren Fluss regulieren, um den Wert auf einem akzeptablen Niveau zu halten. Aber wenn Gold so selten ist, wieso liegen dann allein in Fort Knox genügend Barren, um daraus ein Haus für eine zweiköpfige Familie zu bauen?

Dass ständig alles entwertet wird, hilft überhaupt nicht weiter. Bevor Gutenberg bewegliche Lettern erfand, konnten sich nur die Wohlhabendsten Bücher leisten, und eine Bibel mit Goldrand und edelsteinverziertem Ledereinband war nicht nur ein Symbol der Frömmigkeit, sondern auch eines von Status, Reichtum und gutem Geschmack. Innerhalb weniger Generationen gelang es dem Pöbel auf den billigen Plätzen mit Gesangbüchern aufzuholen, wodurch sich die Wohlhabenden gezwungen sahen, sich ein anderes Symbol ihrer Herrschaft über das gemeine Volk zu suchen.

So ist es schon immer gewesen. Der Kampf zwischen Arm und Reich findet auf vielen Schlachtfeldern statt, und nicht alle davon sind auf den ersten Blick als solche erkennbar. Heute tragen die Reichen Trainingsanzüge, und Obdachlose haben iPhones. Menschen ohne nennenswertes Einkommen kaufen sich makellose Raubkopien, bei denen nur ein

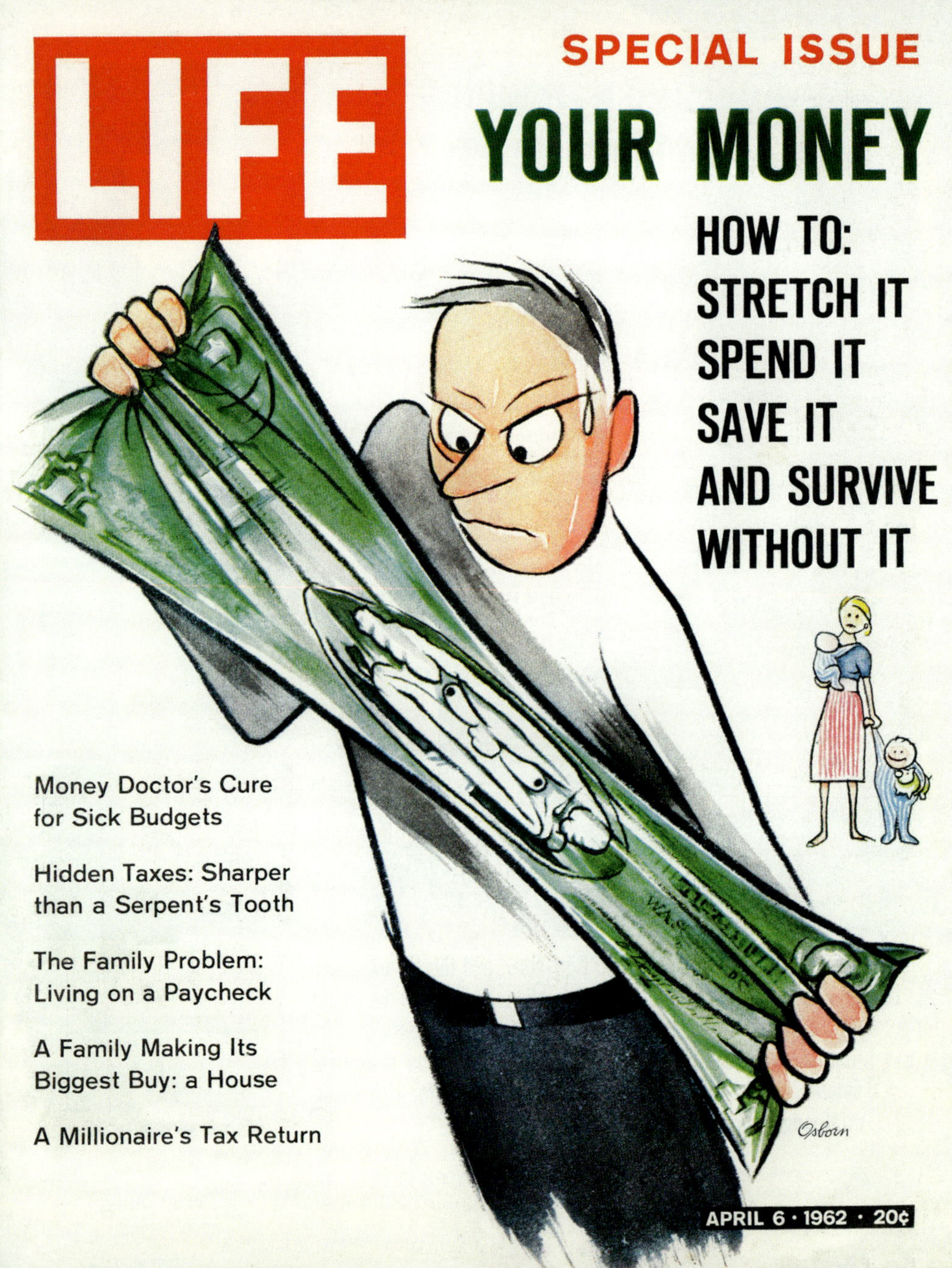
LIFE
SPECIAL ISSUE
YOUR MONEY
HOW TO:
STRETCH IT
SPEND IT
SAVE IT
AND SURVIVE
WITHOUT IT
Money Doctor's Cure for Sick Budgets
Hidden Taxes: Sharper than a Serpent's Tooth
The Family Problem: Living on a Paycheck
A Family Making Its Biggest Buy: a House
A Millionaire's Tax Return
Osborn
APRIL 6 · 1962 · 20¢

Buchstabe vertauscht und das Copyright dadurch umgangen wurde. Aber auch die Reichen kaufen sich eine «Rulex», damit ihnen ihre echten Uhren im sechsstelligen Bereich nicht geklaut werden, wenn sie damit essen gehen.

Der Arme in seiner billigen Rostlaube steht genauso wie der Reiche in seinem Luxusschlitten eine Stunde lang in demselben Verkehrsstau. Sicher, die Sitze sind vielleicht weicher, die Klimaanlage besser, aber man steckt trotzdem fest auf der 405. Das Einzige, was man nicht kaufen kann, ist Zeit. Der Hillbilly-Songwriter Bob Miller hat einen Song über die Ungerechtigkeit zwischen Arm und Reich geschrieben, sich aber damit getröstet, dass beide gleich tot sind, wenn sie ihre letzte Fahrt antreten.

Vor einer Weile aß ich mit einem Freund zu Abend, der kurz zuvor seine Frau verloren hatte. Er sagte etwas, worüber ich eine Weile nachdenken musste: «Das alles bedeutet sowieso nur etwas, weil es endet.» Anders als Diamanten und Gold war die gemeinsame Zeit mit seiner Frau wirklich endlich, und er wusste jeden Augenblick davon zu schätzen.

Könnte man ewig leben, wäre das wie Geld, aufgewertet durch eine Illusion, durch etwas, das sowieso da wäre, egal ob es von der Realität gestützt wird oder nicht. Venezuela musste 2017 vor der Presse erklären, es habe nicht genug Geld, um sein Geld zu bezahlen. Aber wissen Sie was, Venezuela gibt es immer noch. Weil es letztlich gar nicht aufs Geld ankommt. Auch nicht auf die Dinge, die man damit kaufen kann. Egal, wie viele Stühle man besitzt, man hat nur einen Arsch.

Der Vermieter in «Money Honey» ist ein Taugenichts. Ganz offensichtlich ist er betucht, er besitzt Immobilien, geht aber in einem Objekt mit offenbar ungünstigem Kreditrisiko höchstpersönlich die Miete eintreiben. Der Sänger lässt ihn viel zu lange warten, späht heimlich durch die Jalousie, bis er den Mann endlich fragt, was er will. Es stellt sich heraus, dass die Gedanken beider vor allem beim Geld sind. Den einen treibt es dazu, sich zu verstecken, den anderen, ihn zu suchen.

Am Ende des Songs behauptet unser Erzähler, er habe seine Lektion gelernt, aber was für eine Lektion ist das? Die Sonne wird scheinen, der Wind weiter wehen, Frauen werden kommen und gehen, doch bevor er sich an den Wundern der Natur erfreuen oder einer Frau seine Liebe schwören kann, muss er zu Geld kommen. Im aufklärerischen Sinne ist das ziemlich schmale Kost.

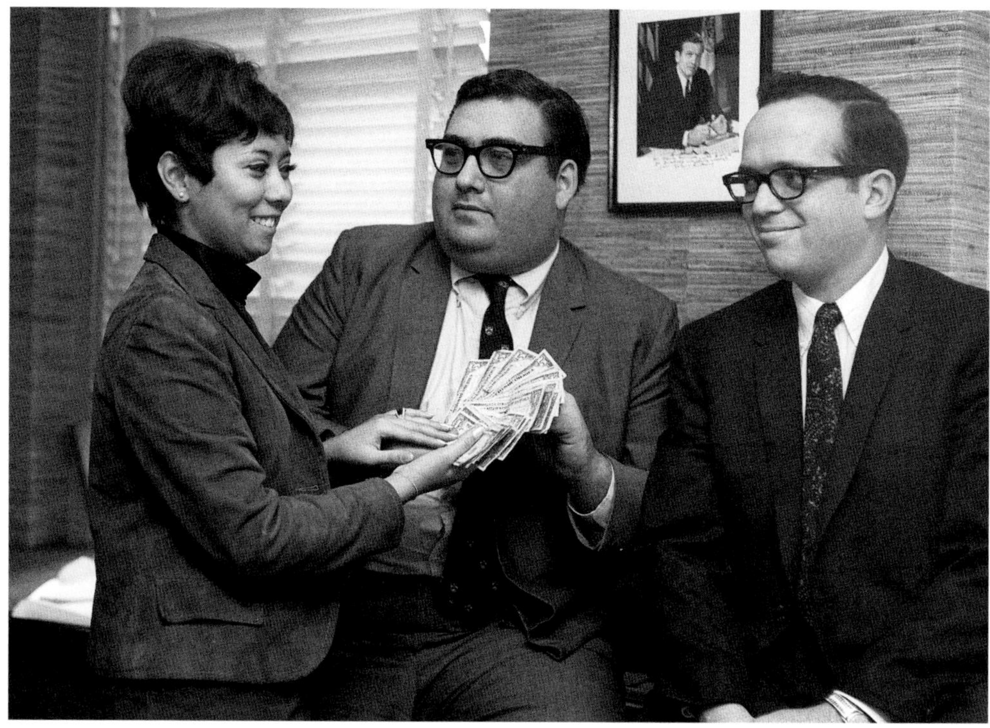

Ich kann mich erinnern, wie die Platte herauskam. Ich kannte Leute, die die Version der Drifters besser fanden. Andere bevorzugten die von Elvis. Sie konnten sich die ganze Nacht darüber streiten. Unstrittig aber war, wie viel die Platte gekostet hatte. Das ist noch ein Unterschied zwischen Geld und Kunst.

Ich wünschte, ich bekäme einen Nickel für jeden mir bekannten Song über Geld, angefangen bei Sarah Vaughan, bei der Pennys vom Himmel regnen, bis hin zu Buddy Guy, der seinen Hundred-Dollar-Bill-Blues herausschreit. Auch Ray Charles hat einen Song für alle, die auf Greenbacks stehen; und die New Lost City Ramblers einen über Greenback Dollars. Berry Gordy hat Motown mit «Money» groß gemacht, die Louvin Brothers wollten «Cash on the Barrelhead», und Diddy wusste «It's All About the Benjamins». Charlie Rich sang «Easy Money», Eddie Money «Million Dollar Girl», und Johnny Cash konnte einfach alles singen.

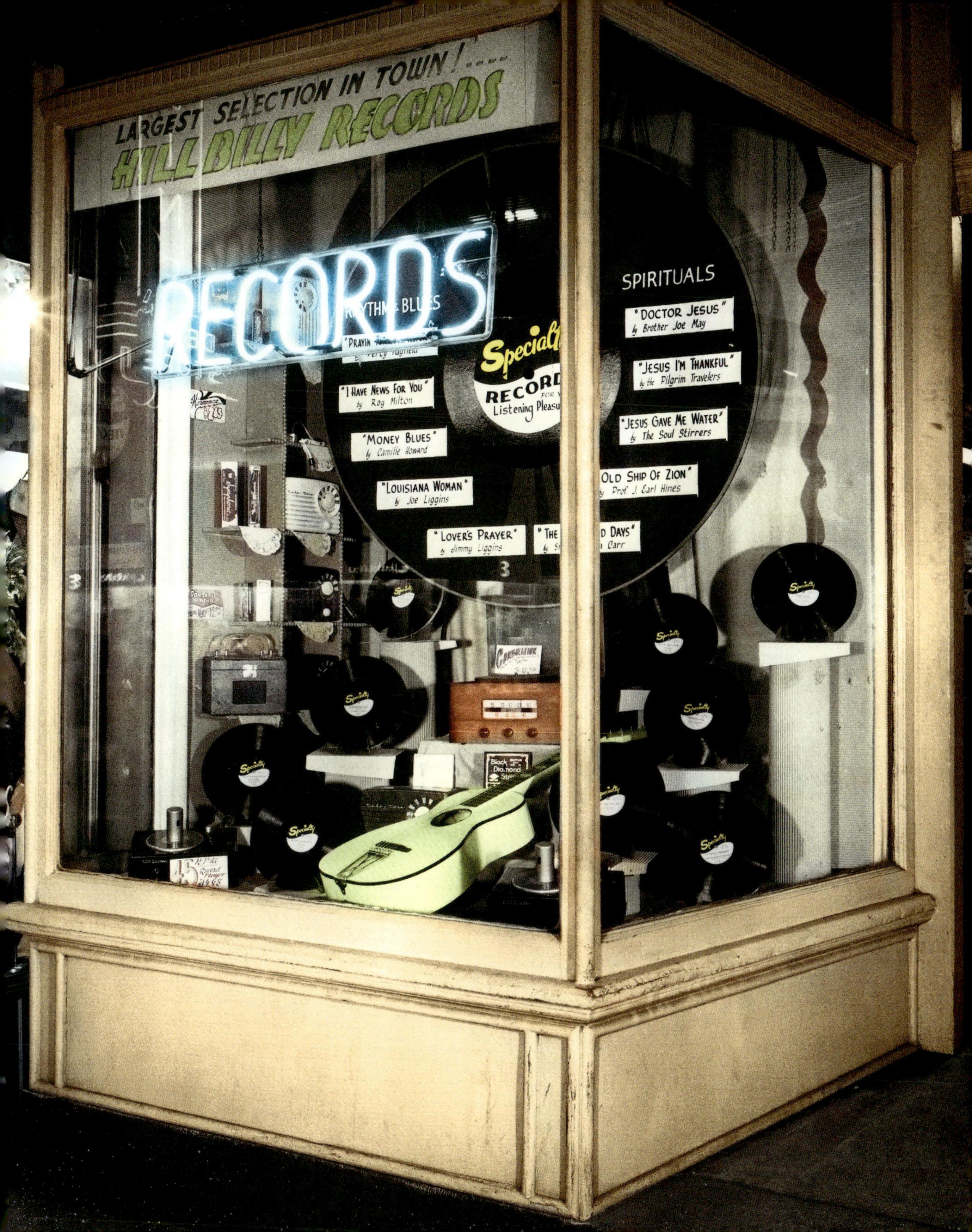
LARGEST SELECTION IN TOWN!
HILL BILLY RECORDS
RECORDS
SPIRITUALS
"DOCTOR JESUS" by Brother Joe May
"JESUS I'M THANKFUL" by the Pilgrim Travelers
"JESUS GAVE ME WATER" by The Soul Stirrers
"OLD SHIP OF ZION" Prof. J. Earl Hines
"I HAVE NEWS FOR YOU" by Roy Milton
"MONEY BLUES" by Camille Howard
"LOUISIANA WOMAN" by Joe Liggins
"LOVER'S PRAYER" by Jimmy Liggins

DL74664

STEREO

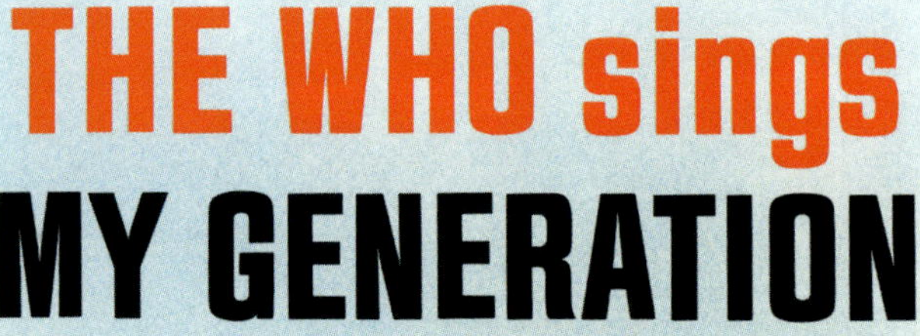

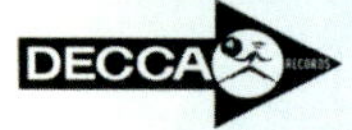

including:
THE KIDS ARE ALRIGHT
INSTANT PARTY
OUT IN THE STREET
PLEASE, PLEASE, PLEASE

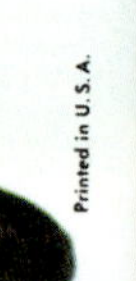

KAPITEL 9

MY GENERATION
THE WHO

Erstveröffentlichung als Single

(Decca, 1965)

Von Pete Townshend

★ ★ ★

DAS IST EIN SONG, DER NIEMANDEM EINEN GEFALLEN TUT und auf alles den Schatten des Zweifels wirft.

In dem Song versuchen Leute dich herumzuschubsen, sie langen dir eine und machen dich runter. Sie sind unverschämt und meckern an dir herum, lassen hässliche Bemerkungen fallen. Sie mögen dich nicht, weil du sämtliche Register ziehst und aufs Ganze gehst. Du machst alles mit Herz und Seele und legst gewaltig los, weil du Energie hast, du hast Kraft und ein Ziel. Und weil du so beflügelt bist, können sie dich nicht vertragen, sie sind allergisch gegen dich und nehmen es dir übel. Schon allein deine Gegenwart stößt sie ab. Sie betrachten dich mit frostigen Blicken und sie haben dich satt, und da sind noch eine Million andere wie du, und jeden Tag werden es mehr.

Du befindest dich in einem erlesenen Club, und du machst Werbung für dich. Du faselst von deiner Altersgruppe, in der du angeblich ein hochrangiges Mitglied bist. Du kannst deine Eitelkeit nicht verbergen, du bist versnobt und hast eine große Klappe. Du willst gar keine Bombe platzen lassen oder für einen Skandal sorgen, du schwingst einfach eine Fahne und du willst gar nicht, dass jemand versteht, was du sagst, oder sich darauf einlässt oder es überhaupt nur richtig aufnimmt. Du schaust auf die Gesellschaft von oben herab und hast keine Verwendung dafür. Du hoffst, dass du abkratzt, bevor dich die Senilität erwischt. Du willst nicht alt und klapprig werden, nein danke. Bevor es so weit ist, trete ich lieber ab. Du betrachtest die Welt wie vor den Kopf geschlagen von so viel Hoffnungslosigkeit.

In Wirklichkeit bist du achtzig Jahre alt, ein alter Mann, der in einem Seniorenheim herumgeschoben wird, die Schwestern gehen dir auf die Nerven. Du sagst, warum verschwindet ihr nicht einfach? Du befindest dich in deiner zweiten Kindheit, kriegst kein Wort heraus, ohne zu stottern und zu sabbern. Du hast keinerlei Ambition, in einem Wolkenkuckucksheim zu leben, du freust dich nicht drauf und drückst dir die Daumen, dass es dazu nicht kommt. Klopf auf Holz. Vorher gibst du lieber den Geist auf.

Du sprichst über deine Generation, predigst und hältst Vorträge.

Klartext, Auge in Auge.

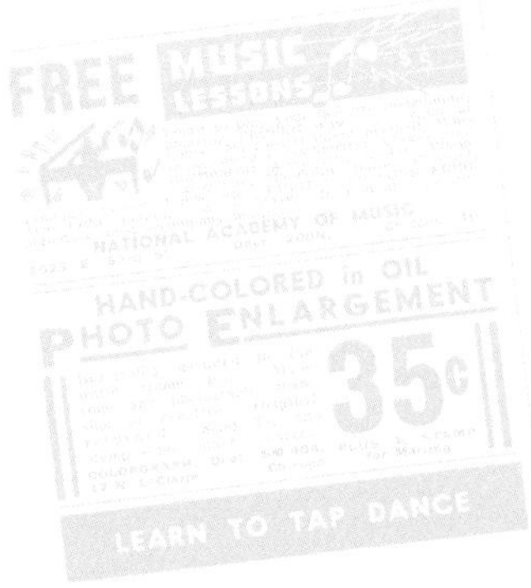

★ ★ ★

HEUTZUTAGE IST ES GANZ NORMAL, dass man sich einen Film direkt aufs Handy streamt. Wenn Gloria Swanson in ihrer Rolle als alternder Filmstar Norma Desmond auf einem handflächengroßen Display erklärt «Ich bin groß, nur das Kino ist klein geworden», dann hat das eine Ironie, die sich Autor/Regisseur Billy Wilder niemals hätte träumen lassen. Wobei sich Leute wahrscheinlich eher kürzere, temporeiche Sachen von TikTok aufs Handy streamen als Schwarz-Weiß-Filme von 110 Minuten Spieldauer.

Jede Generation nimmt und pickt sich das von den vorangegangenen Generationen heraus, was sie möchte, und zwar mit derselben Arroganz und egoistischen Selbstgefälligkeit wie diese, als sie sich selbst mit ihren Vorgängern anlegte. Pete Townshend wurde 1945 geboren, also gleich zu Beginn der Babyboomer-Welle, direkt nach dem Ende des Zweiten Weltkriegs. Petes Eltern und die der anderen Babyboomer nannte man auch «the greatest generation» – was aber keinesfalls als Kompliment gemeint war.

Es könnte der Sache dienen, sich einen Augenblick Zeit für die Definition der Begriffe zu nehmen. Was genau ist eine Generation? Die allgemeine Definition fasst darunter den statistisch größten Anteil der Bevölkerung, der innerhalb einer Zeitspanne von dreißig Jahren geboren wurde und den Zeitgeist prägt. Seit 2019 sind wir in eine neue Phase eingetreten, denn nun gehören alle ab zweiundzwanzig Jahren der Generation Z an. Über Millennials werden längst Witze gerissen, sie sind bereits Schnee von gestern, ebenso überholt wie die vorangegangenen Generationen – die Babyboomer, die Generation X, die Fragile Generation, die Intermediates, die Neutrals, die Dependables, die Unshaken und die Clean Slates.

Marlon Brando, Elvis Presley, Little Richard und die ersten Rocker fielen irgendwo zwischen die Greatest Generation und die Babyboomer; sie waren zu jung, um gegen die Nazis zu kämpfen, und zu alt, um nach Woodstock zu fahren. Doch als Brando in *The Wild One* auf die Frage eines Mädchens, wogegen er rebelliere, antwortete «Whaddya got?», wurden damit bereits die Weichen gestellt für die 1960er Jahre und die Auflehnung gegen die picobello Fertigbausiedlungen, die die Jungs nach ihrer Heimkehr aus dem Krieg bauten.

Wie viele Boomer wirkt Pete in dem Song recht reizbar. So richtig selbstbewusst ist er trotzdem nicht, irgendwie sucht er nach Ausflüchten. Es gibt eine gewisse Abwehrhaltung.

Er weiß, dass die Leute ihn runtermachen, nur weil er herumkommt. Vielleicht hat er das Gefühl, ihnen niemals wirklich gewachsen zu sein, oder aber er weiß, dass sie seiner Generation deren neuerdings großzügig bemessene Freizeit verübeln. Er wünscht, sie würden einfach verschwinden, sich in Luft auflösen. Er hofft, er wird sterben, bevor er alt und aufs Abstellgleis geschoben wird, so wie er sie aufs Abstellgleis schiebt. Pete kann nicht mal selbst mit dem Finger drauf zeigen, er ist angewiesen auf sein Sprachrohr Roger, der die Invektiven herauskotzt. Die Angst ist vielleicht das ehrlichste an dem Song. Wir fluchen alle über die vorangegangene Generation, wissen aber, dass es nur eine Frage der Zeit ist, bis wir uns selbst in sie verwandeln.

Pete wäre wahrscheinlich der Erste, der das zugibt. Was die Geschichte seiner Generation betrifft, sitzt er in der ersten Reihe. Er kann die Transparente gegen Hass und gegen Krieg lesen. Na, das hat ja wunderbar geklappt, danke schön dafür. Jede Generation zeichnet sich anscheinend durch die Arroganz der Ignoranz aus, lieber schafft man das Vorangegangene aus dem Weg, als auf der Vergangenheit aufzubauen. Und sie haben keine Verwendung für einen wie Pete, der aus Erfahrung klug geworden ist und ihnen sagt, was er gelernt hat, als er ähnliche Wege wie sie beschritt. Wäre er trotzdem so kühn gewesen, es zu versuchen, hätte der andere wahrscheinlich zu Pete aufgeschaut und ihm erklärt, er könne ihn nicht sehen, er könne ihn nicht hören.

Und das hat Pete auf eine ganz andere Idee gebracht.

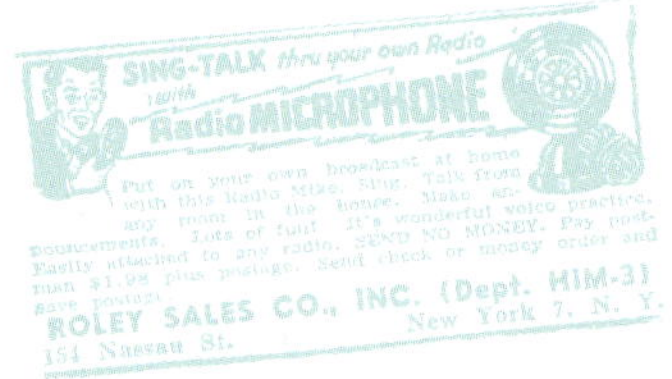

KAPITEL 10

JESSE JAMES HARRY McCLINTOCK

Erstveröffentlichung als Single

(Victor, 1928)

Traditional

★ ★ ★

DAMALS, ALS JESSE JAMES SICH IM LAND herumtrieb, war das Leben als Outlaw gefährlich. Jeder Bürger hatte das Recht, dich zu erschießen und sich die Belohnung abzuholen. Ein Outlaw war ein von der ganzen Gesellschaft Gejagter. Er musste sich verkleiden, sich vor den Augen der Öffentlichkeit verstecken, denn jeder durfte ihn abknallen. Absolut jeder auf der Straße. Und genau das ist Jesse James schließlich passiert. Vor ihm ist es vielen anderen passiert und einigen auch noch später. Man befand sich in einer sehr prekären Lage. Heute ist das ein bisschen anders, Outlaw ist nur noch ein Wort. In der Country Music gibt es einen Haufen Outlaws, aber niemand hat mehr das Recht, sie zu erschießen.

Die Belohnung musste ordentlich sein, wenn man bedenkt, dass man selbst zum Outlaw wurde, wenn man einen erschoss. Mit Pretty Boy Floyd, Bonnie und Clyde und Ma Barkers Bande gab es sie vermutlich bis in die dreißiger Jahre hinein. Wenn dein Gesicht damals auf einem Fahndungsplakat abgebildet war, das im Postamt aushing, dann durfte dich jeder erledigen. Du musstest sehr vorsichtig sein.

Der Outlaw ist eine Erfindung der Engländer. Sie setzten einen Preis auf den Kopf desjenigen aus, der Rotwild des Königs schoss. Jeder durfte ihn töten. Wilderer zur Strecke

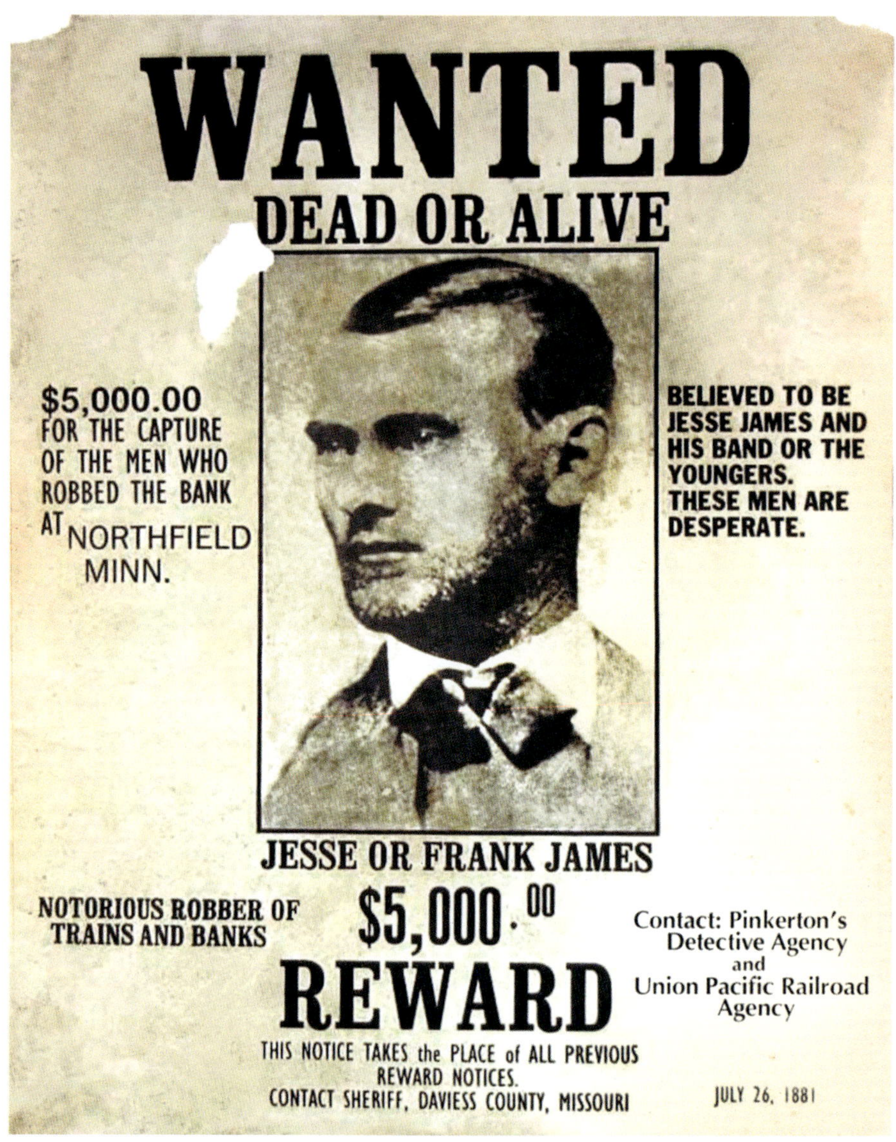

zu bringen wurde zum Hobby der englischen Landbevölkerung. In Amerika war John Wilkes Booth ein Outlaw. Sein Bild fand sich auf Fahndungsplakaten, wer ihn aufspürte, durfte ihn töten und die Belohnung kassieren. Schließlich wurde Booth aber von Gesetzeshütern gefasst, und sie wurden nicht dafür belohnt, weil sie ja nur ihren Job machten. Auch dieses Kopfgeld wurde nicht eingefordert.

Häufig stand auch das Verstecken eines Outlaws unter Strafe. Das FBI setzte sich dafür ein, Outlaws der Gewalt der Bürger zu entziehen. Die Konkurrenz war zu groß und man erließ Gesetze, die das Töten eines Outlaws durch Personen ohne Dienstmarke strafbar machten.

Es war viel leichter, einen Outlaw zu töten, als ihn dem Strafvollzug zu übergeben – auf weiter Prärie Jagd nach ertragreicher Beute zu machen wie in einer romantischen Kopfgeldjägergeschichte. Einen Outlaw lebendig abzuliefern bedeutete Ärger, den man nicht haben wollte, weil andere Bürger ihn töten und seine Leiche einfach kapern konnten. Es war in jeder Hinsicht einfacher, ihn zu erschießen und fertig. Einen Toten konnte man in eine Kiste packen, ohne dass konkurrierende Kopfgeldjäger überhaupt etwas davon mitbekamen.

Outlaws unterscheiden sich von gewöhnlichen Verbrechern. Gewöhnliche Verbrecher gibt es in vielerlei Gestalt. Verbrecher können Dienstmarken tragen, Armeeuniformen oder sogar im Repräsentantenhaus sitzen. Sie können Milliardäre sein, Heuschrecken oder Analysten an der Börse. Sogar Ärzte. Aber ein Outlaw wird von keiner Gruppe geschützt. Er hat keine Verbindungen zur Gesellschaft mehr. Keine Sponsoren, keine nennenswerten Verwandten, und wohin er auch geht, er ist schutzlos. Zwangsläufig ist er ein schroffer Einzelgänger ohne Freunde und Unterschlupf. Er hat gar keine Chance zu überleben. Jesse James hat es jedenfalls nicht geschafft.

Die Outlaws des Gangster Rap und der Country Music hätten damals kein hohes Preisgeld erzielt. Ihre Verbrechen fallen meist in den Bereich der Protzerei und würden auf dem freien Markt nicht viel einbringen. Im Gegensatz dazu gehen die Mafiabosse und anderen Wirtschaftsverbrecher ihren schmutzigen Geschäften in Wolkenkratzern nach, die sich hoch über die Straßen erheben, und lassen sich von Schlägern beschützen, die für sie die Drecksarbeit erledigen, und natürlich von Anwälten, die Distanz zu ihren Namen und Vergehen halten. Deshalb gibt es zwar noch Verbrecher, aber keine Outlaws mehr. Rapstars, Country Outlaws, Hedgefond-Betrüger und Mafiosi leben ein Leben im Luxus, während echte Gangster wie Jesse James in die Dunkelheit abtauchen und hinter jeder Ecke den Tod fürchten müssen.

Das Problem bei Jesse James war, dass sein bester Freund zu seinem schlimmsten Feind wurde.

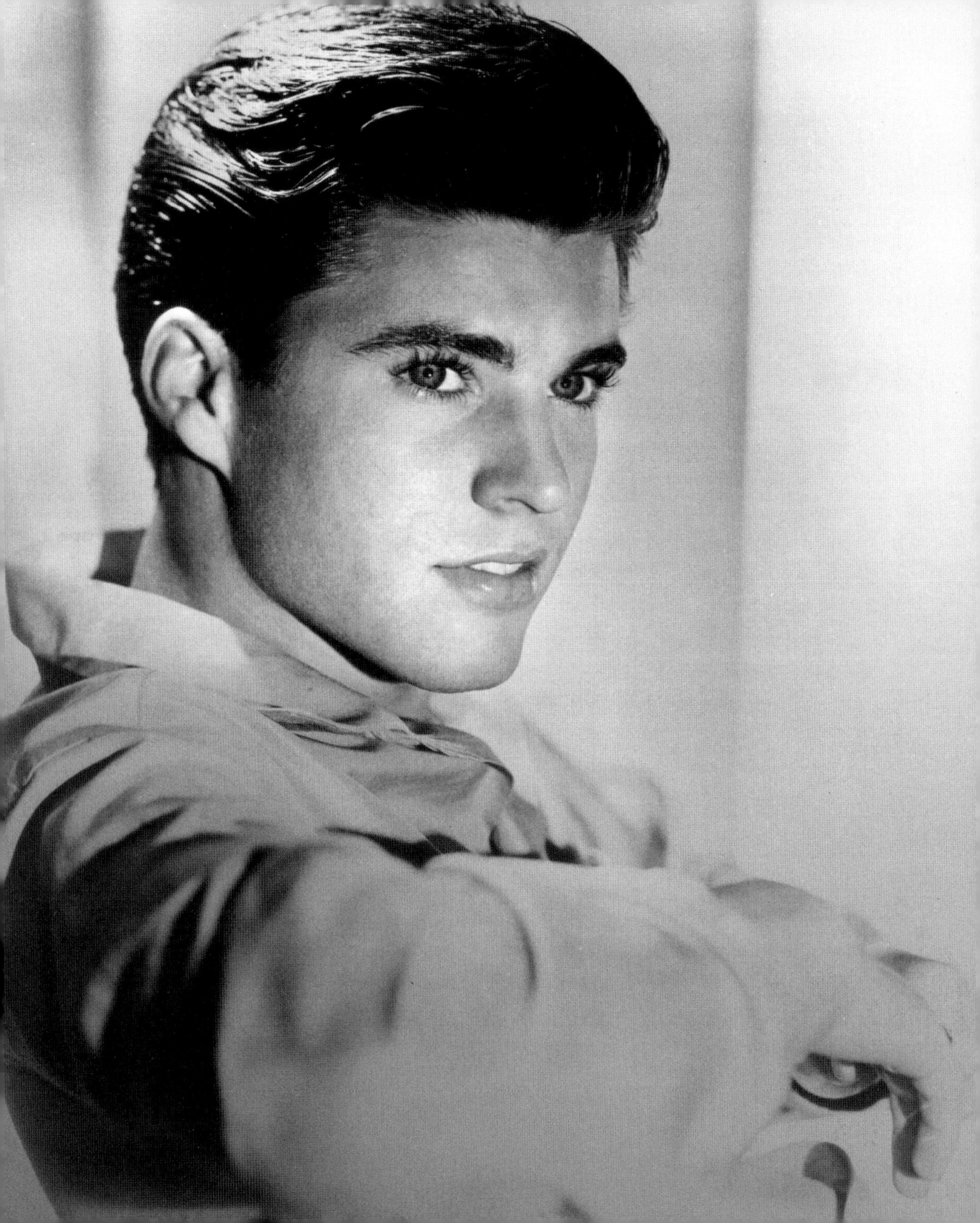

KAPITEL 11

POOR LITTLE FOOL RICKY NELSON

Erstveröffentlichung als Single

(Imperial, 1958)

Von Sharon Sheeley

★ ★ ★

FRÜHER HAST DU EINFACH SO ZUM ZEITVERTREIB mit den Herzen anderer gespielt und dich nicht an die Regeln gehalten. Du musstest eine nur ansehen, ihr schöne Augen machen, und schon kam sie wie der Blitz auf dich zugeschossen.

Du hast dich herumgetrieben und eine Spur der gebrochenen Herzen hinter dir hergezogen, aber damit war Schluss, als du an eine geraten bist, die dich gezähmt hat, eins gegen eins, die dich gebrochen und Dreck hat fressen lassen. Du warst ohne Verstand, daran besteht kein Zweifel. Sie hat mit dir gespielt und dich provoziert mit ihrer unbekümmerten Art, sie war leichtlebig und fröhlich, ungeniert. Sie hat dich liebkost und gestreichelt, dich mit ihren babyblauen Augen verzaubert, sie war ein echter Hammer. Sie hat dich abgecheckt, war umwerfend, durchtrieben und miserabel im Lügen. Ach ja, du hattest ohne jeden Zweifel ein gewaltiges Brett vor dem Kopf.

Sie hat dir alles Mögliche erzählt, wie sehr sie dich bewundert und dass sie dich für immer lieben wird, sie hat dich auf ein Podest gestellt, dein ganzes inneres Wesen an sich gezogen, nie zuvor hast du dich einer solchen Betrügerin ausgeliefert.

Oh ja, du hast dich ordentlich einseifen lassen.

Später, als sie weg war, wusstest du, dass sie es nicht ehrlich meinte, dir gleich mehrere Bären aufgebunden hat und du schön darauf reingefallen bist. Es war alles nur hübsche Fassade. Jetzt bist du wie ausgestopft, blutleer und kalt, sie hat dich geschafft, noch einen Sieg errungen, die Oberhand gewonnen, du bist bloß eine Feder an ihrem Hut. Armer kleiner Narr, ganz genau.

Du hast dir mit den Herzen anderer Späße erlaubt und gescherzt, als wäre es ein Wettbewerb, aber sollte jemals jemand gedacht haben, es könnte dich selbst erwischen, dann mussten sie sich erst einmal gedulden. Es hat lange gedauert, aber dann ist es doch passiert. Du hast dich verheddert in dem sinnlosen blöden Spiel, und jemand hat dich abserviert.

Jetzt bist du überholt, Schnee von gestern, und du spazierst hinaus in die Nacht zum Fluss, aber das Wasser ist tot. Du machst einen Schritt nach dem anderen. Ein anderes Mädchen hat dir eine Hand auf die Schulter gelegt, du bist nicht immer in Bestform.

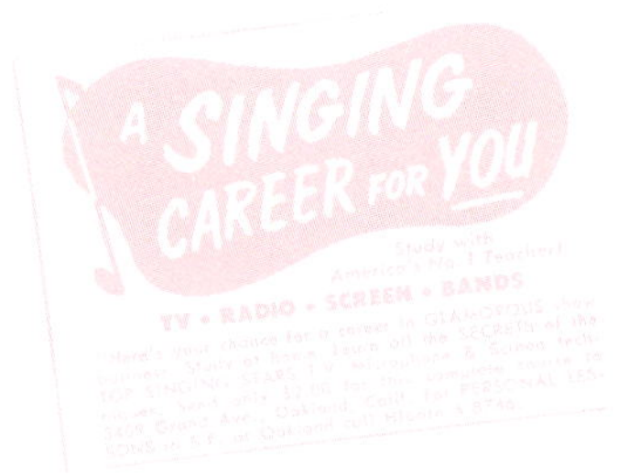

★ ★ ★

DER «FOOL» HAT UNS VIELE SONGS GESCHENKT. Menschen machen häufig dumme Sachen, die ihnen eigentlich gar nicht ähnlich sehen. Eine einzige Fehleinschätzung kann schon zu einem bösen Ende führen. Aber diese Leute würden wir nicht als Narren bezeichnen, wenn sie ihr Leben nicht auch als solche gelebt hätten.

Ricky Nelson war kein Idiot, er ist nicht ohne Socken oder mit Federn in den Haaren herumgelaufen, er hatte die besten Voraussetzungen und alle Karten in der Hand. Alle Asse und Bube, Dame, König auch. Ein Rockabilly-Balladen-Sänger, nach außen hin unschuldig und naiv, gleichzeitig aber mit ungeheurem Tiefgang. Er improvisierte seinen Platz im Universum, befand sich immer an vorderster Front. Man wusste, womit man zu rechnen hatte.

Es gibt viele Songs über Narren. Aretha denkt über ihren Platz in einer ganzen Reihe von Narren nach, Hank Snow fragt sich, wie oft es solche Trottel wie ihn selbst wohl gibt. Paul McCartney betrachtet einen auf einem Hügel, Bobby Bland hat Mitleid mit einem anderen, während The Main Ingredient wissen, dass jeder hin und wieder mal einen spielt. Die Liste ließe sich fortsetzen. Frank Lymon möchte wissen, warum Narren sich verlieben, Jerry Garcia sang über ein Schiff voll davon, Elvis behauptete, sie seien eilig zur Stelle, wenn Engel sich nicht trauen, und Anthony Newley wusste nicht mal, was für einer er selber war. Ricky Nelson brachte die melodiöse Selbsterkenntnis «Poor Little Fool» 1958 bis an die Spitze der gerade erst erfundenen *Billboard Hot 100*. Es war sein erster Nummer-eins-Hit, ein zweites Mal gelang ihm eine so hohe Chartplatzierung erst wieder mit «Travelin' Man» 1961.

Ricky hatte lange auf den Erfolg gewartet. Die Radiosendung seiner Eltern, *The Adventures of Ozzie and Harriet*, die auf dem wahren Leben der Familie basierte, hatte 1952 nach acht Jahren den Sprung ins Fernsehen geschafft. Ricky und sein älterer Bruder David wurden Fernsehstars, und Rickys LP *Ricky* marschierte 1957 auf den ersten Platz.

Ricky Nelson war ein echter All-American Boy. Ein ehrgeiziger Sportler, ein gefeierter Football-Spieler, ein Champion im Tennis und ein Hochseil-Trapezkünstler. Auch als er sich bei einer Übung die Hand brach, gab er nicht auf. Bis zu seinem Highschool-Abschluss schaffte er es sogar, als Stammspieler in die Football-Mannschaft aufgenommen zu werden. Bevor er Bandleader und Sitcom-Star wurde, war Rickys Vater Ozzie in Rutgers Quarterback gewesen, es lag also in der Familie.

Offensichtlich hatte Ricky seine Talente seinen Eltern, Ozzie und Harriet, zu verdanken. Ozzie hatte in den dreißiger Jahren ein Orchester geleitet, und Harriet war Sängerin einer Big Band.

Man könnte behaupten, Ricky sei mehr noch als Elvis der eigentliche Botschafter des Rock and Roll gewesen. Klar, als Elvis bei *Ed Sullivan* auftrat, hielten alle die Luft an und merkten sich das, aber Ricky kam jede Woche zu ihnen ins Haus. Dank Ricky, seinem Gitarristen James Burton und dem Rest der Band wurde Rock 'n' Roll zu einem Teil der Familie. Und nicht nur bei uns, sondern auf der ganzen Welt, auf magische Weise verwandelte Ricky den Bildschirm eines Schwarz-Weiß-Fernsehers in den amerikanischen Traum. Am meisten aber bewegte er mit seinen Platten. Ricky gehörte einer Generation an, die Buddy Holly, Little Richard, Chuck Berry, Gene Vincent, Fats Domino und andere hatte und die Menschen aller möglichen Nationen dazu brachte, selbst in den kommunistischen Ländern, sich in Amerika zu verlieben.

Ricky war allerdings keiner, der lange untätig bleiben konnte, und so versuchte er es 1959 auf der großen Kinoleinwand, spielte neben Prominenten wie John Wayne und Dean Martin in *Rio Bravo*, einem Western unter der Regie von Howard Hawks. Ricky ging seine Rolle des Colorado Ryan mit derselben coolen emotionalen Abgeklärtheit an, die er auch in seine Songs einfließen ließ, wenn er den lakonischen Gesangsstil seines Vaters nachahmte. Anders als viele seiner Zeitgenossen, die sich oft viel zu sehr hineinsteigerten, bildete er ein zuverlässiges Gegengewicht zu deren emotionaler Wucht, und das mit toller Wirkung. Man fragt sich, wie er die anderen großen Rollen dieser Zeit, die ihm angeboten wurden, gespielt hätte, zum Beispiel den Stanley Kowalski in *Endstation Sehnsucht* oder Lonesome Rhodes in *Ein Gesicht in der Menge*. Die wöchentliche Fernsehsendung und die Anforderungen als Studiokünstler nahmen ihn zu sehr in Anspruch, und so bekamen wir seine Interpretation nie zu sehen.

Wie das immer so ist, wendete sich innerhalb weniger Jahre das Blatt und man wollte Ricky aufs Altenteil abschieben. Doch Ricky ließ sich das nicht gefallen. Richard Nader wollte Ricky 1971 für eine Rock 'n' Roll Oldies Show buchen. Ricky erklärte sich nur unter zwei Bedingungen bereit, dort aufzutreten. Die Veranstaltung sollte in «Rock and Roll

Spectacular» umbenannt und er selbst als Rick, nicht Ricky, Nelson angekündigt werden. Er brachte die Veranstalter dazu, seinen Namen und den der Show zu ändern. Als Ricky an dem Abend im Madison Square Garden auftrat, war nichts davon durchgesickert.

Bo Diddley, Chuck Berry, die Coasters, Bobby Rydell und eine Reihe anderer – sie waren alle gut, spielten ihre Hits. Rick war der Einzige, der es mit neuem Material versuchte. Na gut, ein paar bekannte Songs hat er auch gespielt. Aber eben auch ein paar neuere Sachen. Er wurde ausgebuht.

Später schrieb er einen Song mit dem Titel «Garden Party» darüber und schaffte es damit in die Top Ten. Die Leute, die kamen und ihn sich noch einmal ansahen, erkannten sich in dem Song nicht wieder.

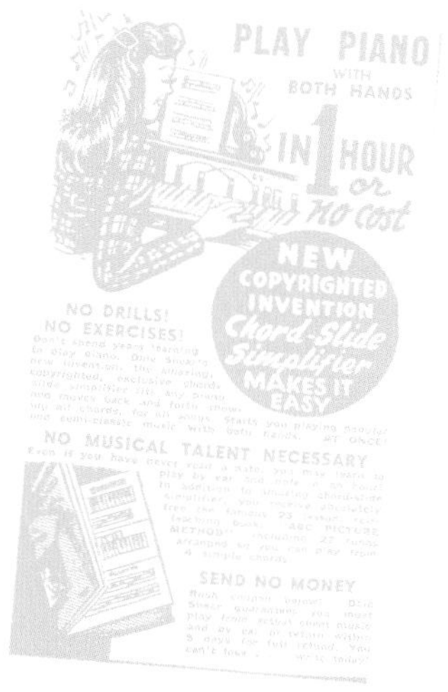

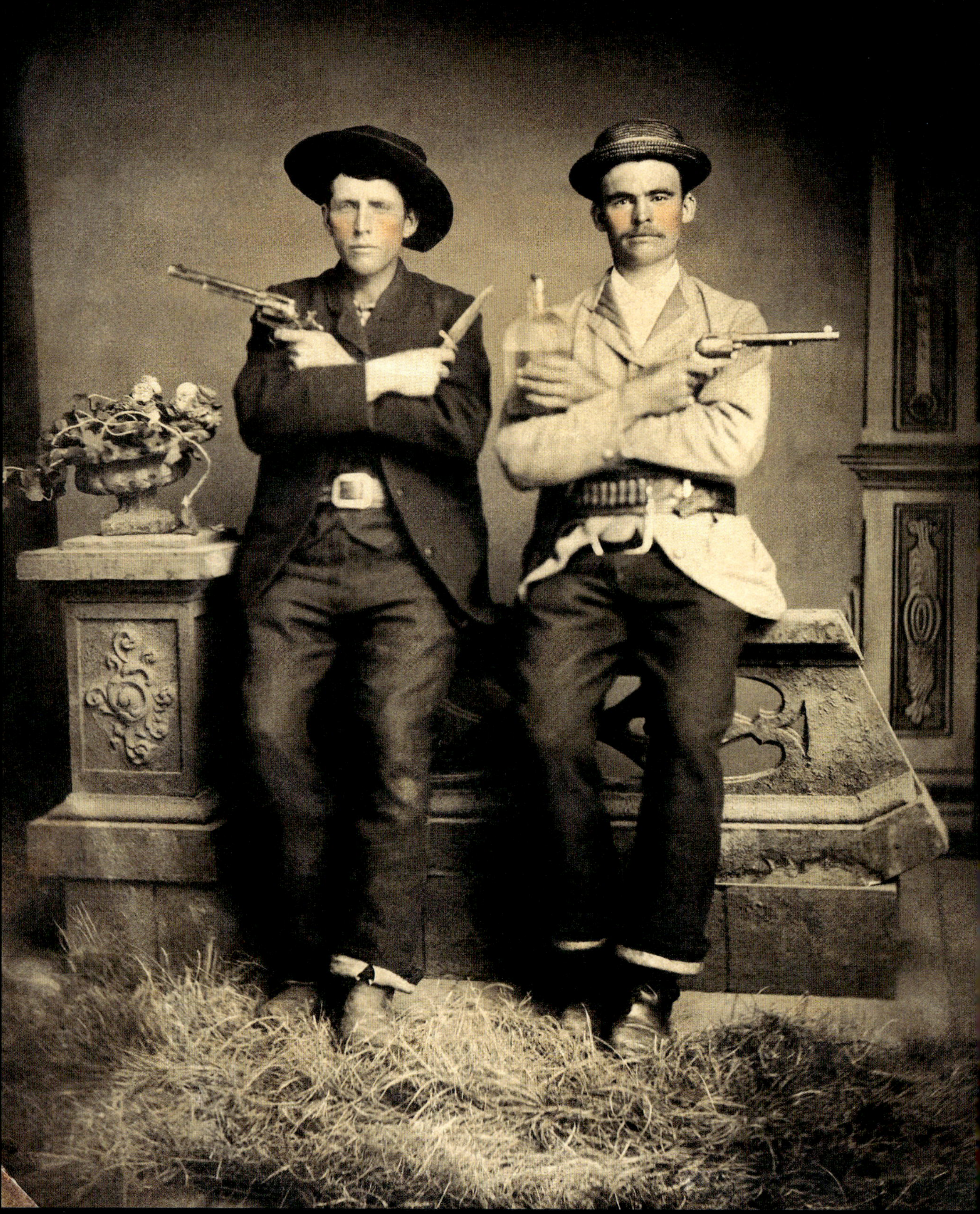

KAPITEL 12

PANCHO AND LEFTY WILLIE NELSON AND MERLE HAGGARD

Erstveröffentlichung auf dem Album *Pancho & Lefty*

(Epic, 1983)

Von Townes Van Zandt

★ ★ ★

EINEN GROSSEN ANTEIL AM SONGWRITING und überhaupt jeder Art von Schreiben macht das Redigieren aus, das Zusammenkürzen eines Gedankens auf das Wesentliche. Anfänger verschanzen sich oft hinter dem Filigranen. In vielen Fällen steckt die Kunst aber im Unausgesprochenen. Wie ein altes Sprichwort besagt, bewegt ein Eisberg sich anmutig, weil er größtenteils unter der Oberfläche verschwindet. So gesehen war es vorausschauend, dass John Townes Van Zandt den phantasielosesten seiner Namen bereits früh im Leben ablegte und seine Identität auf eine einprägsamere Silbenfolge verkürzte.

Als quadratischer Keil im runden Kreis einer wohlhabenden Familie geboren, versuchte Townes sich anzupassen und wie sein Vater Anwalt zu werden. Die Liebe zu Elvis Presley und diversen anderen Rauschmitteln ließ dieses Vorhaben jedoch scheitern. Der lebenslange Kampf gegen Depressionen und Sucht machte ihn verschlossen und presste düstere, schwermütige Songs aus der Tiefe seiner Traurigkeit. Townes wurde eine manische Depression diagnostiziert, und er bekam Elektroschocks und Unmengen an Insulin verabreicht. Die Behandlung zerstörte Teile seines Gedächtnisses, was seinen Songs höchstwahrscheinlich ihre reduzierte, losgelöste Stimmung verlieh.

Weder in der Schule noch beim Militär war Platz für seine schocktherapierte und gebrochene Dichterseele, und seine Träume von Elvis Presley wichen der Liebe zu den traurigeren Songs von Hank Williams. Er trieb richtungslos umher und trank. Texas war voller Musiker, die man sich ansehen und von denen man lernen konnte. Guy Clark, Gatemouth Brown, Jerry Jeff Walker, Butch Hancock, Doc Watson, Lightnin' Hopkins, Mickey Newbury und Willie Nelson. Newbury brachte ihn nach Nashville und stellte ihn Cowboy Jack Clement vor, der sich mit extremen Verhaltensweisen auskannte, denn er hatte bereits Jerry Lee Lewis produziert. Das war der Beginn eines sehr fruchtbaren, turbulenten und letztlich katastrophalen Kapitels in Townes' Leben, das schließlich mit Gerichtsprozessen, Anschuldigungen und gelöschten Mastertapes endete.

Nur dann einen Songwriter beurteilen, indem man einen Blick auf die Sänger und Sängerinnen wirft, die seine Songs gesungen haben. Townes hatte einige der Besten – Neil Young, John Prine, Norah Jones, Gillian Welch, Robert Plant, Garth Brooks, Emmylou Harris und hunderte mehr. Eine andere Möglichkeit besteht darin, zu fragen, ob ihre Songs immer noch gesungen werden? Die von Townes schon. Jeden Abend – in kleinen Clubs, einsamen Schlafzimmern und überall dort, wo Menschen mit gebrochenen Herzen die Schatten länger werden sehen.

Das Schlimmste an einem Song wie «Pancho and Lefty» ist, dass er Townes Geld beschert hat, um sich zu vergiften. Er starb am Neujahrstag. Genau wie sein Idol Hank Williams 44 Jahre zuvor.

«Pancho and Lefty» ist eine monumentale, panorama-artige Geschichte, wunderschön gesungen und wunderschön produziert, darunter von zwei der größten Sänger-Ikonen der Moderne. Willie Nelson konnte bekanntlich das Telefonbuch singen und dich damit zum Weinen bringen – übrigens konnte er das Telefonbuch auch schreiben, und dasselbe gilt mehr oder weniger auch für Merle.

Bevor Willie auf die Bühne ging, verkaufte er Bibeln an der Haustür, und wenn seine gefühlvolle Vortragsweise irgendeinen Rückschluss auf seine persönliche Ausstrahlung

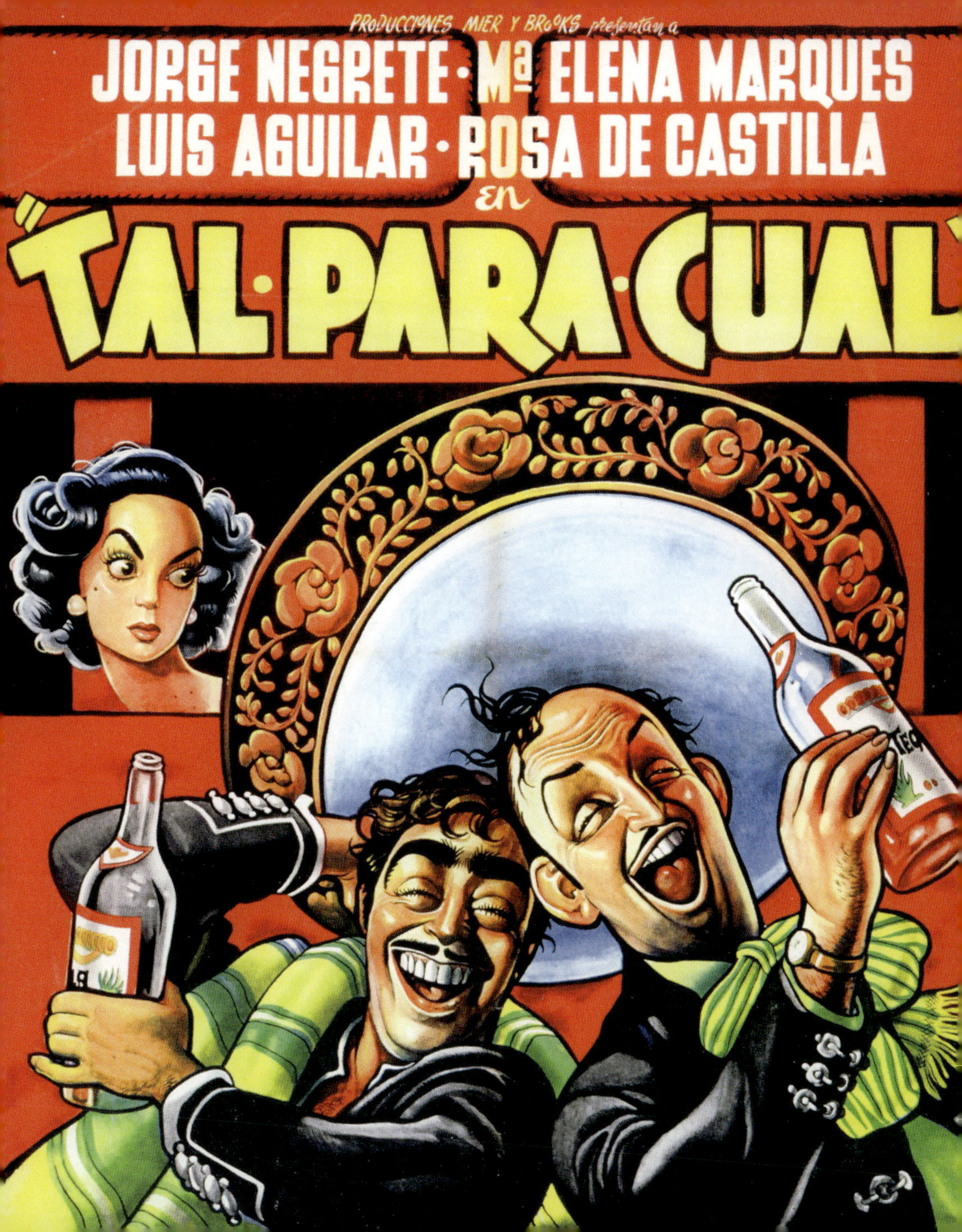

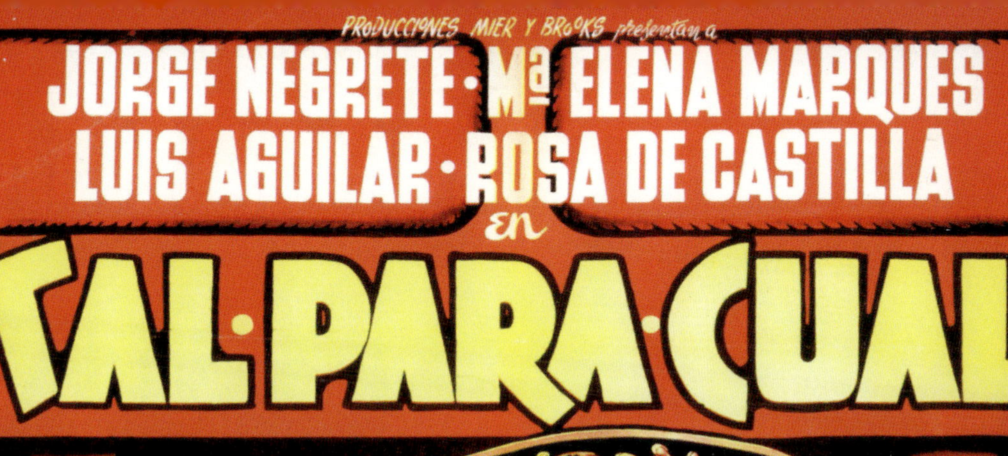
PRODUCCIONES MIER Y BROOKS presentan a
JORGE NEGRETE · Mª ELENA MARQUES
LUIS AGUILAR · ROSA DE CASTILLA
en
"TAL·PARA·CUAL"

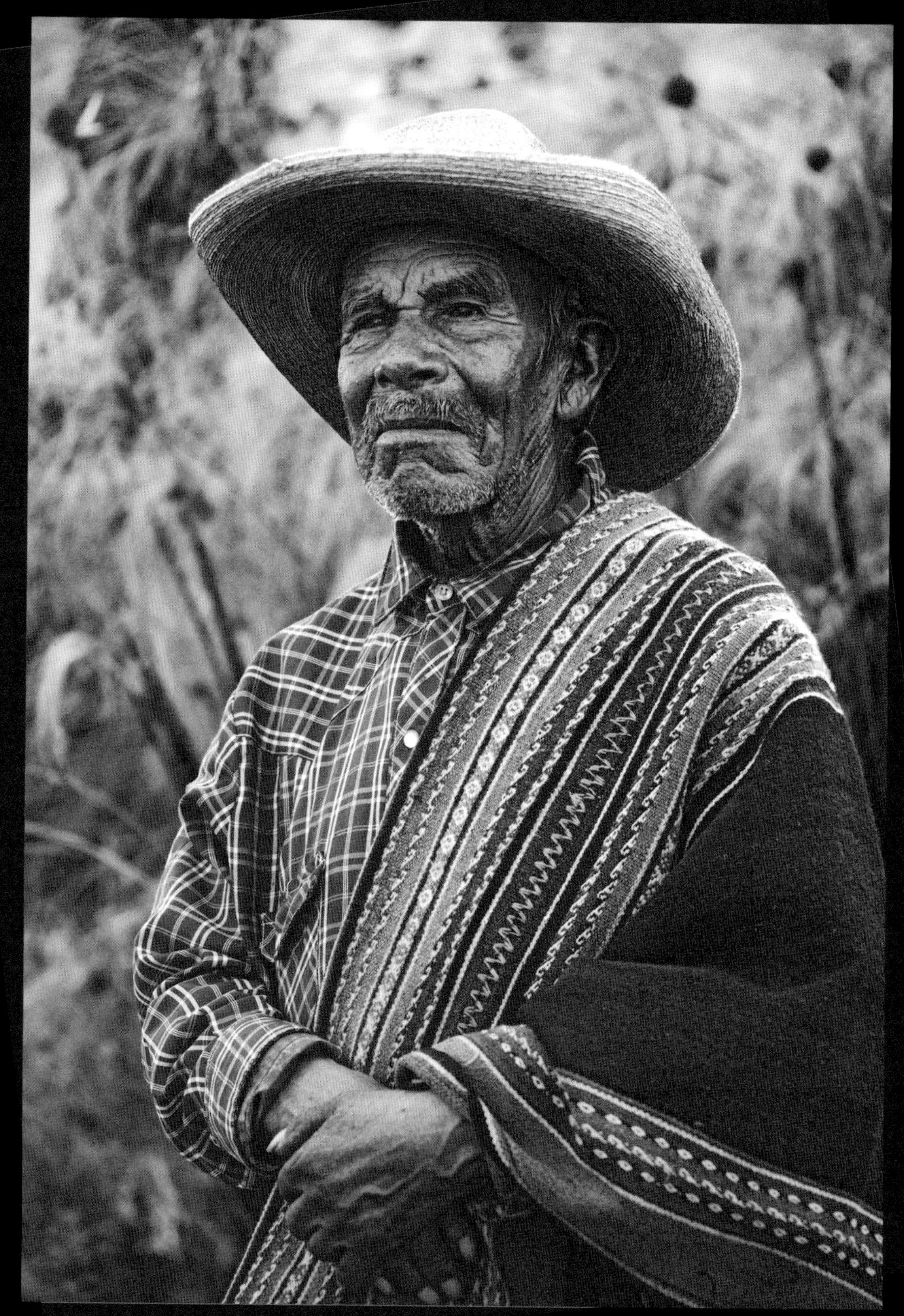

und Ehrlichkeit zulässt, dann muss er wohl für die Hälfte aller Bibeln in amerikanischen Haushalten verantwortlich sein. Eine Banditengeschichte mit zwei Hauptfiguren – der eine, Pancho, ein draufgängerischer Pistolenheld und mit einem Sombrero bewehrter Revolutionär, und der andere, Lefty, ein lässiger Honkytonk-Held mit Honig in der Stimme. Sie befinden sich in der Wüste des alten Mexiko auf der Straße ins Nirgendwo. Panchos Pferd ist so schnell wie ein NASCAR-Rennwagen, und Lefty kann keinen Blues singen, weil Pancho oder die Federales etwas getan haben, weswegen es ihm die ganze Fresse verzogen hat. Er kann nicht mal gehen, geschweige denn singen. Er gerät aus dem Blickfeld und landet nach einem durchzechten Wochenende in einer Absteige im heruntergekommenen Teil von Cleveland. Er hat dreißig Silberstücke und eine Pistole, um sich das Gehirn wegzublasen.

Pancho ist ein Muttersöhnchen, total undiszipliniert und egozentrisch. Man hat ihm immer Mut gemacht, sich über Dinge zu äußern, von denen er nichts versteht. Pancho und Lefty sind das perfekte Paar, aber keiner von beiden hat bislang den wahren Freund fürs Leben gefunden.

Die Unterschicht (die ehrliche Welt), das geknechtete Volk, hat eine Heidenangst vor dem skrupellosen Pancho. Er presst das Letzte aus ihnen heraus und lässt sie leiden. Lefty ist eher hinterhältig. Die beiden sind Diebe und Nonkonformisten. Das aristokratische Establishment, die landbesitzende Oberschicht, ist zu stark für sie, und bei der Unterschicht gibt es nicht viel zu holen, also haben sie es auf die Mittelschicht abgesehen, machen sich deren verlogene Wertvorstellungen, ihren Materialismus, ihre Heuchelei und ihre Unsicherheiten zunutze.

Pancho sorgt außerdem für ausreichend Alkohol, Drogen und Sex für beide. Pancho ist der Boss. Schließlich verstößt er gegen irgendeine Vereinbarung mit den Federales, und zwangsläufig folgt sein Ende. In einem anderen Leben würde Pancho in einer Stierkampfarena stehen und Lefty auf der Bühne der Grand Ole Opry.

Pancho und Lefty. Sie spiegeln einander. Keiner von beiden hat sich überlegt, wie man erfolgreich aussteigt.

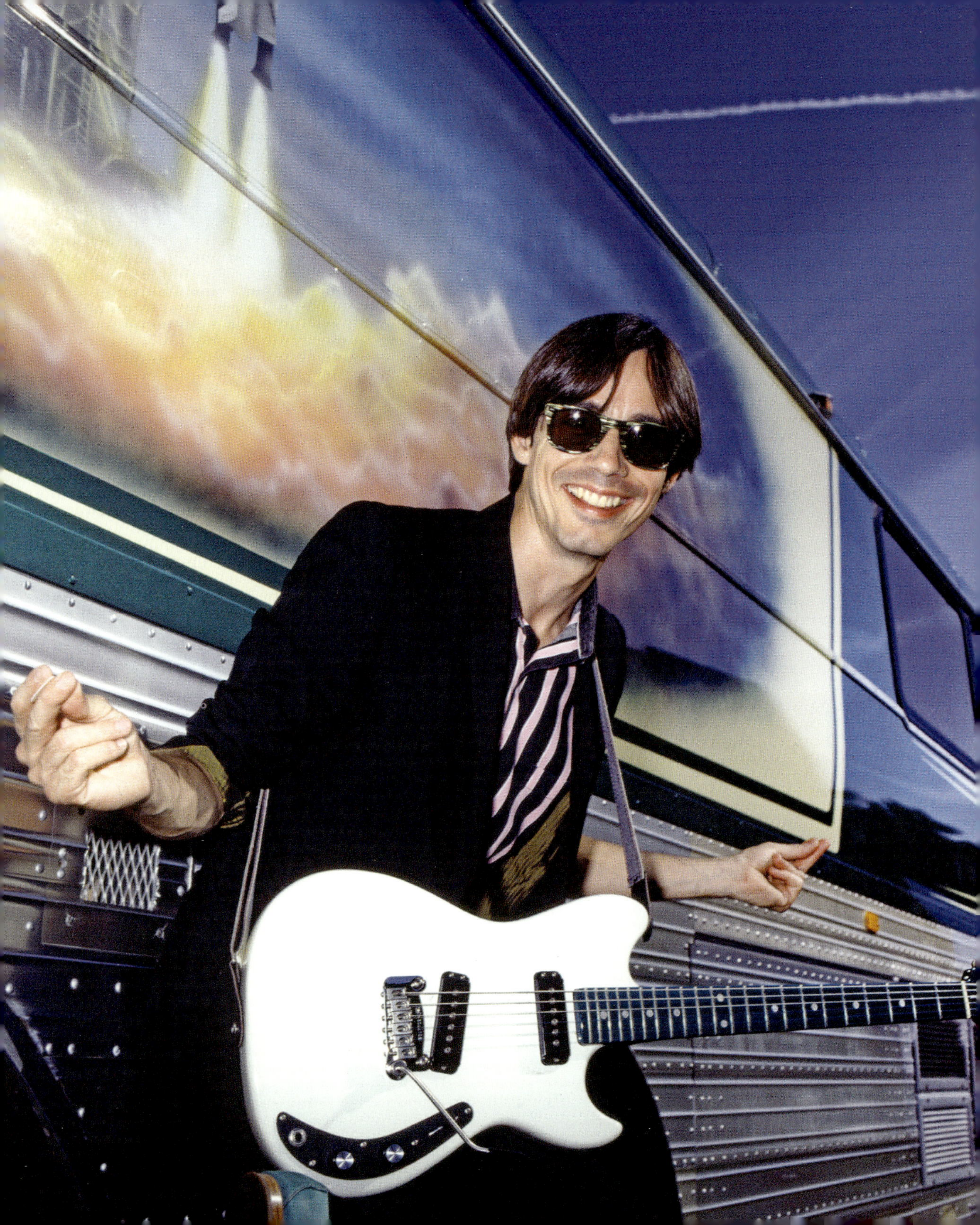

KAPITEL 13

THE PRETENDER
JACKSON BROWNE

Erstveröffentlichung auf dem Album *The Pretender*
(Asylum / Elektra, 1976)
Von Jackson Browne

★ ★ ★

DIESER SONG AUF DEM ALBUM *The Pretender* ist wohl einer der großartigsten Songs von Jackson Browne überhaupt. Schon 1955 besangen die Platters den *Great Pretender*, aber wie so vieles sanken auch die Schaumschläger irgendwann zwischen den fünfziger und den siebziger Jahren im Wert.

★ ★ ★

DER PRETENDER IST EINE GEFAHR für Kirche und Gesellschaft. Er altert nicht, und er ist neugierig wie ein Karnickel auf das andere Geschlecht. Er ist selbstherrlich und gibt gegenüber Dritten immer klein bei. Der Pretender ist einer, der für ein klitzekleines Stück vom amerikanischen Traum käuflich zu haben ist. Er ist ein Eisverkäufer, ein tingelnder Säufer, ein «moneylender», und wenn er gewollt hätte, auch ein «contender». Der Pretender verfügt durchaus über eine gewisse Anziehungskraft.

Er ist auf dem Sprung, immerfort auf dem Weg nach Kalifornien. Der Pretender beharrt auf allem, aber er lässt beiseite, was er nicht mag, und er ist gut darin, sich selbst nicht in die Quere zu kommen. Er ist glatt, füllt dich ab und zurrt dich fest, dann macht er dich mit Slogans fertig. Der Pretender stellt sich nicht hinten an der Essensausgabe an, er nimmt sich seinen eigenen Imbiss mit, behält seinen Job, geht nach Hause und kommt runter, schläft ein und steht am nächsten Morgen auf und macht alles noch einmal als Zugabe – sein Leben ist eine kaputte Schallplatte, und er weiß für alles eine Lösung. Für ihn ist die Liebe eine gefährliche Angelegenheit, und sein Erfolg beruht darauf, jemand zu sein, der er nicht ist.

Er ist gefangen in der unbedeutenden Welt, der Welt der gesetzlichen Zahlungsmittel, wo die Sirenen singen und die Kirchenglocken klingen und das Morgenlicht hereinströmt. Das allwissende Licht, das erleuchtende Licht, das ihn stockblind macht wie eine Fledermaus, weil es so blendet. Er geht die Langstrecke, ist hin- und hergerissen zwischen Schwachsinn und Schmutz – denen, die nichts wissen, und denen, die nicht wissen, was sie tun –, er ist der alte Profi, der wieder in den Krieg ziehen will – gefangen in der Korruptionsmaschinerie, ohne Sinn für die Dinge, die zu rasch kommen, er kann sie nicht ausstehen. Zu schätzen weiß er die Dinge, die zu bekommen lange Zeit in Anspruch nehmen, die Dinge, die sein Leben vervollständigen. Die Bürde anderer zieht ihn runter, sein Verlangen nach Liebe auch.

Er schlendert im Mondlicht, spaziert über den Boulevard, hält an keiner roten Ampel, will nicht verknöchern oder zur Mumie werden. Er fährt in der Dämmerung, wenn die Luft kühl ist und frisch, wenn Liebende alles lustig finden und schmunzeln und kichern, alles krönen mit heftigen Gefechten, an der Welt herumzerren und alles in Sichtweite verstümmeln, sich streiten und prügeln. Er sieht alles durch die dunkle Brille auf seiner Nase, hinter der er seine Augen verbirgt. Aber da sind keine Augen, kein Herz und keine Seele, nur klaffende Höhlen und eine unersättliche Gier nach Sex.

Gestern Nacht hat er Jazz im Radio gehört, Mingus, Brubeck und Monk, er ist an der Ampel eingeschlafen, hat über Utopia nachgedacht, im Traum von diesem Land gehört. Er denkt, eines Tages wird er alles finden, das verlegt oder zurückgelassen wurde, eines Tages wird er ein Mädchen finden, das ihm zeigt, was Kichern wirklich bedeutet, und dann wird er sie bis zur Erschöpfung lieben, bis er keine Kraft mehr hat, bis seine Männlichkeit nicht mehr existiert – dann steht er auf und macht alles noch einmal. Das hat er schon beschlossen. Er wird zum Mittagessen ausgehen, ein echter Schwachkopf, für Geld legt er sich schwer ins Zeug. Er wird alles in jedem Schaufenster kaufen, außerdem alles, was er in der Werbung sieht. Egal, was es ist, er wird es kaufen, ganz gleich, was auf dem Reklamezettel steht. Er wird zielstrebig sein und an alles glauben, was Gewinn bringt, alles, wofür er seine Kohle ausgibt. Er hat ein neues Kapitel aufgeschlagen, die Straße gehört ihm, und jetzt kommt er.

Einst war er ein junger Mann, unterentwickelt, aber wild und knallhart, inzwischen hat er kapituliert, die weiße Fahne geschwenkt. Er dachte, seine Liebe könnte es mit allen aufnehmen, aber das war nicht so. Wenn du für den Pretender beten willst, dann nur zu, aber gib acht. Etwas könnte ihn verstimmen. Der Pretender will nicht, dass irgendetwas gewöhnlich ist. Deutlicher könnte er es kaum ausdrücken.

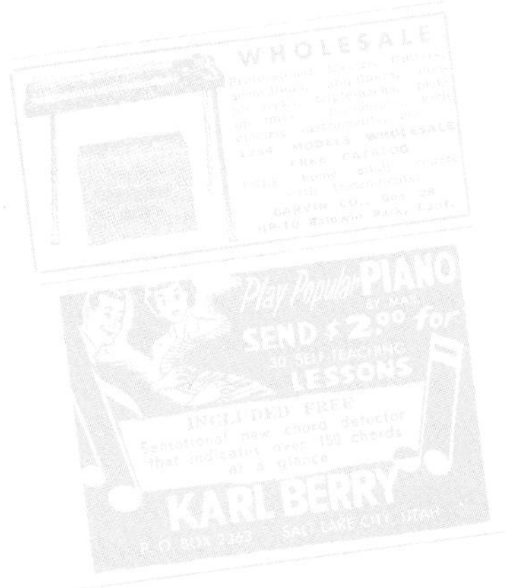

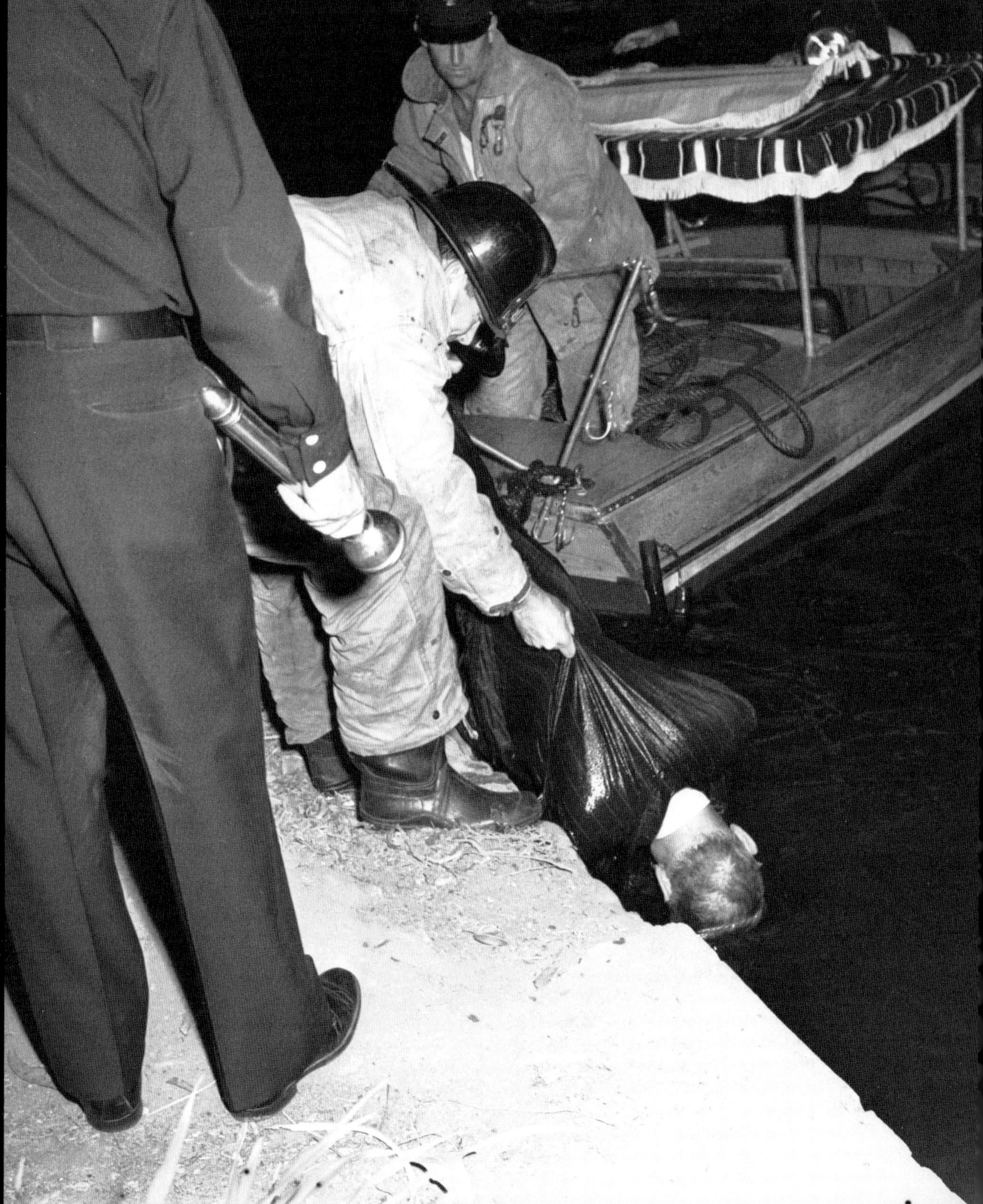

KAPITEL 14

MACK THE KNIFE BOBBY DARIN

Erstveröffentlichung auf dem Album *That's All* (ATCO, 1959)

Musik von Kurt Weill

Text von Bertolt Brecht

★ ★ ★

WUCHS MAN ALS ITALIENER IN DEN vierziger oder fünfziger Jahren an der amerikanischen Ostküste auf, wollte man höchstwahrscheinlich Frank Sinatra sein. Man lebte ihn, spürte und atmete ihn – alles an ihm, wie er sich kleidete, wie er sang, wie die Mädchen scharenweise auf ihn flogen und in Ohnmacht fielen. Auch Bobby Darin muss in seinem Bann gestanden haben. Aber während Sinatra die römisch-katholische Kirche mehr oder weniger erfand, war Darin dort bloß Messdiener. Frank hatte den stärksten Rückhalt, den man nur haben kann. Sein Vater war Boxer im Bantamgewicht, und seine Mutter eine clevere Geschäftemacherin mit Beziehungen zur Politik. Darin dagegen hatte keine Ahnung, wer sein Vater war, und hielt seine Mutter für seine Schwester. Er hatte absolut keinen Rückhalt und musste sich ganz allein behaupten. Während Sinatra in jeder Hinsicht inklusiv war, muss Darin sich vorgekommen sein wie unerwünschtes Gesindel.

Der Song stammt aus der *Dreigroschenoper*. Eigentlich ist das keine Oper, sondern ein Theaterstück mit Liedern. Auf demselben Album singt Darin auch etwas aus *Porgy and*

Bess, das ebenfalls für eine Oper gehalten wird, zumindest von George Gershwin. Im Grunde war es auch keine, sondern einfach nur eine Geschichte mit ein paar eingestreuten Songs. In beiden sogenannten Opern kommen ungewöhnliche Figuren vor. Sportin' Life und Mingo, Strawberry Woman, Crab Man, Scipio und andere. Ebenso ausgefallene Namen finden sich in der *Dreigroschenoper:* Polly Peachum, Tiger Brown, Filch und Mackie Messer, neben anderen. *Porgy and Bess* spielt in der Catfish Row und ist ein Stück, in dem Zuhälter, Prostituierte, Drogendealer und Mord ganz generell glorifiziert werden. Die *Dreigroschenoper* macht ziemlich genau dasselbe, nur geschieht es dort auf zwielichtigere Weise. Auch dieses Stück spielt in einer Welt der Ganoven, Taschendiebe und Drogenschmuggler. Einer Welt der Kleinkriminellen, Gelegenheitsdiebe, Zuhälter, Taschendiebe und Zigarre rauchenden Killer – jener Subkultur, der Hitler den Garaus gemacht hat. Und eins ihrer Lieder ist natürlich «Mack the Knife».

Bobby machte mit seinem Teenagerhit «Splish Splash» zum ersten Mal landesweit von sich reden – ein Schlingel von einem Song, durch den sein Fingerschnippen und schmachtender Stil Eingang in den Rock 'n' Roll fanden. Gab es Ähnlichkeiten zwischen Frank und Bobby? Vielleicht. Man sollte es meinen. Aber Darin steuerte auf eine Sackgasse zu, und Frank machte einfach immer weiter. Darin hätte auch Filmstar werden können, und ein bisschen war er das auch, er war ein ausgezeichneter Schauspieler. Nur waren die guten Rollen längst weg. Frank spielte in Filmen wie *Suddenly, The Joker Is Wild, The Manchurian Candidate* und anderen. Darin hätte diese Rollen wahrscheinlich auch spielen können, aber sie waren vergeben, und er musste sich mit sinnlosen Auftritten in belanglosen Streifen begnügen.

Darin trat auch in Vegas auf, aber man kann ihn sich schwer inmitten eines Rat Pack vorstellen. Hätte er eins gehabt, wer wäre wohl dabei gewesen? Ben E. King? Wayne Newton? Robert Blake? Tuesday Weld? Man kann es sich nur ausmalen. Am vielsagendsten und schrägsten aber war Franks Wahlkampfeinsatz für John F. Kennedy, tatsächlich war er später bei dessen Einzug ins Weiße Haus dabei und sang bei seiner Amtseinführung, wohingegen Darin nur seinen unermüdlichen Wahlkampfeinsatz für Bobby Kennedy, den zum Märtyrer gewordenen jüngeren Bruder des Präsidenten, ins Feld führen kann. John F. Kennedy wurde tatsächlich Präsident – Robert dagegen wurde erschossen, bevor er dazu kam. Beide, Sinatra und Darin, reagierten bis ins Mark erschüttert. In ihrer Desillusionierung waren sie einander sehr ähnlich. Es gibt noch weitere Ähnlichkeiten, aber man findet sie ausschließlich in der metaphysischen Welt.

In «Mack the Knife» wird so lange moduliert, bis man denkt, gleich hebt er ab. Der Song ist eine Moritat, und Darins Gesang ist dabei mindestens so gut wie und wahrscheinlich sogar besser als der aller anderen. Er ist hier auf der Höhe seiner Möglichkeiten. Danach orientierte er sich stärker an Franks Erfolgsrezept, aber das war unmöglich – die Welt hatte nur Platz für einen Frank. Niemand sonst konnte auf diesem Weg folgen. Tony nicht, Dean nicht und Bobby Darin schon gar nicht.

«Mack the Knife» ist dieser dunkle Weg.

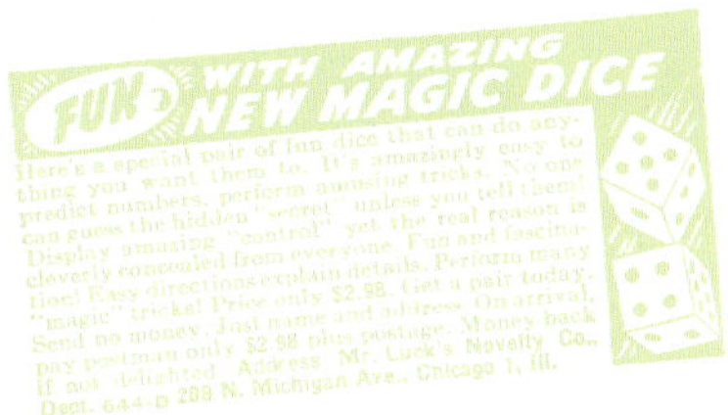

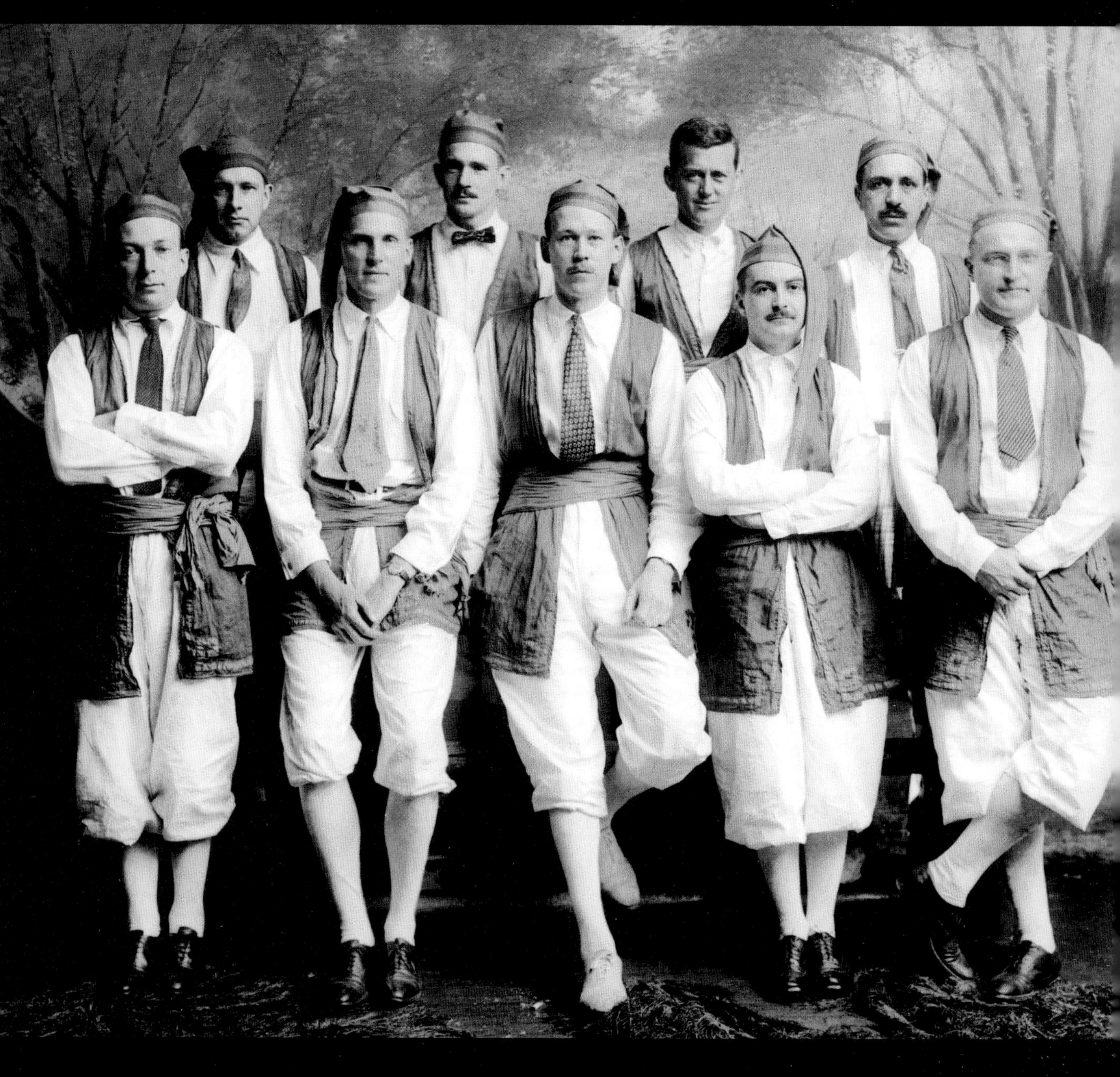

KAPITEL 15

WHIFFENPOOF SONG
BING CROSBY

Erstveröffentlichung als Single

(Decca, 1947)

Musik von Tod B. Galloway

Text von Meade Minnigerode und George S. Pomeroy

★ ★ ★

DIESER SONG IST EIN GRINSENDER TOTENSCHÄDEL. Ein Schickeria-Song, ein Song mit Stammbaum, ein Song aus dem Who's Who. Nicht dafür geschaffen, um von der Mittelschicht verstanden zu werden – er scheint ein tiefes dunkles Geheimnis zu bergen. Von den «tables down at Mory's» bis zu dem mysteriösen «Louie» und der «dear old Temple Bar». Das sind weise Worte in den Ohren der Eingeweihten. Kipling wird zitiert und einige Songs werden erwähnt, von denen nie jemand etwas gehört hat. Viele Knochen und Skelette tauchen auf. Selbst das Wort «Whiffenpoof» dient der Geistervertreibung, und die Melodie ist sehr alt – der letzte Atemzug, der Anfang vom Ende. Dieser Song wird von den Beitrag zahlenden Mitgliedern des inneren Kreises gesungen.

Heutzutage wissen die meisten nicht mal, dass sie ihn kennen. Whiffenpoof ist für sie ein Fremdwort. Fängt man aber an zu singen «We're poor little lambs who have lost our way», kommt garantiert die Antwort «Baa! Baa! Baa!». Bing singt es so unbeirrt, ohne Augenzwinkern oder auch nur die leiseste Ironie, dass man denkt, es müsste eine tiefere Bedeutung dahinterstecken.

«Gentlemen rankers off on a spree, doomed from here to eternity.» Dieser Song gehört allen, der heiligen Bruderschaft, dem politischen Betrieb, der schweigenden Mehrheit und dem Wohlstand der Nationen. Er ist vorherbestimmt, gottgegeben und kommt direkt aus dem Buch des Schicksals. Erschreckend und ohne Hoffnung. Macht dir garantiert Mut. Er ist distanziert und unzugänglich – ein kabbalistischer Song mit verschlüsselter Botschaft. Sing ihn, und er gehört dir voll und ganz.

KAPITEL 16

YOU DON'T KNOW ME
EDDY ARNOLD

Erstveröffentlichung als Single

(RCA Victor, 1956)

Von Eddy Arnold und Cindy Walker

★ ★ ★

DU BIST NICHT GUT IM LABERN und willst dir keine Worte in den Mund legen lassen, also sagst du gar nichts. Du kannst das Gespräch nicht in Gang halten – du hängst fest und hast dem nichts mehr hinzuzufügen.

Du hast eine große Sehnsucht und einen Hunger, bist irre verschossen in jemanden, aber du bist Luft für sie. Sie denkt, sie kennt dich gut, aber sie irrt sich, sie hat immer den falschen Eindruck gewonnen. Woher sollte sie dich kennen? Wie kann sie über deine wildesten Träume Bescheid wissen, deine Phantasien, deine Alpträume und innersten Gedanken, du untersagst ihr, all das zu kennen. Es ist einfach nicht möglich.

Wie soll sie dich kennen, sie ist doch nicht dein Alter Ego oder dein Double, für sie bist du einfach ein Kunde, ein Mitarbeiter oder ein Gratulant, und mehr bist du nie gewesen.

Sie sagt hundert Mal auf Wiedersehen, es spielt gar keine Rolle, dass sie auf Wiedersehen sagt – wie sie es sagt, ist entscheidend. Sie sagt es wie jemand, der dich nicht kennt. Warum sollte sie dich kennen wollen? Du bist ein Einzelgänger und du hast eine Heidenangst, du hast keine Ahnung davon, wie man Liebe zustande bringt, die Art, wie sie her-

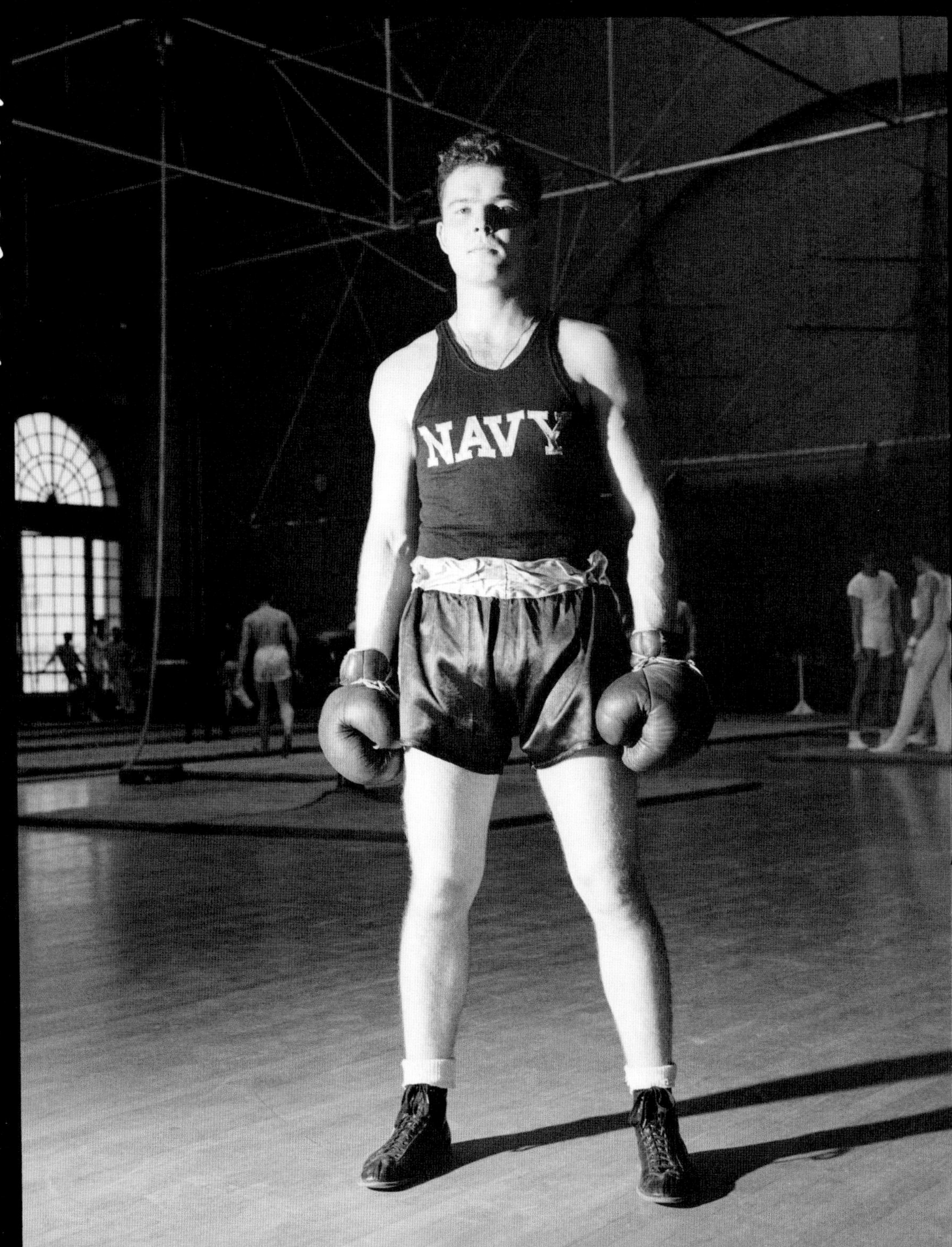
NAVY

vorgekitzelt und hochgejazzt wird. Dazu fehlt dir das Können und das Know-how. Du weißt nicht, wie man die Lippen spitzt und süß ist. Allen Anzeichen nach hat sie eine Schwäche für dich, aber das bringt dich durcheinander und macht dir schreckliche Angst, deshalb kannst du nichts daraus machen. Du wirst kein Risiko eingehen oder Angriffsflächen bieten.

Das Zentrum deines gesamten Wesens schmerzt und zuckt wegen ihr, und jetzt musst du zu allem Überfluss auch noch zusehen, wie sie mit dem Glückspilz davonzieht, der alle Trümpfe in der Hand hält, das ist nicht einfach. Du willst nicht ihre ganze Liebe, nur ein kleines bisschen davon.

Immer nur ein kleines bisschen, regelmäßig – Tag und Nacht über Jahre hinweg. Mehr verlangst du nicht. In deinen Augen ist sie überwältigend, in ihren Augen atmest du nicht mal. Auf deinem Leben liegt ein Fluch.

★ ★ ★

EDDY ARNOLD WURDE AUF EINER FARM GROSS, half aber auch im Leichenschauhaus aus. Colonel Tom Parker hat ihn gemanagt und ihm schließlich den Spitznamen «the Mortician Plowboy» verpasst – nicht einmal Solomon Burke hätte sich so nennen können.

Man bezeichnet einen, der auf einem Traktor sitzt, nicht als «plowboy». Das geschah gegen Eddy Arnolds Willen. Colonel Tom Parker gab seinen Klienten gerne Spitznamen. Später in seiner Karriere verpasste er Elvis Presley den Beinamen «Hillbilly Cat», Johnny Cash war «Big River Boy» und Hank Snow der «Singing Ranger».

Den Song könnte ein Serienkiller singen. Gewissermaßen deutet der Text darauf hin. Serienkiller haben ein eigenartig förmliches Sprachverständnis, sie würden auch von Sex als von der Kunst des Liebemachens sprechen. Sting hätte ihn statt «Every Breath You Take» schreiben können. Der Sänger beobachtet sie mit einem anderen glücklichen Typen. Da man nicht weiß, wo sich das zuträgt, könnte man auf die Idee kommen, es spielte sich ausschließlich im Kopf des Mannes ab. Wenigstens bis er zum Messer greift.

Dann geht's nur noch um die kalte harte Wirklichkeit.

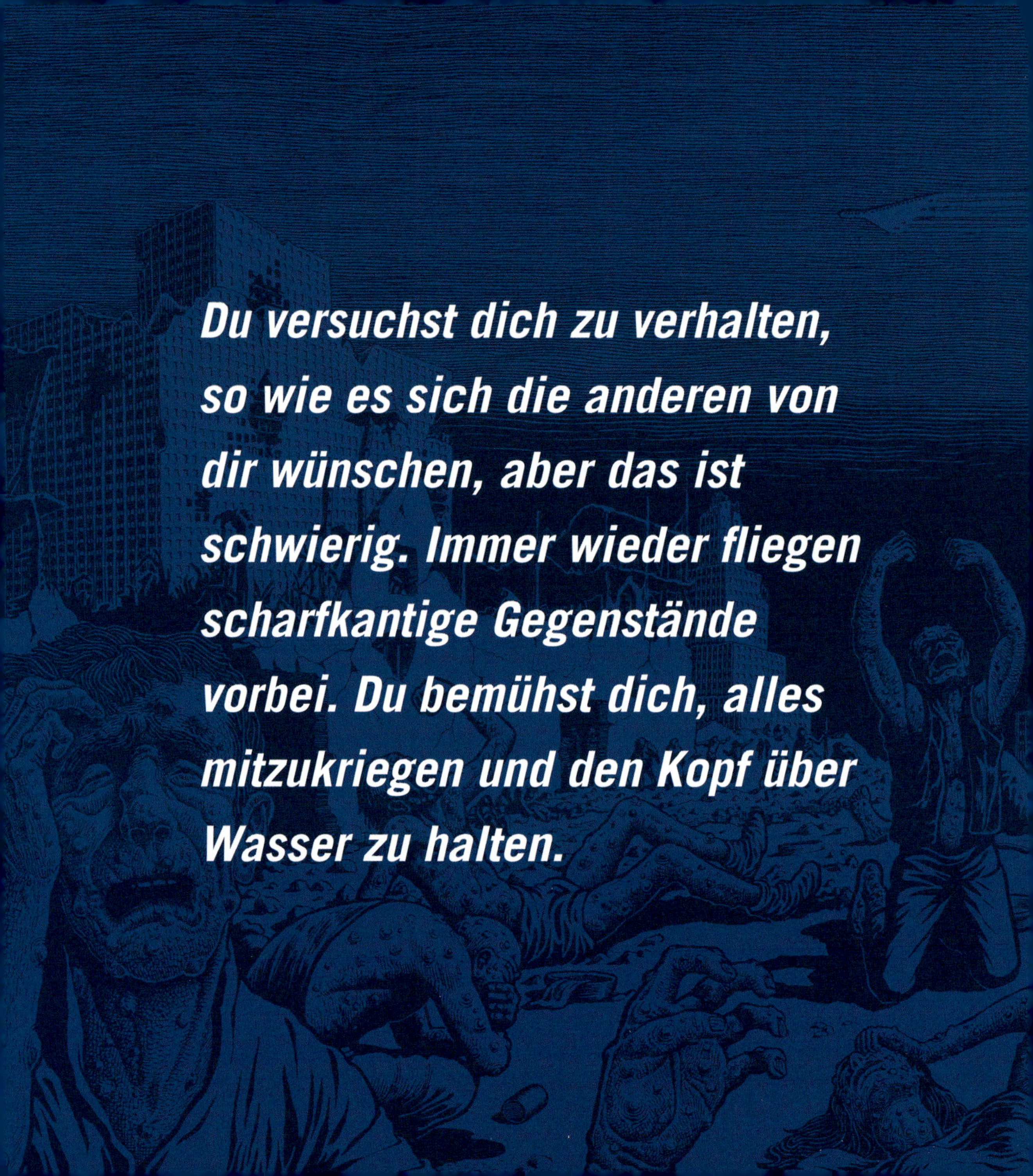

Du versuchst dich zu verhalten, so wie es sich die anderen von dir wünschen, aber das ist schwierig. Immer wieder fliegen scharfkantige Gegenstände vorbei. Du bemühst dich, alles mitzukriegen und den Kopf über Wasser zu halten.

KAPITEL 17

BALL OF CONFUSION THE TEMPTATIONS

Erstveröffentlichung als Single

(Gordy, 1970)

Von Norman Whitfield und Barrett Strong

★ ★ ★

IN DIESEM SONG IST ALLES AM ENTGLEISEN. Die Erdachse neigt sich scheinbar ein kleines bisschen stärker, extreme Klimaveränderungen bedrohen den Planeten. Überall herrscht Chaos – Vorurteil und Tod, Hungersnöte, Zerstörung. Der Song rollt wie eine Kugel, und du selbst rollst mit. Das sind turbulente Zeiten, und Hundesöhne ziehen durch die Straßen. Anarchie bricht aus. Die Luft ist vergiftet und die ganze Stadt aus den Fugen geraten, nichts ist mehr dort, wo es hingehört. Von deinem Geld kannst du dir nichts kaufen, niemanden beeinflussen. Deine Schritte sind unsicher, komm in die Gänge, sagen sie, und du marschierst mit, vertraust auf den großen Googa Mooga, deine persönliche Gottheit.

Die Feindseligkeit und das Durcheinander sind wie ein düsterer Traum, du fühlst dich ausgestoßen und abgeschnitten. Die irren Themen des Tages haben dich verunsichert, du kannst nicht beschreiben, was du vor dir siehst – und du bist nicht in der Lage irgendetwas zu beweisen, und selbst wenn du es könntest, hört dir sowieso niemand zu. Alles ist zweifelhaft und ungewiss. Du steckst mittendrin, ein wehrloses Opfer, und du wendest dich immer wieder an den großen Googa Mooga und flehst ihn an, dir einen Fluchtweg aufzuzeigen.

Die Lage ist angespannt, du legst dich mit allen an. Blutvergießen auf den Straßen, Erdbeben einen Wohnblock weiter, an der nächsten Ecke werden Frauen vergewaltigt, Raumschiffe starten. Nichts ist geregelt. Jeder Tag bringt eine neue Form von Unterdrückung. Du versuchst dich zu verhalten, so wie es sich die anderen von dir wünschen, aber das ist schwierig. Immer wieder fliegen scharfkantige Gegenstände vorbei. Du bemühst dich, alles mitzukriegen und den Kopf über Wasser zu halten. Früher hattest du große Hoffnungen, hehre Ziele, du wolltest die Wahnsinnigen heilen und Abstinenz üben. Du wolltest Anwalt der Armen sein, und jetzt kannst du diese Gedanken nicht mehr finden, so geht es im Leben.

Auch der Oberpolitiker, der Schleimer, den du gewählt hast. Er hat versprochen, dich zu befreien, aber er hat die Nerven verloren und das Weite gesucht, dich abgewimmelt und dir die kalte Schulter gezeigt. Alles ist verrottet und besudelt, sogar dein völlig besoffener Bruder, er faselt von Liebe, was hat das mit dir zu tun?

Je mehr du darüber nachdenkst, umso weniger weißt du, was es bedeutet.

Auch die Kinder, sie haben sich zu schnell entwickelt, strecken die Köpfe über die Bäume und machen sich zu leichten Zielen. Du bist verwirrt, findest keine Ruhe, alles um dich herum geht in die Brüche, und du bist von einem normalen Leben unendlich weit entfernt. Das erzählst du dem großen Googa Mooga, erzählst ihm alles, auch dass du um dein Leben rennst.

Die neue Beatles-Platte berauscht dich – aber du hast keine Ahnung, was du gehört hast.

Die Atmosphäre um dich herum explodiert. Mehr Brutalität, mehr Blutvergießen, der Pöbel regiert die Straßen. Es widert dich an und macht dir Gänsehaut. Auch Sonny und Cher hast du im Ohr, und der Beat hört nicht auf. Außerdem fehlt deine Brieftasche.

Der Nahe Osten steht in Flammen, und eine Flutwelle hat gerade einen dicken Brocken aus einer Häuserzeile mitten in der Stadt gerissen. Du bist an einer grandiosen Beerdigung vorbeigekommen und hast dir mit dem Vorbeigehen Zeit gelassen. Du konntest nirgendwohin, und deine Ausgeglichenheit war hinüber, Panik liegt in der Luft, eine schreckliche Atmosphäre, die dir Angst macht. Eigenartiges Ektoplasma wird aus den Abflussrohren hochgespült und dreht dir den Magen um. Was kann sonst noch nicht stimmen?

Die Stadtinspektoren sind auf der Jagd nach dir, weil du gegen das Gesetz verstoßen hast, jemand hat dich angezeigt. Geldeintreiber sind wegen der Kohle hinter dir her, deine

Ausgaben gehen durch die Decke. Du bist demoralisiert und in der Klemme, und jetzt wollen sie auch noch deine Schusswaffe überprüfen. Immer wieder rufst du den großen Googa Mooga an, versuchst Kontakt aufzunehmen. Du bittest die alten Weisen um ihren Rat.

Es ist wieder und wieder dasselbe, alle zehn Sekunden eine neue Eilmeldung in den Nachrichten, noch ein Skandal, noch mehr Schlagzeilen, noch mehr Kommentatoren, und sie jagen dir eine Höllenangst ein. Was du auch anfasst, es ist widerwärtig. Alle haben es auf dich abgesehen und scheinen nicht ganz dicht zu sein.

Die Beamten haben dich im Stich gelassen, und du wirst um Spenden gebeten. Es ist ein Dschungel da draußen, und die Dinge verändern sich allmählich bis zur Unkenntlichkeit. Du bist total erschöpft und brauchst dringend etwas, das dich wieder auf die Beine bringt. Du suchst einen sicheren Ort, eine Zufluchtsstätte, und denkst, du könntest ja vielleicht bei den Indianern leben. Du suchst nach einem Geheimgang, der dich dorthin führt. Du wolltest bei allem dabei sein, und jetzt bist du es, jetzt steckst du mittendrin.

Aber andererseits, vielleicht sind die Dinge komplizierter, vielleicht halluzinierst du, machst zu viel draus, übertreibst maßlos. Vielleicht ist es einfach schwer, mit dir auszukommen. In diesem Song hat der Sänger lange genug spekuliert, und jetzt ist er bereit zu handeln. Es ist ein Song über das Menschsein, und dafür gibt es deine Regeln.

★ ★ ★

WAS FÜR EINEN UNTERSCHIED ZEHN JAHRE MACHEN KÖNNEN.

Als erster Motown-Künstler sang Barrett Strong zehn Jahre zuvor das von ihm selbst geschriebene «Money (That's What I Want)», den ultimativen Song über Geldgier. 1970 schrieb er dann gemeinsam mit Norman Whitfield einen der wenigen nicht peinlichen Songs über soziales Bewusstsein, in dem es ihm sogar gelang, einen Gruß an die Band unterzubringen, die seinen ersten Hit gecovert und ihm damit sehr viel Geld eingebracht hatte.

Vielleicht ist der Song das Beste, was Barrett Strong und Norman Whitfield überhaupt je geschrieben haben. Und sie haben jede Menge tolle Sachen geschrieben: «I Heard it Through the Grapevine», «I Wish It Would Rain», «Cloud Nine», «Runaway Child, Running Wild», «Too Busy Thinking About My Baby», «I Can't Get Next to You», «War», «Just My Imagination», «Smiling Faces Sometimes», «Papa Was a Rolling Stone».

Einen solchen Song zu schreiben, kann täuschend einfach sein. Erstmal stellt man eine Liste mit allem auf, was man hasst. Die meisten haben nicht viel für Krieg, Hungersnöte, Tod, Vorurteile und die Zerstörung der Umwelt übrig. Dann lässt man sich von den auf der Hand liegenden Reimen in die Falle locken. Revolution / evolution / air pollution. Segregation / demonstration. Mit seinem dreisten Sinn für Humor durfte John Lennon es sich erlauben, einen postmodernen Lagerfeuersong über «bag-ism» und «shag-ism» zu verfassen. Weniger Geübte könnten ebenso gut vom Periodensystem der Elemente reden und Calcium, Chromium und Lithium aufeinander reimen.

Irgendwie gelingt es Barrett und Whitfield, diesen und vielen anderen Fallstricken zu entkommen, auch wenn sie damals aktuelle Themen in Songs wie «Eve of Destruction» und «Indian Reservation» ins Spiel bringen. Was «Ball of Confusion» so überzeugend macht, ist seine Entschlossenheit.

Es zeichnet sich ein Muster ihrer Art zu schreiben ab. Soziale Themen, die menschliche Natur – sie konnten verstecken, was sie sagen wollten, und es trotzdem sagen. Normalerweise schreiben Songwriter ein paar schlechte Songs, wenn nicht eine ganze Menge davon. Diese beiden aber haben anscheinend keinen einzigen schlechten Song geschrieben. Alles aus ihrer Feder ist bedeutsam und lebensnah. So ist es wirklich. Sie haben es gesehen und gesagt, unermüdlich. Sie schauen in die Dunkelheit und bringen Licht hinein. Dann machen sie weiter und leuchten eine andere Dunkelheit aus. Aber immer ist es Dunkelheit, weil man schließlich kein Licht ins Licht bringen kann. Sie sind keine Prediger. Der Song ist wie eine alte Radiosendung, bei der man sich vorstellt, was man hört. Und es dadurch zu einer eindringlicheren Erfahrung wird. Auf keinen Fall könnte man den Song ins Fernsehen bringen, er würde gar nicht auf den Bildschirm passen.

«Ball of Confusion» ist vor dem Rap entstanden. Läuft man betrunken und unbekümmert durch die Gegend, wirkt der Song ernüchternd. Er ist heute noch so wahr wie an dem Tag, an dem er aufgenommen wurde. Außerdem gibt es unterschiedliche musikalische Zwischenspiele wie bei einem Song von Roy Orbison. Verschiedene Stimmen singen verschiedene Rollen. Aber es handelt sich um ernsthafte Aussagen, anders als bei den Coasters, die vielleicht etwas Ähnliches gemacht haben, nur mit albernen Sprüchen. Wir müssen diesen Song immer und immer wieder hören. Er hätte gestern geschrieben worden sein können. Luftverschmutzung, Revolution, Reglementierung von Waffenbesitz, höhere Steuern, Demütigung, nationale Verpflichtung, Vote For Me I'll Set You Free. Und am aktuellsten, rap on brother, rap on. Niemand interessiert sich fürs Lernen. Der einzige Ort, an dem es sich sicher leben lässt, ist ein Indianerreservat. City inspectors, bill collectors, population out of hand. Alles wird rausgehauen. Zehn Leute reden gleichzeitig. Alles ist dabei. Und die Temptations sind die perfekte Gruppe, um es überzeugend rüberzubringen, zusammen mit ihrer tollen Band.

Vor ein paar Jahren wurden bei Motown die Gesangsspuren der Hits der Temptations veröffentlicht, unter anderem auch von diesem hier, ganz ohne Begleitung. So schön und so kraftvoll die Begleitung auch sein mag, es ist wunderbar, die Tempts um das Mikro versammelt zu hören, ihre präzise und auf den Punkt gesungenen Harmonien, in denen sie die nur allzu realen Probleme der Zeit verhandeln. So wird auch die Verbindung zum klassischen Doo Wop deutlich. Eine Platte ist einfach viel besser, wenn man dran glauben kann.

Plus, Stevie Wonder spielt hier Mundharmonika.

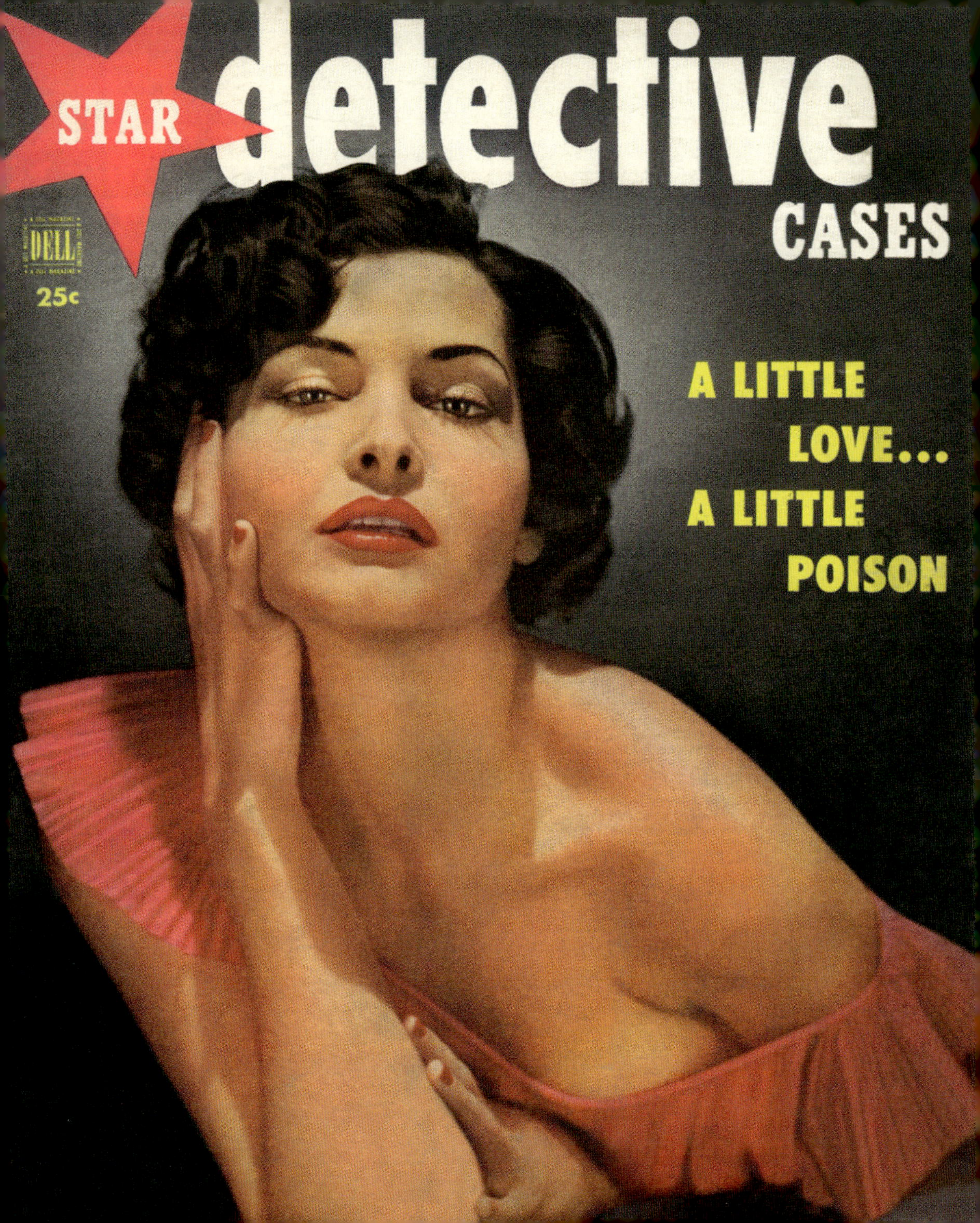

STAR
detective
CASES
A DELL MAGAZINE
DELL
25c
A LITTLE
LOVE...
A LITTLE
POISON

KAPITEL 18

POISON LOVE JOHNNIE AND JACK

Erstveröffentlichung als Single

(RCA Victor, 1950)

Von Mrs. Elmer Laird

★ ★ ★

SIE SANGEN WIE BRÜDER, aber sie waren keine. Wie die Bailes Brothers. Wie die Stanley Brothers oder die Everly Brothers. Irgendwie gelang es diesen Typen aber, das alles in eine noch höhere Sphäre zu tragen und wie die Brüder zu singen, die sie im Geiste waren. Sie singen wie eine einzige Person. Und sie singen alles. Sie könnten Rumbas und Rock 'n' Roll singen, Rhythm and Blues, Doo Wop und sogar Country Bluegrass. Sie standen schon auf Eklektizismus, lange bevor der in Nashville Anerkennung fand. Sie singen wie lebendig loderndes Feuer.

Johnnie and Jack gehören eigentlich in die Country Music Hall of Fame, sind aber nicht drin. Offensichtlich sind sie zu radikal für was auch immer man unter Country versteht. Man überging sie zugunsten von Barbara Mandrell, George Strait und den Statler Brothers. Offenbar sind Johnnie and Jack nicht Country genug. Dabei sind sie echter Country und noch viel mehr. Sie sind dem Rockabilly näher, näher am Rock'n'Roll, also sollten sie sich nichts draus machen. Gene Vincent ist auch nicht in der Country Music Hall of Fame. Warren Smith oder Billy Lee Riley genauso wenig. Johnnie and Jack sind zu ungewöhnlich für den Mainstream Country. Eigentlich sollten sie auch in der Rock'n'Roll

Hall of Fame sein, sind sie aber nicht – nicht einmal in der Rhythm and Blues Hall of Fame. Auch da sind sie nicht drin. Sie hätten es verdient, in allen Halls of Fame zu sein, weil sie Erneuerer sind – Erneuerer auf höchstem Niveau – und für niemanden durch einen Reifen springen.

Das Problem mit den Halls of Fame ist, dass sie die gesäuberten Versionen des wahren Lebens feiern. Country sitzt sonntagmorgens in der Kirche, weil er Samstagnacht in einem schäbigen Hinterhof in eine Messerstecherei verwickelt war und die Kellnerin überreden wollte, sich untenrum freizumachen. Ohne die dynamische Anspannung, die aus dem schlechten Gewissen nach dem Saufgelage entsteht, verkommt er entweder zur freudlosen Proselytenmacherei oder zur hirnlosen Grölmusik.

Früher war der Rock 'n' Roll ein durch das Fenster des Status Quo fliegender Stein – geworfen von Schmalzlocken in Lederjacken, die Rockabilly-Platten aufnahmen. Dann wurden Kiss-Gürtelschnallen in Einkaufszentren und Thug Life-Klebetattoos daraus. Die Musik gerät in den Hintergrund, wenn die Erbsenzähler das Kosten-Nutzen-Verhältnis des öffentlichen Geschmacks ständig neu ausloten.

«Poison Love» ist unerlaubte Liebe. Anders als allgemein angenommen, kommt man vergleichsweise billig weg, wenn man Geld für Sex bezahlt. Komplexe Beziehungen haben dagegen einen hohen Preis. Besser man geht in einen Puff oder ein Bordell. Das ist keine perfekte Liebe, aber sie macht weniger Ärger. Jedenfalls kommt man nicht wieder raus und singt von vergifteter Liebe. Man bekommt, wofür man bezahlt hat (mit etwas Glück) und geht ungetrübt und unbeschädigt von dannen. Nichts zieht einen runter. Kein Kummer. Vergiftete Liebe, das ist die Schlimmste. Sie bringt dich um. Da draußen gibt es jede Menge Leute, die ohne eine tägliche Dosis davon nicht leben können.

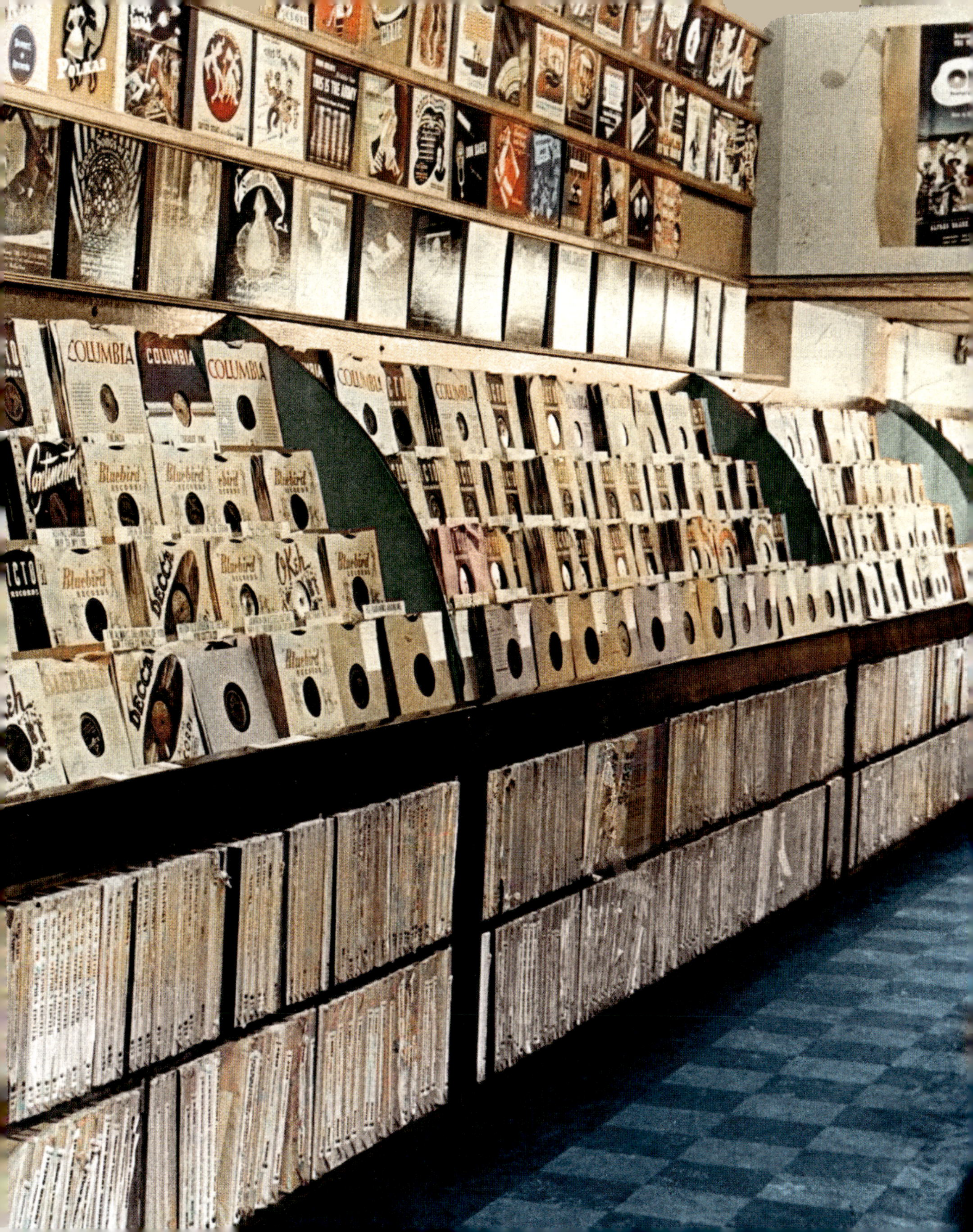
POLKAS
THIS IS THE ARMY
COLUMBIA
Continental
Bluebird
RECORDS
DECCA
OKeh

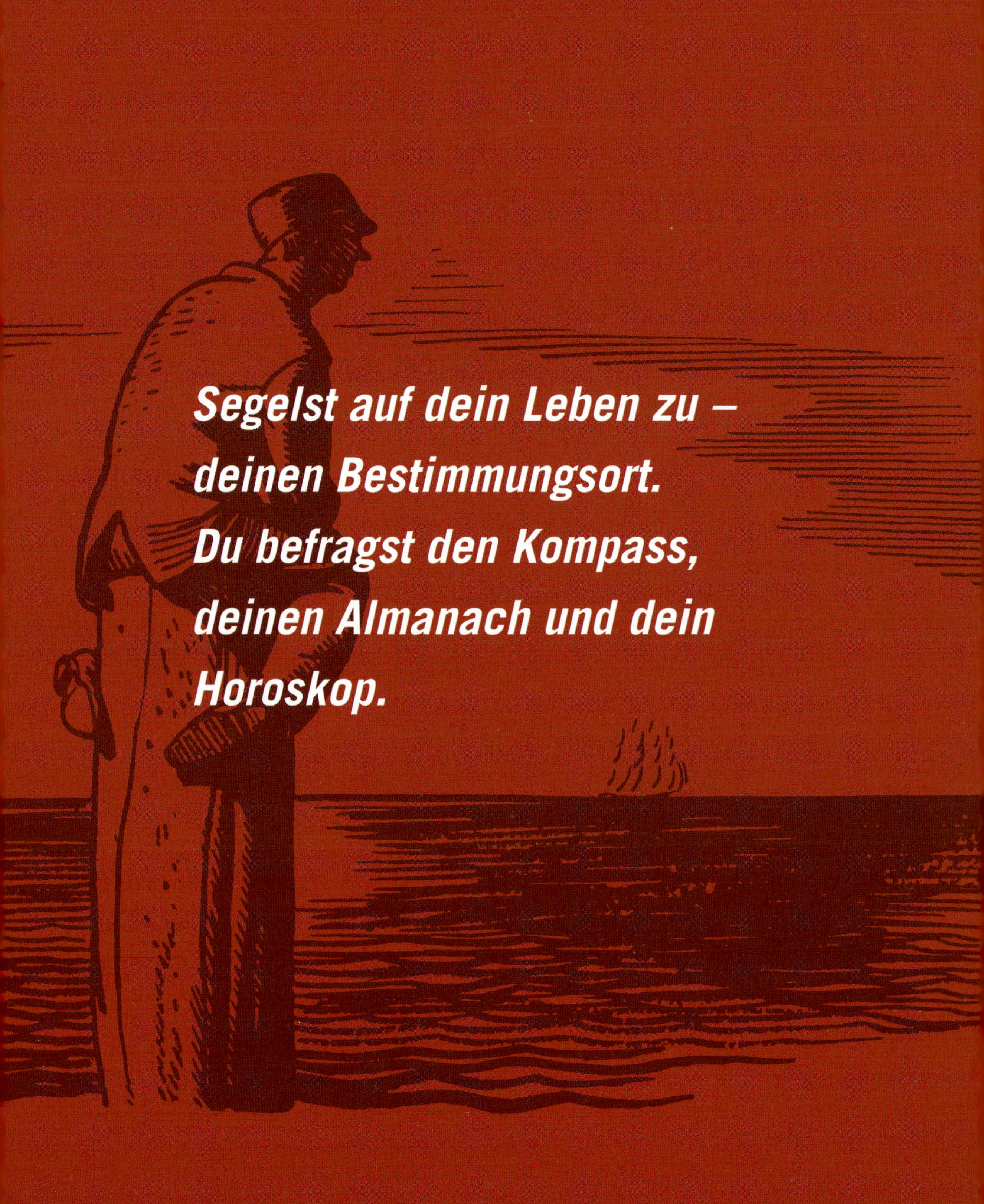
Segelst auf dein Leben zu –
deinen Bestimmungsort.
Du befragst den Kompass,
deinen Almanach und dein
Horoskop.

KAPITEL 19

BEYOND THE SEA BOBBY DARIN

Erstveröffentlichung als Single

(Atlantic, 1958)

Von Jack Lawrence und Charles Trenet

★ ★ ★

IN DIESEM SONG LIEGT DEIN GLÜCK jenseits des großen Meeres, und wenn du dorthin willst, musst du das große Unbekannte überqueren.

Du bewegst dich außerhalb des Erlaubten und begibst dich in die salzige Tiefe – orientierst dich an den Sternen, misst Längen- und Breitengrade. Du bist der Kapitän, und du segelst auf dein Nervenzentrum zu, das im Küstengebiet hinter dem reichen und rosigen Strand auf dich wartet. Dort wartet sie auf dich, wartet geduldig, harrt aus – sie hält Ausschau nach dir, beobachtet jedes einzelne Schiff. Die Klipper, die Schoner und die Schaluppen. Immer weiter segelst du über die tosende See und hinaus in die wilde blaue Ferne. Segelst auf dein Leben zu – deinen Bestimmungsort. Du befragst den Kompass, deinen Almanach und dein Horoskop. Die gesamte Hemisphäre steht unter deinem Befehl, befindet sich hier in deinem Sichtfeld.

Es ist ein guter Tag, wie es selten einen gab. Rund um die Uhr, Tag und Nacht gehören dir die Winde – die Wellen sind deine Freunde. Du fährst zur anderen Seite rüber, drüber weg und drüber hinaus, überschreitest die Grenzen. Seit Ewigkeiten schon fährst du übers

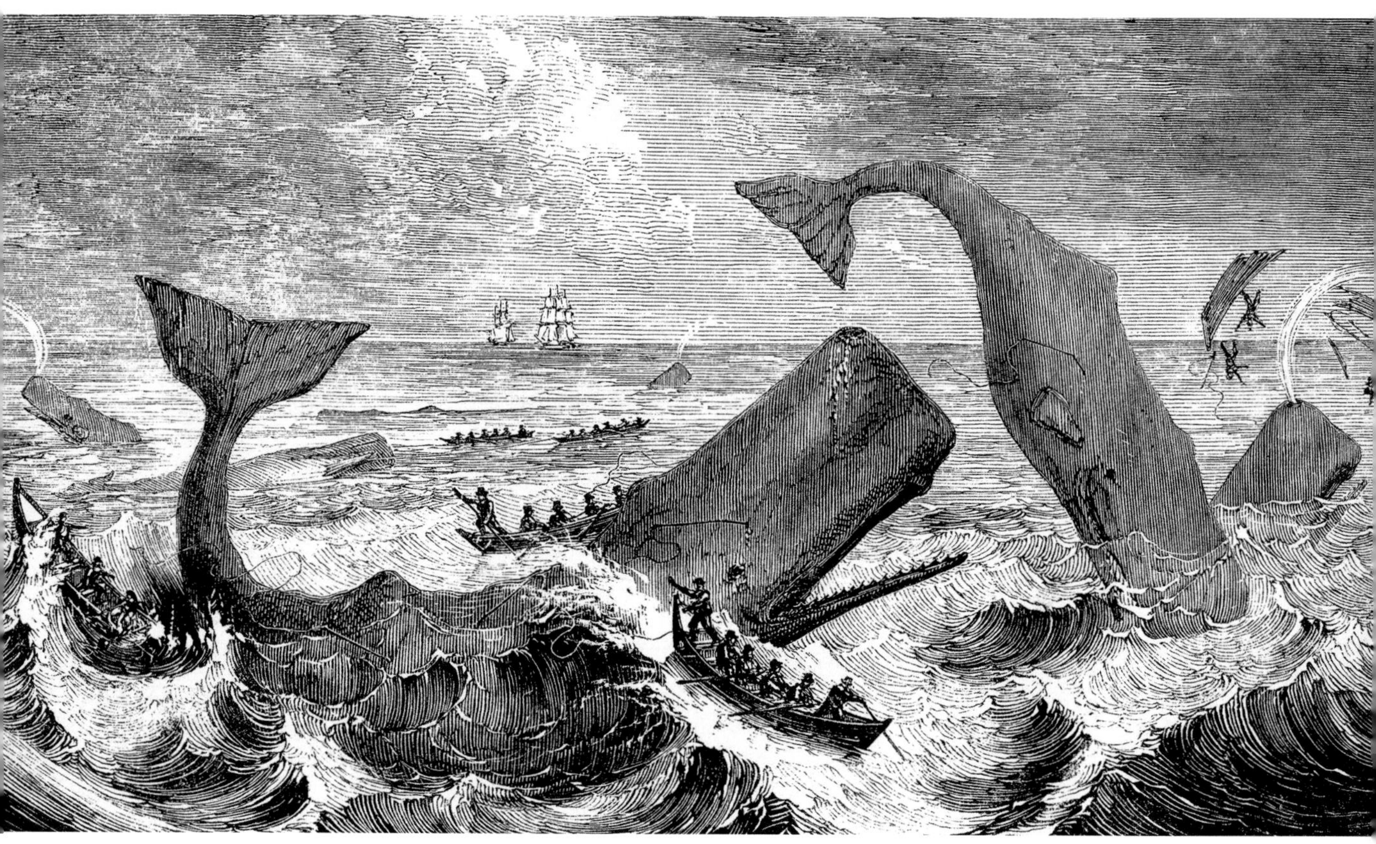

Meer, reitest auf dem Kamm einer hohen Welle, hin zu einem Ort, von dem du nie etwas gehört hast. Du bist der Kapitän.

Schon bald wehen dich günstige Winde in den Hafen, und du siehst dort die Lichter. Du kommst näher und legst an. Du wirst in die Stadt ziehen und Anker setzen, dann steht sie an der ewig goldenen Küste. Schon bald bist du von der Welt abgetrennt, für immer vereint. Ihr stürzt euch aufeinander, ihr küsst und umarmt euch, von nun an ist jeder Tag ein fröhlicher Festtag. Wunderbar vollkommen und vollendet. Du siehst alles aus dem richtigen Blickwinkel, du bist dorthin zurückgekehrt, wo du hergekommen bist. Keine Ausflüge mehr in ferne Galaxien. Keine Spritztouren in die übernatürliche Dunkelheit. Nie wieder wirst du segeln gehen, du wirfst alles hin und ziehst die Rollläden runter. Du hörst auf, so lange du vorne liegst.

★ ★ ★

DIES IST EIN FRANZÖSISCHER SONG, GESCHRIEBEN von Charles Trenet, und er ist mehr oder weniger unübersetzbar. Es geht um das Meer und die ganzen Allegorien, für die es steht. Bobby Darin konnte klingen wie jeder und jeden Stil singen. Er war flexibler als alle anderen zu seiner Zeit. Er konnte Harry Belafonte sein. Er konnte Elvis sein. Er konnte Dion sein, er konnte Calypso-Sänger sein, er konnte Bluegrass-Sänger oder Folk-Sänger sein. Er war Rhythm and Blues-Sänger. Wenn er jemand war, dann alle zusammen. Aber das Problem mit Chamäleons ist, wenn man sie nicht beim Farbwechsel beobachtet, sehen sie aus wie gewöhnliche Echsen. Ihre Einzigartigkeit liegt in der Verwandlung. Fairerweise muss man also sagen, Bobby Darin war mehr als ein Chamäleon, denn was er auch verkörperte, er tat es mit Gusto und Verve, und selbst wenn er gar nichts machte, strotzte er vor Talent.

Vielleicht warf er sich deshalb bei jedem Auftritt ins Zeug, weil er gar nicht damit rechnete, lange genug zu leben, um Reserven zurückhalten zu müssen. Sein Herz war durch ein rheumatisches Fieber geschwächt, und obwohl er tragisch jung starb, lebte er doch länger, als die Ärzte je erwartet hatten. Er sang jeden Song, als könnte es sein letzter sein. Wobei das aber noch nicht die multiplen Persönlichkeiten erklärt.

Vielleicht lag es daran, dass er Zweifel hatte, wer er war. Wie Eric Clapton, Jack Nicholson und eine erstaunlich große Zahl anderer lebte Bobby in einem Zuhause, das auf einer Lüge beruhte. Die Frau, die er für seine Schwester hielt, war in Wirklichkeit seine Mutter, sie war unverheiratet und sehr jung schwanger geworden, bis zur Niederkunft hielt man sie versteckt, und das Kind wurde schließlich als ihr Bruder aufgezogen. Die Frau, die er für seine liebende Mutter hielt, war in Wirklichkeit seine Großmutter. Grund genug, ins Showbusiness zu gehen.

Manche Menschen erschaffen ein neues Leben, um ihre Vergangenheit zu verbergen. Bobby wusste, dass die Vergangenheit manchmal nicht mehr ist als eine Illusion und man genauso gut einfach alles Mögliche erfinden kann.

Bobby swingt hier nicht weniger als in «Mack the Knife», aber es steht ihm besser. Er kommt sich nicht vor, als würde er die Klamotten eines älteren Mannes tragen. Er gibt nicht von Anfang an Gas, wie bei «Mack». Hier lässt er sich von der Band antreiben und

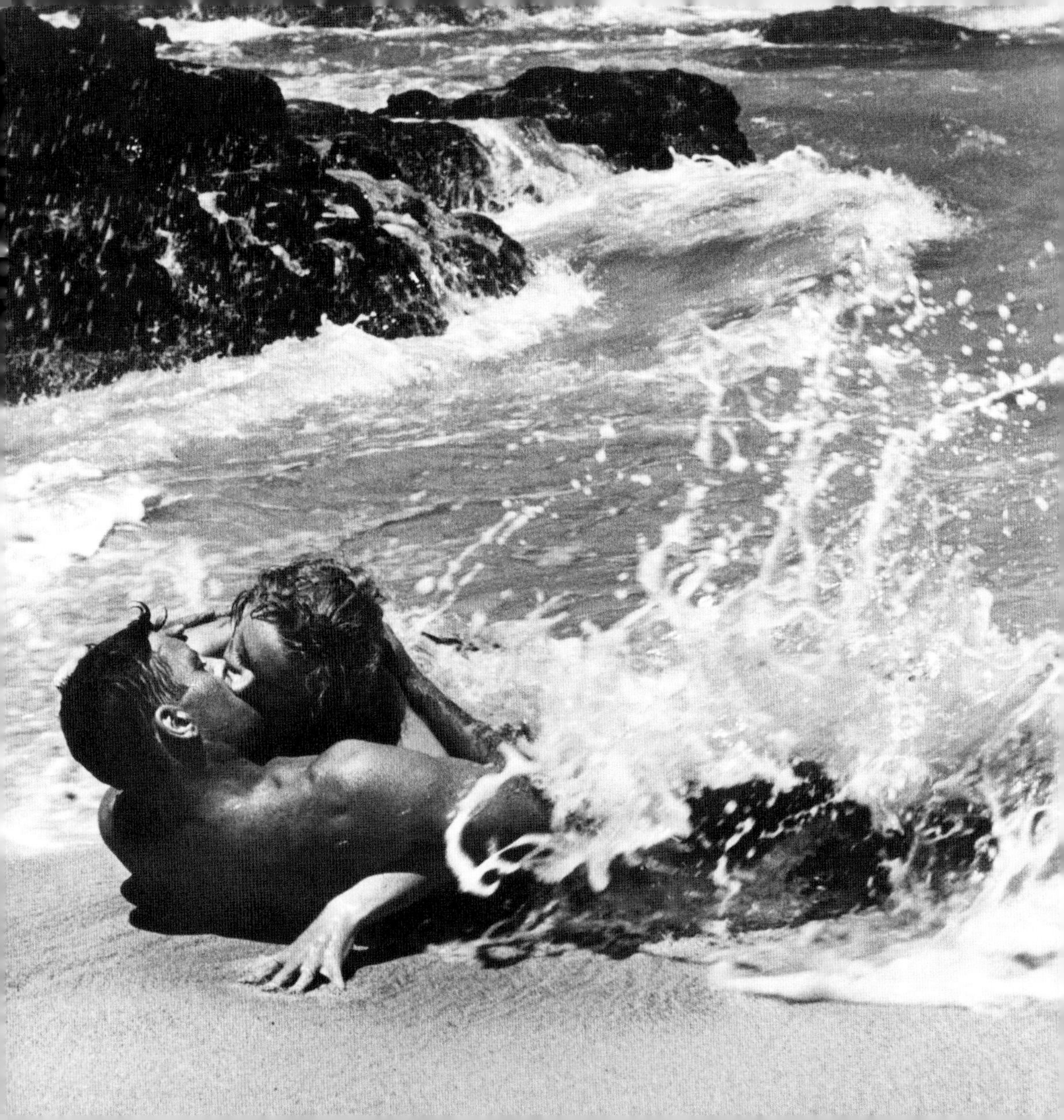

das Sehnsüchtige des ersten Refrains weicht wild-wuseligem Fingerschnippen und Grunzlauten, die Abend für Abend in tausenden Karaoke-Bars Nachahmer finden. Der Schlagzeuger jagt ihn an jeder Biegung höher den Hang hinauf.

Seine Phrasierung, besonders bei einer solchen Pop-Ballade, treibt die ganze Inszenierung an. Immer wieder schiebt er die ersten Worte einer Zeile eine Stufe höher bis ans Ende der vorangegangenen Zeile. Er ist sehr raffiniert, und man merkt gar nicht, dass er das macht. Wenn er solche Songs aber einfach ganz normal singen würde, dann würden sie einen vermutlich gar nicht erreichen. Er ist verspielt. Er ist ein verspielter Melodiker, und er braucht keine Worte. Er geht es schlicht an, auch wenn er über gar nichts singt. Das Meer, die Luft, die Berge, die Blumen. Alles schwebt. Berührt nie den Boden.

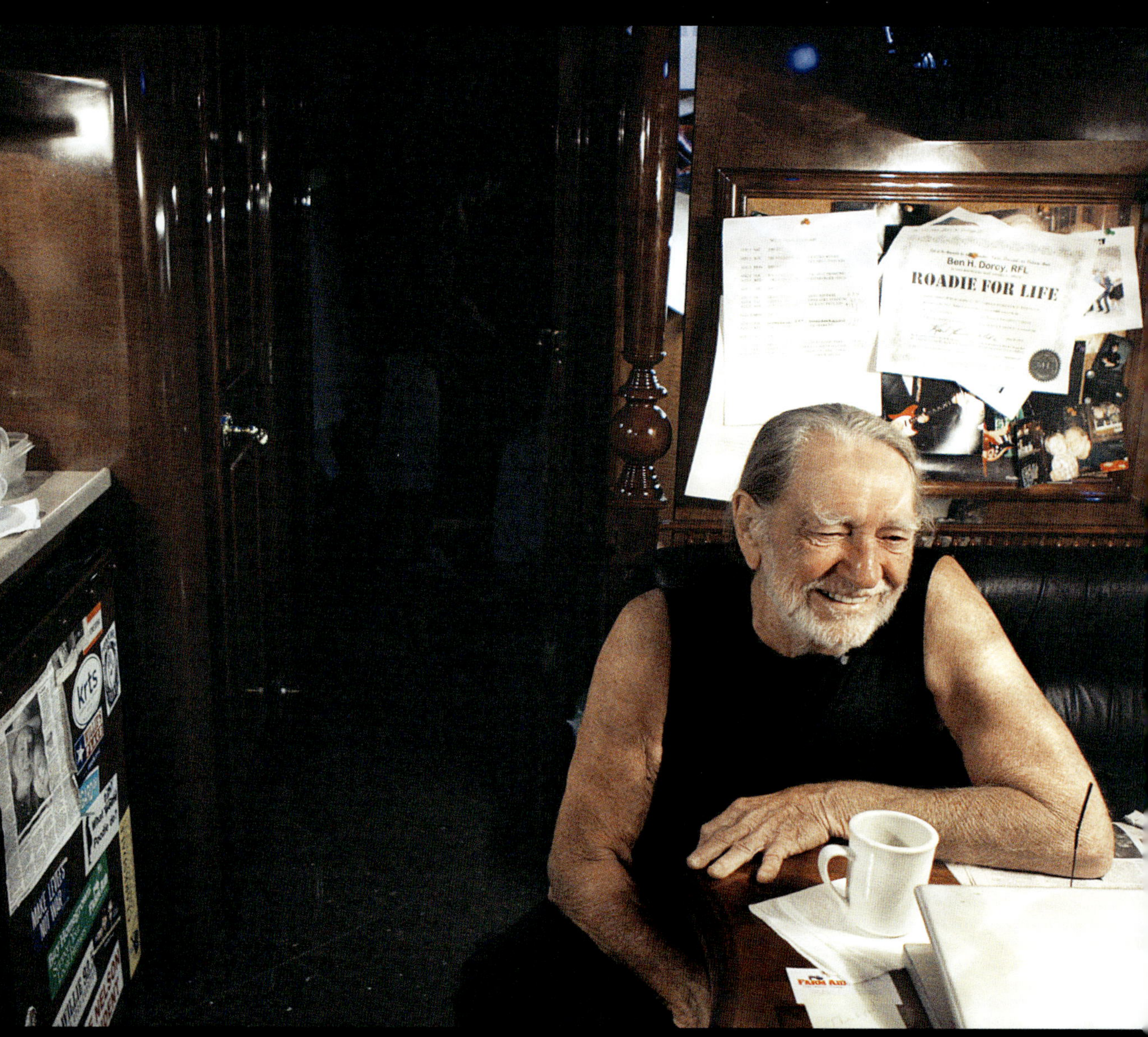
Ben H. Dorcy, RFL
ROADIE FOR LIFE

KAPITEL 20

ON THE ROAD AGAIN WILLIE NELSON

Erstveröffentlichung auf dem Album *Honeysuckle Rose*

(Columbia, 1980)

Von Willie Nelson

★ ★ ★

EIN SONG ÜBER EINEN UMHERZIEHENDEN BANDITEN. Einen Plünderer. Die Freude am Unterwegssein, nirgendwo lange zu bleiben. Weil du fürs Bleiben nicht bezahlt wirst. Du wirst dafür bezahlt, dass du weiterziehst. Es ist ein Update von Jack Kerouacs *On the Road*, dem ikonischen Meisterwerk der Beat Generation. Unterwegssein bedeutet in diesem Song, dass man in einem Tourbus fährt, der auf dem neuesten Stand ist: Flachbildfernseher, bestens bestückte Bar, ein schmales Doppelbett hinten, außerdem Stockbetten, die eine Welt für sich sind, Küchengeräte und ledergepolsterte Sitzecken, eine Dusche und manchmal sogar ein Dampfbad. Besser geht's nicht unterwegs. Eigentlich fährt man nirgendwohin, man bleibt einfach im Bus, steigt aus, spielt ein paar Stunden und fährt weiter. So gehen Bands auf Tour. Wie in dem Song «Hard Nose the Highway» von Van Morrison. Aber Van reist mit dem Flugzeug, deshalb weiß er's vielleicht gar nicht, aber bestimmt hat man es ihm erzählt.

Dieser Song fühlt sich an wie unterwegs sein auf der Straße. Wie in einem Bus sitzen, ganz bestimmt nicht in einer Limousine oder einem Krankenwagen. Wenn du unterwegs bist, lebst du das Leben, das du liebst. Machst Musik mit deinen Freunden und verdienst dabei deinen Lebensunterhalt. Es ist ein fröhlicher Song. Es steckt keine einzige Formulierung drin, die einen runterzieht. Man könnte ihn überall singen. Auf einer Landesausstellung oder in der Radio City Music Hall. Gemeinsamkeit ist das Thema. Es ist so eine Art religiöser Hoedown.

Dabei könnte man genauso gut einen alptraumhaften Song über dasselbe Thema schreiben, voller Schlaglöcher, kleiner unschöner Unannehmlichkeiten und Zumutungen, denen sich der müde Reisende ausgesetzt sieht.

Es könnte Strophen über kaputte Lüftungsanlagen im Bus geben, Sirenen draußen vor den Hotelzimmerfenstern, eine übertrieben gründliche Durchsuchung an der texanischen Grenze oder den hartnäckigen, antibiotika-resistenten Tripper, der sich nach einem Konzert in New Mexico bei der Crew breitgemacht hat. Fragwürdige Mikrowellen-Burritos, lange Abstände zwischen den Waschtagen und viel zu ausführliche Berichte über die Scheidung des Fahrers. On the road again.

Und dann müsste man noch einen Song über die wahren Gründe schreiben, warum du es nicht abwarten kannst, endlich wieder unterwegs zu sein. Niemand ist sauer, weil du den Müll nicht rausgebracht hast, es kommen keine Bekannten unangekündigt vorbei, und es gibt auch keine Nachbarn, die dich jedes Mal entrüstet anschauen, wenn der Wind dreht.

Das Gute am Unterwegssein ist, dass man sich nicht verzettelt. Nicht mal mit schlechten Nachrichten. Du bereitest anderen Menschen Vergnügen und behältst deinen Kummer für dich.

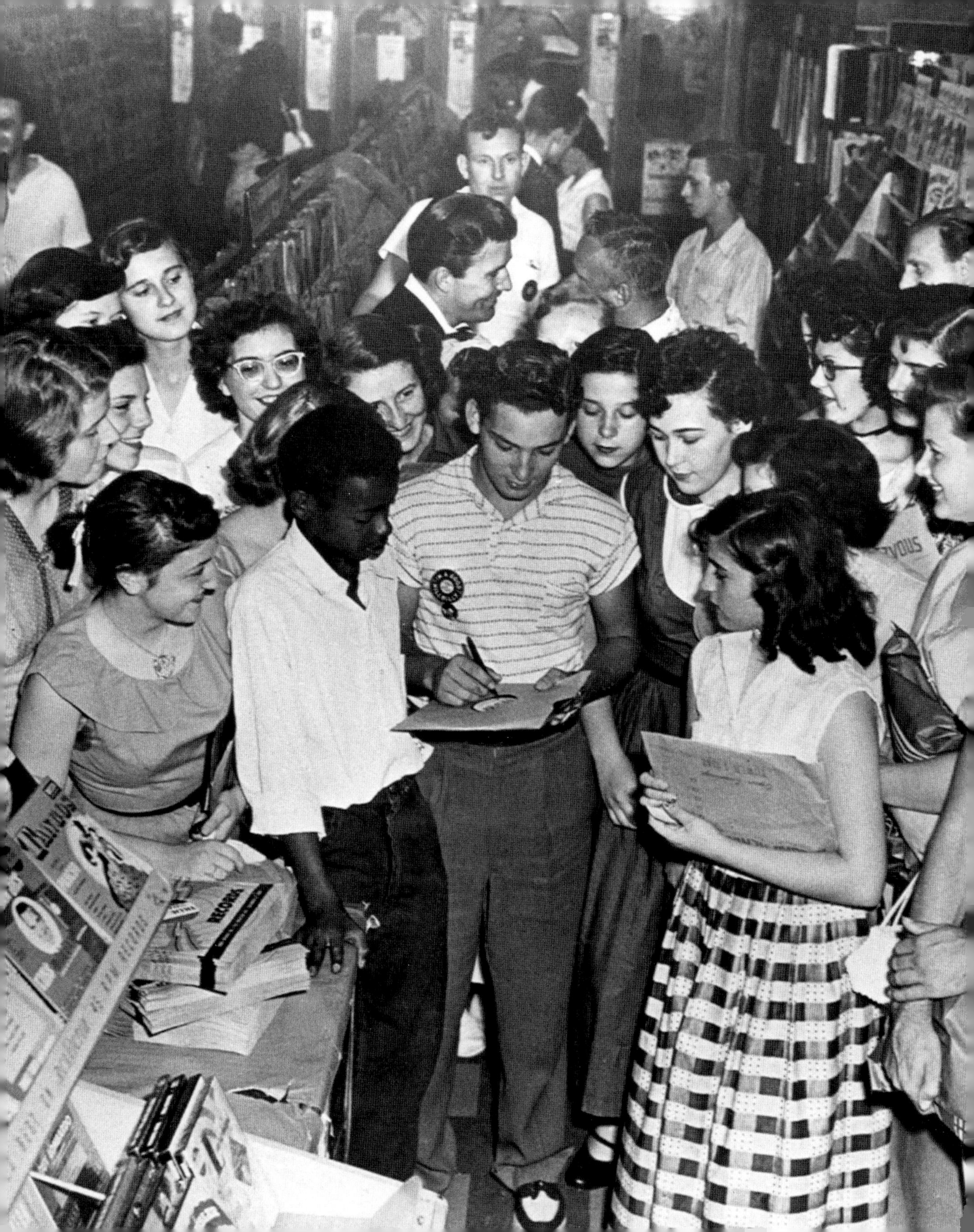
RECORDS

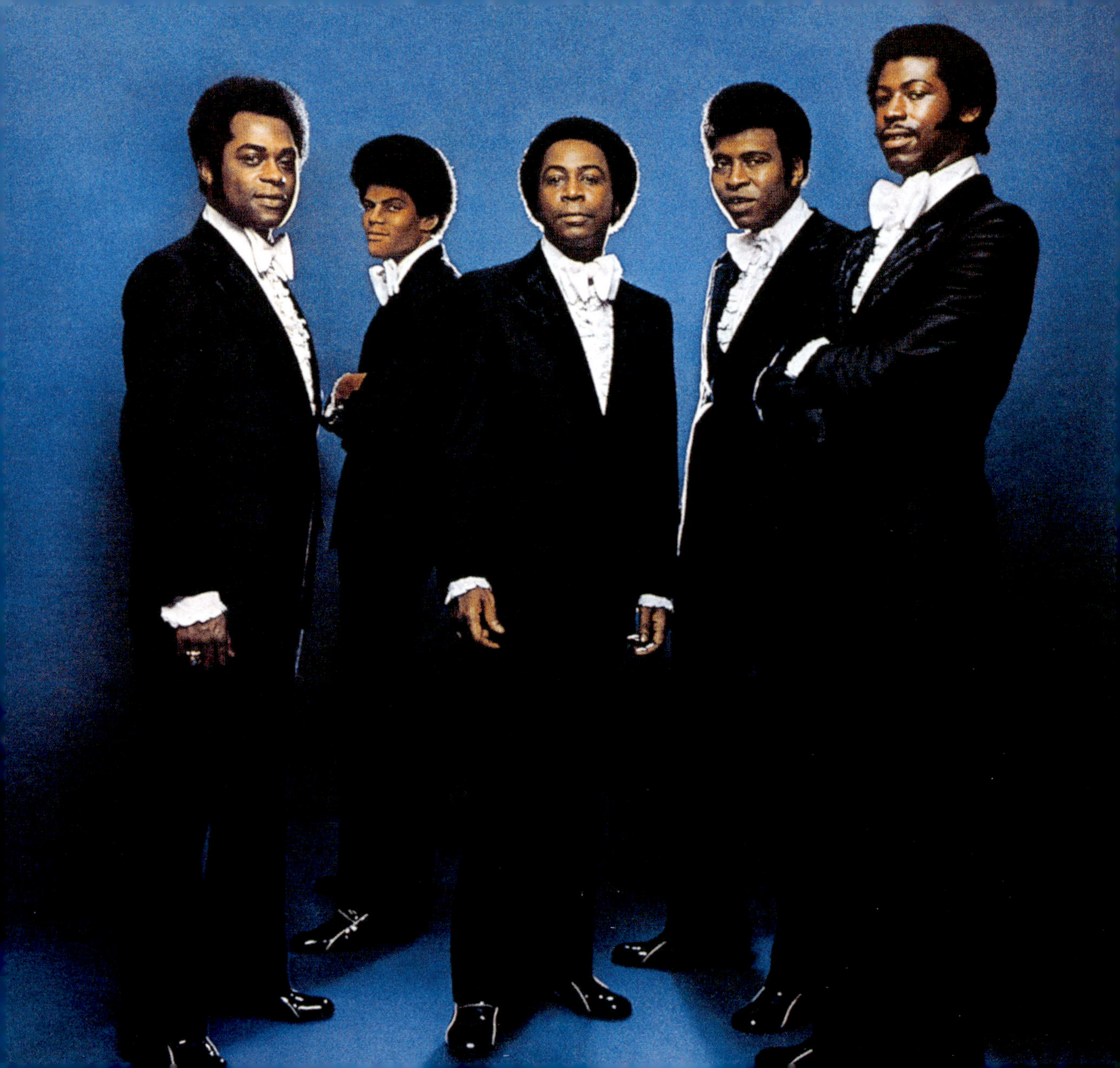

KAPITEL 21

IF YOU DON'T KNOW ME BY NOW HAROLD MELVIN & THE BLUE NOTES

Erstveröffentlichung auf dem Album *I Miss You*
(Philadelphia International, 1972)
Von Kenny Gamble und Leon Huff

★ ★ ★

IN DIESEM SONG HAT DER PROTAGONIST seinen Wert bewiesen. Er hat auf gute Weise Rechenschaft über sich abgelegt, mit Klasse und Auszeichnung. Er hat Wunder gewirkt für seine feste Partnerin, hat ihr ein Leben ermöglicht, sie reich gemacht, sie ernährt und gekleidet, zu ihrem Glück beigetragen, und doch vertraut sie ihm trotz allem immer noch nicht, sie denkt, er ist auf einem Egotrip. Sie ist leicht reizbar und schreckhaft, jede Kleinigkeit führt zu einem Wutausbruch, sie finden mental einfach nicht zueinander.

In diesem Song gibt es eine Menge Getöse, sehr viel Überheblichkeit und reichlich heiße Luft. Er ist wunderschön arrangiert und perfekt dargeboten. Es ist ein Song des Stolzes und der Selbstachtung.

Du kommst spät nach Hause, erst auf den letzten Drücker, aber du bist bereit und in Topform. Du machst ein bisschen rum, aber das ganze Gefummel führt zu nichts. Ihr versteht nichts voneinander. Du bemühst dich durchzudringen, legst die Karten offen auf den Tisch. Du bist rücksichtsvoll und absolut ehrlich. Du entblößt dich vor ihr, warum ist sie so sauer?

Du liegst nachts im Bett, spürst ihren riesigen Körper – sie ist mit Smaragden bedeckt.

Das Licht geht an, und sie will ganz genau und in allen Einzelheiten wissen, wo du warst. Sie macht dir Vorhaltungen und die Hölle heiß. Du versuchst cool zu bleiben, aber sie ist zugeknöpft und skeptisch. Du bist mit Körper und Seele dabei, wieso kapiert sie das nicht? Du hast ihr alles gegeben, was du in die Finger bekommen konntest, aber sie kann sich immer noch nicht auf dich einstimmen. Wenn sie dich jetzt noch nicht einschätzen kann, muss sie blind sein.

Jemanden wirklich zu kennen, kann eine Herkulesaufgabe sein, viele Hindernisse legen sich einem in den Weg. Trotzdem musst du dich fragen, ob sie deine Fähigkeiten und bemerkenswerten Leistungen jemals anerkennen wird, wenn sie es jetzt noch nicht tut. Ihr habt unterschiedliche Standpunkte in genau denselben Dingen, und das führt zu weiteren Auseinandersetzungen. Noch mehr Auseinandersetzungen, mit denen man sich herumschlagen muss, wegen nichts flippt sie aus und wird zu deiner Erzfeindin, sie hat ein aufbrausendes Temperament und an allem was auszusetzen. Schwer zu sagen, wie sehr dir das zu schaffen macht, du amüsierst sie, du inspirierst und erfreust sie, aber sie findet, du bist einfach viel zu sehr mit dir selbst beschäftigt und ziemlich narzisstisch.

Ihr kennt beide den Unterschied zwischen richtig und nicht ganz so richtig, ihr seid beide nicht von gestern. Ihr seid keine Unschuldslämmer – keine zickigen Teenager. Keiner von euch will, dass sich diese Liebe totläuft. Komm schon, wir reißen uns zusammen, lass uns das nicht alles als selbstverständlich hinnehmen, lass es uns mal ganz nüchtern betrachten, wir wollen uns nicht wie Kinder benehmen. Was haben wir überhaupt zu meckern? Eins weißt du sicher, nämlich dass dir der Ort hier gefällt, hier willst du sein, er ist dir vertraut. Hier werden deine Bedürfnisse befriedigt, es ist deine Zuflucht, dein altes Revier. Aber wenn sie glaubt, du würdest hier nicht einfach rausspazieren, dann hat sie sich getäuscht, und auch das ist noch ein weiterer Beweis dafür, dass sie dich nicht kennt.

In diesem Song steckt eine Menge Realismus, eine Menge Selbstherrlichkeit.

Es ist ein Song über Missverständnisse und Spannungen zwischen zwei Menschen, eine unausgeglichene Beziehung, zwei Partner, die sich gegenseitig auf die Nerven gehen. Die Zeit und Energie mit Dingen verschwenden, die sie ruhen lassen sollten. Es ist ein leidgeprüfter und passiver Song.

★ ★ ★

MENSCHEN WENDEN SICH UNTER ANDEREM deshalb von Gott ab, weil Religion in ihrem Leben keine Rolle mehr spielt. Sie wird als etwas dargestellt, das man mühsam aufsuchen muss – es ist Sonntag, wir müssen in die Kirche. Oder politische Spinner aus allen möglichen Ecken verwenden sie als Drohwerkzeug, um ihren Argumenten Nachdruck zu verleihen. Früher dagegen war Religion im Wasser, das wir getrunken haben, sie lag in der Luft, die wir geatmet haben. Fromme Lieder waren genauso ergreifend wie solche über die Fleischeslust – tatsächlich bildeten sie deren Grundlage. Wunder warfen ein Licht auf menschliches Verhalten und waren nicht nur Spektakel.

Dabei verlief die Interaktion nicht immer ganz reibungslos. Vermutlich reagierten junge Bibelleser verstört auf die Härte von Gottes Antwort auf Hiob, aber durch den später hinzugefügten Prolog, in dem wir erfahren, dass Gott mit Satan wettete, ob Hiobs Frömmigkeit im Angesicht fortgesetzter Prüfungen standhalten würde, wird das Buch zu einem der aufregendsten und inspirierendsten des Alten oder Neuen Testaments.

Es kommt immer auf den Kontext an. Menschen zu helfen, etwas in ihr Leben einzupassen, ist viel effektiver, als es ihnen in die Gurgel zu rammen. Hier haben wir noch eine andere Art, ein Liebeslied zu betrachten.

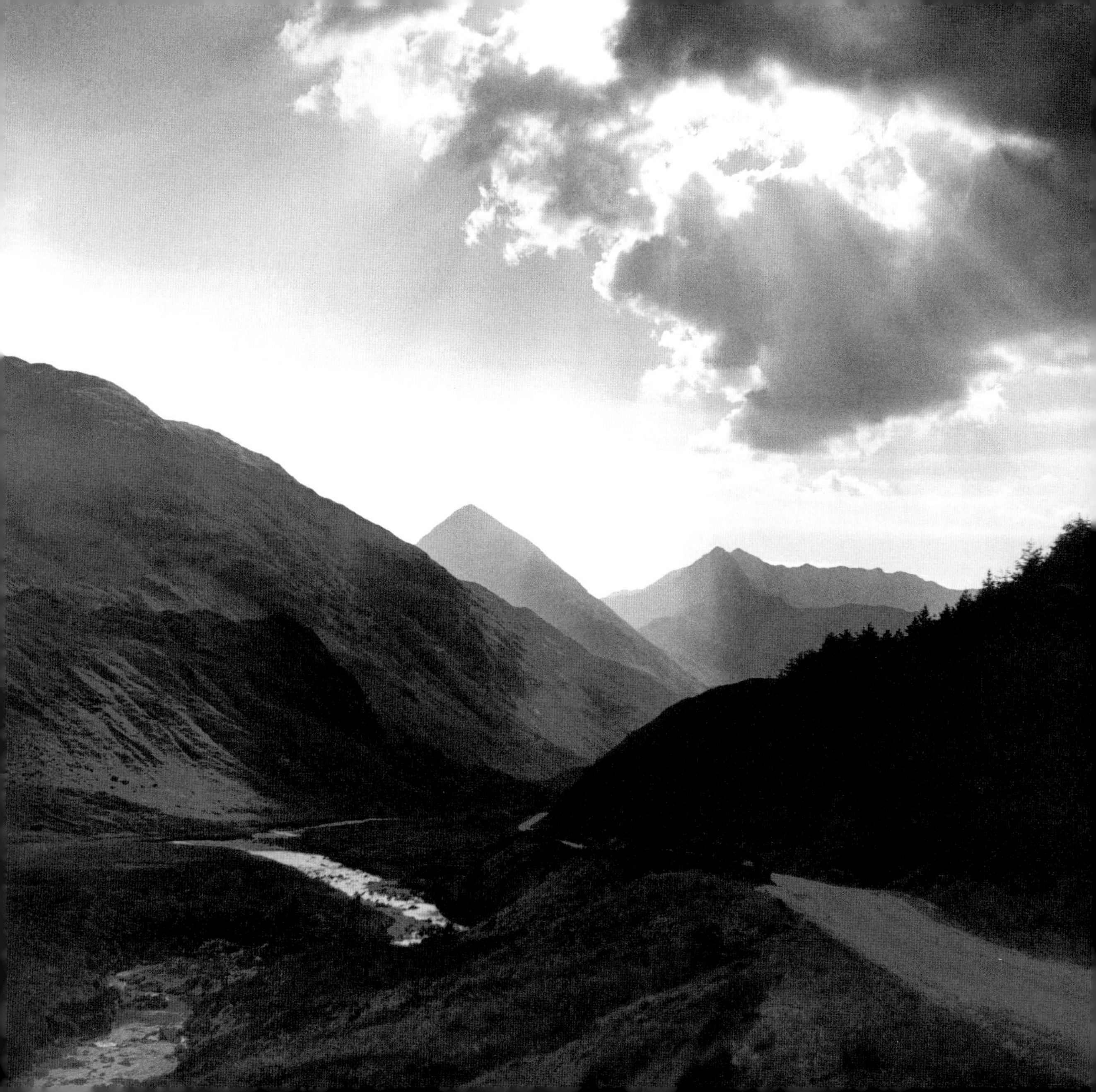

KAPITEL 22

THE LITTLE WHITE CLOUD THAT CRIED JOHNNIE RAY

Erstveröffentlichung als Single

(Okeh, 1951)

Von Johnnie Ray

★ ★ ★

DIE KLEINE WEISSE WOLKE VERGIESST TRÄNEN, sie schreit wie ein Baby. Du hast ihr trauriges Wehklagen gehört, als du am Fluss spazieren gingst, aber auch dein Herz war schwer, deshalb hast du nur halb hingehört. Auch du warst einsam und mutlos.

Die Wolke sagt zu dir, keine Angst, das vergeht schon wieder, irgendwann geht alles vorbei und lässt das Geschehene hinter sich. Die kleine Wolke fühlt sich jämmerlich – sie ist isoliert und verlassen, entfremdet von den anderen Wolken, niemand interessiert sich für sie, und sie bekommt die Auswirkungen der Diskriminierung zu spüren. Außerdem fürchtet sie sich vor dem dröhnenden Lärm da unten, dem donnernden Aufruhr, knurrend und brummend. Die Phosphorflammen eines lodernden Lichts haben ihr die Sicht genommen, das grelle Licht von unten brennt sich durch ihre Seele. Die weiße Wolke ist so unglücklich, aber du willst dich nicht in ihr Elend hineinziehen lassen – zeigst du zu großes Mitgefühl, könntest du den Verstand verlieren. Diese Wolke kann dich schläfrig machen.

Plötzlich sagt sie dir ohne Vorwarnung, du sollst still sein und aufschauen, nur die Sonne musst du anerkennen. Sie ist unveränderlich, ungebrochen und hält durch bis zum Schluss. Sie rät dir, auf das Wetter zu achten, in all seinen Variationen. Bring dich in Einklang damit, pass dich ihm an, dann wirst du zum Schluss triumphieren und ganz vorne landen.

Dann sagt sie, sie hat eine Botschaft an die Welt, wir alle müssen uns der Liebe ergeben. Sie sagt, du sollst die Nachricht bis in die letzten Winkel der Erde verbreiten. Du bist nicht sicher, ob du der Aufgabe gewachsen bist. Du willst nicht erwidern, dass du es nicht machst, aber dass du es machst, willst du auch nicht sagen. Du willst nichts versprechen und keine Erwartungen schüren. Du weißt außerdem, dass die Wolke sich jederzeit in einen tosenden schwarzen Nebel verwandeln könnte, der sich über die gesamte Welt legt, den gesamten Planeten überschattet, die Sonne verdunkelt und sich wie ein Tyrann aufführt. Du wirst darüber nachdenken müssen.

Die Botschaft dieser kleinen weißen Wolke an die Welt lautet, sie muss sich der Liebe verschreiben; das den Massen aufs Ohr zu drücken, könnte nach hinten losgehen. Die Mitteilung der kleinen weißen Wolke an die Welt darf auf keinen Fall zu kompliziert klingen, sie muss schlicht und einfach sein.

★ ★ ★

ALS SIE JOHNNIE RAY SINGEN HÖRTEN, hielten viele ihn für ein Mädchen. Johnnie sang mit seiner natürlichen Stimme, die alles andere als Falsett war. Viele halten männliche Sänger mit Falsettstimmen für Frauen. Das gilt für einige Motown-Sänger. Johnnie aber klang einfach wie ein Mädchen.

Ihn emotional zu übertreffen war schwer. Wenn er auftrat, machte er eine Vielzahl von Verwandlungen durch, er knallte Klavierdeckel zu, zerbrach Mikroständer, schüttete sein Herz aus … aus jeder Warte ein sehr dynamischer Performer. Vor Elvis. Anders als Tony Bennett, Frank oder Dino machte Johnnie aus seinem Herzen keine Mördergrube.

Die kleine weiße Wolke weint nicht nur, sie spricht sogar und will, dass ich der ganzen Welt sage, wie sehr sie sich bemüht.

Der Song täuscht. Er fängt ganz schlicht an wie ein Wiegenlied, von dem jeder denkt, er könnte es singen, aber bis er sich zum Mittelteil aufschwingt, befindet er sich in so dünner Luft, dass nur Johnnie und vielleicht noch Roy Orbison dort überleben können. In Johnnies Stimme liegt aber kein Country. Es ist die Stimme eines lädierten Engels, der ausgestoßen wurde und nun durch die Straßen der schmutzigen Städte zieht, singt und kreischt, weint und bettelt, Mikroständer und Klavierhocker zerlegt.

Johnnie Ray trug ein Hörgerät, und das machte ihn unsicher und nervös. Er verstand falsch, was gesagt wurde, und wusste nie genau, ob er sich deutlich genug ausgedrückt hatte. Vielleicht sind seine Songs deshalb so voller großer Töne – Emotionen kann man nicht falsch verstehen, weder im Text noch im Vortrag. Er machte nicht nur kein Geheimnis aus seinen Gefühlen, er hielt sie vielmehr hoch wie eine Flagge, die er über den Köpfen des Publikums schwenkte.

Erstaunlicherweise ist dieser Song die B-Seite von Johnnies großem Hit «Cry». Man sollte meinen, auf der einen Seite der Platte würden schon genug Tränen vergossen, aber nein. Sie wurde auf Okeh veröffentlicht, das in erster Linie ein R&B-Label war. Aber Johnnie transzendierte Hautfarben – seine Gefühle waren für eine einfache Pop-Platte viel zu direkt mit seinem Gehirn kurzgeschlossen.

Es gibt eine lange Tradition von Sängern, die auf der Bühne in Tränen ausbrechen. Hier ist eine Liste von Songs, bei denen das passiert. Einige gingen Johnnie voraus, andere folgten ihm nach. Johnnies Platten brauchten keine Krokodilstränen, keine falschen Emotionen. Johnnie hat alles gegeben. Und wir haben alle geweint.

★ ★ ★ THOSE WHO CRY ★ ★ ★

«Don't Leave Me» – Tommy Brown
«Baby, Don't Turn Your Back on Me» – Lloyd Price and His Orchestra
«The Bells» – Billy Ward and His Dominoes (mit Clyde McPhatter)
«Blue Eyes» – Fisher Hendley and His «Aristocratic Pigs» (Baby Ray singt und schreit)
«The Chicken Astronaut» – The Five Du-Tones
«Cryin' Emma» – Rolling Crew
«Cryin' for My Baby» – Pete McKinley
«Crying Like a Fool» – Jerry McCain
«Darling» – The Lyrics
«Death of an Angel» – Donald Woods and the Vel-Aires
«Frank, This Is It» – Cliff Jackson and Jellean Delk with the Naturals
«Get High» – La Melle Prince
«Go Ahead» – Billy Miranda
«I Wanna Know» – Nolan Strong and the Diablos
«It's Too Late» – Tarheel Slim and Little Ann
«Laughing but Crying» – Roy Brown
«Martha Mae» – Jack Davis and His Blues Blasters featuring Joe Frazier
«Much Too Late» – Tarheel Slim and Little Ann
«No One to Love Me» – Sha-Weez
«One More Kiss» – Paul Gayten
«The Quarrel» – The Newlyweds
«Shedding Tears for You» – Vernon Green and the Medallions
«Valerie» – Jackie and the Starlites
«Valerie» – The Jiving Juniors
«Weepin' and Crying» – The Griffin Brothers Orchestra
«Weeping Blues» – Rosco Gordon

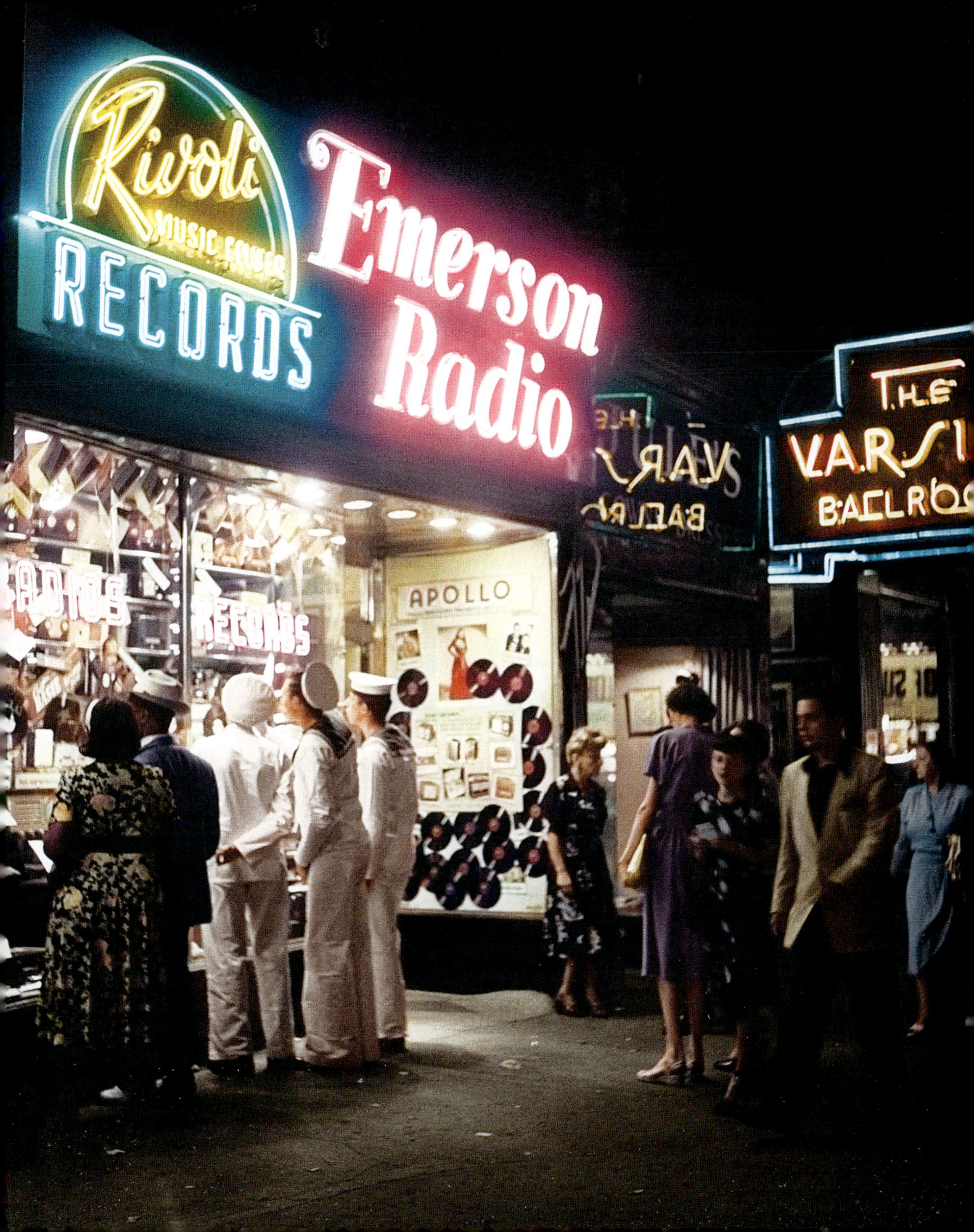

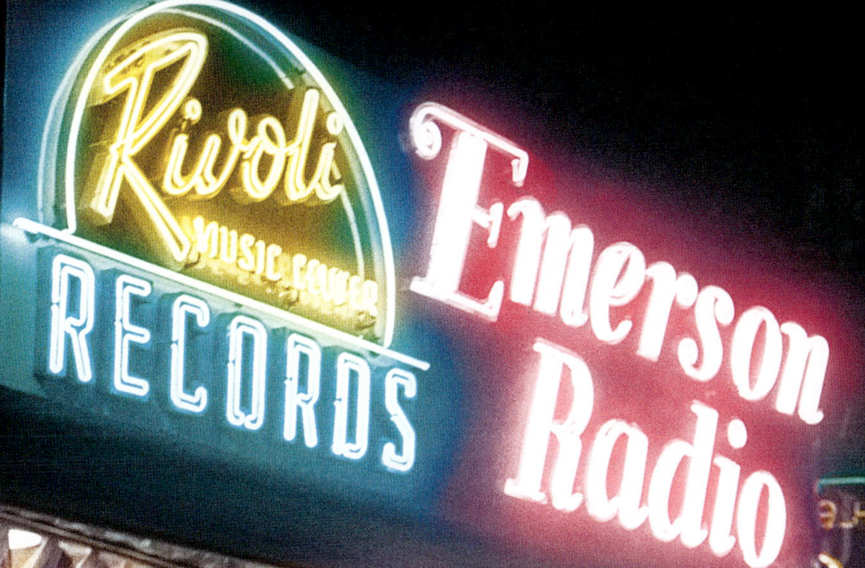
Rivoli
RECORDS
Emerson
Radio

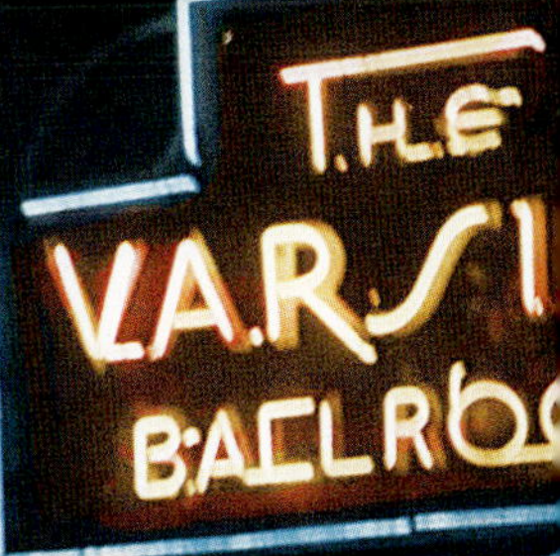
THE

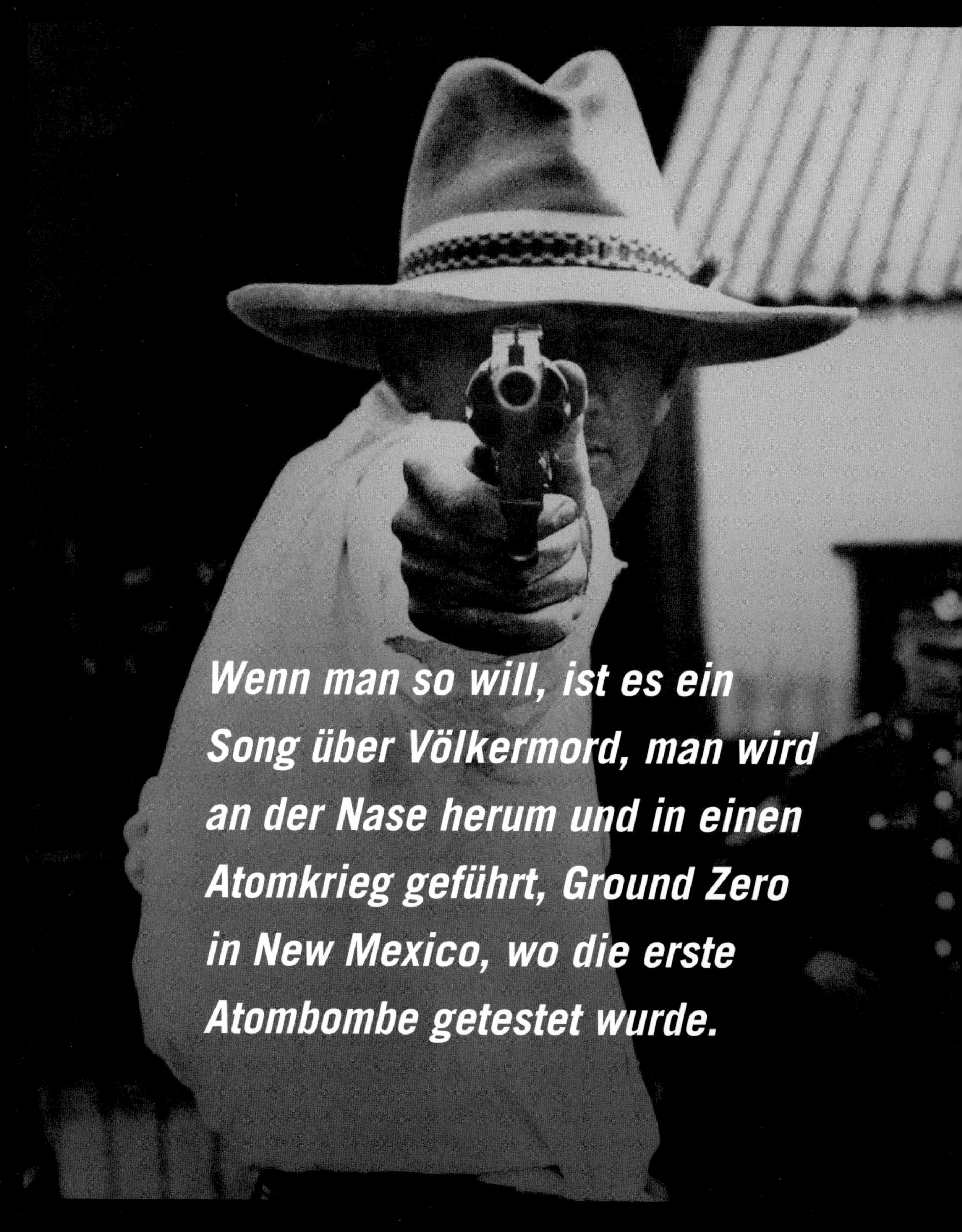

Wenn man so will, ist es ein Song über Völkermord, man wird an der Nase herum und in einen Atomkrieg geführt, Ground Zero in New Mexico, wo die erste Atombombe getestet wurde.

KAPITEL 23

EL PASO MARTY ROBBINS

Erstveröffentlichung auf dem Album *Gunfighter Ballads and Trail Songs* (Columbia 1959)

Von Marty Robbins

★ ★ ★

DAS IST EINE BALLADE ÜBER DIE GEMARTERTE SEELE, den ketzerischen Cowboy, den Fürsten der Protestanten, der sich einfach so im Handumdrehen in ein tanzendes Mädchen mit seidenweicher Haut verliebt. Eigentlich sagt der Song kaum etwas Verständliches aus, aber wenn man andererseits die Zeichen, Symbole und Schemen dazunimmt, sagt er kaum etwas, das man nicht versteht.

Gewehrfeuer, Blut und plötzlicher Tod sehen nach einer typischen Western-Ballade aus, sind hier aber alles andere als das. Das hier ist der Moloch, die Pyramide der Sphinx, die dunkle Kehrseite der Schönheit; zieht man ihr den Sockel weg, stürzt alles ein. Der auserwählte Cowboy, blutige Massenopfer, Juden des Holocaust, Christus im Tempel, Aztekenblut auf dem Altar. Der Song haut dich um, und noch bevor du wieder aufstehen kannst, haut er dir noch mal eine rein. Dafür lohnt es sich zu leben, und dafür, was du daraus machst. Das ist die nach dem Bild einer eifersüchtigen Gottheit erschaffene Menschheit. Das ist Vatertum, der Teufelsgott und das goldene Kalb – der gottgefällige Mann, ein eifersüchtiges menschliches Wesen. Diese Lebensweise ist eine durchweg konfrontative, es geht um die Höhen und Tiefen des Lebens, um das, was es wirklich ist. Wahrheit, die keine Beweise braucht, wo jedes Bedürfnis ein böses Bedürfnis ist. Dies ist eine Ballade über eine unerhörte Liebe.

El Paso – der Durchgang, die Hintertür, die Geheimtreppe – rituelle Verbrechen und symbolisches Vokabular – kreisförmige Bildlichkeit, Namen und Zahlen, Seelenwanderung, Abschiebung und das alles in der kryptischen ersten Person, dem primitiven Ich. Der Gestank nach Parfüm, Alkohol, eine Rauchwolke, das Duell, das wertlose Leben, Qualen im Herzen, im Sattel bleiben. Vergebliche Liebe, der Sensenmann, eine Liebe, die stärker ist als der Tod, et cetera. Der schwarze Ritter und der weiße Ritter, der Glücksbringer und der böse Blick. Fünf berittene Cowboys, zwölf weitere auf der Anhöhe und noch mehr davon – Königin der Bordsteinschwalben, kranke Prostituierte, eine durch und durch reale Erscheinung. Heilt emotional gestörte Menschen und Geisteskranke, eine unsichtbare Macht, dies ist eine Frau, für die du bereit bist, dein Leben zu geben.

Rosa's Cantina ist immer wieder derselbe Saloon. Die symbolische Rosa, das schwarze Kleid und der Bischofsring, das Brot und der Wein und das Blut. Das Blut christlicher Märtyrer, das die weiße Rose rot färbt, gepeinigt und gegeißelt. Ein katholischer Song, universell, keine Verletzung bleibt unhinterfragt. Wo sich jede Spur verläuft, *Roma locuta*, Fall erledigt.

Der gutaussehende junge Fremde, ein Ausländer, Dixie-Demokrat, vielleicht zwanzig Jahre jünger, hatte die Hände an der Schlangenbeschwörerin Felina und liegt tot auf dem Boden. Mit grausamem Vorsatz von dem Cowboy getötet, der schneller zog und ihn keinen Bruchteil einer Sekunde zu spät erschoss, freundlich zwinkernd. Ein sehr durchwachsener Mensch, ein Schwätzer. Es nicht zu tun, hätte einem althergebrachten Brauch widersprochen, ein Sakrileg im Grunde. Glaub nicht, dass nichts Gutes in ihm steckte, würde Felina vielleicht tief seufzend sagen. Du vergräbst dein Gesicht in deiner Armbeuge – es ist nicht möglich, hocherfreut zu sein. Du eilst zur Hintertür hinaus und stiehlst ein gutes Pferd – überstürzte Flucht nach Norden in die Badlands, hin zum Chaos und dem Höhepunkt des Songs, du reitest, so schnell du kannst, aber schnell ist das nicht.

Wenn man so will, ist es ein Song über Völkermord, man wird an der Nase herum und in einen Atomkrieg geführt, Ground Zero in New Mexico, wo die erste Atombombe getestet wurde. Land der Hexerei, Crazycat Mountain und das Tor zum Tod in El Paso. Tierra del Encanto, unweit der White Sand Missile Range, Highway des Teufels, runter nach

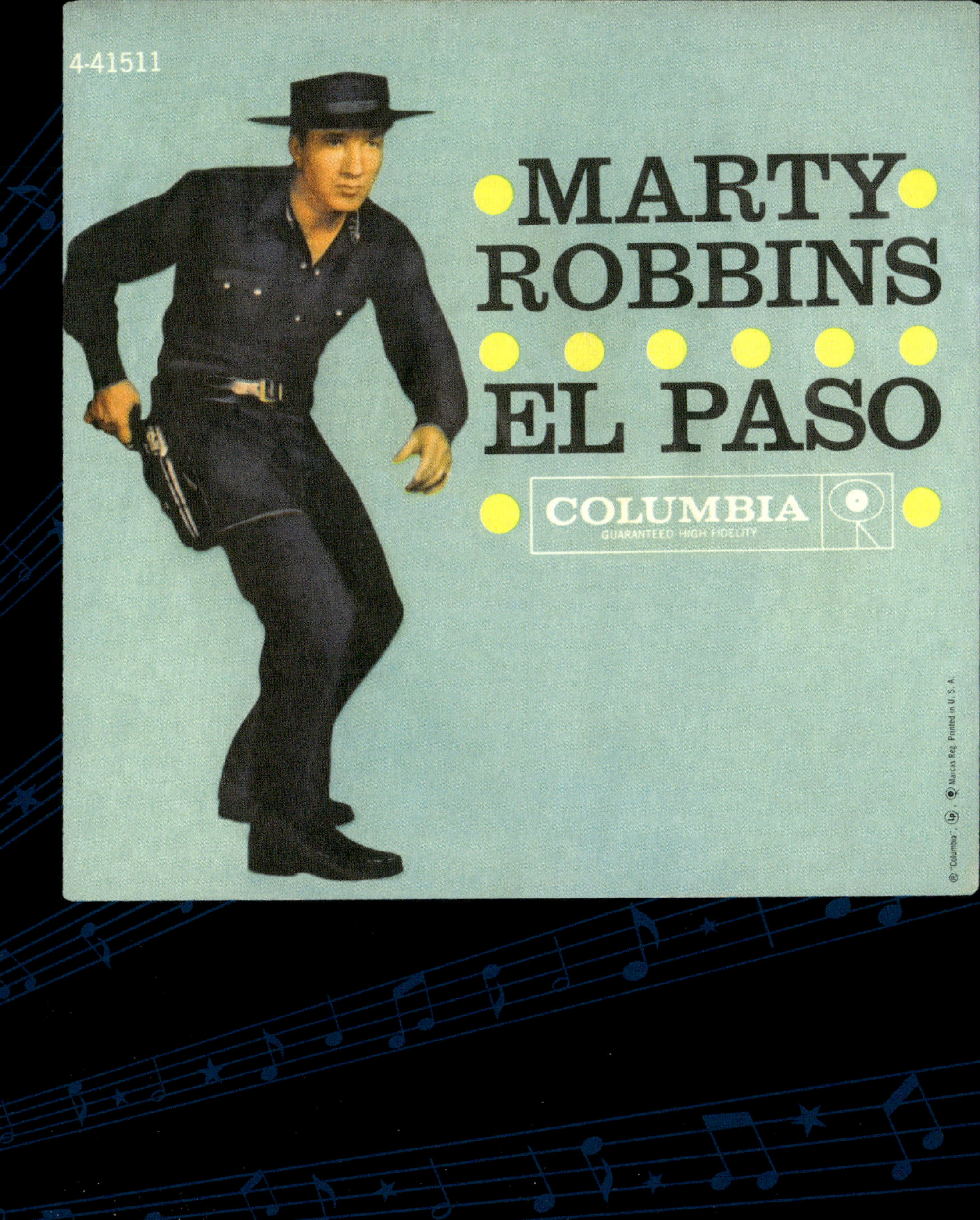

4-41511

MARTY ROBBINS

EL PASO

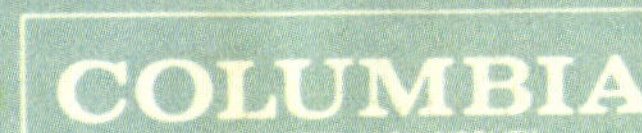

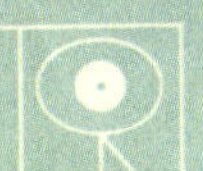

Jornada del Muerto. Der Song ist ein Labyrinth, hier ist Endstation für Roy Rogers, den König der Cowboys. Schluss mit Bohnen, Speck und Fleisch, Schlafsäcken und Kühe mit dem Lasso fangen – Kodex des Westens und Longhorn Drive. Das Ende des Scheichs, des Gauchos und des Matadors – wo ein einziger schlimmer Bulle deinen Tod bedeutet, die einsame Gestalt und der Schuft – der Cowboy ist der Sündenbock, und dies ist seine Geschichte.

Endlich bist du frei bis in alle Ewigkeit und raus aus allem. Weit weg. Der Rauch hat sich verzogen, und du bist viel besser, als du dachtest, aber unwillkürlich fällt dir auf, dass etwas fehlt. Du hast immer noch Felina mit ihren schwarzen Augen im Kopf, und sie ruft mit einem Flüstern «Ich will dich hier haben, sofort.» Also sattelst du dein Pferd, und los geht's – es ist deine Pflicht. Wieder zurück durch den Treibsand und rein in die rasante Wirbelwindaffäre, die du zurückgelassen hast, bis du von einem Felsvorsprung hinunter auf Rosa's Cantina schaust – doch dann schießen aus heiterem Himmel fünf berittene Cowboys auf dich. Gegen die kommst du nicht an. Bürgerwehren mit Abzeichen verfolgen dich. Nicht weil du getötet und gemordet hast, nicht weil du jemandem das Leben nahmst, nicht wegen einer gewöhnlichen Mordanklage, sondern wegen Pferdediebstahl, dem alten Schwerverbrechen im Wilden Westen. Sie pumpen dich voll mit Blei und fegen dich vom Pferd. Dort findet dich Felina und setzt sich neben dich, küsst deine Wange, während du langsam stirbst – sie wiegt dich in ihren liebenden Armen, legt ihre Hände auf dich, küsst dich auf die Wangen und du küsst sie zurück, mit einem Kuss, der sagt, ich verzeihe dir.

Dies ist ein Song nach der Wiederauferstehung, und er fliegt über deinen Kopf hinweg.

★ ★ ★

MARTY ROBBINS TAUCHTE IN DEN FÜNFZIGER JAHREN mit «A White Sport Coat and a Pink Carnation» auf der Bildfläche auf. Ein unbestreitbar mitreißender, melodiöser Hit, der jeden anspricht. Vorher hatte er versucht, in der Rockabilly-Szene Fuß zu fassen, einige anständige Platten wie «Maybelline», «That's All Right, Mama» und «Singin the Blues» gemacht. Aber das war nur der Anfang. «White Sport Coat» ist ein mystischer Song. Die Farbe Weiß und die Farbe Pink besitzen symbolische Bedeutung.

Marty Robbins hatte ein Ass im Ärmel. Sein Großvater Robert «Texas» Heckle, besser bekannt als Texas Bob, hatte im Bürgerkrieg als Soldat auf der Seite der Konföderierten gekämpft und lange dem First Texas Infantry Regiment angehört. Nach dem Krieg hatte Texas Bob unter den Generälen Custer und Crook in den Indianerterritorien Montana und Wyoming gedient.

Er war ein gefeierter Wildwest-Dichter, ein ungehobelter Mann, der aus eigener Erfahrung über das Leben in der Prärie schrieb und dessen Bücher die Geschichten von Männern und Frauen erzählten, die die Grenzen der Vereinigten Staaten erweiterten. Wie auf dem Umschlag von *Rhymes of the Frontier*, einem seiner Bücher, zu sehen ist, war Texas Bob der archetypische Medicine-Show-Cowboy – groß und hager saß er im Sattel, trug sein silbergraues Haar schulterlang unter dem konföderierten Hut, seine Haut war vom Wind und der Sonne derart gegerbt, dass sie dieselbe Farbe und Textur wie seine Wildlederhose hatte. Er sah gut aus, war charismatisch und dachte sich Geschichten für seinen Enkelsohn Marty aus – Geschichten, die er am Lagerfeuer gehört hatte und die andere nur über das Fernsehen mitbekamen. Marty begegnete ihnen mit Skepsis.

Er misstraute den unglaublichen Geschichten seines Großvaters – er fand, Texas Bob könne besser fabulieren als die Wahrheit berichten. Aber das führte nicht dazu, dass er ihn weniger liebte oder weniger genau zuhörte. Texas Bobs Geschichten über Schlägereien und Schießereien in den texanischen Grenzstädten nahmen die Aufmerksamkeit des Jungen ebenso gefangen wie die Kinoabenteuer von Roy Rogers die seiner Klassenkameraden. In den Geschichten, die Texas Bob erzählte, spritzten Bier und Blut an die Lehmziegelwände der Saloons, und Marty lernte in jungen Jahren, dass eine gute Geschichte wenig

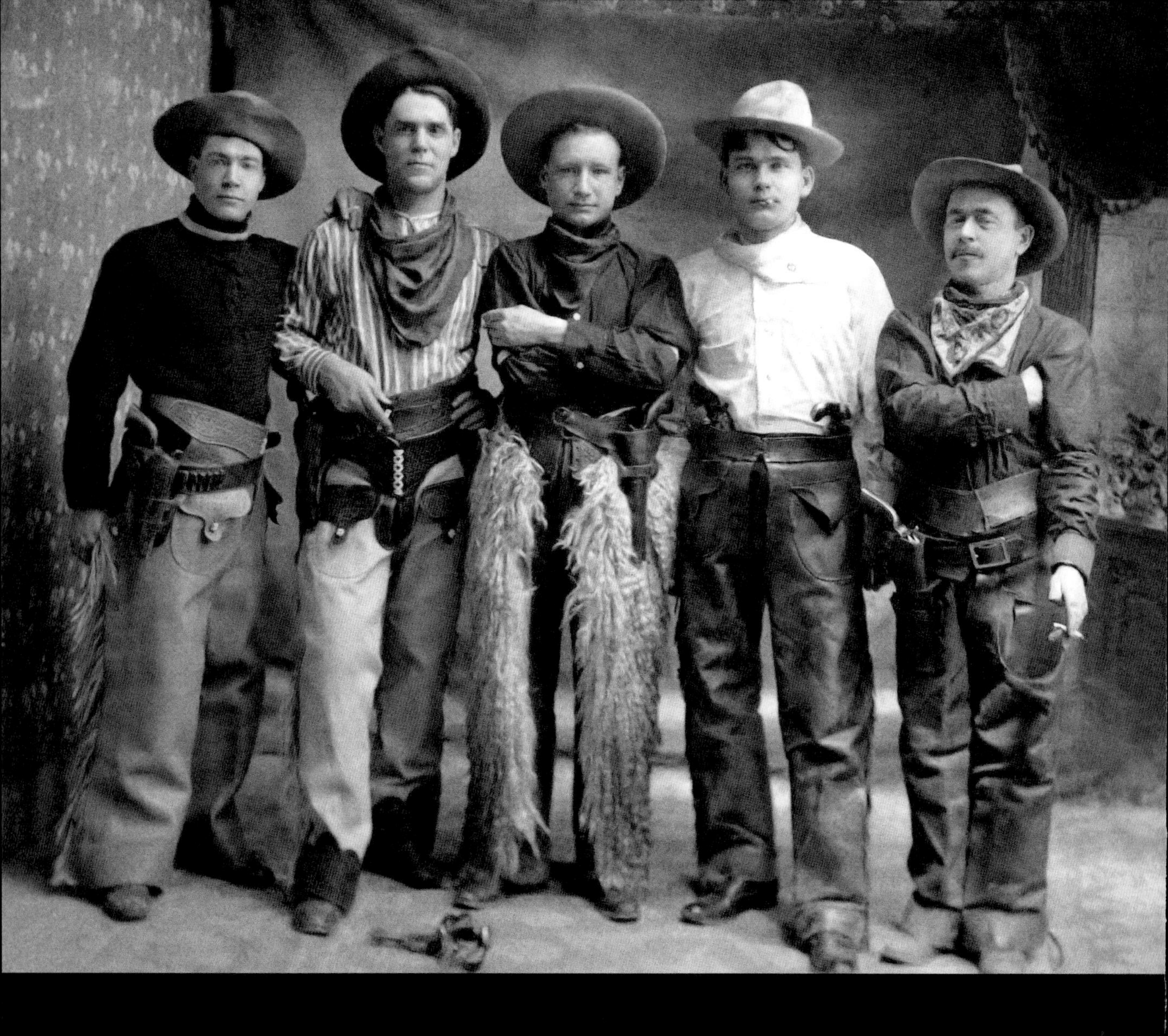

mit Wahrheit zu tun hat. Und ein guter Song auch nicht. «Mein Großvater hat Geschichten geschrieben, aber er konnte keine Melodien schreiben, deshalb schrieb ich irgendwann Melodien zu den Geschichten, die er mir erzählte.»

Als der Weg endlich frei war und sich die Gelegenheit ergab, lieferte Marty diesen Song mit dem Titel «El Paso» ab, der auf unterschiedlichste Weise bei den unterschiedlichsten Menschen Widerhall fand. Man spricht von Message Songs, angefangen bei Woody Guthrie und die gesamten Sechziger hindurch. «El Paso» aber ist der ultimative Message Song, und reflektierende Worte könnten bestenfalls an der Oberfläche kratzen. Er ist so komplex und doch so simpel konstruiert – eine düstere Geschichte über unbeschreibliche Schönheit und den Tod.

«El Paso» besteht aus fünf Strophen, mit jeweils zwei Zeilen und einer Überleitung zur nächsten Strophe. Ungewöhnlich wird er durch die Auftakt-Phrasen zwischen dem Ende der Überleitung und dem Beginn der darauffolgenden Strophe, kurze Präludien, die wieder zu der fortlaufenden Geschichte zurückführen. Diese Phrasen sind ebenso wichtig wie jedes andere Wort in dem Song. Man kann ihn als liebevolles Klagelied auf einen sterbenden Cowboy betrachten, der durch exotische Orte reist und sein Leben für eine Tänzerin lässt, die er kaum kennt, oder auch nicht.

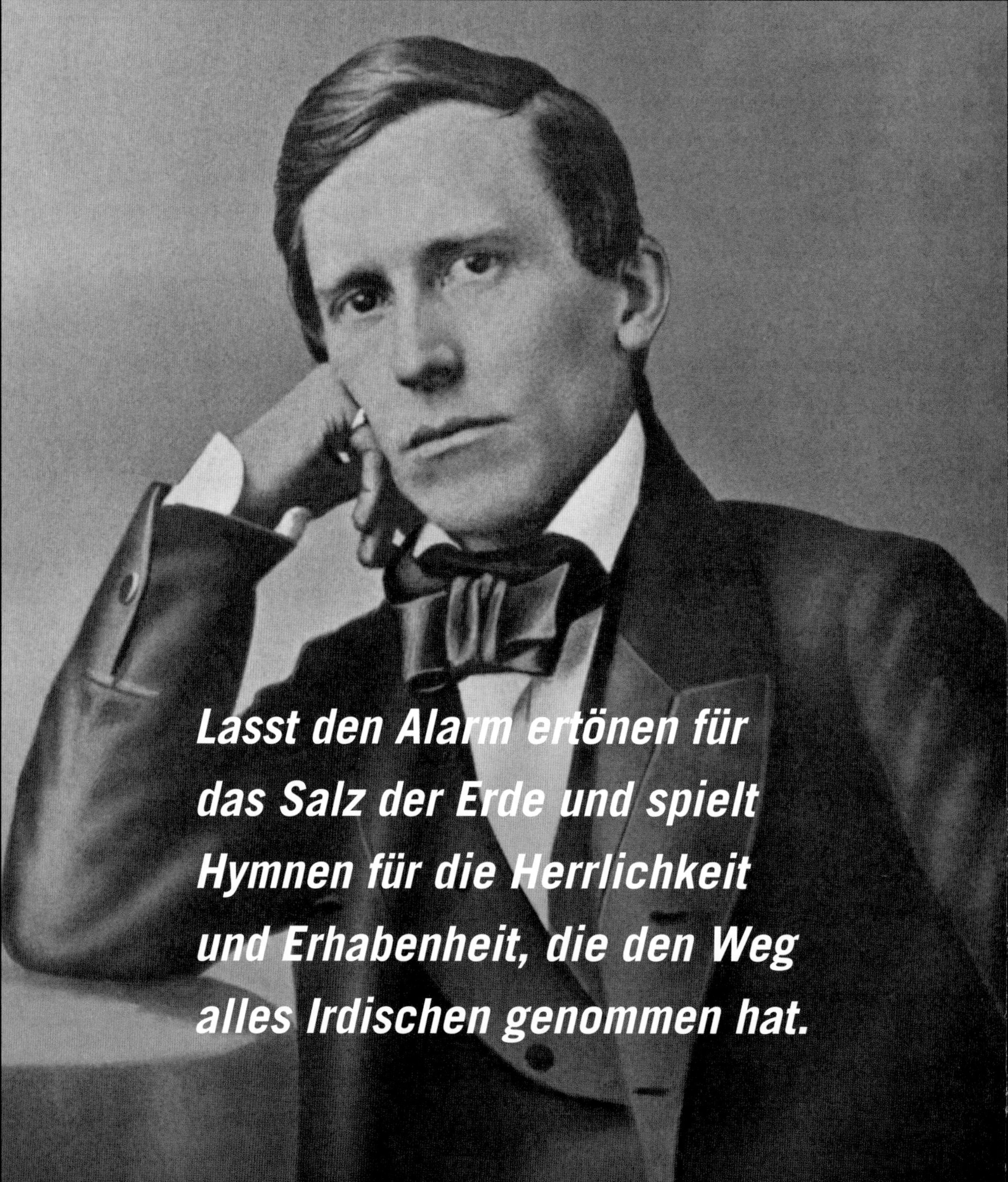
Lasst den Alarm ertönen für
das Salz der Erde und spielt
Hymnen für die Herrlichkeit
und Erhabenheit, die den Weg
alles Irdischen genommen hat.

KAPITEL 24

NELLY WAS A LADY ALVIN YOUNGBLOOD HART

Erstveröffentlichung auf der Compilation *Beautiful Dreamer: The Songs of Stephen Foster*
(American Roots Publishing / Emergent Music Marketing, 2004)
Von Stephen Foster

★ ★ ★

IN DIESEM SONG IST DAS FEUER AUSGEGANGEN, und dein Leben ist hinüber. Dein Glück wurde zunichte gemacht – keine Spur mehr davon. Dein Glück ist absolut vorbei.

Du schleppst Holz auf dem großen Fluss, dem breiten Strom, dem Fluss der Tränen, dies ist dein Schicksal – du hebst die schweren Stämme, die Silberpappeln, aus denen man glänzende Tische und Möbel macht, aber du hast einen Punkt im Leben erreicht, wo die Arbeit bedeutungslos ist. So geht es dir, seit die Trauer an deine Tür geklopft hat. Sie kam, als der Hahn krähte – Trauer und Schwermut beim ersten Morgenstrahl, sie löschte das helle Licht des Himmels.

Jetzt lebst du dein Leben geistesabwesend und fahrig, aber du wirst den Emotionen nicht nachgeben, dann wärst du verloren. Du wirst niemals verloren sein oder untergehen, du wirst nie aus dem Gleichgewicht geraten, nicht mal in dieser Situation, in der deine Welt zusammenbricht. Jetzt und bis in alle Ewigkeit stehst du den Dingen des Lebens gleichgültig gegenüber – im Angesicht dieses schweren Schlags.

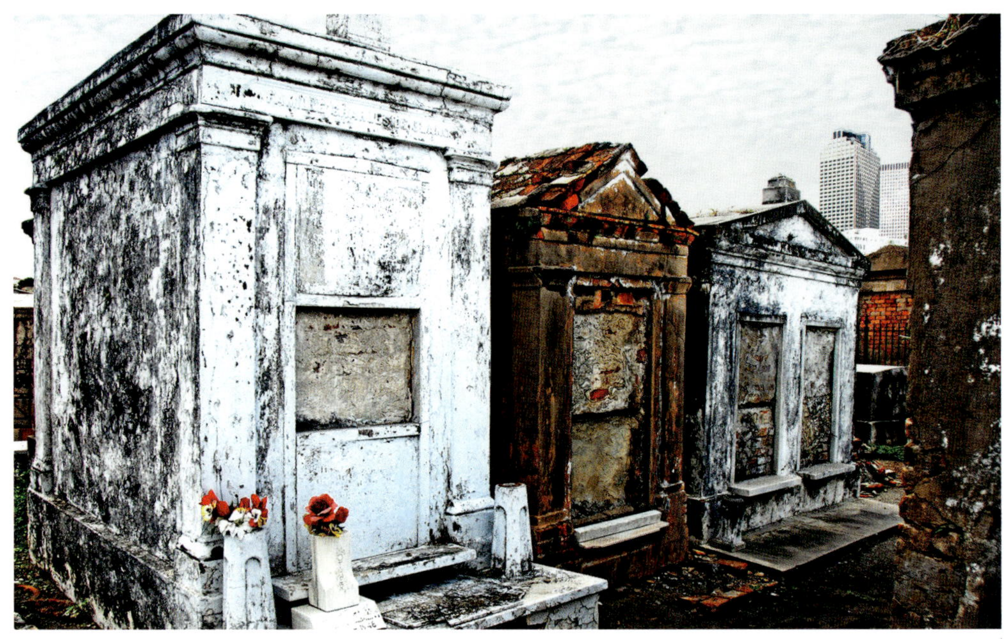

Lasst uns die Glocke läuten für Würde und Tugend, und lasst Sirenen erschallen für das, was anständig und unbezahlbar ist. Lasst den Alarm ertönen für das Salz der Erde und spielt Hymnen für die Herrlichkeit und Erhabenheit, die den Weg alles Irdischen genommen hat. Das freudestrahlende Gesicht, das für immer und alle Zeit erloschen ist, deine bessere Hälfte, dein wahres Gegenstück. In deinen Gedanken streifst du ziellos über Wiesen, die grünen Weiden – die in den Klee herabhängenden Zweige, die blühenden Sträuße eines Sommertags, und direkt neben dir ist alles, was du liebst, alles Schöne und Gute – alles, was wahr ist und glaubwürdig. Alles Natürliche.

Du wanderst über die Felder und lauschst den Trauergesängen. Du verlierst ihr Gesicht nie aus dem Blick, dein kostbarer Schatz, der Sinn deines Daseins, wird an diesem Tag in einem schwarzen Wagen fortgebracht. Deine Begeisterung für das Leben ist verschwunden, trotzdem ist da noch der alltägliche Trott. Du strengst dich für nichts mehr an, nur noch für das Nötigste. Die Farben des Lebens sind dunkler geworden, und deine Knochen fühlen sich an, als wärst du ein Geist.

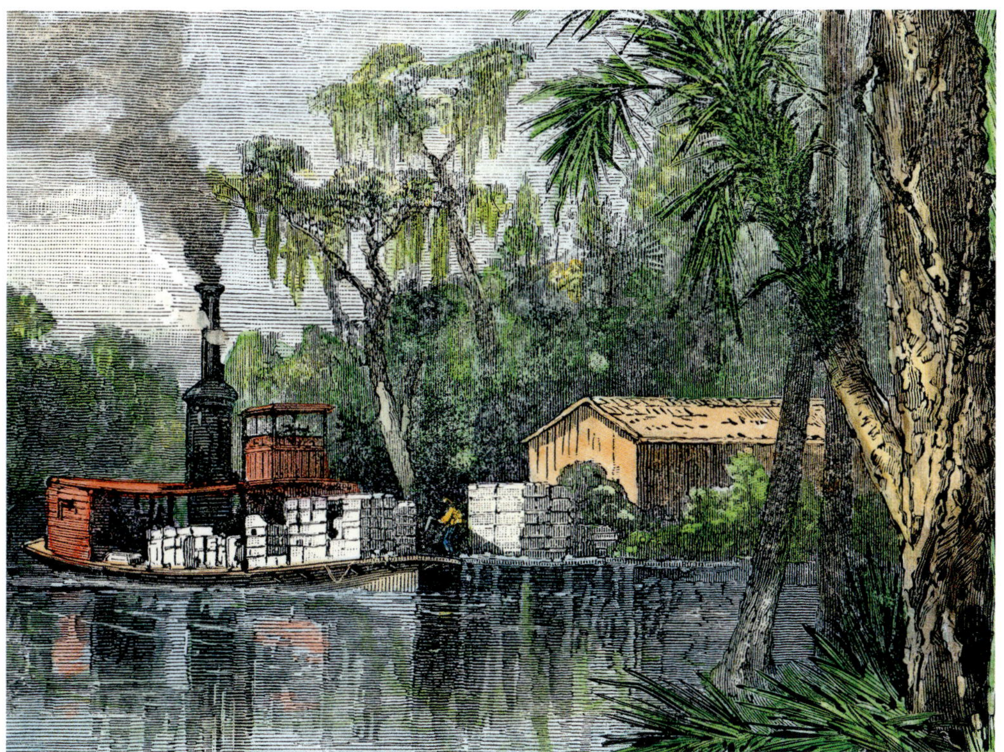

★ ★ ★

STEPHEN FOSTER IST DAS GEGENSTÜCK zu Edgar Allan Poe. Das ist ein unglaublich mitreißender Song, der es darauf anlegt, dass sich alle, die jemals ein Leben gelebt haben, hinlegen und weinen. Es wurden viele traurige Songs geschrieben, aber keiner ist trauriger als dieser. Sowohl der Text wie auch die Melodie. Eine bessere Version als die von Alvin Youngblood Hart wird man nicht hören. Alvin singt den Song in seiner Reinform.

Die Gitarren-Turnarounds sind ein langsamer Cakewalk zwischen untröstlichen Strophen und der gemeinsamen Trauer auf der Veranda. Die Melodie bleibt dir noch lange im Kopf, nachdem du die Geschichte schon vergessen hast, und jedes Mal, wenn du sie summst, läuft dir eine Träne über die Wange.

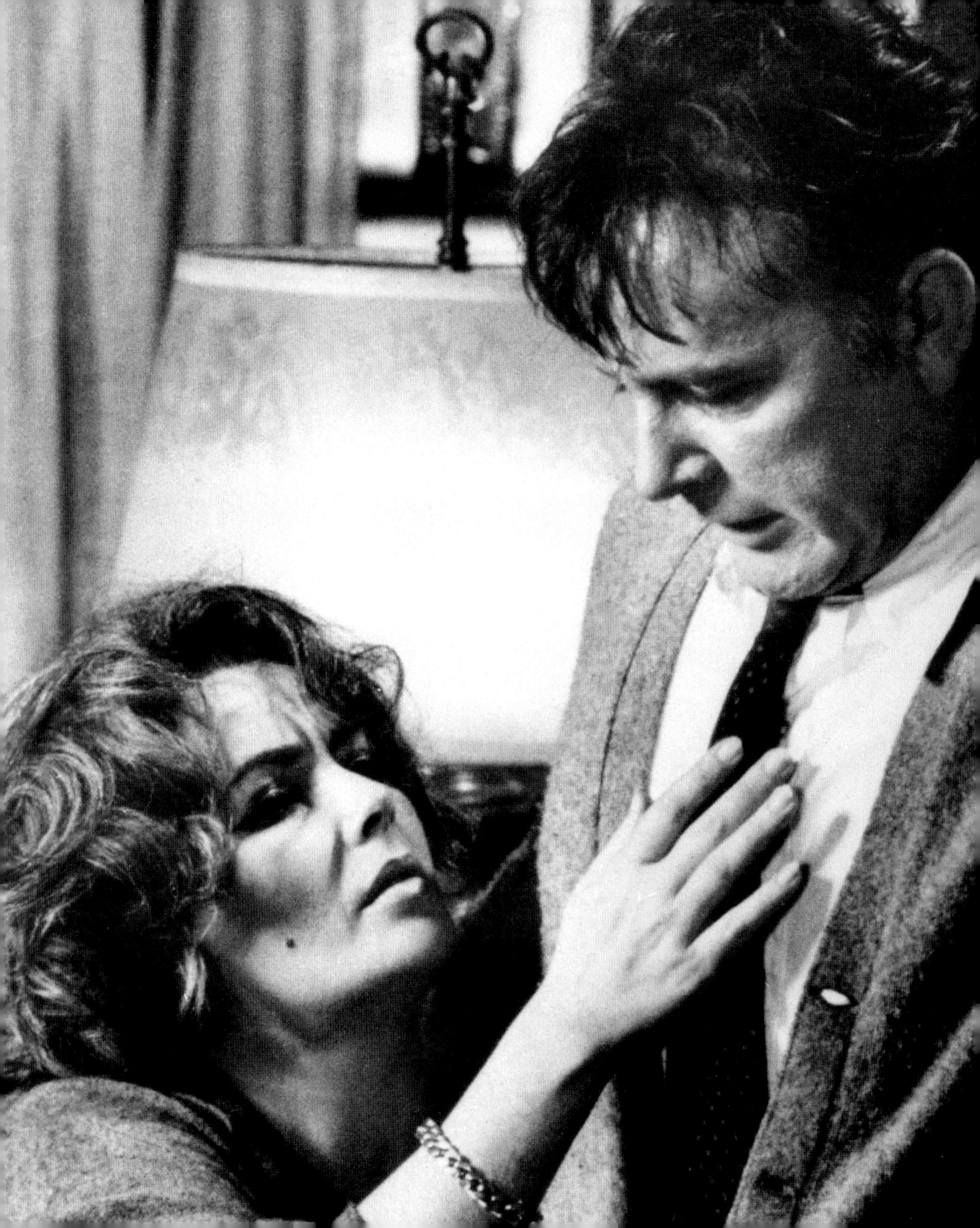

KAPITEL 25

CHEAPER TO KEEP HER
JOHNNIE TAYLOR

Erstveröffentlichung auf dem Album *Taylored in Silk*

(Stax, 1973)

Von Mack Rice

★ ★ ★

IM SOUL SIND ÄHNLICH WIE IM HILLBILLY, Blues, Calypso, Cajun, Polka, Salsa und anderen indigenen Musikformen Weisheiten enthalten, die Angehörige der Oberschicht häufig nur an der Universität vermittelt bekommen. Die sogenannte Schule der Straße ist etwas sehr Reales, und sie dreht sich nicht nur darum, dass man lernt, sich von Betrügern und Scharlatanen fernzuhalten. Während Absolventen der Elitehochschulen einen Schwall Vierzeiler vortragen, um über Liebe zu sprechen, sich in allen Einzelheiten über abstrakte Qualitäten und zarte Attribute auslassen, singen Leute von Trinidad bis Atlanta, Georgia, über die Vorteile, die es mit sich bringt, wenn man eine hässliche Frau zur Frau nimmt, und über die nackten, harten Tatsachen des Lebens.

Oder, wie in diesem Fall, Johnnie Taylor erspart dir eine kostspielige Rechtsberatung, weil er dir erzählt, dass es billiger ist, sie zu behalten.

Natürlich ist es billiger, sie zu behalten. Wie könnte es anders sein? Die Scheidungsindustrie macht im Jahr zehn Milliarden Dollar Umsatz. Und da sind noch keine gemieteten Säle, engagierten Bands oder geworfenen Brautsträuße dabei. Selbst ohne Torte ist das ein Haufen Schotter.

Hat man das Glück, in dieses Geschäft einzusteigen, kann man ein Vermögen machen, indem man die Gesetze manipuliert und dazu beiträgt, Beziehungen zwischen Menschen zu zerstören, die sich einmal unsterbliche Liebe geschworen haben. Niemand weiß, wie man der goldenen Gans den Garaus macht, und eigentlich will das auch niemand. Besonders diejenigen nicht, die nichts riskieren, indem sie weiter Kohle einsacken.

Inzwischen wird über Ehe und Scheidung in den Gerichtssälen und den Foren des öffentlichen Geschwätzes verhandelt; der Charakter der Institution wurde verzerrt und entstellt, wurde zum Fang-mich-Spiel mit Gift und Verrat.

Wie viele Scheidungsanwälte an diesem Verrat zwischen zwei vermeintlich zivilisierten Menschen beteiligt sind? Die ehrliche Antwort lautet alle. Es wäre ein wirtschaftlich unbedeutender Schlagabtausch, wenn er nur zwischen den zerstrittenen Parteien stattfände. Immerhin ist die Ehe ein relativ unkomplizierter Vertrag – bis dass der Tod euch scheidet. Das ist der Grund, warum gottesfürchtige Gemeindemitglieder Geschiedenen immer wieder mit Verachtung begegneten. Wenn sie bereit sind, von diesem einfachen Vertrag zurückzutreten, warum sollten sie sich dann nicht auch von allen anderen Vereinbarungen distanzieren? Darum hat man historisch Geschiedenen nie vertraut.

Die Ehe ist der einzige Vertrag, der aufgelöst werden kann, weil das Interesse an seinem Fortbestand nachgelassen hat oder sich jemand absichtlich schlecht benimmt. Wenn man zum Beispiel Ingenieur ist bei Google, kann man nicht einfach zu einem anderen Unternehmen wechseln und dort arbeiten, nur weil es einem plötzlich attraktiver erscheint. Es gibt Zusicherungen und Verantwortlichkeiten, und das neue Unternehmen müsste einen aus dem Vertrag herauskaufen. Aber Menschen denken selten logisch, wenn sie ihre Familie verlassen.

Egal ob verheiratet oder nicht, als Mutter oder Vater hat man eine Unterhaltspflicht gegenüber seinem Kind. Und das ist sehr viel wichtiger als die Aufteilung von Sommerhäusern. Letztlich gibt es die Ehe ja wegen der Kinder. Und ein Paar, das keine Kinder hat, ist keine Familie. Das sind zwei Freunde; Freunde mit Steuervorteilen und Versicherungsschutz, aber dennoch nicht mehr als Freunde.

Scheidungsanwälten sind Familienbande egal; sie sind per definitionem in der Abrissbranche tätig. Sie zerstören Familien. Wie viele von ihnen sind zumindest am Rande verantwortlich für Selbstmorde von Teenagern und für Serienkiller? Wie Generäle, die den

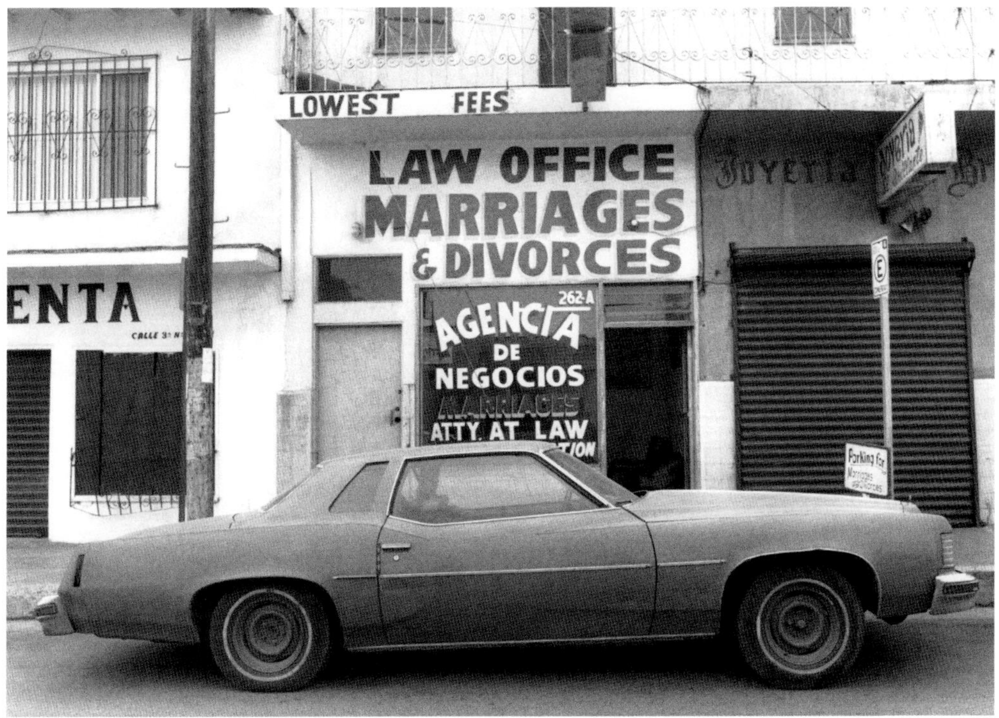

jungen Männern, die sie in den Krieg schicken, niemals begegnen müssen, heucheln sie Unschuld, und doch klebt Blut an ihren Händen.

Man sagt, vermählt durch die Bibel, geschieden per Gesetz – aber wird dein Anwalt für dich mit Gott reden? Die Gesetze Gottes haben grundsätzlich Vorrang vor den menschengemachten, aber die Wucherer aus dem Tempel werfen ist das eine – sie aus dem eigenen Leben zu verbannen, etwas ganz anderes. Wären Menschen die Anwaltskosten los, hätten sie vielleicht bessere Chancen, sich über Wasser zu halten.

Und dann gibt es noch voreheliche Vereinbarungen. Genauso gut könnte man Blackjack gegen ein korruptes Casino spielen. Zwei Menschen wetten auf dem Höhepunkt ihres Überschwangs, dass ihre Gefühle nicht von Dauer sein werden. Sie bezahlen Anwälte, damit diese ihnen garantieren, das größere Vermögen der beiden zu schützen, sobald sie anfangen, aufeinander loszugehen. Dieselben Anwälte werden behaupten, dass es sich nur

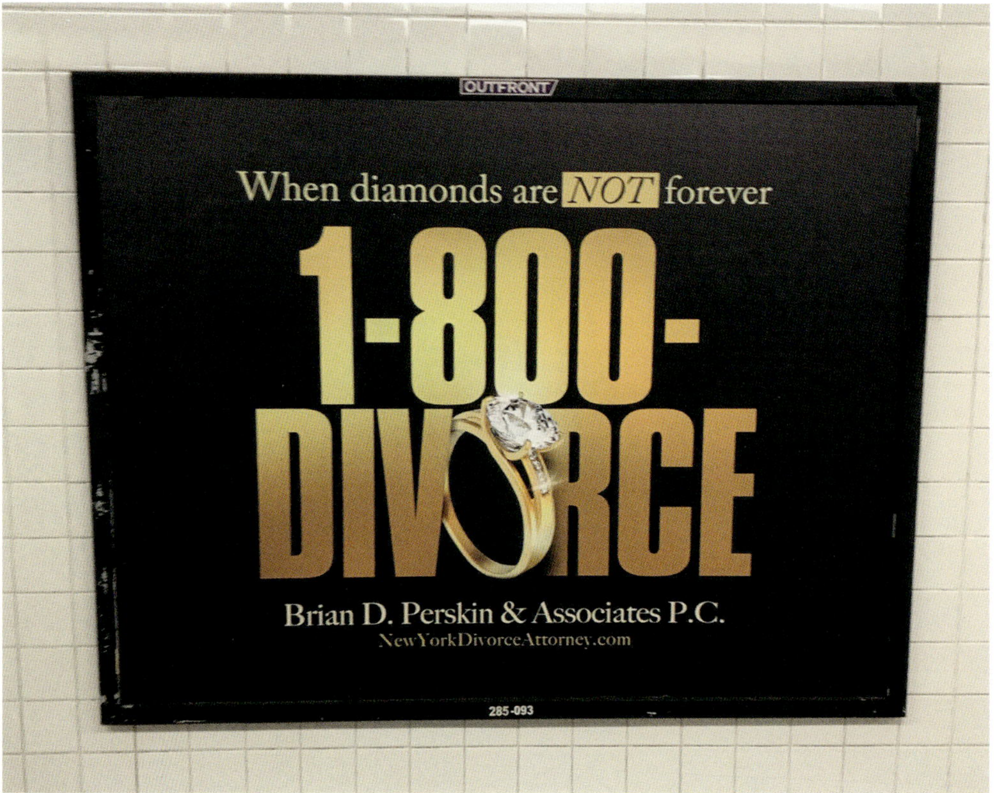

um eine Vorsichtsmaßnahme handelt und die Vereinbarungen in vielen Fällen gar nicht umgesetzt werden müssen. Aber schaut man ein bisschen genauer hin, merkt man, dass die Anwälte nur dahintergekommen sind, wie sie im Voraus kassieren können, auch wenn es zu keiner Scheidung kommt.

Also, gibt es eine Lösung? Vielleicht.

Mischehen, gleichgeschlechtliche Ehen – Befürworter derselben haben sich zu Recht für die Legalisierung eingesetzt, aber niemand hat für die einzige Form der Ehe gekämpft, auf die es wirklich ankommt, die polygame.

Es geht niemanden etwas an, wie viele Ehefrauen ein Mann hat. Muslime dürfen vier Frauen haben. Südafrikaner sogar zehn. Brigham Young hatte fünfzig Kinder von wer weiß wie vielen Frauen. Ungeklärt ist, wie viele Kinder der Scheich von Arabien gezeugt hat. Screamin' Jay Hawkins setzte ungefähr fünfundsiebzig Kinder mit fast ebenso vielen Frauen in die Welt. Im biblischen Sinne darf ein Mann so viele Frauen haben, wie er sich leisten kann. Wenn er arm ist, soll er nicht zu viele haben, wenn überhaupt. Ist er aber König Salomon, darf er dreihundert haben. Kommt ganz drauf an, wer man ist und wen man kennt. Scheidung ist das Kernproblem.

Ein Mann zahlt einer Braut Alimente, dann muss er noch eine weitere unterhalten. Wenn er von der einen Ehefrau zur nächsten wechselt, zahlt er zweimal Alimente und unterhält eine dritte. Jetzt muss er eine ganze Schar von Frauen finanzieren.

Natürlich wäre das auch ohne Anwälte so. Das sagt einfach der gesunde Menschenverstand. Aber damit hört es nicht auf. Die Anwälte steigern nur das Durcheinander und die Kosten. Von allen Seiten werden die Schrauben angezogen – Frauenrechtlerinnen und Feministinnen wechseln sich dabei ab, den Mann zusammenzustutzen und fertigzumachen, bis er nur noch den von der zerschlagenen gläsernen Decke herabregnenden Splittern ausweichen kann.

Fast hört man schon die Vorkämpferinnen und Interessenvertreterinnen mit den Zähnen knirschen. Aber bevor mich Feministinnen mit Fackeln durchs Dorf jagen, denkt mal über folgende zwei Punkte nach:

Erstens, welcher unterdrückten, perspektivlosen und von der Willfährigkeit einer grausamen Gesellschaft angeschlagenen Frau würde es nicht besser ergehen, wenn sie eine von vielen Frauen eines reichen Mannes wäre? Sie wäre wohlversorgt, säße nicht ohne Freunde auf der Straße und wäre nicht abhängig von staatlichen Zuwendungen.

Und zweitens, wann habe ich behauptet, dass die polygame Ehe eine Ehe zwischen einem Mann und mehreren Frauen sein müsste? Haut rein, Ladys. Auch das ist eine gläserne Decke, die es zu durchbrechen gilt.

It's cheaper to keep her – und wie.

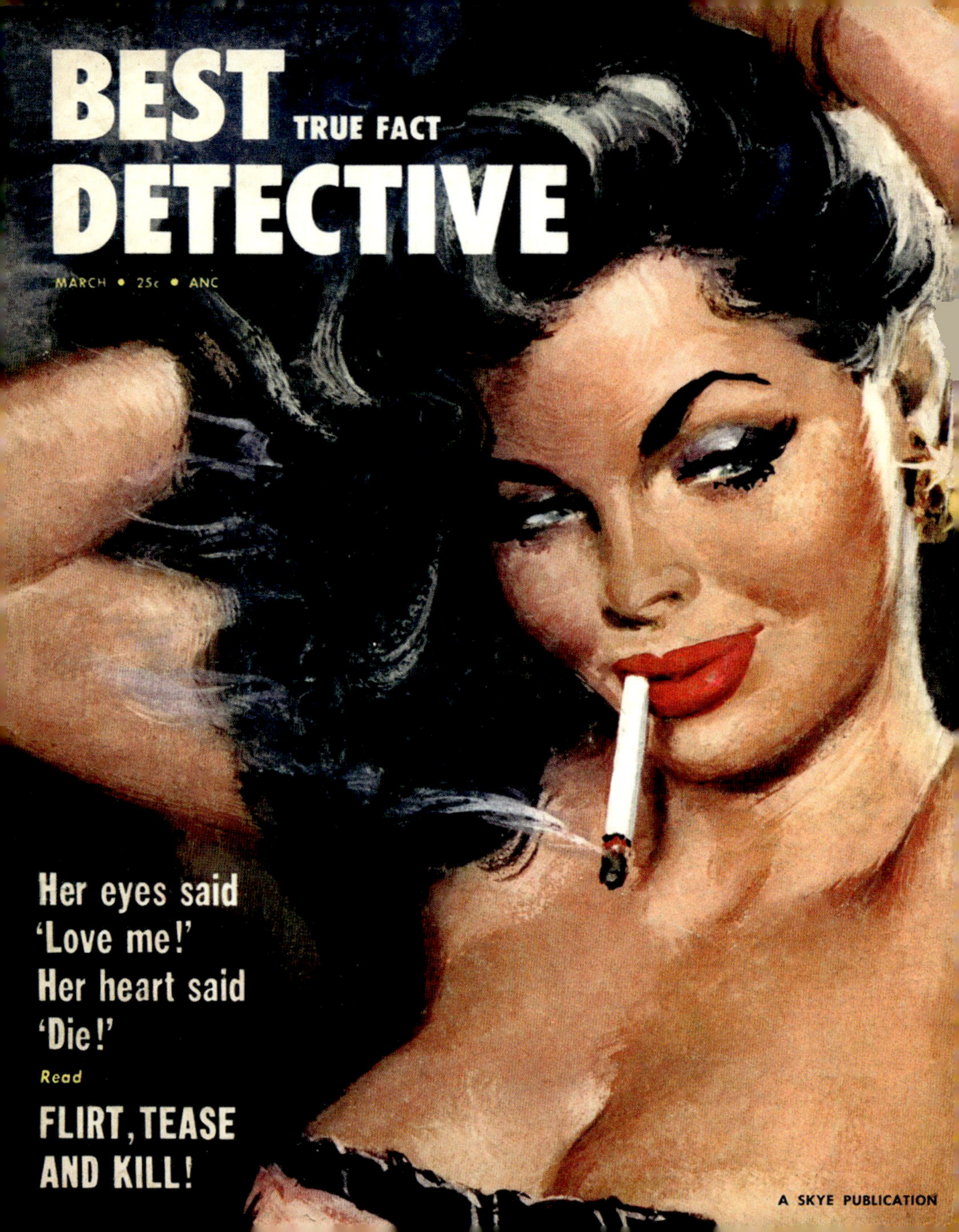
BEST TRUE FACT DETECTIVE
MARCH • 25c • ANC
Her eyes said
'Love me!'
Her heart said
'Die!'
Read
FLIRT, TEASE
AND KILL!
A SKYE PUBLICATION

KAPITEL 26

I GOT A WOMAN
RAY CHARLES

Erstveröffentlichung als Single

(Atlantic, 1954)

Von Ray Charles and Renald Richard

★ ★ ★

EINEN HALBEN STRASSENZUG VON DER KREUZUNG entfernt, sprang die gelbe Ampel schon auf Rot. War aber eigentlich egal, weil der Verkehr sowieso stockte, auch ohne dass die Ampel gegen ihn war. Bei dem Tempo würde es drei Stunden dauern. Wahrscheinlich hätte er nach der Arbeit noch etwas essen gehen können und wäre trotzdem zur selben Zeit angekommen. Aber sie hat auf ihn gewartet.

Die späte Nachmittagssonne ist heißer als ein Streichholzkopf, aber die Fahrt war so lang, dass sein schweißnasses Hemd, das am Autositz klebte, inzwischen wieder getrocknet ist. Er klopft seine Taschen nach einem Kaugummi ab, damit er es sich in den Mund schieben kann, wenn er in ihre Straße einbiegt. Aber bis dahin wird es noch dauern. Er hat das Radio aufgedreht und tappt im Takt zu Fathead Newmans Tenorsaxophon aufs Lenkrad.

Er hat zu viel Kaffee getrunken und Kopfschmerzen. Er denkt an die Neue auf der Arbeit, die mit den hohen Wangenknochen und dem Pflaster an der Ferse, da wo ihr Schuh immer scheuert. Sie lächelte, als sie den Fahrstuhl für ihn aufhielt. Wahrscheinlich wohnt sie in der Nähe. Wieso hat er nicht die gern?

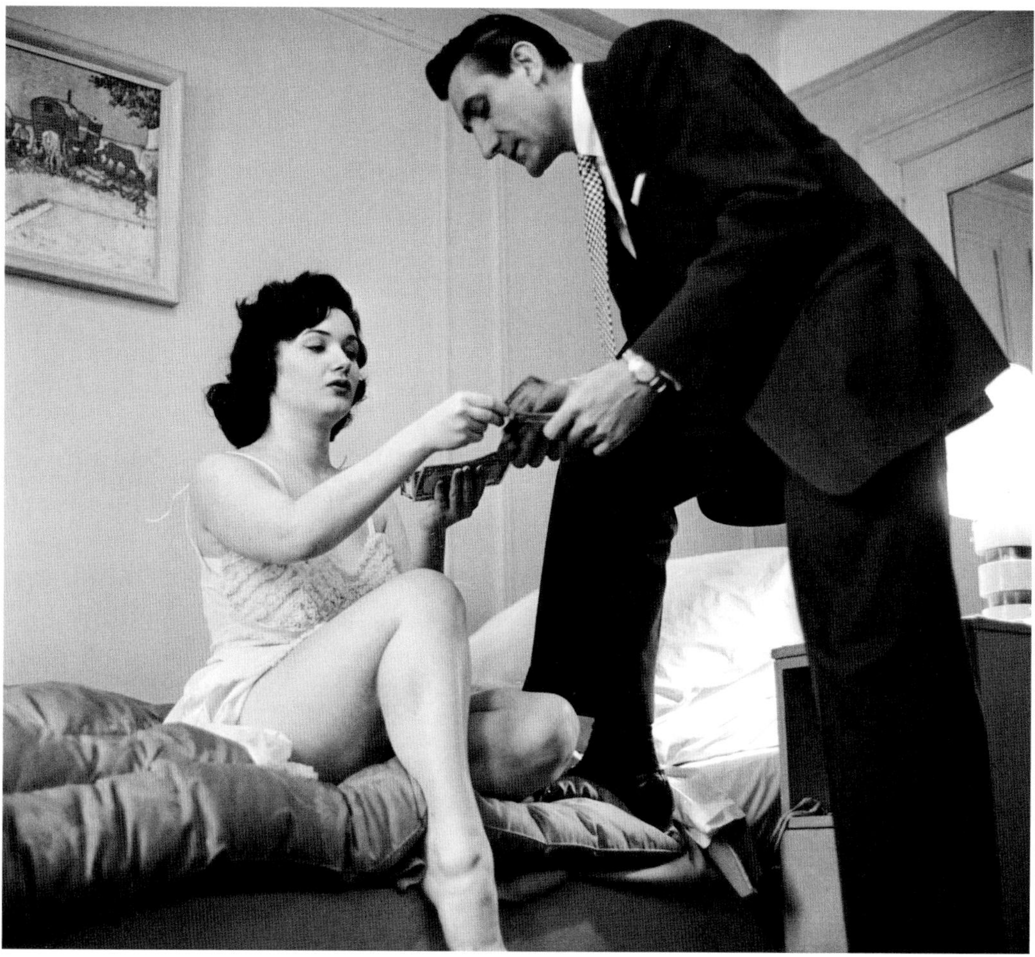

Am Anfang fuhr er noch draufgängerisch, die Sehnsucht trieb ihn dazu, Stoppschilder zu überfahren, aber dann ergab er sich der stumpfen Gewohnheit. Er befindet sich auf keiner Mission mehr, sondern kommt seiner Pflicht nach.

Sie wird auf ihn warten, schläfrig und übellaunig auf dem Sofa. Nicht dass er nach der Fahrt quer durch die Stadt viel besser drauf wäre. Na klar, in der Anfangszeit war alles rosig. Liebe Tag und Nacht, nie wurde gemurrt oder gejammert. Aber das lässt schnell nach. Und dann bleibt nur noch die lange Fahrt.

Die Sehnsucht schwindet, aber der Verkehr bleibt für immer.

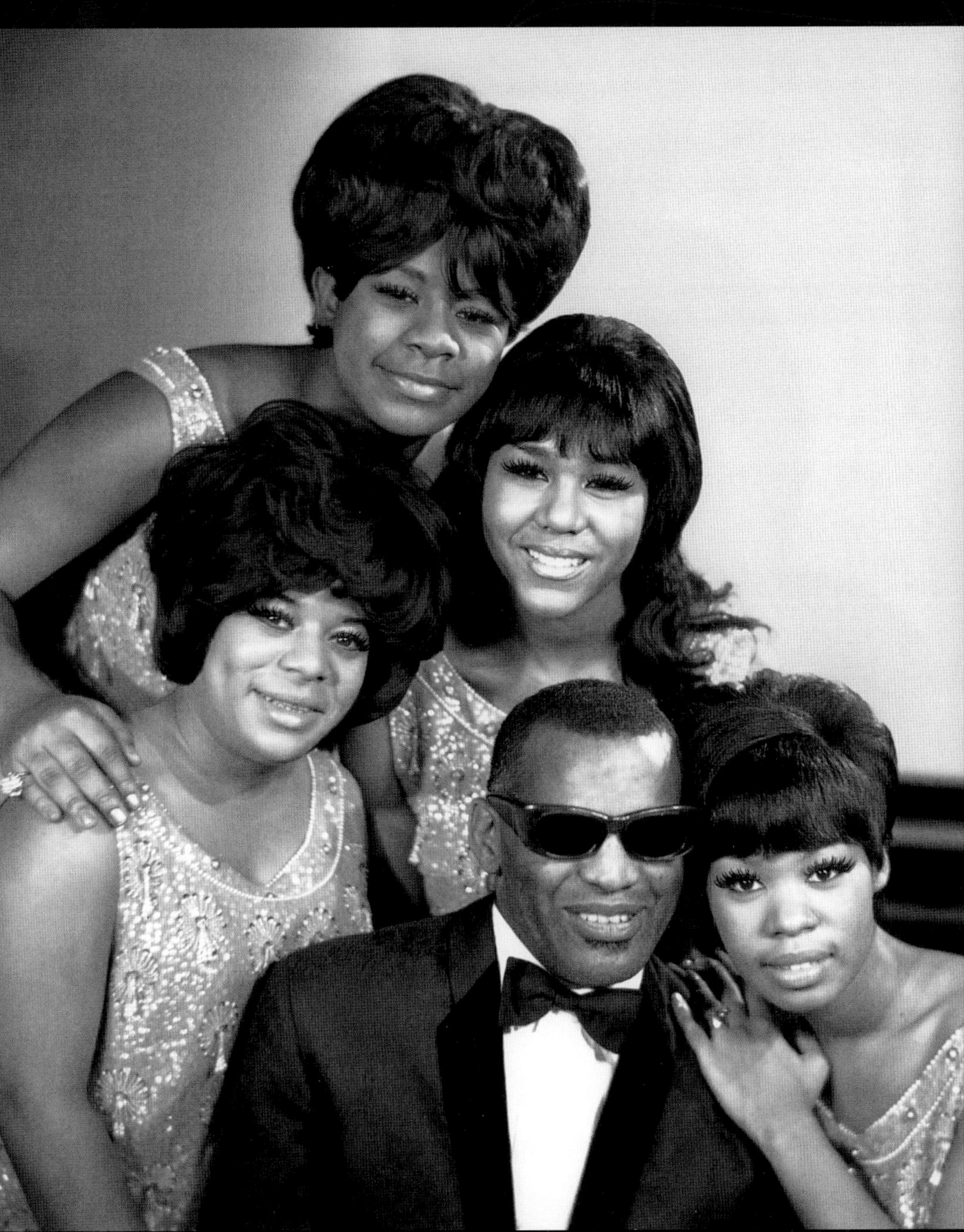

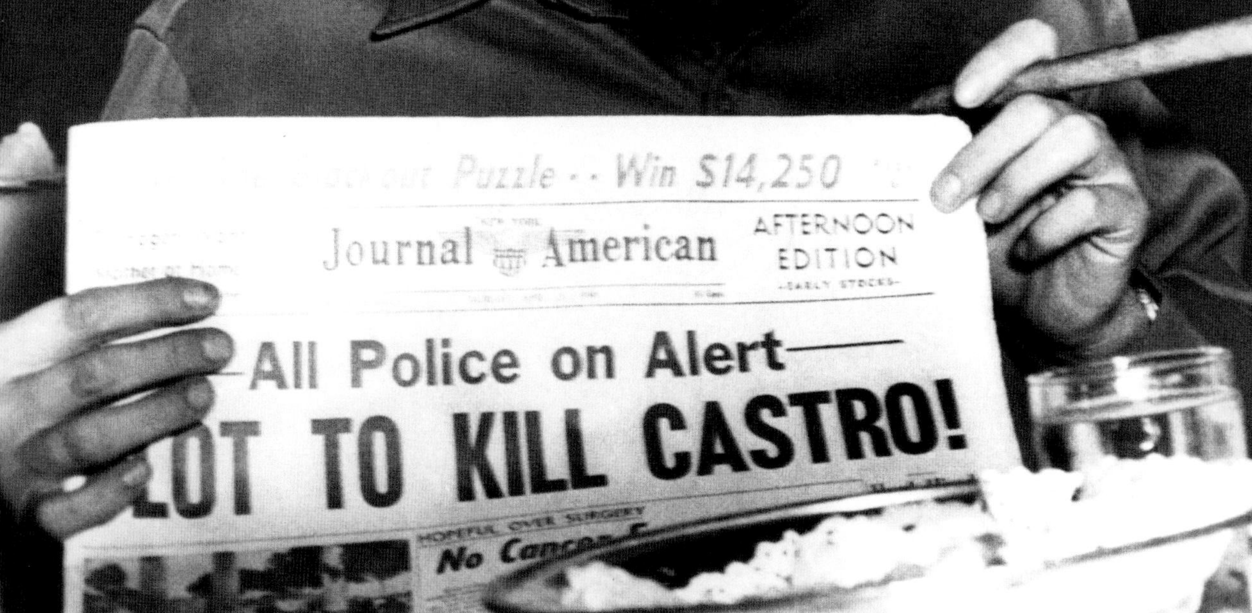
Puzzle -- Win $14,250
Journal American
AFTERNOON EDITION
All Police on Alert
LOT TO KILL CASTRO!
HOPEFUL OVER SURGERY

KAPITEL 27

CIA MAN
THE FUGS

Erstveröffentlichung auf dem Album *Virgin Fugs*
(ESP-Disk, 1967)
Von Tuli Kupferberg

★ ★ ★

SAM PHILLIPS HÄTTE DIESE PLATTE GELIEBT. Er hätte sie nicht veröffentlichen können, aber er hätte sie gerne aufgenommen – vielleicht mit Jerry Lee, der auch nicht gewusst hätte, was er davon halten soll, aber er hätte sich gefreut, sie aufzunehmen und ordentlich aufzupeppen. Garantiert wäre es ein Underground-Hit gewesen. Der Text ist alles andere als gewöhnlich («Who can kill a general in his bed … Overthrow dictators if they're Red … Fuckin'-A man … CIA man»). Wer bei dem Text nicht aufhorcht, liegt im Koma. Unglaublich, wie energiegeladen die Fugs mit nur einigen wenigen ausgefallenen Instrumenten sein konnten.

Dieser Song macht aus einem CIA-Mann eine Comicfigur. Irgendwie fragt man sich, wieso noch niemand bei DC Comics oder Marvel auf einen CIA-Mann gekommen ist. Stan Lee hätte einen Heidenspaß daran gehabt, diesen Typen zu zeichnen. Die Platte ist die Kehrseite von Johnny Rivers' «Secret Agent Man» für Paranoiker. Aber sie ist viel stärker und bringt es besser auf den Punkt.

Kaufte man Platten von den Fugs, dann war das ähnlich wie mit bestimmten Platten von Sun Ra; man hatte keine Ahnung, was man bekam. Manchmal klangen sie relativ

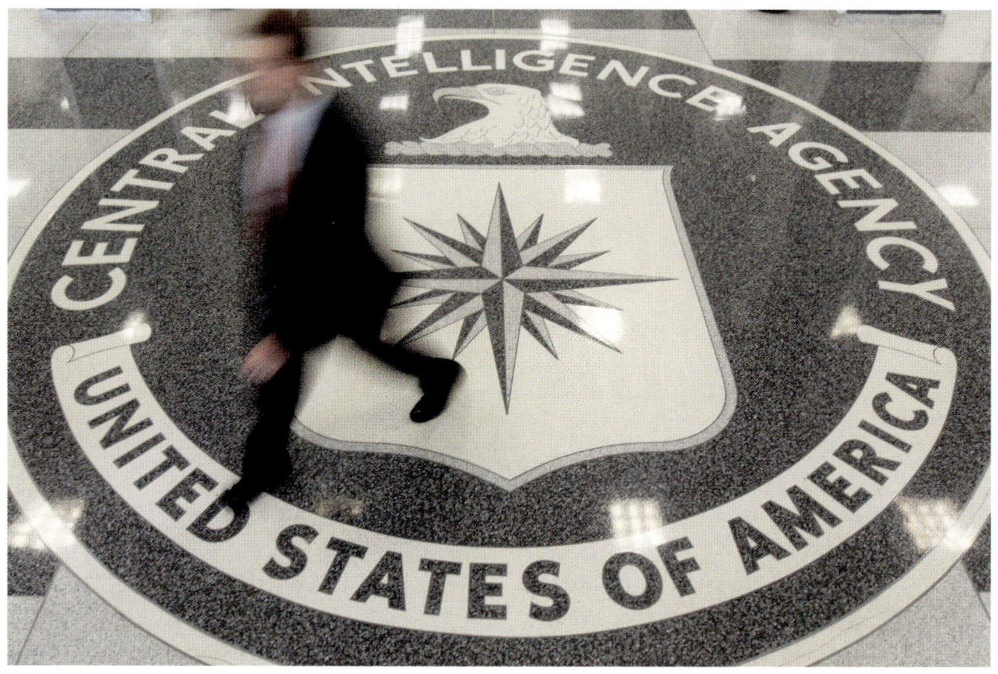

geschliffen – naja, so geschliffen sie klingen konnten – oder eben so geschliffen, wie man klingt, wenn man in einem Studio mit einer Band aufnimmt, die es fertigbringt, im selben Moment anzufangen und aufzuhören. Dann wieder nahm man eine andere Veröffentlichung mit, und die klang wie durch ein Tomatendosentelefon am Ende eines Besenstiels aufgenommen. Anscheinend konnten die Fugs überall aufnehmen, und manchmal waren die Liner Notes auf ihren Alben in Esperanto verfasst. Man sah sich herausgefordert, dahinterzukommen, wovon die Rede war.

Kreativität funktioniert unter anderem so, dass das Gehirn versucht, Löcher und Lücken zu schließen. Wir ergänzen Teile eines Bilds, Dialogfetzen, wir führen Reime zu Ende und denken uns Geschichten aus, um Dinge zu erklären, die wir nicht verstehen. Wenn du keine Ahnung hast, wer Johnny Pissoff oder was eine Slum Goddess ist, wenn du nichts von Coca-Cola Douches weißt, dann läuft deine Phantasie plötzlich auf Hochtouren.

Die Fugs haben diesen Song ein paar Mal aufgenommen – live und geschliffen und eigenartig und primitiv. Sie sind gut, und sie treffen den Nagel auf den Kopf.

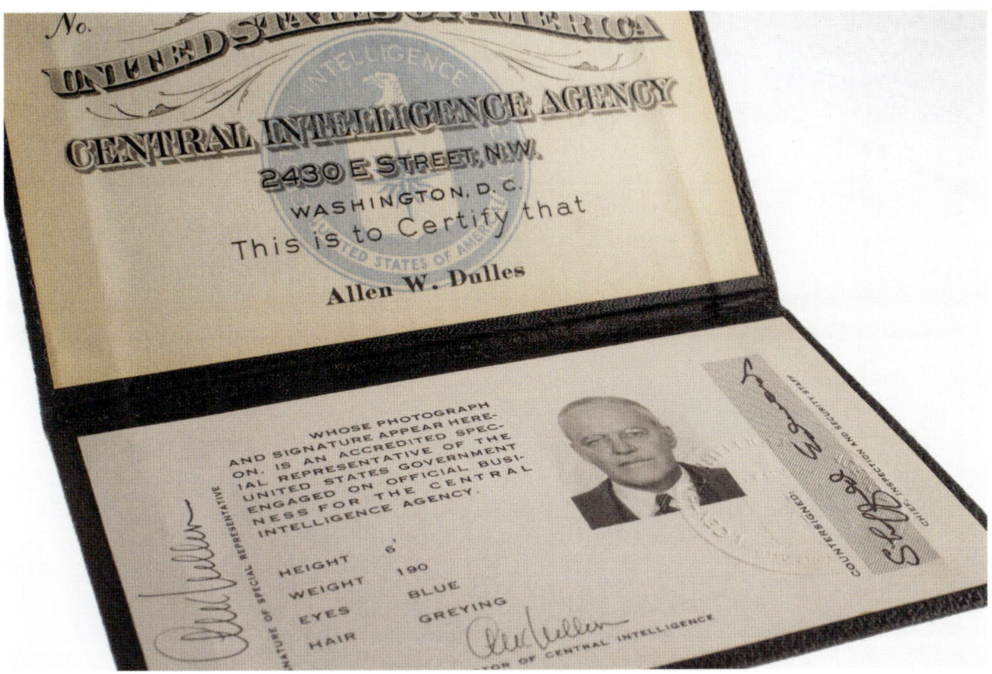

Die Fugs haben ihren Namen aus einem Roman von Norman Mailer, *Die Nackten und die Toten.* Als *Die Nackten und die Toten* 1948 geschrieben wurde, verlangten die damaligen Zensurvorschriften, dass Mailer das Wort «fuck» durch «fug» ersetzte. Die Fugs hätten sich genauso gut auch The Fucks nennen können, beschlossen aber, auf Nummer sicher zu gehen, damit ihre Platten im Plattenladen erhältlich sein würden, nicht nur in dunklen Gassen.

Trotz Norman Mailer und den Fugs setzte sich das Wort Fug aber nie als Stellvertreter für Fuck durch. Man sagt nicht «fug you», «what the fug» oder «that ain't no fuggin' good», wir verwenden immer noch die korrekte Terminologie.

Man hat das Gefühl, die Fugs brachten ihr wahres Talent oder all ihre Stärken nie wirklich geballt zum Einsatz. Man hatte immer das Gefühl, dass sie irgendetwas zurückhalten und jeden Augenblick explodieren könnten.

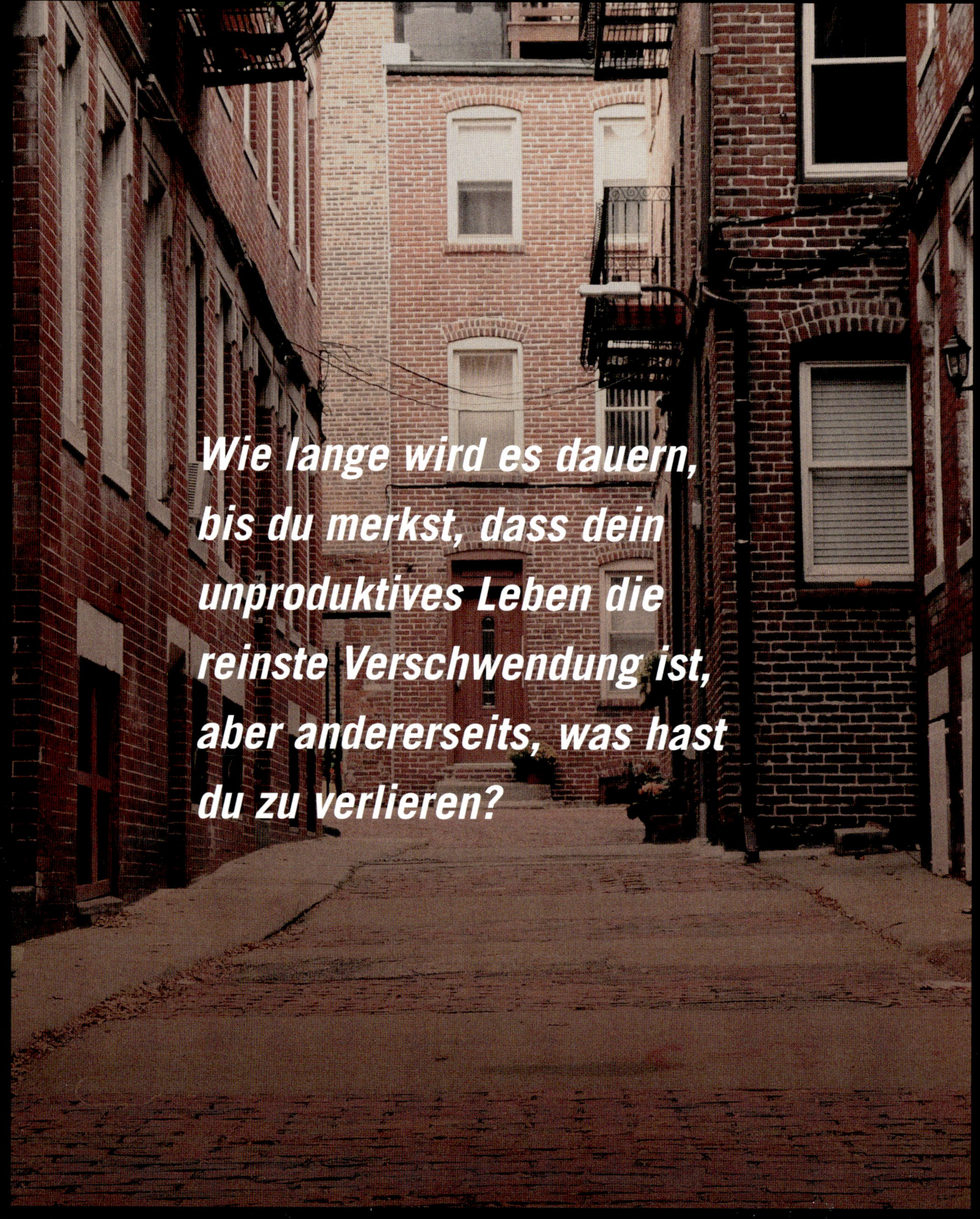
Wie lange wird es dauern,
bis du merkst, dass dein
unproduktives Leben die
reinste Verschwendung ist,
aber andererseits, was hast
du zu verlieren?

KAPITEL 28

ON THE STREET WHERE YOU LIVE VIC DAMONE

Erstveröffentlichung als Single

(Columbia, 1956)

Musik von Frederick Loewe

Text von Alan Jay Lerner

★ ★ ★

DU BIST SÜCHTIG, GANZ SCHLIMM SÜCHTIG. Hast dich in eine harte Droge verknallt. Bist reingefallen auf die sexy Hure, den Vamp, der hier irgendwo wohnt, und du bist verrückt nach ihr, sie hat dich in ihren Bann gezogen.

Du befindest dich in der Straße, in der sie wohnt, in einer finsteren Seitengasse. Du weißt nicht genau, wo sie wohnt, aber irgendwo hier muss es sein. Du bist durch jeden Toreingang gegangen, hast die Straße von vorne bis hinten unter die Lupe genommen, genau wie früher, du gehst auf demselben Boden, nichts hat sich verändert. Aber plötzlich ist alles anders. Der Gehweg, der sich immer unter deinen Füßen befand, fliegt urplötzlich auf, und zwar verkehrt herum. Du treibst darauf hoch in den Himmel auf ein hohes Gebäude zu, einen echten Wolkenkratzer. Wenn du nach unten schaust, sieht alles klein und unbedeutend aus, sogar die Straße, in der sie wohnt. Du siehst dich selbst dort unten, eine unbedeutende Gestalt, ein Nichts. Dann wirst du schlagartig wieder in die Realität zurückversetzt, du fällst tief, knallst wie ein D-Zug auf den Asphalt, aber du trägst keine einzige Schramme davon, also muss alles noch in Ordnung sein. Dann machst du weiter, wo du aufgehört hast. Gehst in den Seitenstraßen umher, schaust in Hauseingänge und Treppenhäuser, hoffst, einen Blick auf sie zu erhaschen, und du bist schon oft durch diese Straße gegangen.

Ist das wirklich die Straße, in der sie lebt? Es muss ihre Straße sein, weil die Vögel hier zwitschern, und in einer anderen Straße könnten unmöglich Vögel zwitschern. Du hast die Orientierung nicht verloren, also gehst du wieder weiter. Gibt es in diesem Teil der Stadt Fliederbäume – du denkst darüber nach, aber der Gedanke verschwindet wieder. Menschen bleiben stehen und starren dich an, das macht dir nichts aus, du befindest dich auf einem geistigen Höhenflug und bist viel zu entrückt, um es zu merken. Sie stieren dich an und tratschen, schenken dir böse Blicke. Aber es dringt nicht zu dir durch. Du wirst keine Anstrengungen unternehmen, darauf zu reagieren. Die Skepsis berührt dich nicht im Geringsten. Auf dem ganzen Planeten gibt es keinen Ort, an dem du lieber wärst als in dieser ausweglosen Straße – der Straße, in der sie wohnt.

Wie lange wird es dauern, bis du merkst, dass dein unproduktives Leben die reinste Verschwendung ist, aber andererseits, was hast du zu verlieren? Je länger du sie nicht siehst, umso geringer die Chance, dass du sie verärgerst, so willst du das betrachten. Soll die Uhr ruhig ticken, was kümmert's dich. Du könntest in irgendeiner Straße der Welt sein, aber du hast eine besondere Vorliebe für diese hier. Es ist eine alte Straße, sie ist altmodisch und sie hat Geschichte, du musst dich gut stellen mit ihr. Du musst sie zu deiner Freundin machen.

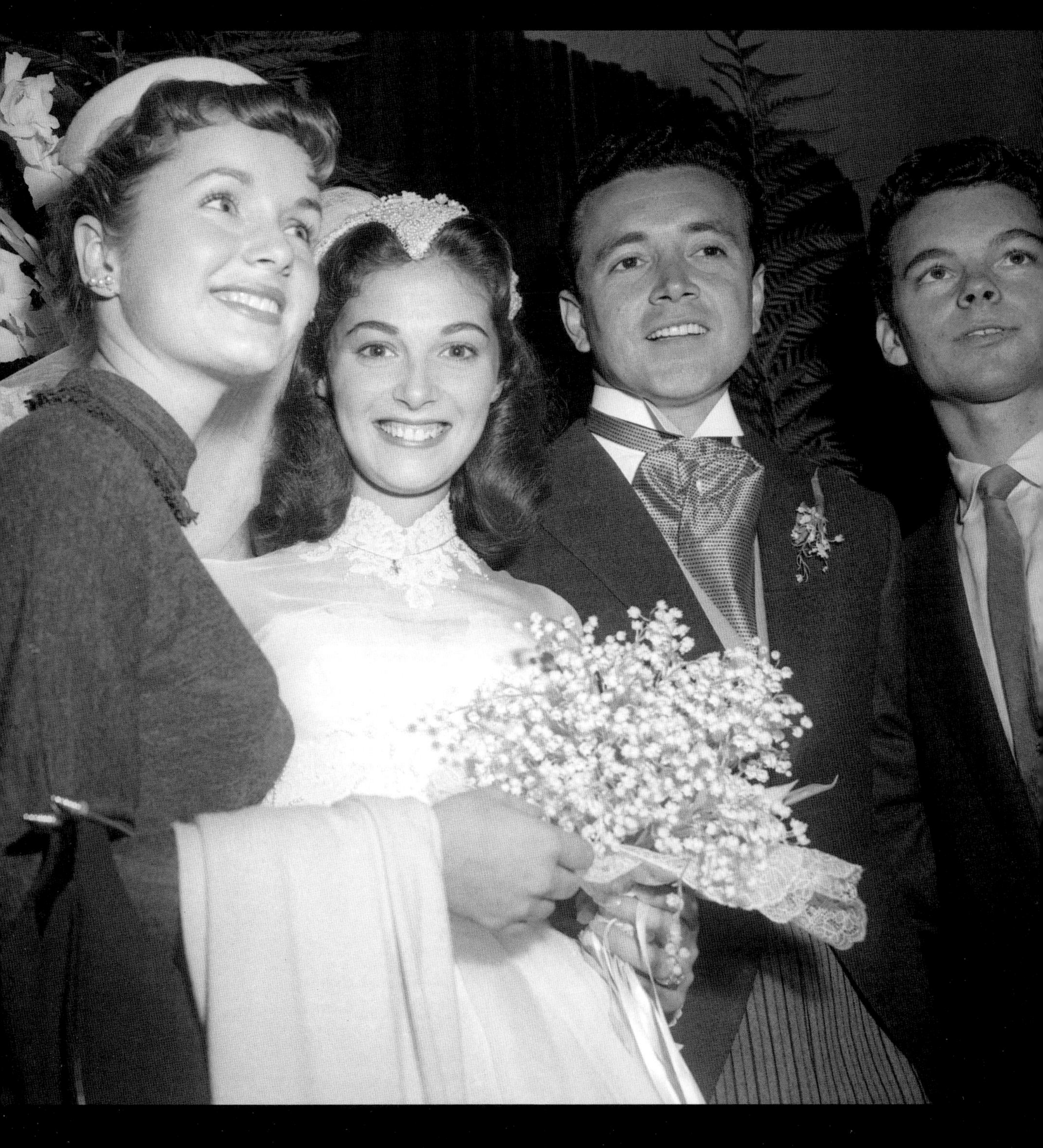

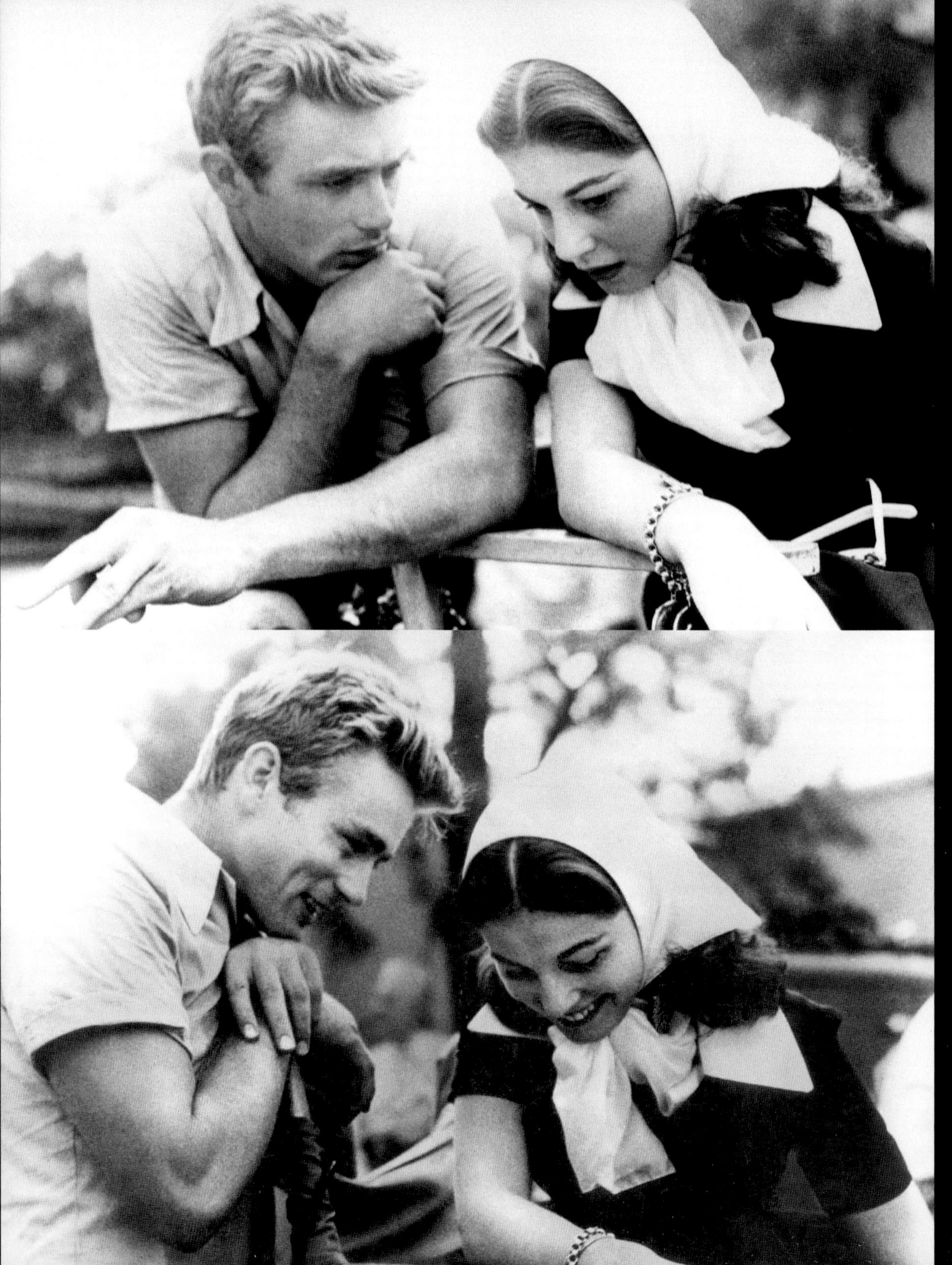

★ ★ ★

IN DIESEM SONG GEHT ES KOMPLETT um Drei-Silben-Reime: street before, feet before, heart of town, part of town, bother me, rather be. Man kann sich eigene dazu ausdenken: here at last, clear at last, ring that bell, what's that smell?, make it rhyme, any old time. Vic Damone. Sick at home.

Vielleicht gibt es Leute, an die man nicht näher herankommt, als dass man sich in der Straße aufhält, in der sie wohnen. Vielleicht denkt man, man ist der Person nahe, weil sie jederzeit auftauchen könnte. Vielleicht wartet man auch die ganze Nacht und den ganzen Tag. Vielleicht kommt ein Polizeiwagen vorbei und fragt, was man da macht. Sagt man die Wahrheit, dass man einfach wartet, bis sich eine bestimmte Person blicken lässt, wird man wahrscheinlich wegen Stalking verhaftet. Kommt drauf an, wer's ist. In der South Bronx könnte man jemanden stalken – sich in der Straße aufhalten, wo er oder sie lebt. Wie lange man dort warten müsste, wäre völlig offen.

Könnte man singen wie Vic Damone, könnte man sich vielleicht rauskaufen. In den fünfziger Jahren heiratete Vic Damone Pier Angeli. Sie war die große Liebe von James Dean. Am Tag ihrer Hochzeit stand er der Legende nach mit seinem Motorrad auf der gegenüberliegenden Straßenseite. Das sagt etwas über das Leben – wenn Pier Angeli im Handumdrehen von einem wie James Dean zu Vic Damone überwechseln konnte, muss man sich fragen, worin die Verbindung bestand. Hatte sie etwas von Jimmy in Vic Damone entdeckt? Oder wollte sie einfach nur so weit wie möglich weg?

Vielleicht gehörte James Dean dieser Song für den Rest seines kurzen Lebens.

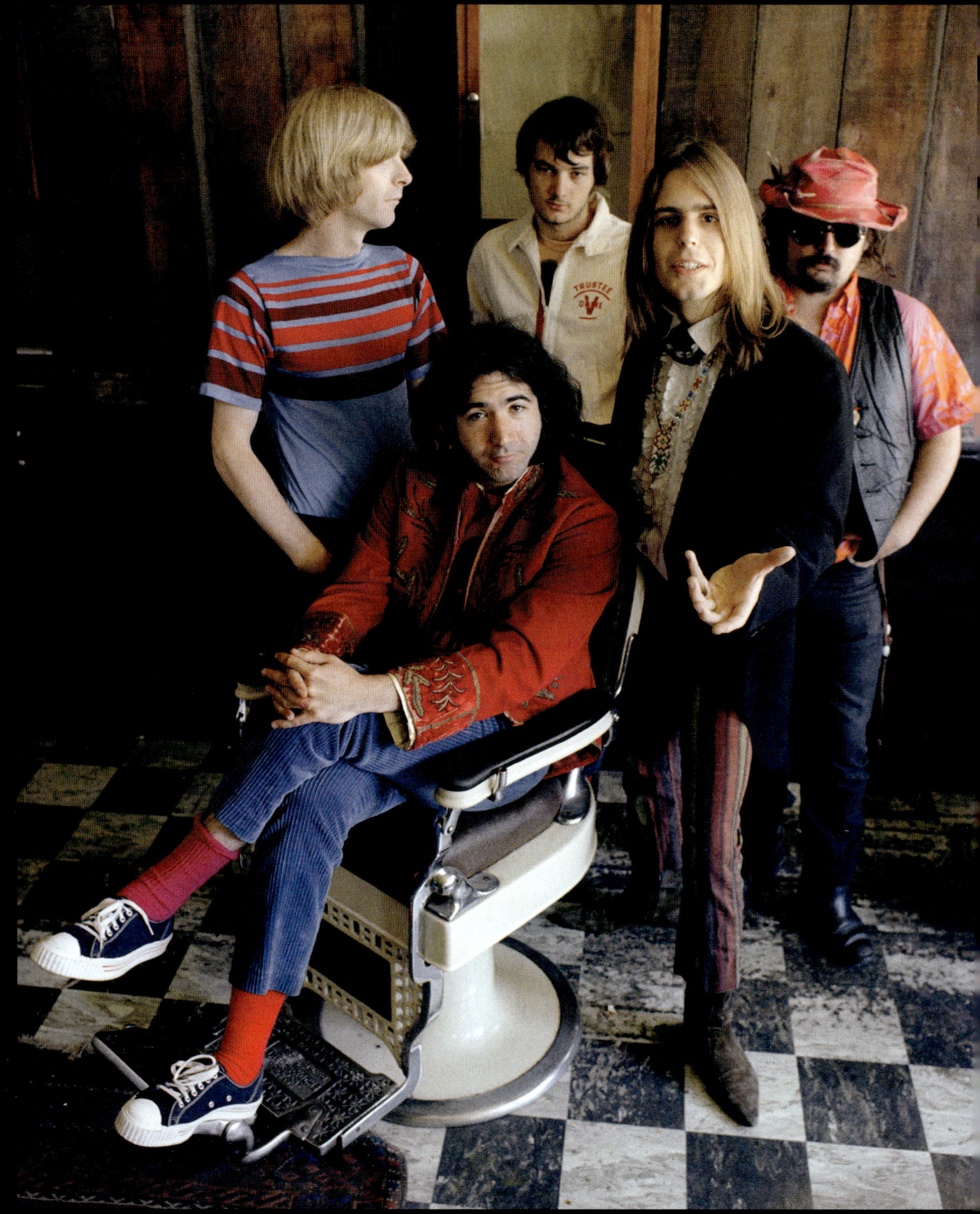
TRUSTEE

KAPITEL 29

TRUCKIN'
THE GRATEFUL DEAD

Erstveröffentlichung als Single und auf dem Album *American Beauty*

(Warner Bros., 1970)

Musik von Jerry Garcia, Bob Weir und Phil Lesh

Text von Robert Hunter

★ ★ ★

THE GRATEFUL DEAD SIND KEINE TYPISCHE Rock 'n' Roll-Band. Im Grunde sind sie eine Tanzband. Es verbindet sie mehr mit Artie Shaw und dem Bebop als mit den Byrds oder den Stones. Wie Derwische herumwirbelnde Tänzer gehören genauso zu ihrer Musik wie der ganze Rest. Bei den Dead sieht man vor der Bühne eine ganz andere Sorte von Frauen als beispielsweise bei den Stones. Bei den Stones sieht es aus wie auf einer Porno-Convention. Bei den Dead sind es eher Frauen, wie sie in dem Film *O Brother, Where Art Thou?* am Fluss auftauchen. Freischwebend, schlangenartig winden sie sich wie in Tagträumen. Tausende. Bei den meisten Bands geht das Publikum mit wie bei Sportveranstaltungen. Sie stehen einfach da und schauen zu. Sie halten Abstand. Bei den Dead gehört das Publikum zur Band – genauso gut könnten alle auf der Bühne stehen.

Die Dead stammen aus einer anderen Welt als ihre Zeitgenossen. Jefferson Airplane, Quicksilver Messenger Service, Big Brother könnten alle zusammen den Dead nicht annähernd das Wasser reichen. Der Grund, warum sie im Wesentlichen eine Tanzband sind, fängt vermutlich bei dem im klassischen Jazz bewanderten Bassisten Phil Lesh und dem von Elvin Jones beeinflussten Bill Kreutzmann an. Lesh ist in Hinblick auf Finesse und Erfindungsgeist einer der talentiertesten Bassisten, die man je hören wird. Und in der Verbindung mit Kreutzmann ist die Rhythmussektion kaum zu schlagen. Zusammen mit Elementen des traditionellen Rock and Roll und der amerikanischen Folkmusik macht sie die Dead so unübertroffen. Kommt das Publikum dazu, entsteht ein einziges großes freischwebendes Ballett. Dank der drei Sänger, zwei Schlagzeuger und dreifachen Gesangsharmonien ist gegen diese Band nur schwer anzukommen. Ein postmodernes jazziges Rock 'n' Roll Kraftpaket.

Und dann ist da noch Bob Weir. Ein sehr unorthodoxer Rhythmusgitarrist. Er hat seinen eigenen Stil, Joni Mitchell nicht unähnlich, aber aus einer anderen Richtung. Er spielt eigenartige, erweiterte Akkorde und Halbakkorde in unvorhersehbaren Intervallen, die irgendwie zu Jerry Garcia passen – der wiederum gleichzeitig wie Charlie Christian und Doc Watson spielt. Das alles und ein hauseigener Autor/Poet, Robert Hunter, mit einer ganzen Bandbreite an Einflüssen – alles von Kerouac bis Rilke – und durchdrungen von den Songs von Stephen Foster. Dadurch entsteht für die Dead eine enorme Vielzahl an Möglichkeiten, fast jede Art von Musik zu spielen und sie zu ihrer eigenen zu machen.

«Truckin'» ist einer ihrer unverwechselbaren Songs, der Text berichtet von den Geschehnissen in einer wilden und großen Welt. Sogar der Doo Dah-Mann taucht hier auf. «I came down south with my hat caved in.» Das könnte genauso gut auch ein Dead-Song von vor hundert Jahren gewesen sein.

Auf einem Konzert der Dead befindet man sich direkt in der Pirate Alley an der Barbareskenküste, gleich an der San Francisco Bay. Man könnte jederzeit durch eine Falltür in ein Ruderboot fallen und nach China verschleppt werden und würde es nicht einmal mitbekommen. Dieser Song, auch wenn ein paar Städte aufgezählt werden, hat wenig mit Chuck Berrys «Promised Land», Martha and the Vandellas «Dancing in the Street» oder Hank Snows «I've Been Everywhere» zu tun. Der Song spielt auf ein und derselben Straße. Chicago, New York, Detroit, New Orleans, Houston, Buffalo. Das ist alles dieselbe Hauptstraße. Lange bevor sich Amerika tatsächlich in eine einzige riesige Shopping Mall verwandelte.

Der Song bewegt sich in mittlerem Tempo, aber man hat das Gefühl, er würde beschleunigen. Die erste Strophe ist fantastisch, sie lässt nicht nach, versandet nicht, und jede folgende Strophe könnte eigentlich auch eine erste sein. Neonpfeile, blinkende Vordächer, Dallas und ein Getränkeautomat, Sweet Jane, Vitamin C, Bourbon Street, Bowling Pins, Hotelfenster und der Klassiker von einer Zeile «What a long strange trip it's been». Ein Gedanke, mit dem jeder etwas anfangen kann. Karten, die keinen Pfifferling wert sind. Alles in derselben Stadt. Unterwegs ist man aber trotzdem. Die Worte stapeln sich aufeinander. Aber die Bedeutung ist verständlich und klar. Der Song wechselt das Tempo und fällt dann wieder zurück, im Refrain wiederholt sich der dreistimmige Harmoniegesang. «Truckin'» – da wird etwas anderes als nur das Reisen heraufbeschworen. Es ist beschwerlich. Aber die Dead sind eine swingende Tanzband, deshalb kommt einem das Mitfahren auch nicht so anstrengend vor.

Der Mann, der den Song singt, verhält sich und spricht so, wie er ist. Nicht wie andere es gerne hätten.

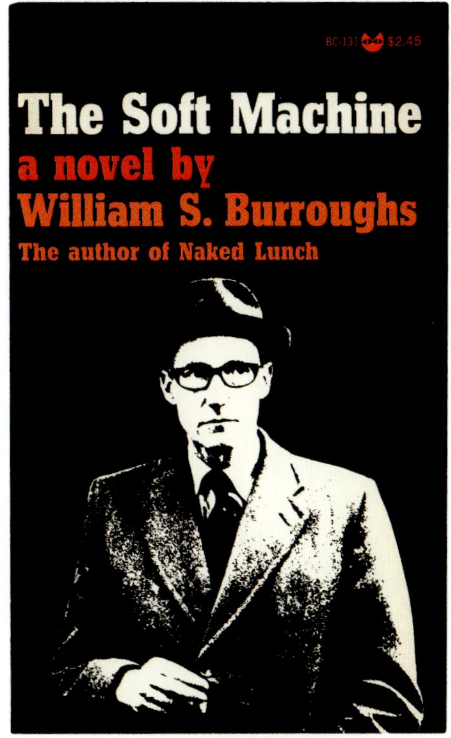

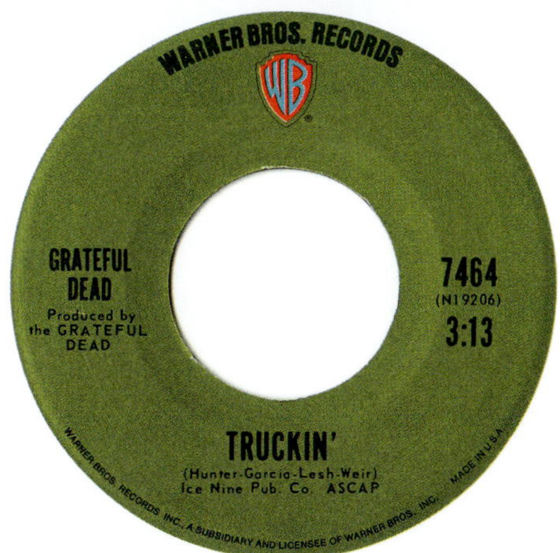

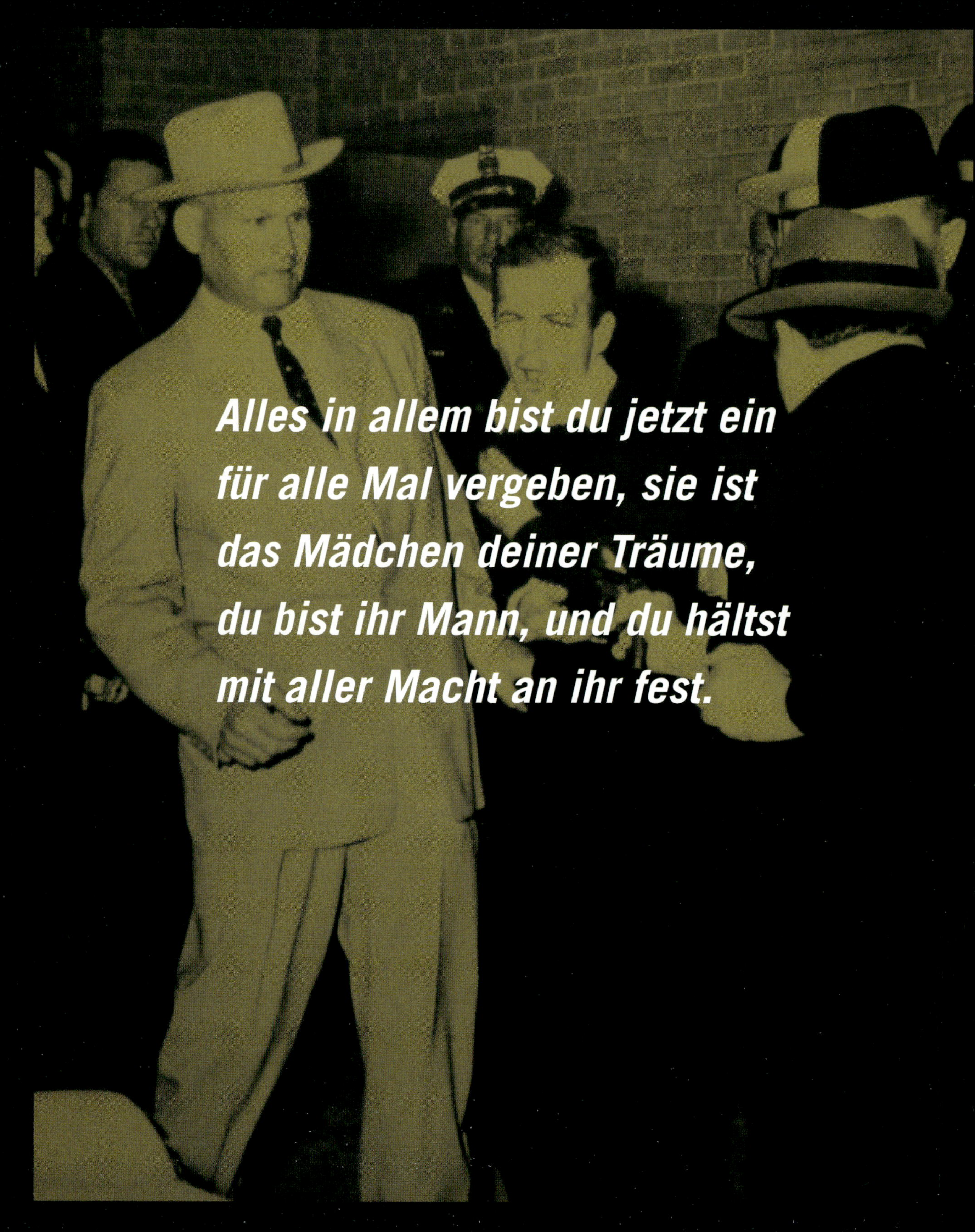

Alles in allem bist du jetzt ein für alle Mal vergeben, sie ist das Mädchen deiner Träume, du bist ihr Mann, und du hältst mit aller Macht an ihr fest.

KAPITEL 30

RUBY, ARE YOU MAD? OSBORNE BROTHERS

Erstveröffentlichung als Single

(MGM, 1956)

Von Cousin Emmy (Cynthia May Carver)

★ ★ ★

DER SONG SPRICHT SEINE MUTTERSPRACHE, und zwar in halsbrecherischem Tempo – ein unwiderstehliches Hardcore-Schnellfeuer – unglaublich nah an Alchemie, er weiß, was er wert ist. Er trifft genau auf den Punkt, will dich in den Wahnsinn treiben, und die ganze Zeit geht es um Ruby.

Ruby, das Mädchen, das dir wiedergeben kann, was du verloren hast und schuld daran ist, dass du's wieder verlierst. Ruby ist einfach so, wie sie ist, angeknipst, unter Strom und ladylike.

Du sitzt im Schatten, hängst da rum, anonym, inkognito, schaust den anderen zu, unbeeindruckt, abgebrüht – undurchschaubar. Du siehst, was die Leute machen sollten, aber das ist nicht das, was du machen solltest. Der Unterschied zwischen dir und denen ist wie der Unterschied zwischen Tag und Nacht. Ihr marschiert in unterschiedlichen Paraden. Dieser Song ist Kirchenlatein, er hat jede Menge Rückgrat und auch tüchtig Wirbelsturm in sich.

Du bist der verwegene König des Lebens, und Ruby ist deine Königin. Sie ist prall, top ausgestattet, lieblich, kopflastig und in voller Blüte, und du selbst steckst im Erdgeschoss

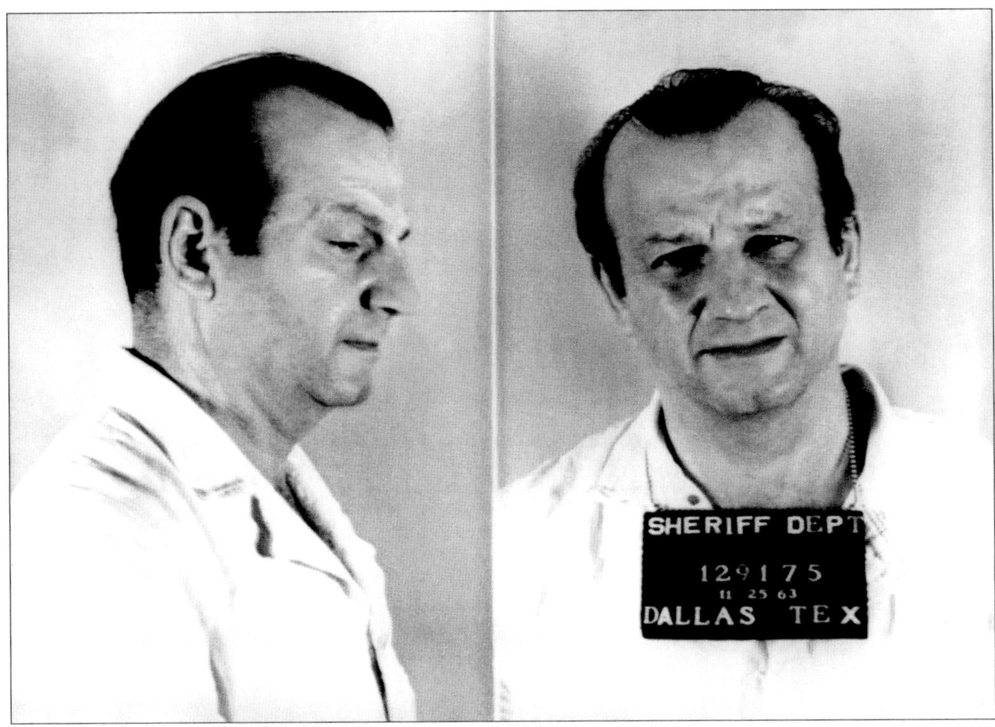

fest. Sie ist geistesgegenwärtig und hat dich aus so mancher brenzligen Situation gerettet. Keine Statue könnte so schön sein, und jede Beschreibung wäre eine Untertreibung. Sie ist auf niemanden sauer, sagt Schätzchen zu dir, und du nennst sie Butterblume, sie verulkt dich, zieht dich auf, sie ist deine *baby doll.*

Der Song ist gut gebaut, unerbittlich und raffiniert. Lass dich von der Schippe und der Schaufel nicht in die Irre führen. Der Song rast mit Lichtgeschwindigkeit auf uns zu, schneller als ein Düsenjet, und er wird von hellauf begeisterten Genies mit Karacho gespielt.

Kann sein, dass du dich mal mit Ruby herumgezankt hast, aber das ist längst Geschichte.

Alles in allem bist du jetzt ein für alle Mal vergeben, sie ist das Mädchen deiner Träume, du bist ihr Mann, und du hältst mit aller Macht an ihr fest. Der Song schürft tief im Establishment der alten Garde, mit Schippe und Schaufel, lacht sich kaputt und grinst breit, die ganze Zeit. Der Song verlässt sich nicht nur auf eine Sache, um über die Runden zu kommen, sondern gleich auf Trillionen, und er verdoppelt alles noch mal.

★ ★ ★

RUBY, ARE YOU MAD AT YOUR MAN? Ruby, don't take your love to town. «Ruby Dear», «Ruby Tuesday», «Ruby Baby». Was ist das bloß mit dem Namen Ruby? Dabei ist es noch nicht einmal ein richtiger Name. Ein «rube» ist ein Landei, ein leichtes Opfer. Einer, den man verschaukeln kann. Der einem alles abkauft. Packt man ihn bei seinen Gefühlen und Fantasien, kann man ihm ein X für ein U vormachen. Und dann ist da noch Jack Ruby. Ruby, are you mad at your man – man könnte den Song auf alle möglichen Arten übersetzen. Ruby, bist du wütend auf deinen Mann – ja, ich glaub schon. Wieso hast du das gemacht?

Die Osborne Brothers sind eine vor Energie strotzende Bluegrass-Band. Vielleicht die stärkste. Roy Orbison konnte keinen Ton so lange halten wie der Mann, der hier mit hoher Tenorstimme singt. Die Osborne Brothers singen exzellente Harmonien. Und bei diesem Song ist das schwer. Er hat nur einen Akkord, sonst ist aber jede Menge darin los. Schlagzeug gibt es auch keins. Daran merkt man schon, dass es ausschließlich um den Rhythmus geht. Das Schlagzeug wäre nur im Weg und würde bremsen. Instrumentiert mit zwei Fiddles, schnell und unter Hochspannung. Ein Song, um mit dem Wagen über eine Klippe zu fahren, das Radio läuft, und man spürt nichts. Er klingt nach einer gottesfürchtigen Harmonie. Sogar die Mandoline dreht bis auf Höchstgeschwindigkeit auf. Schneller kann man nicht fahren. Keine Melodie, eine Tonart, alle mit 160 Stundenkilometern unterwegs. Im Schatten sitzen und mit einer Schaufel graben. Ruby, bist du wütend auf deinen Mann? Das kann jeder verstehen. Jeder, der jemand ist. Und man spürt es so deutlich, dass man es gar nicht verstehen muss.

Bluegrass ist die Kehrseite des Heavy Metal. Beide musikalischen Formen sind tief in der Tradition verankert, und beide haben sich seit Jahrzehnten weder visuell noch akustisch groß verändert. Die Leute kleiden sich immer noch alle entweder wie Bill Monroe oder Ronnie James Dio. Bei beiden gibt es eine traditionelle Instrumentalbesetzung, und sie halten stur an den althergebrachten Formen fest.

Bluegrass ist die emotional direktere Musik, und auch wenn dies dem beiläufigen Hörer nicht direkt ersichtlich sein mag, ist sie verwegener. Bobby Osbornes tollkühner Gesang, die lang gehaltenen Töne und die Wucht der beiden Banjos mit ihren blitzschnellen Tonfolgen ergeben zusammen eine so unglaubliche Schubkraft, dass sich Yngwie Malmsteen wahrscheinlich ratlos am Kopf gekratzt hätte. Das ist Speed Metal ohne peinliches Elasthan und spätpubertäre Teufelsverehrung.

Aber viele verwechseln Tradition mit Verkalkung. Wir hören eine alte Platte und stellen sie uns wie in Bernstein konserviert vor, ein Stück Nostalgie, das für unsere eigenen Bedürfnisse existiert, und verschwenden keinen Gedanken an den Schweiß und die Mühe, die Wut und das Blut, das in deren Entstehung floss oder das, was vielleicht daraus geworden ist. Die Aufnahme zeigt tatsächlich nur eine Momentaufnahme der Musiker in diesem Augenblick. Ein Schnappschuss kann faszinierend und kunstvoll sein, unvergänglich aber wird er durch die Entscheidung für diesen einen bestimmten Augenblick, der aus einem Strom unzähliger anderer herausgegriffen wird.

Es gibt eine Aufnahme der Osborne Brothers bei einem Bluegrass-Festival ungefähr zehn Jahre nach Erscheinen der Platte. Zu der Zeit war es einfach einer ihrer Hits, nicht die erste Veröffentlichung nach Unterzeichnung ihres ersten Solo-Plattenvertrags. Die Platte hatte ihnen gutgetan, und vermutlich hatten sie das Stück mehr als tausend Mal live gespielt. Sie hätten einfach nach Schema F vorgehen und eine überzeugende, der Aufnahme möglichst ähnliche Fassung spielen können.

Stattdessen verwandelte sich der Song und wurde immer größer. Inzwischen gehörte ein Schlagzeug zur Besetzung, und sie fanden einen Weg, es einzubeziehen, ohne dem Song etwas von seiner Wucht zu nehmen. Ein zufällig eines Abends auf dem Banjo gespieltes Lick wurde wiederholt und verfeinert, bis es schließlich einen anderen Part als zentrales Riff stützte. Es war immer noch derselbe Song, aber durch die kleinen Vorhalte und die Elastizität blieb er lebendig, schüttelte sich den Staub von den Stiefeln.

Natürlich meckerten manche herum, aber die wären besser zu Hause geblieben. Und live, wie auf der Platte, wenn die Band abrupt stoppt und zu diesen unglaublichen hoch aufgetürmten Harmonien ansetzt und anschließend mit Banjo-Macht zum Schluss kommt, ist er gleichermaßen straff arrangiert und durch seinen ungezügelten Enthusiasmus total lässig.

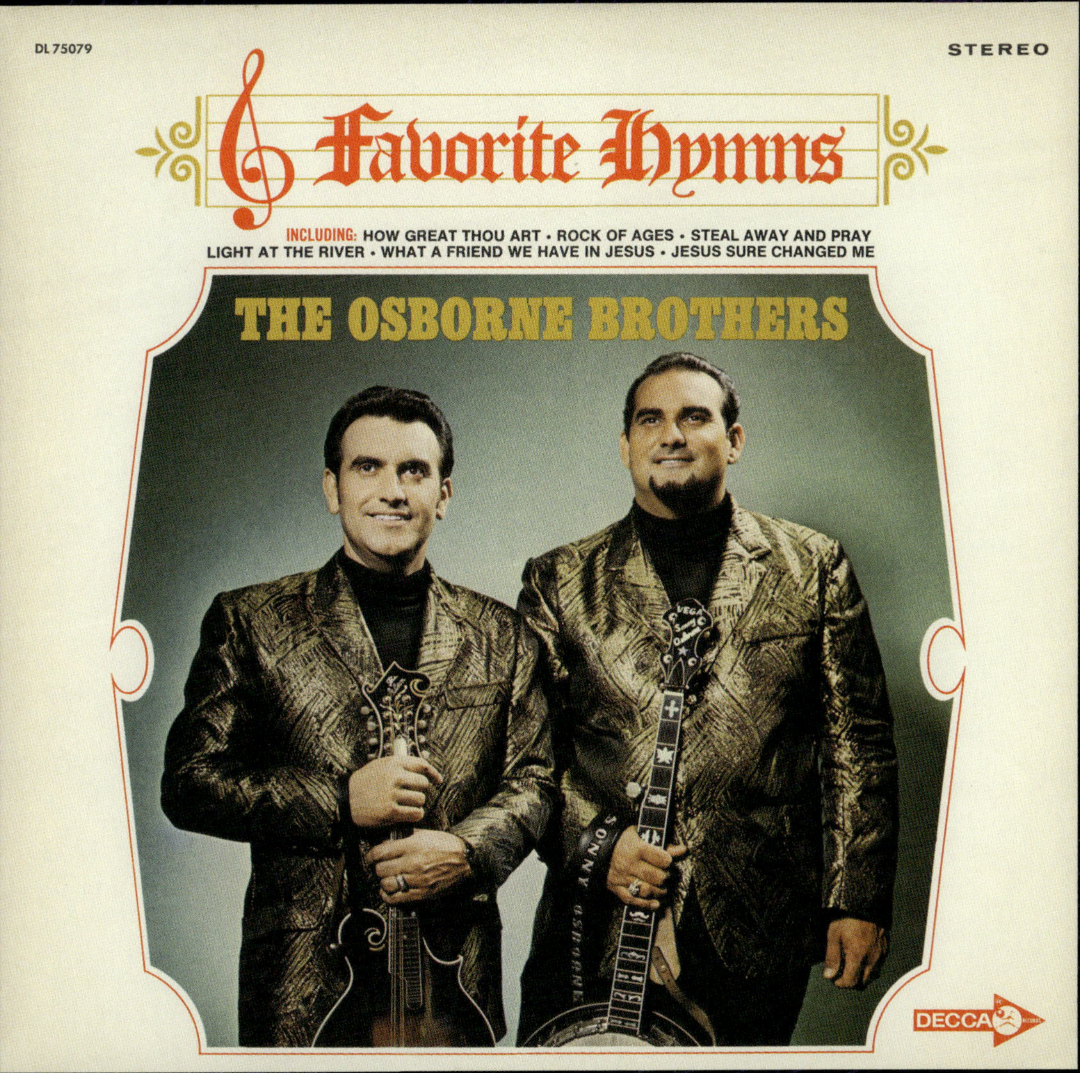

DL 75079

STEREO

Favorite Hymns

INCLUDING: HOW GREAT THOU ART • ROCK OF AGES • STEAL AWAY AND PRAY
LIGHT AT THE RIVER • WHAT A FRIEND WE HAVE IN JESUS • JESUS SURE CHANGED ME

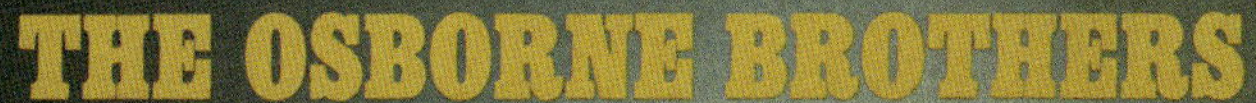

DECCA

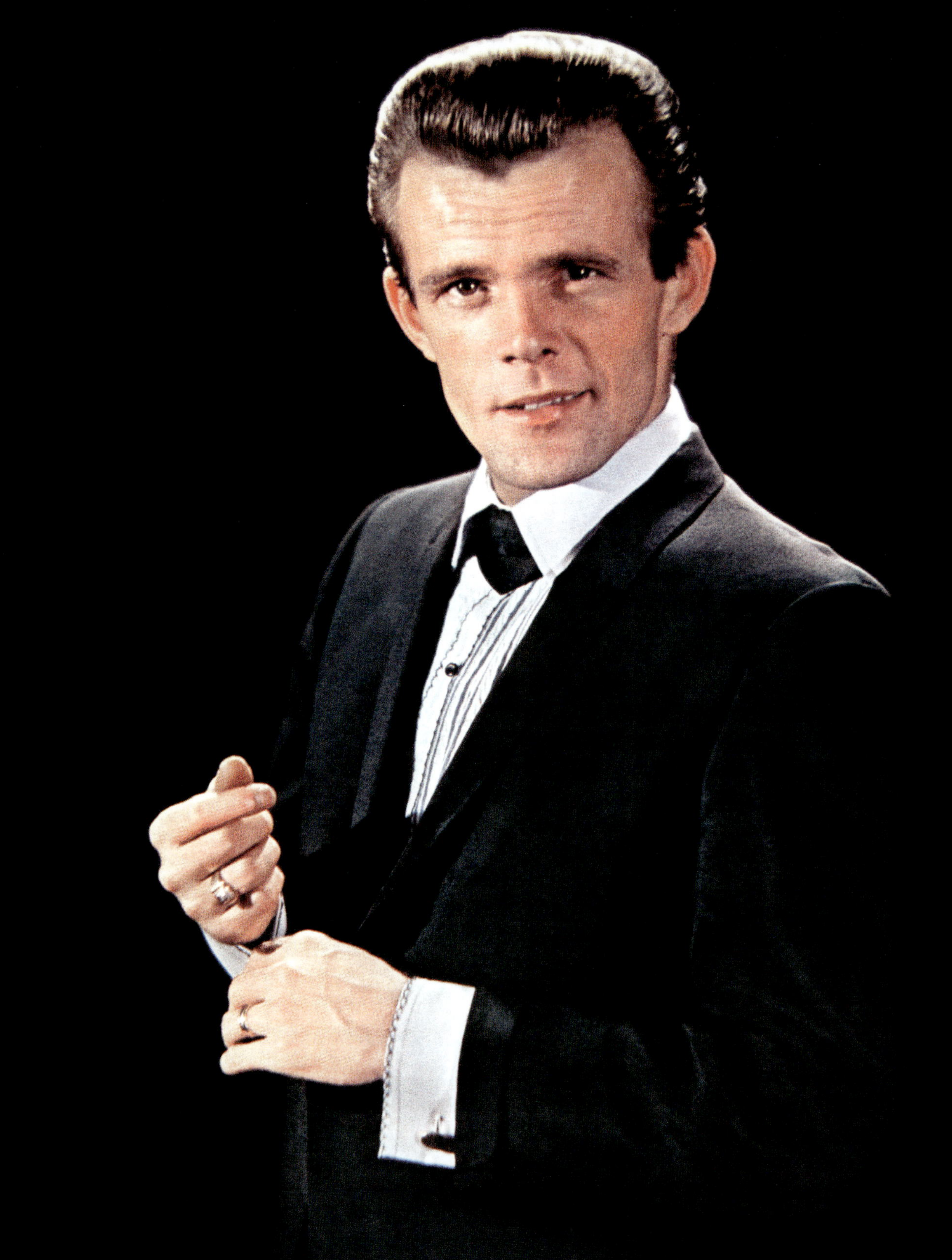

KAPITEL 31

OLD VIOLIN JOHNNY PAYCHECK

Erstveröffentlichung als Single

(Mercury, 1986)

Von Johnny Paycheck

★ ★ ★

MENSCHEN ÄNDERN IHRE NAMEN AUS DEN unterschiedlichsten Gründen. Manche bekommen im Rahmen einer religiösen Zeremonie, eines Coming-of-Age-Rituals oder bei der Übersiedlung in ein anderes Land einen neuen verpasst, weil die ungewöhnlichen Doppellaute oder Konsonantenkombinationen mit unbekannten Umlauten und Tilden die Ersetzung eines ethnischen Namens durch eine langweiligere Alternative verlangen.

Und dann gibt es welche, die ihren Namen selbst ändern, entweder auf der Flucht vor unsichtbaren Dämonen oder unterwegs zu neuen Ufern. Donald Eugene Lytle wusste, dass er zu etwas Größerem geboren war, als sein Geburtsname dies vorsah. Als Teenager hielt es ihn kaum in seiner Heimatstadt Greenfield, Ohio. Mit neun Jahren hatte er sich so ziemlich jedes Saiteninstrument selbst beigebracht und praktisch alle Talentwettbewerbe der Gegend durch.

Mitte der fünfziger Jahre spielte er Bass und Steel Guitar, sang Tenorharmonien mit großen Namen wie Ray Price, Faron Young und Senkrechtstartern wie Willie Nelson. 1960 hatte er zwei große Durchbrüche. Drei, wenn man seinen Namenswechsel in Donny Young mitzählt.

Unter diesem Namen erreichte er Platz 35 der Country-Charts, «Miracle of Love» hieß der Song. Die B-Seite, «Shakin' the Blues», hatte der Mann geschrieben, der ihm den zweiten großen Durchbruch des Jahres verschaffte, indem er ihn für seine Band engagierte – die Country-Legende George Jones.

Sowohl George Jones wie auch Donny Young machten in der Zeit, in der sie zusammen spielten, umfassende Veränderungen durch. Beide waren aufgekratzte Hillbilly-Sänger in dem von Country-Produzent Pappy Daily favorisierten Roger Miller-Stil, zum Beispiel «Tall Tall Trees» und «You Gotta Be My Baby».

George war ein Radaubruder, er trank gerne und verpasste deshalb auch mal einen Gig, Donny aber war ein ganz anderes Kaliber. Er war ein kleiner Mann, kaum größer als einsfünfundfünfzig. Wie viele kleine Männer stand er innerlich stärker unter Druck als ein Golfball und schlug auch ungefähr ebenso häufig irgendwo ein. Über Donny Young hing eine dunkle Wolke und ein langes Vorstrafenregister, der Name klang zu sonnig für einen Mann, der nach einem dreitägigen Besäufnis in zerrissenen Klamotten in irgendeinem Hinterhof aufwachte.

1964 ergänzte Donny den Namen eines polnischen Boxers aus Chicago, der Joe Louis 1940 im Madison Square Garden im Schwergewicht herausgefordert hatte, um einen Buchstaben. Johnny Paychek hatte den Kampf damals verloren, trotzdem trug Donny Young nun stolz seinen Namen. Und wie bei jeder echten Metamorphose fiel es den Beobachtern schwer, sich beim Anblick des Schmetterlings die Raupe vorzustellen, aus der er entstanden war.

Johnny Paycheck war der Outlaw, der die anderen Countrysänger sein wollten. Vielleicht lag es daran, dass George Jones und Waylon Jennings mit ihren Namen geboren wurden, Johnny wusste aber scheinbar von Geburt an, dass er sich auf der Flucht befand und nur dann hoffen durfte, den Höllenhunden, die ihm auf den Fersen waren, zu entkommen, wenn er mit einem anderen Namen unterschrieb.

Es kam zu Chaos, Tumulten und vielen brenzligen Situationen, aber die ganze Zeit über gab es Gesang, der sich nicht leugnen ließ. Viele glauben, George Jones sei der King of Country Music geworden, weil er sich den Sound bei seinem ehemaligen Bassisten abgehört hatte, selbst aber verlässlicher war. Wenn ein Mann, der mit dem Rasenmäher zum Schnapsladen fährt, weil seine Frau den Autoschlüssel versteckt hat, als verlässlicher gilt, dann kann man sich ungefähr vorstellen, wie es zu der Zeit in der Country Music zuging.

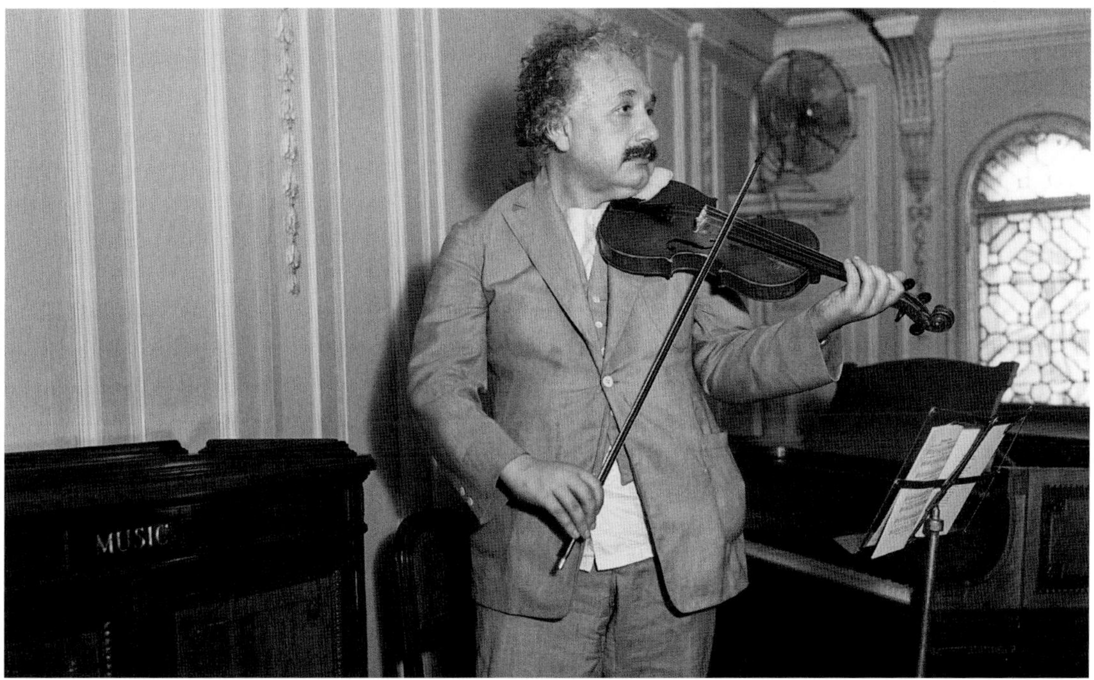

Donny Young hatte sich von der frischen Fröhlichkeit seiner frühen Aufnahmen verabschiedet und ging mit dem Nashville-Produzenten Billy Sherrill ins Studio, der ihm deutlich zu verstehen gab, dass er sich keinen Scheiß von ihm gefallen lassen würde, indem er seine 45er auf die Acht-Spur-Maschine knallte und damit klare Grenzen zog.

Johnny schrieb Hits wie «Apartment #9» für Tammy Wynette, außerdem zusammen mit Aubrey Mayhew den Klassiker «(Pardon Me) I've Got Someone to Kill», den er selbst aufnahm. Schreiben, aufnehmen, touren, Krawall machen – Johnny Paycheck war nicht mehr Donny Young.

Mit «Take This Job and Shove It» eroberte er die Spitze der Charts und wurde zum Arbeiterhelden, als er David Allan Coes Hymne für den kleinen Mann sang.

Als der Absturz kam, kündeten die Schlagzeilen von Alkohol, Kokain, einer Kaliber-22-Kugel, die den Schädel eines Mannes streifte, und schließlich von zweiundzwanzig Monaten Gefängnis.

George Strait coverte «Old Violin» und sagte, Johnny Paycheck habe den Song geschrieben, als er auf die Antwort des Gouverneurs von Ohio, Richard Celeste, auf sein Gnadengesuch wartete. Wenn man den Text liest, kann man sich gut vorstellen, dass

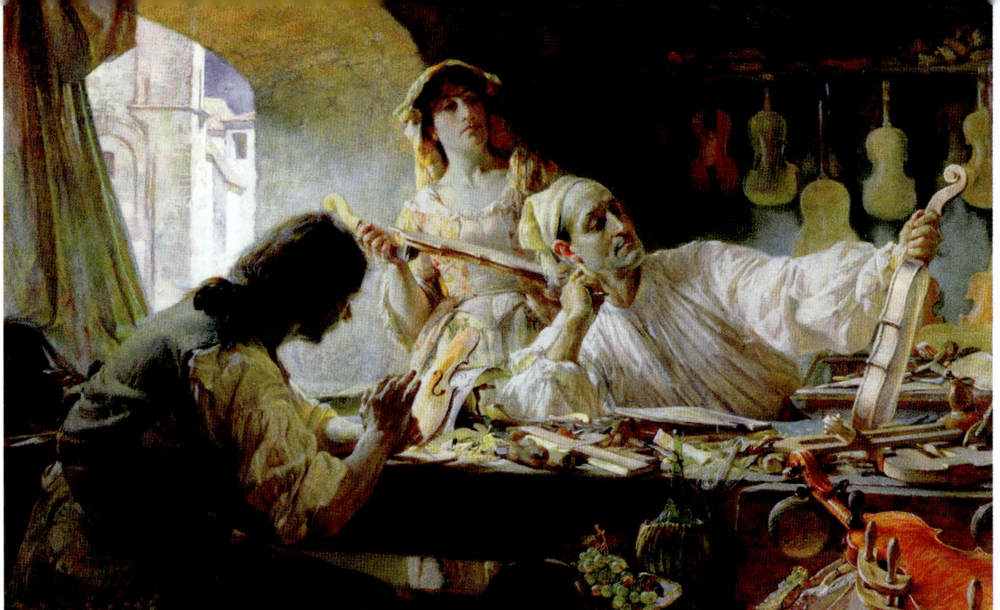

Johnny sich in seiner Zelle vorkam wie eine alte abgelegte Fiedel, die nie wieder Gehör finden sollte. Aber Songs haben die Angewohnheit, sich über Mauern hinwegzusetzen. Leute wie George Strait bringen sie einem neuen Publikum nahe. Und in diesem Fall lief es sogar noch besser, denn Johnny kam ebenfalls raus. Sein Gnadengesuch wurde bewilligt, er ging wieder ins Studio und nahm «Old Violin» auf. Es war die erfolgreichste, aber nicht die letzte seiner nach seinem Gefängnisaufenthalt aufgenommenen Singles, und sie kletterte bis auf Platz 21.

George Strait singt den Song gut. Aber er dürfte der Erste sein, der versichert, dass er ihn nicht so gelebt hat wie Johnny Paycheck. Und George Jones war klug genug, um es gar nicht erst zu versuchen. Manche Songs wehren sich.

Songs wie dieser können gecovert werden, aber sie werden niemals wirklich einem anderen gehören. Hört man ihn von einem anderen gesungen, hält man vielleicht nicht mal inne, um zuzuhören – aber nur zwei Zeilen von Paycheck lassen einen auf der Stelle erstarren.

Es gibt eine Live-Version von einer Country-Reunion-Show. Johnny sitzt, und sein dicker Bauch zwingt ihn, die Gitarre auf ungewöhnliche Weise zu halten, zwischen den Knien. Er nimmt keinen Blickkontakt zu den Menschen ringsum auf, stattdessen starrt er in die Ferne und singt mit einer Stimme, die so poliert klingt wie das Holz einer … nun, einer alten Geige.

Kein anderer Countrysänger – Hank, Lefty, Kitty –, niemand kam an diesen Auftritt heran. Er senkt die Stimme auf einen tiefen Bariton, dann geht er wieder rauf zu dem hohen Tenor, der in all den Jahren des Missbrauchs keinen Schaden genommen hat. Er schaut nachdenklich, beugt sich dicht ans Mikro heran, um seinen tiefempfundenen Vortrag fortzusetzen, und irgendwann hält er inne, schlägt keine Saiten mehr an, zeigt in den Himmel wie Babe Ruth, der seinen Homerun für Johnny Sylvester ankündigt, dann trifft er wieder einen hohen Ton, so rein und sauber wie ein Gebirgsbach.

Es heißt, Sinatra sei ein Gangster gewesen, der sich beim Singen in einen Poeten verwandelte. Frank sang meist von Liebe und Verlust. In diesem Song geht es um mehr – es geht um Leben und Tod.

Wenn Songwriter manchmal über ihr eigenes Leben schreiben, kann das Ergebnis so speziell sein, dass niemand sonst etwas damit anfangen kann. Vertonte Tagebücher garantieren noch keinen ergreifenden Song. Andererseits hat uns Sinatra ein ums andere Mal gezeigt, dass einem das Herz auch bei einem sogenannten «moon/June»-Song immer wieder brechen kann.

«Old Violin» ist anders. Die Metapher für Überholtheit, für den letzten Kampf, ist so anschaulich und doch so simpel, die Worte sind so untrennbar mit Johnnys Darbietung verbunden, dass es dem Song nichts anhaben kann, wenn man die Geschichte kennt. Das Pathos ist für alle spürbar.

Das ist nicht immer der Fall. Der an Polio leidende Doc Pomus saß bei seiner Hochzeit im Rollstuhl, schaute zu, wie sein Bruder mit seiner Braut tanzt und schrieb den Text zu «Save the Last Dance for Me». So unglaublich und ergreifend diese Geschichte auch ist, man könnte einwenden, dass sie den Song kleiner macht, weil sie die vorher allgemeingültige Botschaft der Liebe durch ganz bestimmte Bilder ersetzt. Wenn man erstmal den rührenden Hintergrund kennt, fällt es schwer, die eigenen romantischen Gefühle über die von Doc Pomus zu stellen.

Dies könnte auch der Grund sein, warum so wenige Songs, die im Videozeitalter entstanden, später Klassiker wurden; wir bleiben gefangen in der Textbotschaft eines anderen. «Old Violin» aber setzt sich auf wunderbare Weise darüber hinweg.

Man hielt Johnny Paycheck für einen hoffnungslosen Fall. Immer wieder hat er alle widerlegt; er war nur wie die alte Geige, nichts geringeres als eine Stradivari, vielleicht sogar die, die Paganini spielte. Eine edlere, großmütigere und ehrlichere Darbietung wird man nirgendwo hören.

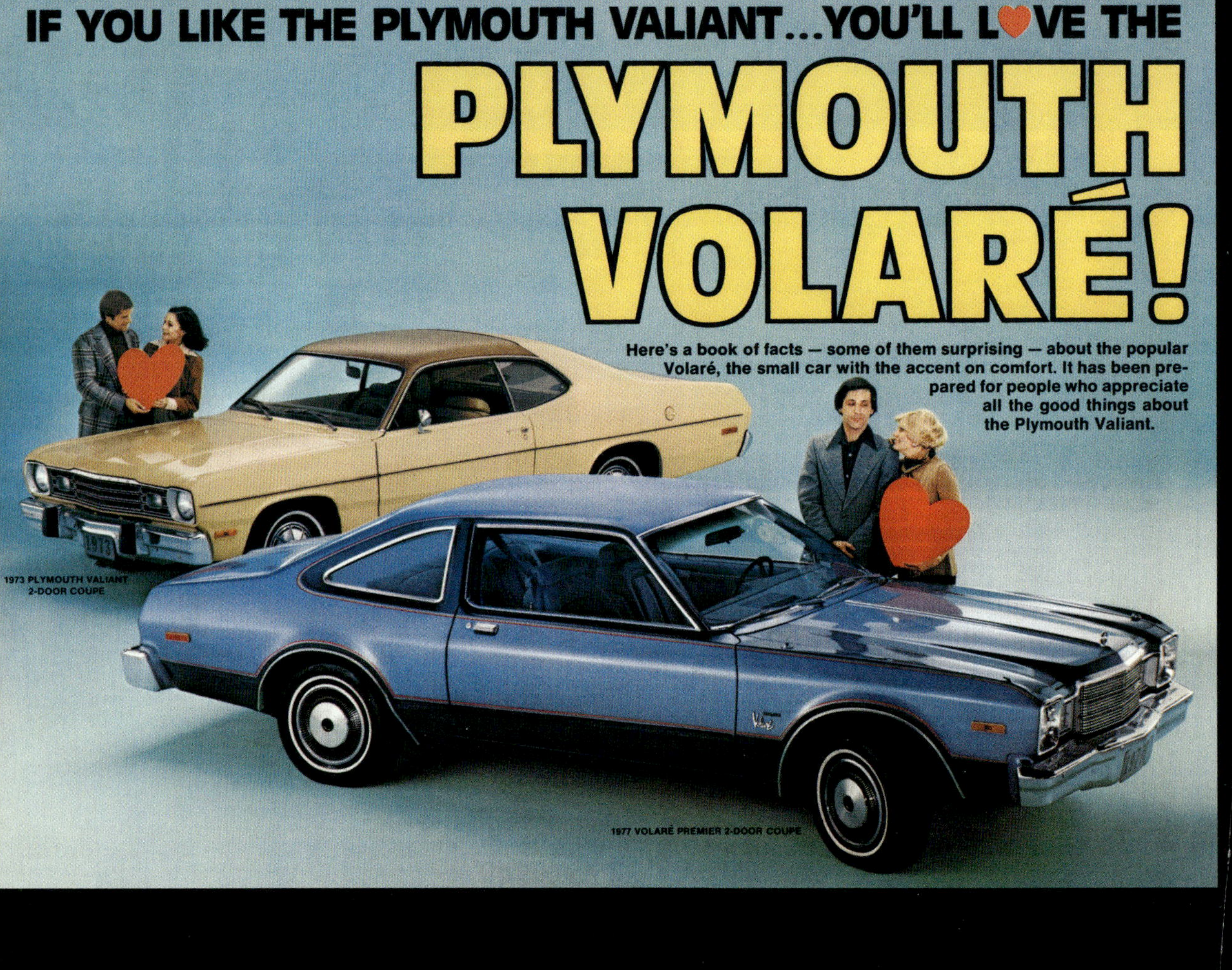
IF YOU LIKE THE PLYMOUTH VALIANT...YOU'LL LOVE THE
PLYMOUTH
VOLARÉ!
Here's a book of facts — some of them surprising — about the popular Volaré, the small car with the accent on comfort. It has been prepared for people who appreciate all the good things about the Plymouth Valiant.
1973 PLYMOUTH VALIANT 2-DOOR COUPE
1977 VOLARÉ PREMIER 2-DOOR COUPE

KAPITEL 32

VOLARE (NEL BLU, DIPINTO DI BLU) DOMENICO MODUGNO

Erstveröffentlichung als Single

(Fonit, 1958)

Von Domenico Modugno und Franco Migliacci

★ ★ ★

ES KANN GEFÄHRLICH SEIN, ZU HOCH ZU FLIEGEN. Eine falsche Bewegung löst eine verheerende Kettenreaktion aus. Hebt man zu früh ab, kann das katastrophal enden, aber hat man erst mal losgelegt, geht's los. Dieser Song schießt in die Höhe, summt und zischt und nimmt seinen Lauf, er legt Tempo vor und stößt an die Sonne, prallt von den Sternen ab, baut Luftschlösser und kracht in ein Wolkenkuckucksheim. Es ist ein launischer Song, und er bleibt auf der Höhe.

Du verstehst das mentale Bild, es geht um Utopia, und es ist blau angemalt. Mit Ölfarbe, Make-up und Theaterschminke, Fresken mit viel Blau, und du singst wie ein Kanarienvogel. Du freust dich wie verrückt, schwebst auf Wolken, und der Raum ist unendlich.

Du bist die Bobbsey Twins, zwei Köpfe, ein Gedanke, es ist fabelhaft und super. Du bist high und hast einen Riesenspaß, alle freuen sich, kommt schon, wir wollen ein bisschen leben. Bis Wolke sieben ist es nur ein Katzensprung. Du jettest los und fliegst Manöver wie ein echter Pilot. Es spiegelt sich in deinen Träumen, und du wunderst dich. Du fliegst durch den Schleier hindurch, leicht wie eine Feder, verharrst ein Weilchen auf den Kondensstreifen, hoch über den Schaulustigen, den Kennern, den Richtern und Cliquen. Alle diese Organisationen, alles, was dich an den Beinen packen und zur Erde runterziehen will.

Du rast um den Globus, durch das Labyrinth. Kein Wunder, dass dein fröhliches Herz singt. Es singt die Melodien im vollen Brustton der Sinne. Ragtime, Bebop, Opern und Symphonien. Die Violinenklänge summen in deinen Ohren, richtig gestimmt, abgestimmt auf dein lebendiges Wesen. Du zischst durch die Dimensionen. Bist am Rande des Universums, im grellen Licht des neuen großartigen Jahrtausends, es geht nirgendwo anders hin außer nach oben.

Du bist sicher, dass du eine Art biologische Mutation bist. Du bist kein einfacher Sterblicher mehr. Du könntest deinen eigenen Körper zerreißen und mit den Einzelteilen um dich werfen. Du gibst Vollgas, steigst hoch auf und gerätst außer Kontrolle dort, wo alles nebulös verschwimmt, da oben ist nichts außer deiner Vorstellungskraft. Du flatterst und schwebst, da ist nichts, was du nicht entdecken kannst, selbst die verborgenen Dinge, je tiefer du sinkst, umso mehr begreifst du. Du versuchst mit dir selbst zu sprechen, aber das Gespräch ist nach wenigen Worten vorbei. Du loderst wie ein Komet, rast hinauf zu den Sternen. Vielleicht bist du verrückt, aber du bist kein Idiot.

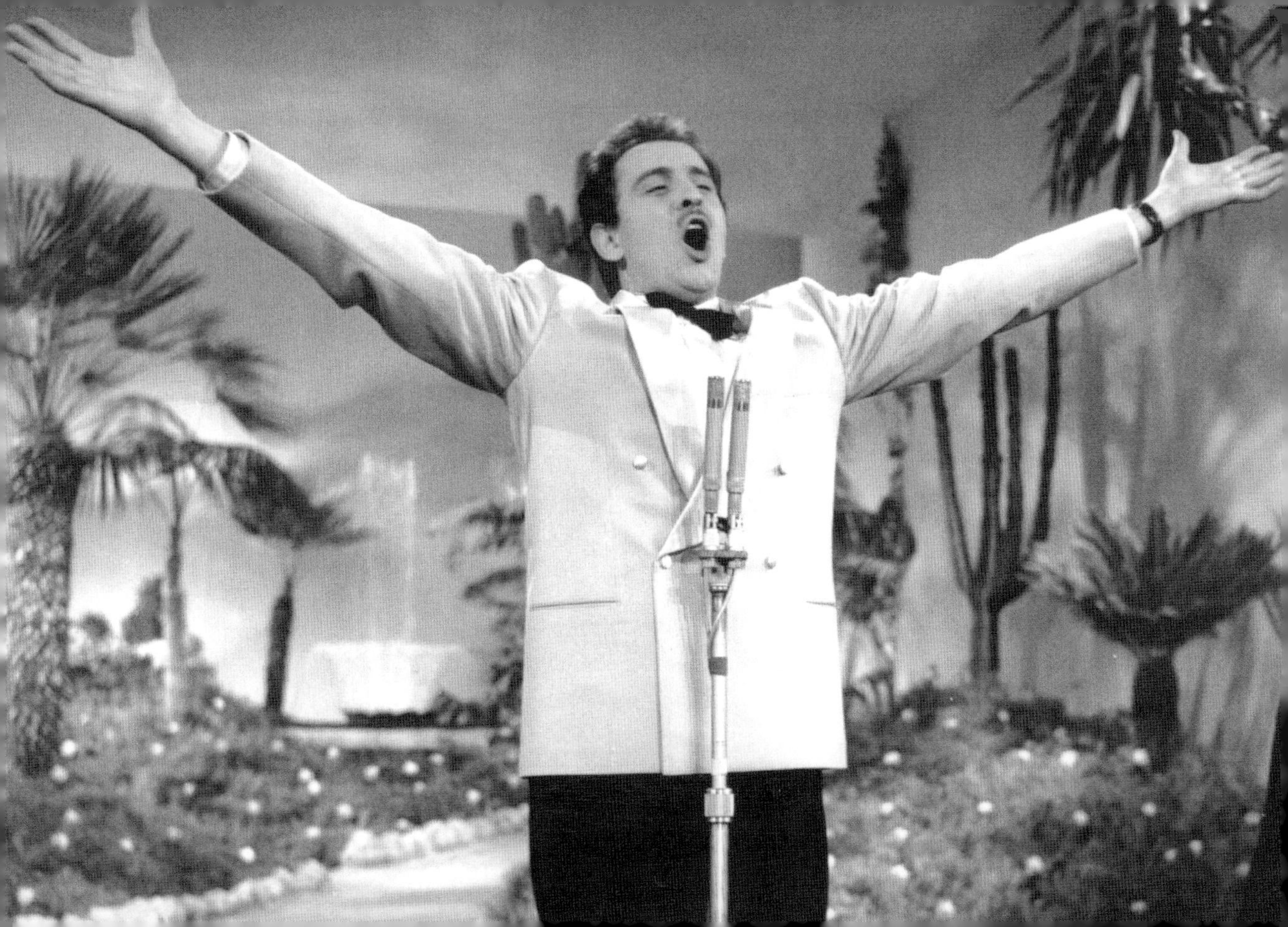

★ ★ ★

DIES HÄTTE EINER DER ERSTEN halluzinogenen Songs sein können, mehr als zehn Jahre vor «White Rabbit» von Jefferson Airplane. Eine eingängigere Melodie gibt es nicht. Man hört sie, selbst wenn man sie nicht hört. Das ist ein Song, der sich einfach in die Luft schleicht. Einer, der bei Hochzeiten, Bar-Mizwas und vielleicht auch Beerdigungen gespielt werden muss. Und das perfekte Beispiel dafür, dass man einfach nur «oh, oh, oh, oh» singen muss, wenn einem zu einer Melodie kein Text einfällt. Angeblich geht es um einen Mann, der sich selbst blau anmalen und wegfliegen will. Volare, das heißt, «Lass uns wegfliegen in den cielo infinito». In den unendlichen Himmel. Die ganze Welt kann verschwinden, ich bin in meinem eigenen Kopf.

Es hat etwas sehr Befreiendes, einen Song zu hören, der in einer Sprache gesungen wird, die man nicht beherrscht. Wenn man sich eine Oper ansieht, spricht das Drama auf der Bühne zu einem, auch wenn man kein Wort versteht. Fado trieft vor Traurigkeit, auch wenn man kein Fitzelchen Portugiesisch kann. Manchmal hört man einen Song so voller Emotionen, dass man das Gefühl hat, das Herz könnte einem zerspringen, und wenn man jemanden bittet, den Text zu übersetzen, entpuppt er sich als etwas so Alltägliches wie: «Ich kann meinen Hut nicht finden.»

Aus irgendeinem Grund singt es sich in bestimmten Sprachen besser als in anderen. Deutsch ist sicher wunderbar für eine bestimmte Art von Bierzelt-Humptata, aber mir ist das Italienische mit seinen weichen, karamelligen Vokalen und dem melodiösen, silbenreichen Wortschatz lieber.

Ursprünglich wurde «Volare» von einem italienischen Sänger namens Domenico Modugno gesungen – allein der Klang seines Namens ist schon ein eigener Song. Einer, der einen jederzeit treffen konnte, Tag oder Nacht. Er ist immer derselbe. Man fliegt immer einfach weg, höher als die Sonne.

Bobby Rydell hatte ebenfalls einen großen Hit damit. Er stammte aus Philadelphia und machte in den späten fünfziger Jahren den Philly Sound bekannt. Rydell war entweder ein Möchtegern-Sinatra oder ein Möchtegern-Bobby Darin. Wobei Darin und Rydell mehr oder weniger beide energiereichere Spielarten von Sinatra waren. Man wird keinen

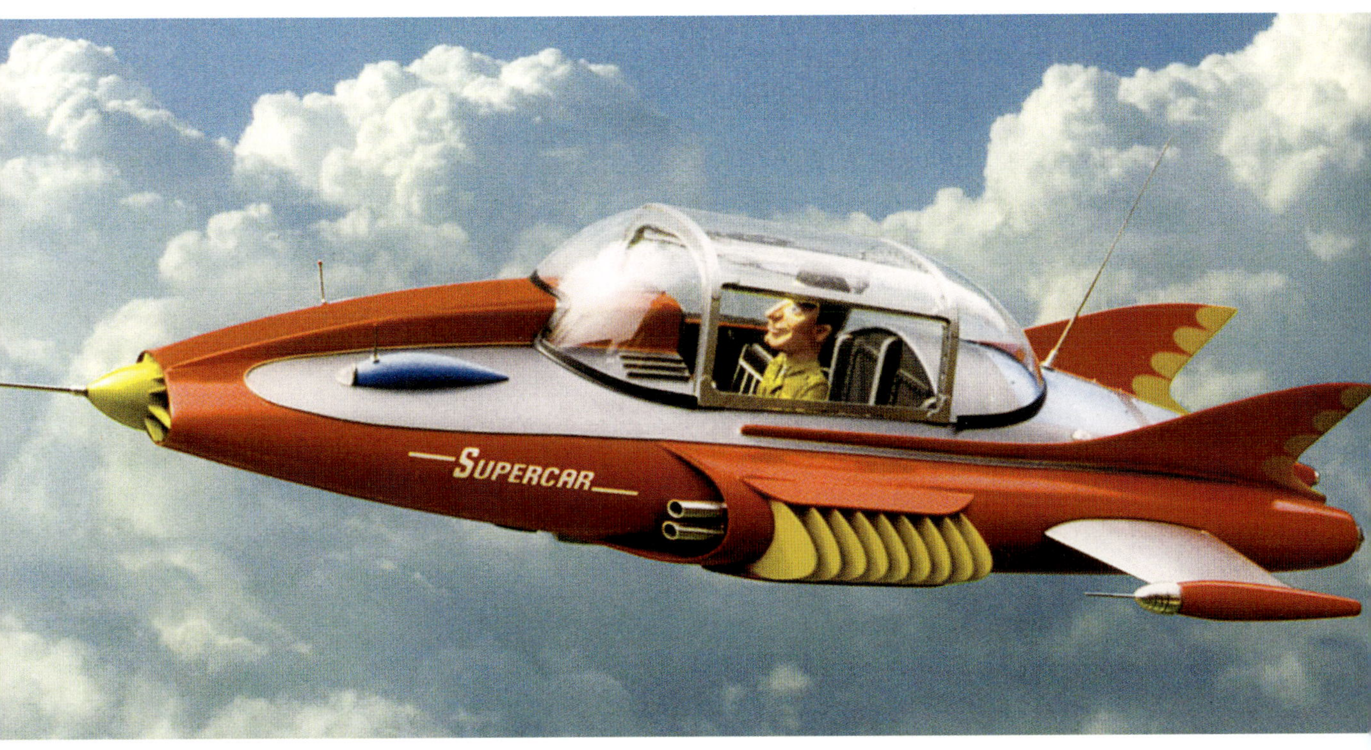

großen Dino-Einfluss bei diesen beiden hören, anders als bei Elvis (Phil Spector hatte das «Whoa, whoa, whoa» in «Be My Baby» aus diesem Song).

Der Song ist eine Verführung auf Italienisch und beginnt mit einer kleinen Improvisation auf dem Klavier, gefolgt von Domenicos in Orgelklänge getauchtem Gesang, der bis zu dem bekannten Refrain führt.

Der Sound ist satt, steckt voller unterschiedlicher Elemente, wirkt aber nie überladen; der Schlagzeuger wechselt geschickt von den Besen zu den Stöcken, dazu ein tanzendes Pizzicato und eine hallende Weltraumzeitalter-Orgel. Der Gesang lebt ganz von seiner Dynamik – im einen Augenblick ist er intimes Geflüster, im nächsten freudiger Jubel oder ein glückliches Jauchzen, zwischendurch Sprechgesang, gefolgt von einer Wehmut, die sich auch ohne Sprache übersetzt.

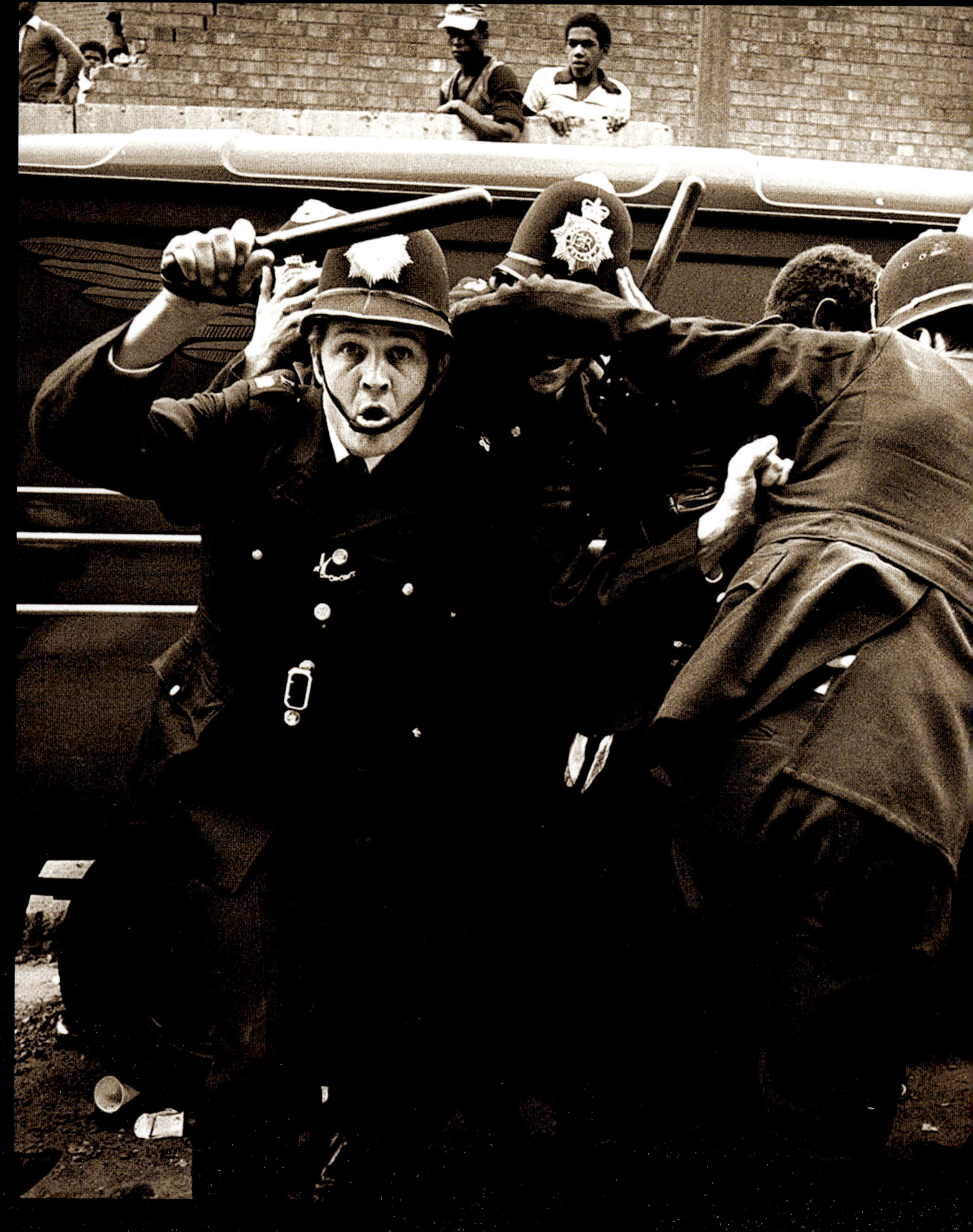

KAPITEL 33

LONDON CALLING
THE CLASH

Erstveröffentlichung als Single

(CBS, 1979)

Von Joe Strummer und Mick Jones

★ ★ ★

PUNKROCK IST DIE MUSIK DER FRUSTRATION und der Wut, aber The Clash sind anders. Ihre Musik ist eine der Verzweiflung. Sie waren eine verzweifelte Band. Alles müssen sie da hineinpacken. Dabei haben sie so wenig Zeit. Viele ihrer Songs sind schwülstig, überzogen, gut gemeint. Aber dieser nicht. Vermutlich sieht man The Clash hier in Bestform, sie sind so relevant wie nie, so verzweifelt wie nie. The Clash waren immer die Band, als die sie sich selbst gesehen haben.

«London Calling» – 1923 gab es in London ein Bühnenstück mit diesem Titel, ein Musical mit schmalzigen Sketchen. Aber die Formulierung blieb hängen. In den vierziger Jahren konnte «London Calling» nur Unheil bedeuten. Nachricht aus London – schickt Lebensmittel, Kleidung, Flugzeuge, was ihr könnt. Andererseits hat dieses «Calling» aber auch etwas sehr Unmittelbares, besonders für Amerikaner. Es wäre nicht dasselbe, würde sich Rom, Paris, Kopenhagen, Buenos Aires oder Sydney melden, oder sogar Moskau. Diese ganzen Anrufe kann man abwimmeln, man kann sagen: «Nehmen Sie eine Nachricht entgegen, wir rufen zurück.» Nur nicht, wenn London dran ist.

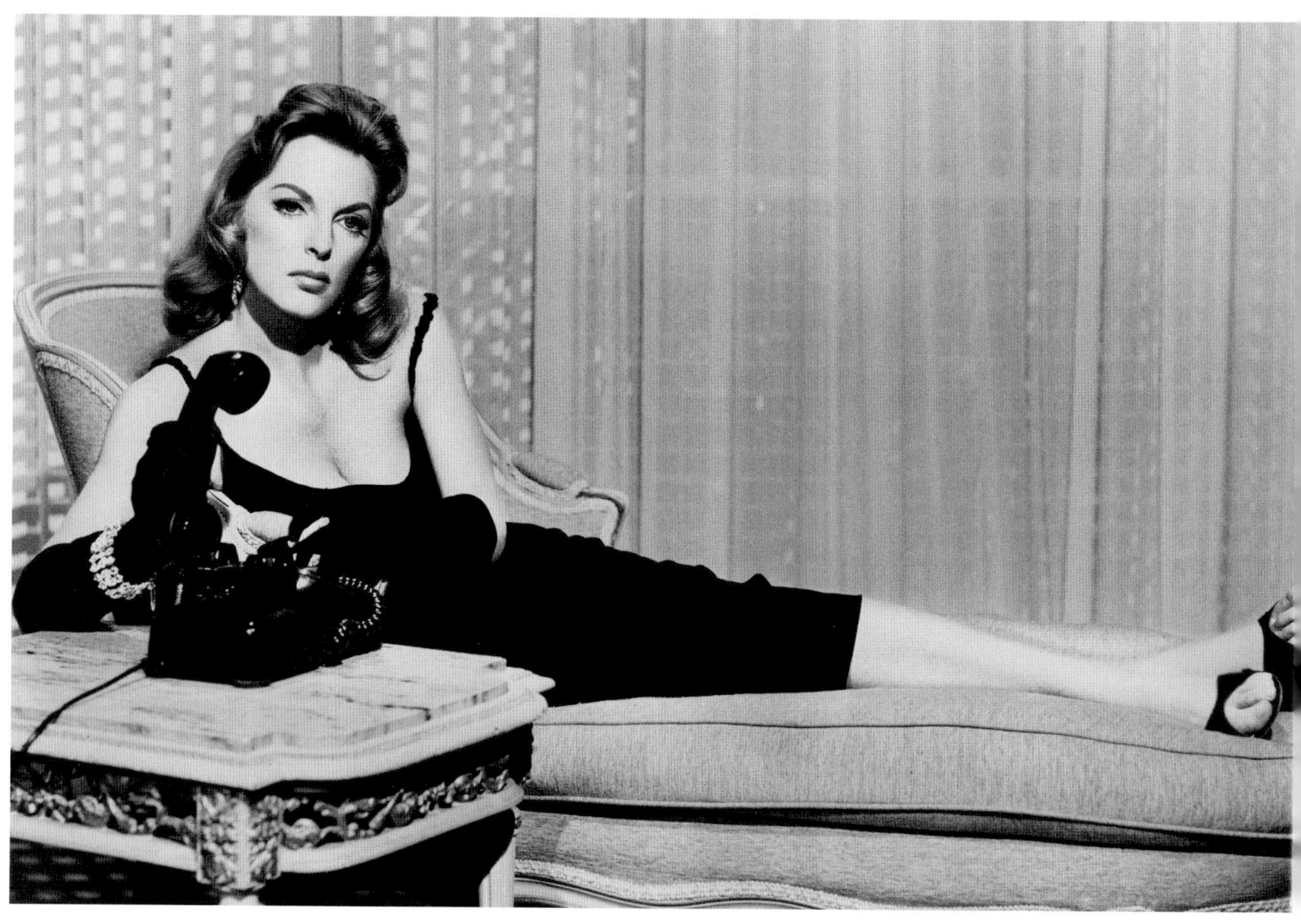

Das Gegenstück zu diesem Song ist Roger Millers «England Swings Like a Pendulum Do», «bobbies on bicycles two by two». Mit The Clash ist das Geschichte: «Phoney Beatlemania has bitten the dust.» Für die Beatlemania haben The Clash nichts als Verachtung übrig. Ebenso für die Jugend und die mit diesem schwierigen Alter verbundenen Gefühlsschwankungen. «I Wanna Hold Your Hand», diese ganzen Melodien für Little Missy and the School Maids, Sweet-little-sixteen-mania, für all das ist im wahren London kein Platz mehr. Im wahren London wird der Krieg erklärt. London ist die Unterwelt. Die Welt der Drogen und der am Wasser gelegenen Immobilien – The Clash haben nur Hohn übrig

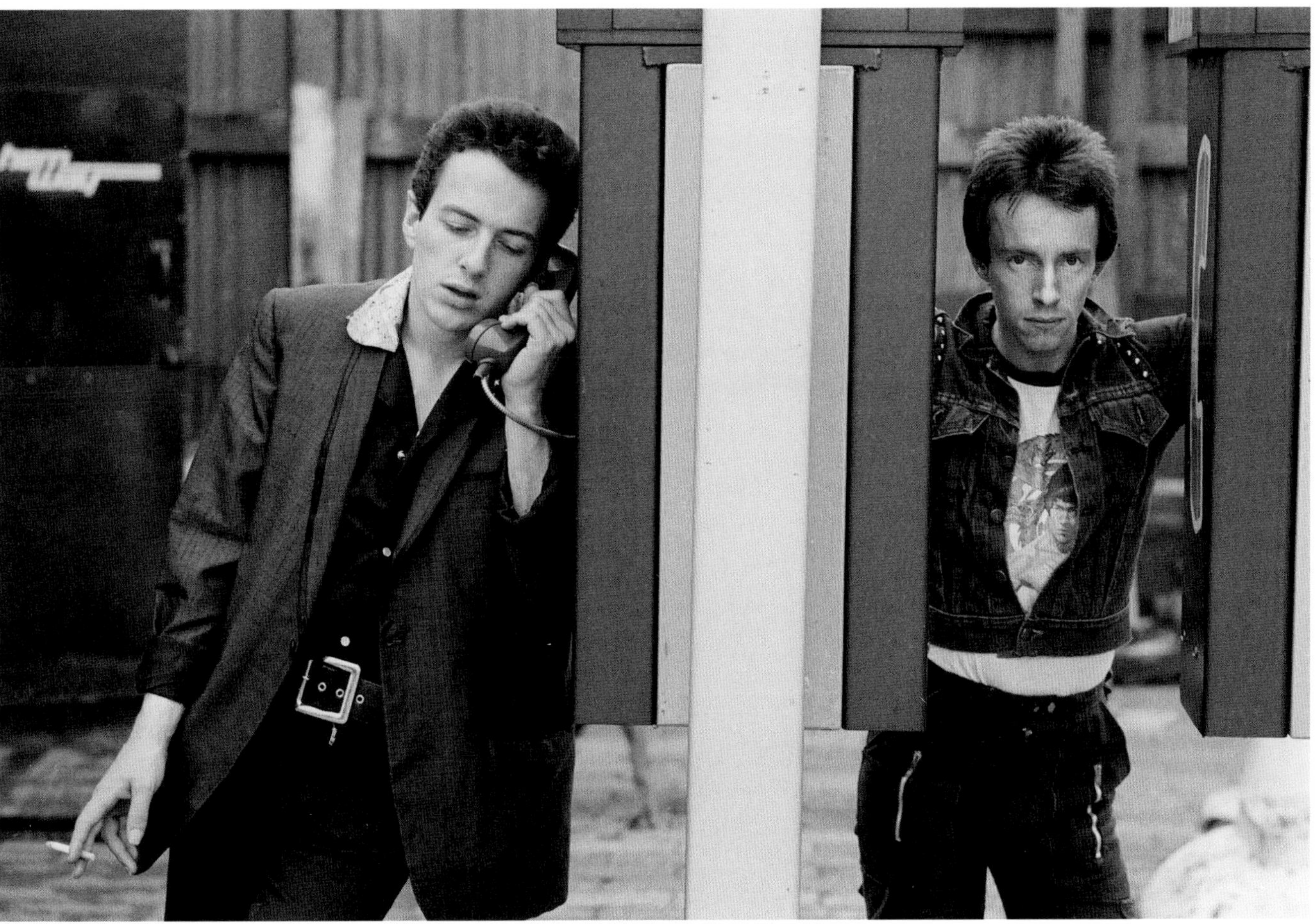

für den *Fool on the Hill*. Wenn du «Hey Jude» singst, kriegst du was aufs Dach. Die Triebwerke sind ausgefallen, und The Clash leben am Fluss.

Wenn in Amerika von einem Fluss die Rede ist, denkt man an den Mississippi. Ein schöner, breiter Strom, der sich mitten durch Amerika zieht. Und auch an alles, was da sonst noch mitschwingt. The Clash sprechen von der Themse. In Amerika denkt man trotzdem unwillkürlich an den Mississippi. Und dadurch bekommt dieser Song eine so breite Wirkung. Die Hölle bricht los, aber der Typ lebt am Fluss, und anscheinend gibt es für ihn doch noch irgendwie Hoffnung, einen Fluchtweg, um sich aus dem Staub zu machen.

PSYCHOSCOPE RECORD #3

33⅓ RPM

R-1359

"REDUCE TENSIONS and *Sleep Deeply*"

AN ANSWER TO

sleepless nights
sleeping pills
tranquilizers
eye shades
ear-stoppers
vibrating mattresses?

"SELF-POWER SERIES" by EMILE FRANCHEL

SLEEP DEEPLY TO LIVE FULLY!

Can be used on "Learning While Asleep" Equipment, too.

russell/greene

PRINTED IN U.S.A.

KAPITEL 34

YOUR CHEATIN' HEART HANK WILLIAMS WITH HIS DRIFTING COWBOYS

Erstveröffentlichung als Single

(MGM, 1953)

Von Hank Williams

★ ★ ★

DAS IST DER SONG DES TRICKBETRÜGERS. In diesem Song bist du der Schwindler, der mir fehlerhafte Ware angedreht hat – du hast mich hintergangen, angeschmiert, und jetzt fällt dir nichts mehr ein, und schon bald wirst du entsetzliche Qualen leiden. Woher ich das weiß? Ich weiß es einfach. Vielleicht habe ich eine Kristallkugel, vielleicht kann ich Tarotkarten lesen, vielleicht sehe ich einfach Dinge voraus, vielleicht habe ich einen sechsten Sinn. Ganz schön viele Vielleichts. Ich weiß nicht, woher ich es weiß, ich weiß es einfach.

Dein betrügerisches Herz hatte grenzenlose Macht, es war unzuverlässig, korrupt und heimtückisch – es ist verantwortlich dafür, dass Millionen von Heimen vergiftet und verseucht wurden. Du hast dich selbst dafür gelobt, du hast dich dafür gefeiert. Du hast alle Fäden gezogen, dich benommen, als würde dir die Welt gehören, hast den schwarzen Peter weggeschoben und nicht Wort gehalten. Du warst schamlos, und man konnte sich nicht auf dich verlassen, du hast die Hand gebissen, die dich fütterte. Du warst unmoralisch, überheblich und hast den wahren Sinn des Lebens verfälscht. Du hast Menschenfleisch verschlungen, aber jetzt ist alles vorbei, du wurdest gefasst und schuldig gesprochen, und vereidigte Zeugen können es bestätigen. Heiße Tipps und Insiderinformationen sind dir zum Verhängnis geworden, dein Herz hat dich verraten, es war nicht so, wie du dachtest. Jetzt endlich rächt sich dein Verhalten, und es ist Zeit, dass du dafür bezahlst. Die Quittung ist überfällig.

Bald kommst du aus dem Schluchzen nicht mehr raus, hellwach und sorgenschwer, randvoll mit Selbstekel. Tränen fallen wie Regentropfen, kein Niesel, es schüttet in Strömen. Regen, der deine Matratze und deine Decke durchnässt, ein Strom aus Tränen fließt in den Keller, da unten wird es richtig feucht.

Du hast mir die Möglichkeit genommen, glücklich zu sein, und dafür wird dich dein Gewissen bestrafen. Du findest keine Ruhe, nicht mal für eine Minute. Du wirst heulen und schreien und meinen Namen rufen, aber ich werde es dir zeigen, deine Stimme nicht erkennen – sie wird nicht nach dir klingen. Du willst, dass ich vorbeikomme, aber das mache ich nicht.

Schon bald wirst du auf derselben Straßenseite marschieren wie ich, wir werden sehen, wie du damit klarkommst. Du warst voreingenommen, dumm und verlogen, und jetzt macht sich dein betrügerisches Herz bemerkbar. Du wolltest nicht, dass ich ein ehrliches Leben führe, hast mich verschaukelt und abgezockt, und jetzt findest du keinen Schlaf mehr. Heute Nacht nicht, und auch sonst nie wieder. Du dachtest, du kannst dir alles erlauben, dachtest, du wirst ewig leben, und du hast alles dafür getan. Dir fehlt es einfach an Charakter, um es durchzuziehen. Ist schon der helle Wahnsinn, oder?

★ ★ ★

DIESEN SONG KANN MAN AUF UNTERSCHIEDLICHE WEISE verstehen. Zum Beispiel so, dass du Hellseher bist. Du hast so einen kleinen Laden, wo du Tarot-Lesungen oder dergleichen anbietest. Jemand kommt rein, und du legst ihm die Karten, und du siehst gleich, dass er ein betrügerisches Herz hat, und du sagst ihm das direkt. Er kann's nicht ändern. Das Kind ist längst in den Brunnen gefallen.

Ein solcher Song gibt dir Anlass, dich zu hinterfragen – all deine Taten. Er ist perfekt gespielt und gesungen. Die Phrasen der Fiddle und der Steel Guitar ergänzen die Melodie ganz großartig. Jede Phrase geht mit der Stimme Hand in Hand. Das ist heutzutage sehr schwer zu bewerkstelligen. Man braucht Musiker, die sich auf derselben Wellenlänge miteinander befinden, und man verwendet dafür ganz einfache Töne eines Akkords, die mit genau der richtigen, nicht veränderbaren Intensität gespielt werden. Solche Phrasen sind mehr wert als alle technisch anspruchsvollen Licks der Welt. Wenn Hank diesen Song singen und jemand wie Joe Satriani mit Licks darauf antworten würde, so wie man das im Blues macht, dann würde das einfach nicht funktionieren, und der tolle Song wäre hinüber.

Das ist heutzutage häufig das Problem. Alles ist viel zu überladen; wir bekommen alles mit dem Löffel in den Hals gestopft. Die Songs handeln nur von einer Sache, von einer einzigen Sache, da gibt es keine Abstufungen, keine Nuancen, keine Rätsel. Vielleicht ist das der Grund, warum Menschen ihre Träume nicht mehr mit Musik verknüpfen. Träume gehen in einer solchen luftleeren Umgebung ein.

Aber das betrifft nicht nur Songs – Filme, Fernsehsendungen, sogar Kleidung und Essen, alles wird nischenvermarktet und es wird viel zu viel Theater darum gemacht. Auf der Speisekarte gibt es nichts mehr ohne ein halbes Dutzend vorangestellte Adjektive, die auf deine soziopolitisch-humanitär-snobistischen Foodie-Konsumenten-Vorlieben abzielen. Lasst euch eure aus alten Kulturpflanzen gewonnene und mit frisch gemahlenem Cayenne-Pfeffer bestäubte Reduktion aus Freilandhaltung im Kreuzkümmelsud ruhig schmecken. Manchmal ist mir aber ein stinknormales Schinkensandwich lieber, fertig.

Es gibt wirklich niemanden, der auch nur annähernd an Hank Williams herankommt. Wenn man an die Klassiker denkt, die er aufgenommen hat, und so viele sind das nicht, dann hat er sie alle zu seinen eigenen Songs gemacht. Man kann sich vorstellen, wie er die ganzen Pop-Hits aus der Zeit damals gesungen hätte, zum Beispiel «How Much Is That Doggie in the Window», «Que Sera, Sera» – sogar «Stardust» und «On the Sunny Side of the Street». Hätte er diese Songs aufgenommen, dann hätte er Sinatra schwer Konkurrenz gemacht.

Die Einfachheit dieses Songs ist der Schlüssel. Aber auch das stille Selbstvertrauen eines Sängers wie Hank. Der Song wirkt langsamer, als er ist, weil Hank die Band nicht vorangehen lässt. Die Spannung zwischen dem fast polka-artig vor sich hintuckernden Rhythmus und der Traurigkeit in Hanks Stimme macht ihn so eindringlich. Hank ist einer von den wenigen, die alles singen können und sich den Song dadurch aneignen. Man muss sich nur «On Top of Old Smoky» oder «Cool Water» anhören.

Willie Nelson wäre der Einzige, den man auch nur ansatzweise in derselben Liga vermutet. Zum Beispiel sang er «Always On My Mind», mit dem Elvis einen Hit landete. Und jetzt erinnern sich alle nur noch an die Version von Willie.

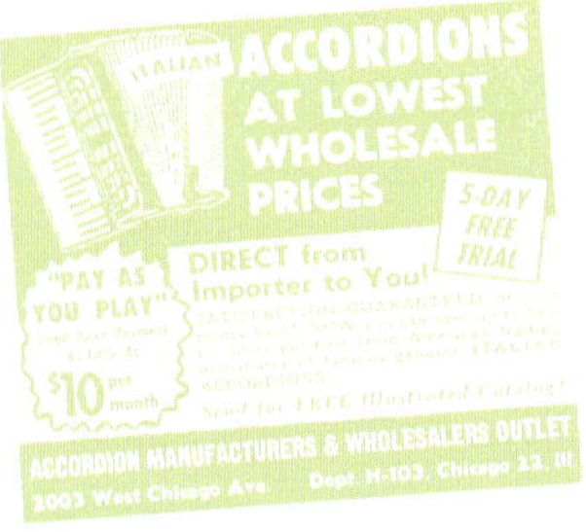

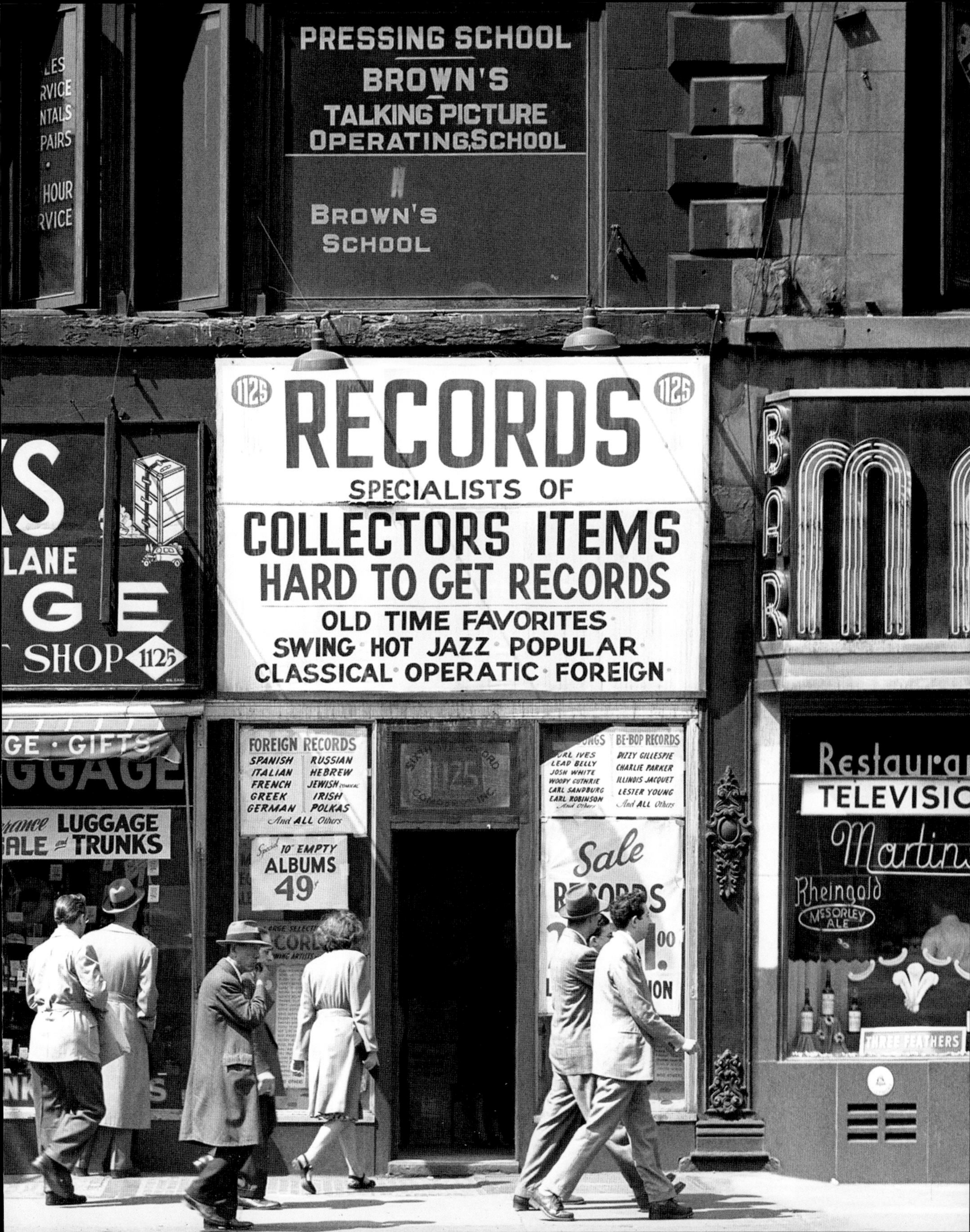

PRESSING SCHOOL
BROWN'S
TALKING PICTURE
OPERATING SCHOOL
BROWN'S
SCHOOL
1125
RECORDS
1125
SPECIALISTS OF
COLLECTORS ITEMS
HARD TO GET RECORDS
OLD TIME FAVORITES
SWING · HOT JAZZ · POPULAR
CLASSICAL · OPERATIC · FOREIGN
SHOP 1125
LUGGAGE TRUNKS
FOREIGN RECORDS
SPANISH RUSSIAN
ITALIAN HEBREW
FRENCH JEWISH
GREEK IRISH
GERMAN POLKAS
And ALL Others
Special 10" EMPTY ALBUMS 49¢
1125
LEAD BELLY
JOSH WHITE
WOODY GUTHRIE
CARL SANDBURG
EARL ROBINSON
And Others
BE-BOP RECORDS
DIZZY GILLESPIE
CHARLIE PARKER
ILLINOIS JACQUET
LESTER YOUNG
And ALL Others
Sale
BAR
Rheingold
McSORLEY ALE
THREE FEATHERS

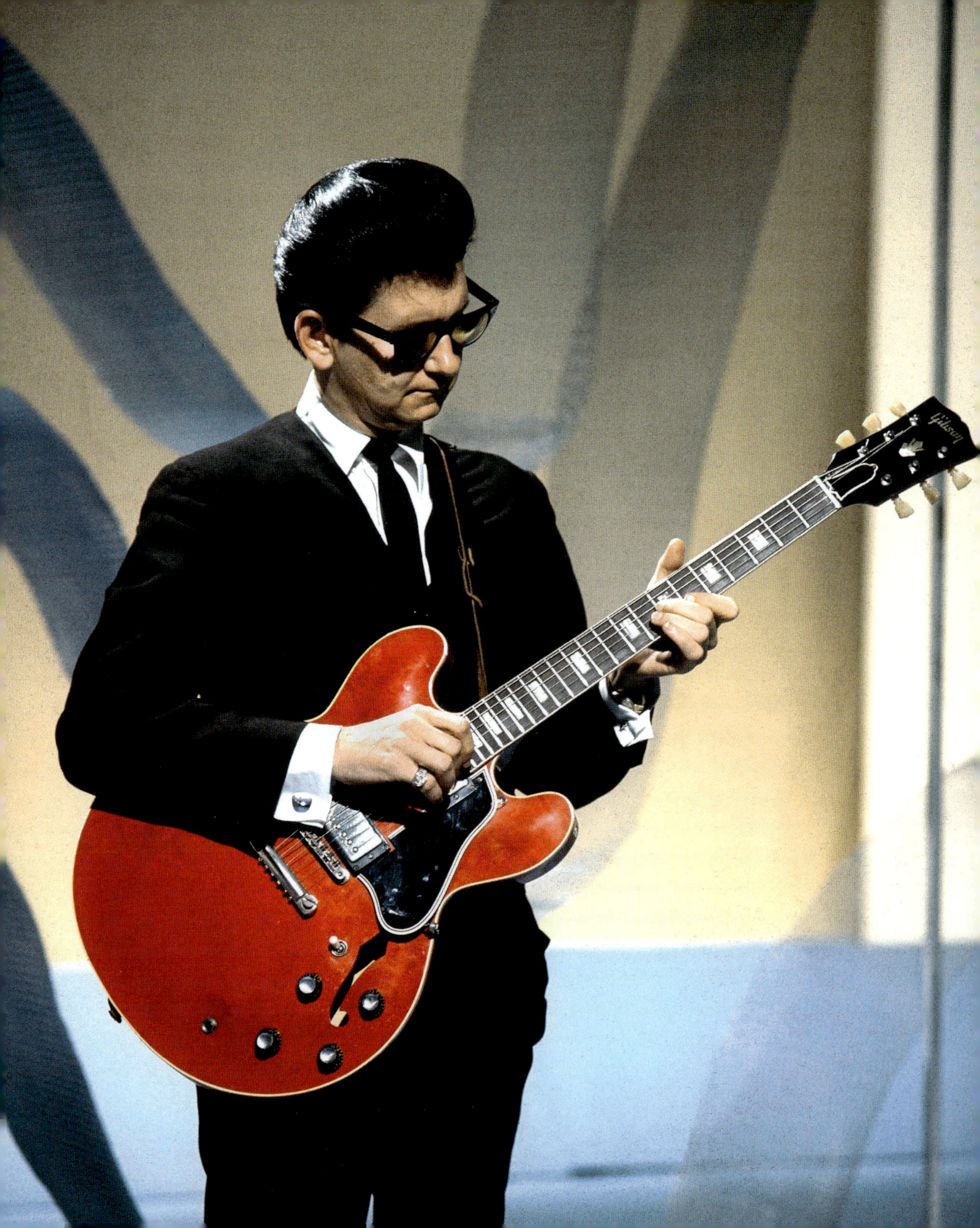
Gibson

KAPITEL 35

BLUE BAYOU
ROY ORBISON

Erstveröffentlichung auf dem Album *In Dreams*

(Monument, 1963)

Von Roy Orbison und Joe Melson

★ ★ ★

IN DIESEM SONG HAST DU DEINE PESOS GESPART, hast jeden Cent dreimal umgedreht. Dich zum Lohnsklaven gemacht, geschuftet, damit du wieder zurückkannst zum Blue Bayou. Das ist ein Ort in der Nähe des Himmels, der dir nicht aus dem Kopf geht. Ein Ort, den du vor einem halben Jahrhundert aus Neugierde verlassen hast, um in die große weite Welt zu ziehen und sie dir untertan zu machen.

Gefunden hast du lange Schlangen von Menschen, die unterschiedliche Sprachen sprechen, ein unverständliches Geraune. Du hast den Turm von Babel gefunden – hast Wolkenkratzer aus Kauderwelsch und doppeldeutigem Geschwafel gefunden, Bauten und Gerüste aus heißer Luft und Schwachsinn. Du warst nicht anschlussfähig, hast keine Geheimnisse erfahren, keine begeisterten Kritiken bekommen oder Erfolge gefeiert. Hast nie etwas gebaut oder wiederaufgebaut, und jetzt hast du die Nase voll von der Oberflächlichkeit – du hast es satt, mit dir selbst zu spielen, und du willst wieder zurück zum Blue Bayou.

Zurück in die Tier- und Geisterwelt, zurück zu dem süßen kleinen Engel, dem Mädchen nebenan, das du an dem Gummibaum in den Sümpfen hast stehenlassen. Zurück zu

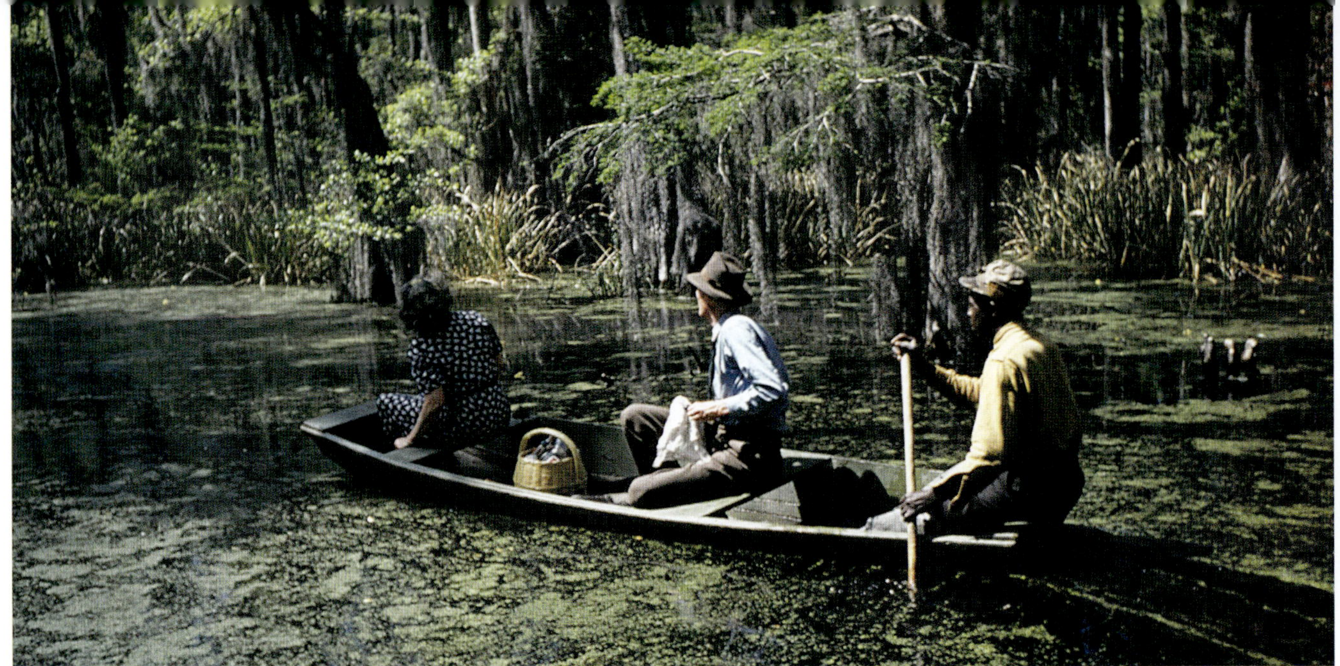

ihrer Musik, ihrer Religion und ihrer Kultur. Du hast Flashbacks von der Vergangenheit und willst wieder zu alldem zurück, bevor du dich zu weit forttreiben lässt und die Zeit dich zerrüttet. Zurück zu glücklicheren Tagen, wo die Menschen lebhaft und fröhlich sind, du Spaß hast, das Beste aus allem machst und herumalbern kannst. Wo du die Ruder ins Wasser tauchst und dich ausbalancierst. Wo du ganz auf der Höhe bist und dir das Universum gehört – wo du der Titelverteidiger bist, deinen Haken beköderst, dein Netz auswirfst, Segel setzt und Seebär bist. Wo du dich entspannst, zur Ruhe kommst und die Realität meisterst, und wo dich niemand im Auge hat. Wo du mit Nerzen und Bisamratten abhängst und unter der Schwarzweide und den Dschungelbäumen sitzt, dich mit schläfrigem Blick auf den Sonnenaufgang einstimmst.

Wenn du das nur alles machen könntest, wie glücklich wärst du, wie erfüllt, keine Streitereien mehr, jetzt träumst du. Du wirst lange verloren geglaubte Freunde wiedersehen, deine besten Kumpel von damals, und vielleicht wirst du sogar das Gefühl haben, als wäre dein Leben wiederhergestellt, als wäre das Schlimmste überstanden. Du freust dich auf Zufriedenheit und Glück am Blue Bayou, auch wenn du zurzeit noch ohne Freunde bist, ganz alleine, von allem abgeschnitten, unruhig und nervös. Mehr oder weniger geht es dir so wie immer, deine Gestalt hat sich verändert, aber dein Geist ist derselbe geblieben. Du bist auf alles vorbereitet. Du denkst voraus.

★ ★ ★

DIES IST SOWOHL EIN SPEKTAKULÄRER SONG wie auch eine spektakuläre Aufnahme. Was nicht immer dasselbe ist. Manchmal können Songs im Studio knifflig sein – sie flutschen einem direkt durch die Finger. Einige unserer Lieblingsplatten sind bestenfalls mittelmäßige Songs, aber irgendwie sind sie zum Leben erwacht, als das Band lief.

Dieser hier hat beides. Die Traurigkeit steckt sowohl in den Worten wie auch in dem opernhaften Schwung in Roys Stimme – es ist praktisch unmöglich, Sänger und Song zu trennen. Linda Ronstadt hat eine fabelhafte Cover-Version abgeliefert, aber es wird immer Roys Song bleiben.

Viele verweisen auf das *Dickson Baseball Dictionary*, in dem «Linda Ronstadt» als Synonym für einen Fastball aufgeführt wird, weil dieser schnell wie der Wind an einem vorbeifliegt («blew by you»). Wenn Herb Carneal ein Spiel der Minnesota Twins kommentierte und der Schlagmann der gegnerischen Mannschaft nach einem Fastball einen Strike einsteckte, rief Herb ausgelassen, «Danke schön, Roy Orbison.»

Interessant ist außerdem, dass die Single nach ihrer Veröffentlichung in die Pop- und die R & B-Charts, aber nicht in die Country-Charts kam.

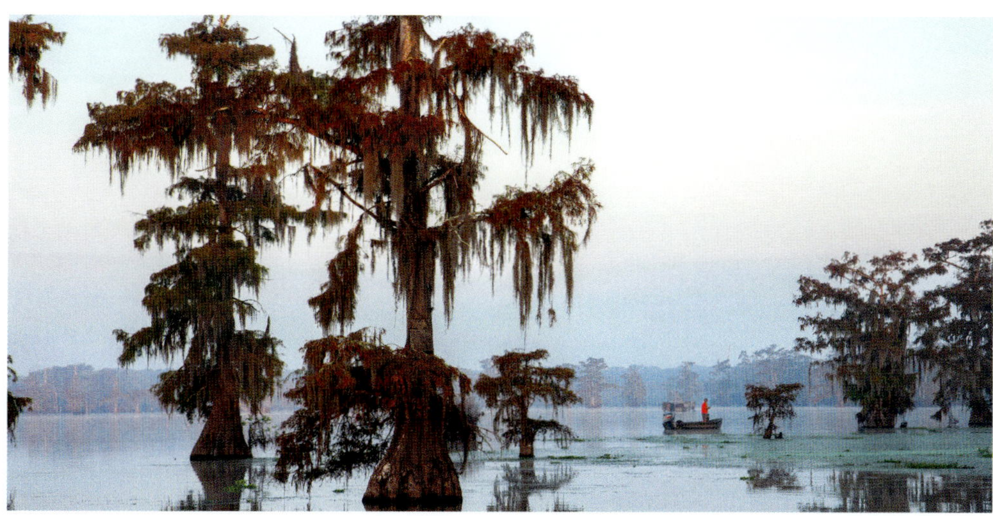

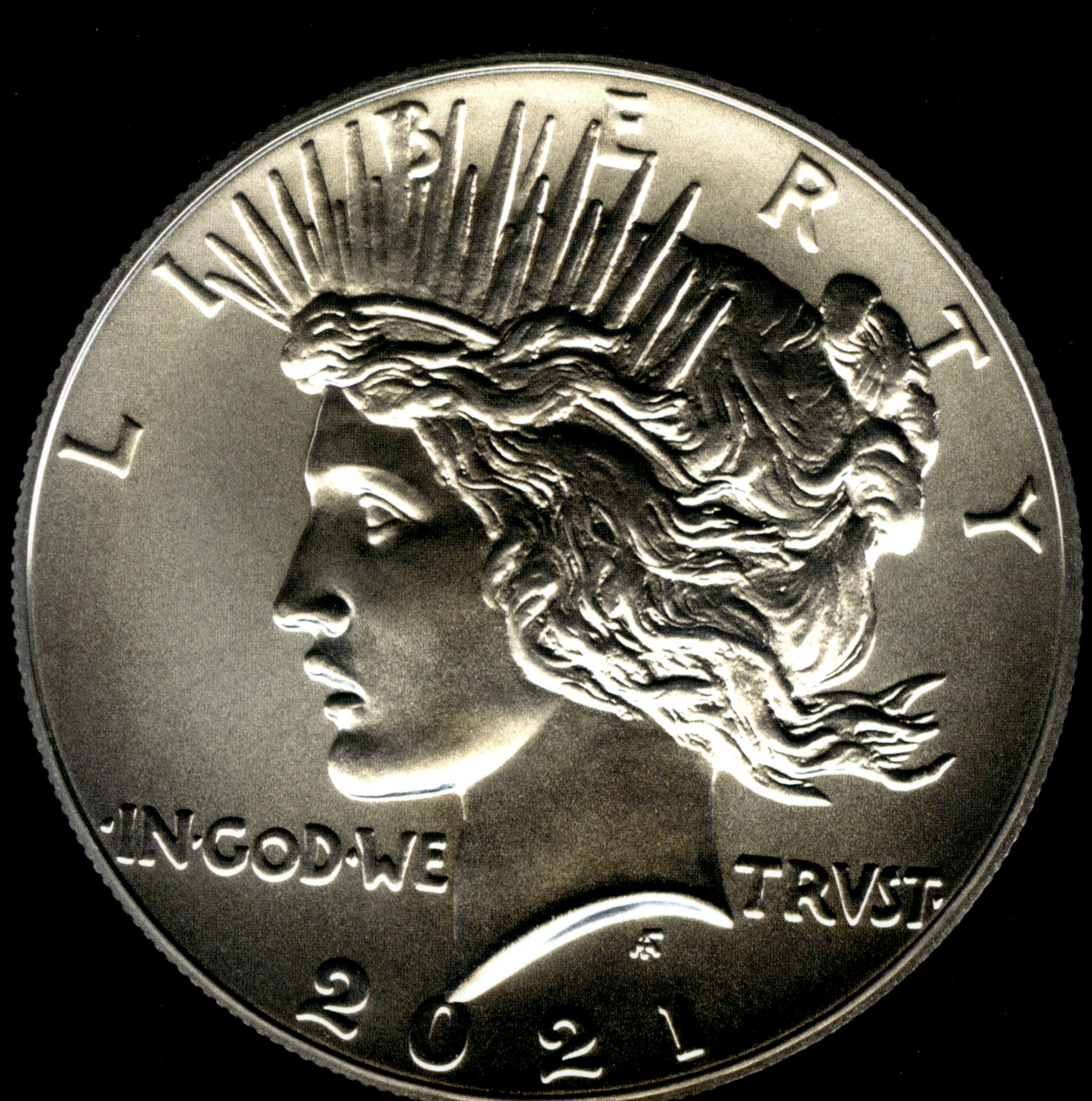
LIBERTY
IN·GOD·WE TRVST
2021

KAPITEL 36

MIDNIGHT RIDER THE ALLMAN BROTHERS

Erstveröffentlichung auf dem Album *Idlewild South*

(Capricorn, 1970)

Von Gregg Allman und Robert Kim Payne

★ ★ ★

DAS IST DER MIDNIGHT RIDER, der Erz-Protagonist. Er trägt ein Kostüm und eine Maske – der Farmer, der kleine Geschäftsmann, der gesetzestreue Bürger. Am Anfang hatte er Einwände gegen dieses und jenes, ihm wurde gesagt «Hüte deine Zunge». Also griff er zu einer anderen Waffe – und jetzt ist er hier, um die einheimische Kultur zu unterlaufen und unter seine eiserne Knute zu bringen.

Er verurteilt sexuelle Unmoral und ist gegen soziale Korruption. Ein eingefleischter Feind der politischen Bürokratie, der Machthaber, des Wahlbetrugs, der dekadenten Gewerkschaftsführer, der Parteifunktionäre, der Unternehmensschmarotzer, der Sugardaddys und anderen Geldgeber. Der Midnight Rider will den Zusammenbruch erzwingen, er hat die Macht und die Fähigkeit, ungeschriebene Gesetze zu erlassen und durchzusetzen. Er ist der Bull Moose, der Whig, der linke Flügel und der rechte. Er ist der Feind jener, die die Schwachen und Ahnungslosen ausnehmen, und repräsentiert alle, die Angst haben, frei zu sprechen. Er führt Willkürherrschaft ein. Der Midnight Rider will zurück

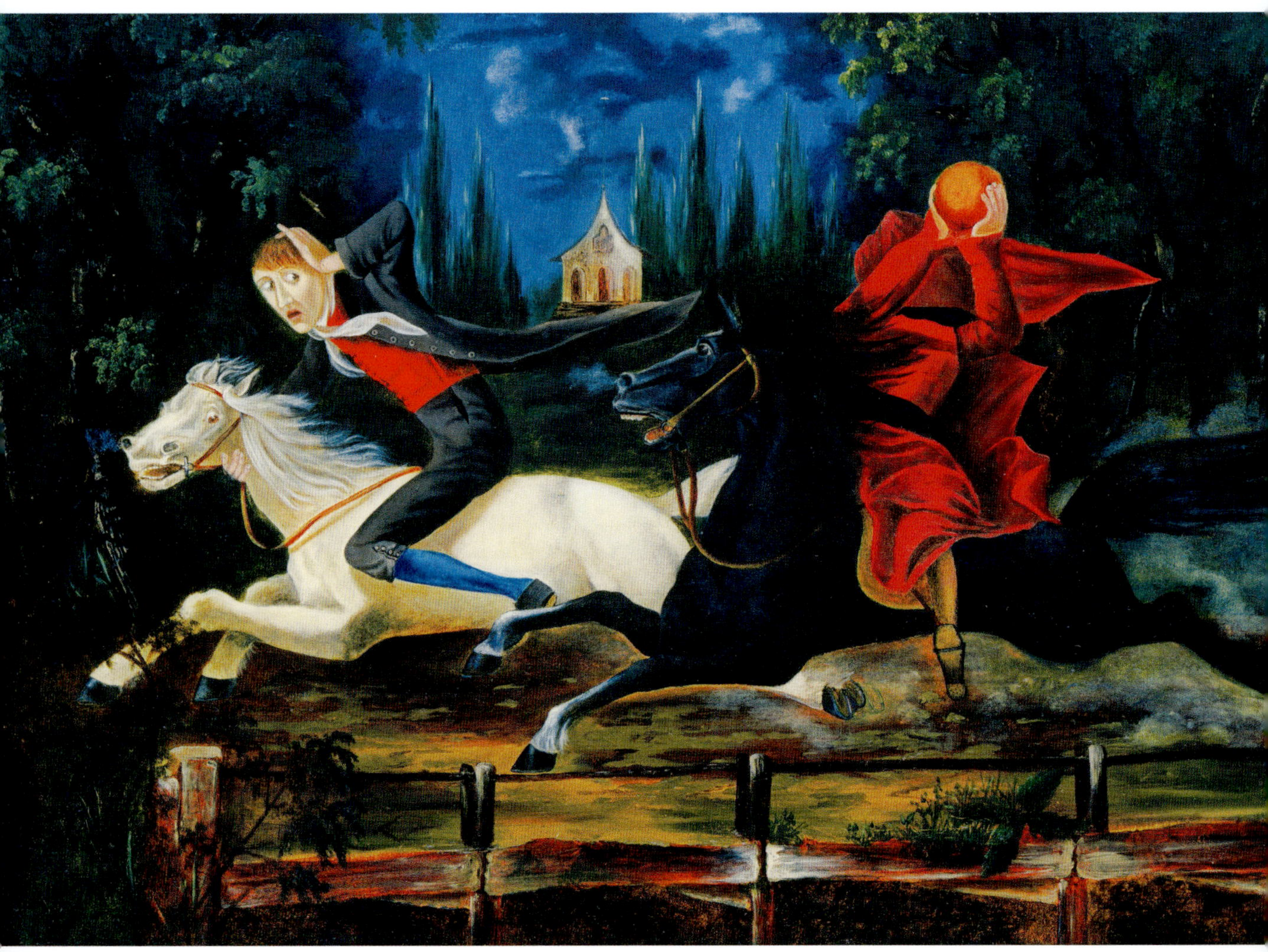

zu einer konzernfreien Wirtschaftsordnung und bei Null anfangen. Er macht religiösen Hass zur Formalität. Der Midnight Rider ist einer, der mit Gewalt Gutes tut. Er hat dich bereits vorgewarnt, und er taucht nach Einbruch der Dunkelheit auf, zur Nachtruhe in der Geisterstunde.

Der Midnight Rider hat Sympathisanten.

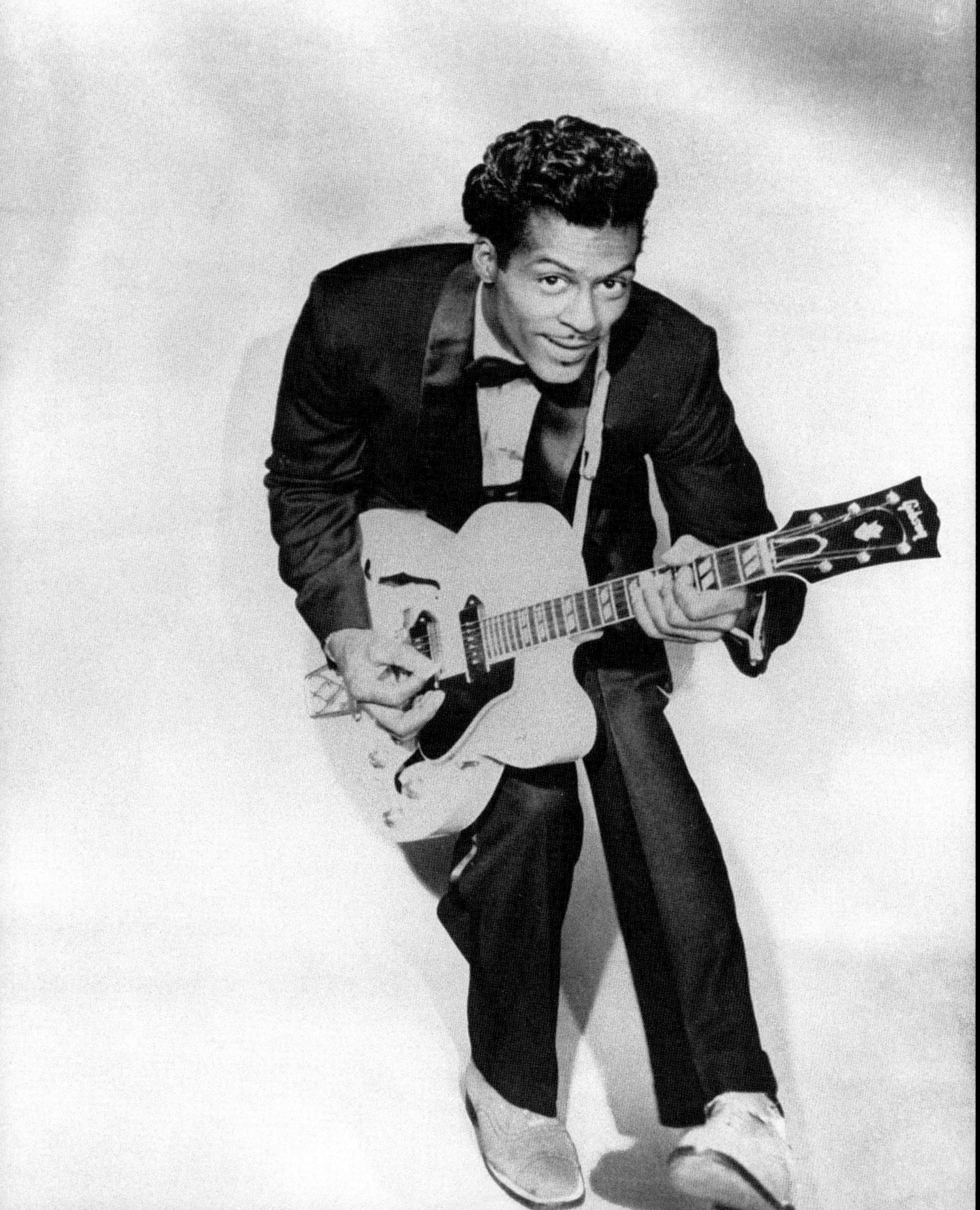

BLUE SUEDE SHOES

Words and Music by CARL LEE PERKINS

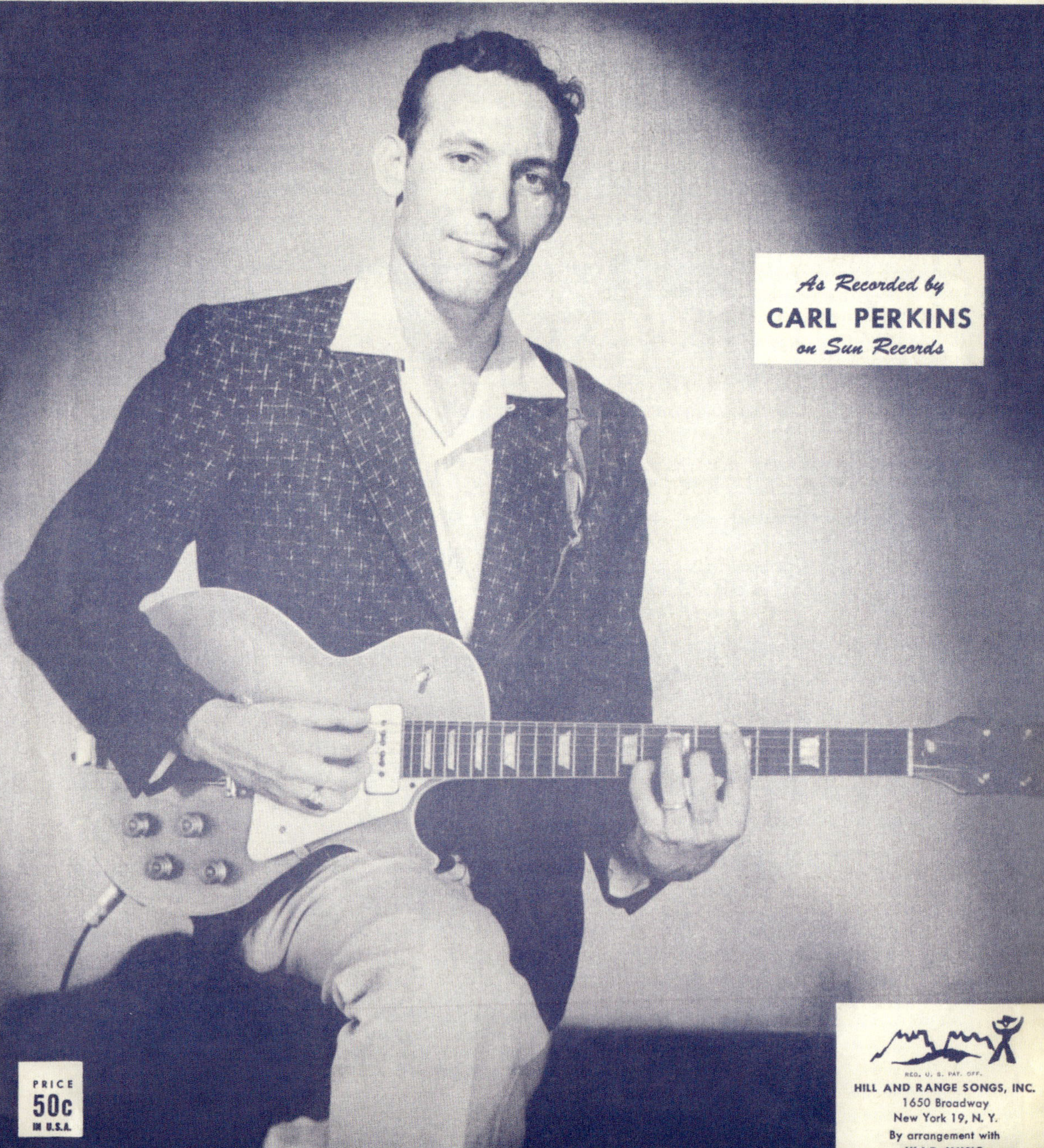

KAPITEL 37

BLUE SUEDE SHOES
CARL PERKINS

Erstveröffentlichung als Single

(Sun, 1956)

Von Carl Perkins

★ ★ ★

DER SONG IST EIN UNHEILVOLLES OMEN, aufgeladen mit bedrohlicher Bedeutung – ein Signal an ungeladene Gäste, Schnüffler und Eindringlinge: Haltet euch hier raus, kümmert euch um euren eigenen Kram, und egal, was ihr tut, Finger weg von meinen Schuhen.

Du möchtest auf gutem Fuß stehen mit allen, aber wenn wir mal ehrlich sind, hast du von Natur aus ganz schön was Strenges, das vielleicht gar nicht so auffällt, nur wenn es zum Beispiel um deine Schuhe geht, kannst du verdammt ungemütlich werden. Besonders, wenn es um deine Schuhe geht.

Deine Schuhe sind dein ganzer Stolz und deine ganze Freude, sie sind heilig und teuer, sie geben deinem Leben Sinn, und jeder, der dran kratzt oder sie schmutzig macht – ob aus Versehen oder Unwissenheit, spielt keine Rolle –, begibt sich in Gefahr. Das ist das Einzige im Leben, das du nicht verzeihen wirst. Wenn du mir nicht glaubst, tritt ruhig drauf – dir wird nicht gefallen, was dann passiert.

Mit den meisten Menschen verstehst du dich gut, du lässt dir eine Menge gefallen, und so schnell überrumpelt dich nichts, aber bei deinen Schuhen ist das anders. Kleinigkeiten

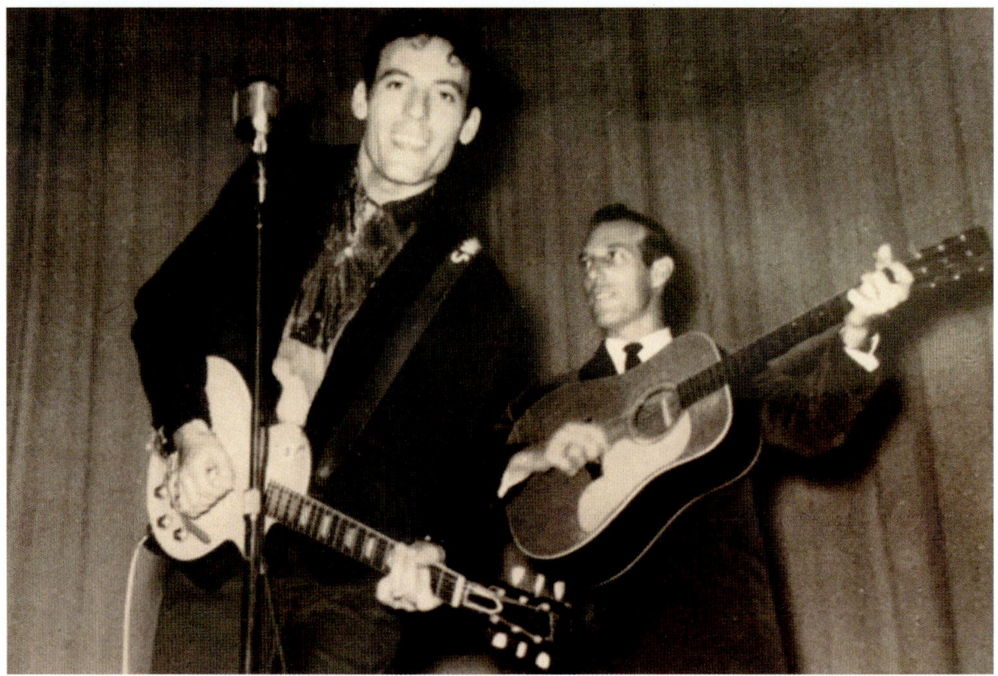

können dich wurmen, aber du setzt dich drüber hinweg. Lässt dir die Zähne eintreten, dich bewusstlos schlagen, lässt dich ausrangieren und in Verruf bringen, aber das alles fällt für dich nicht ins Gewicht, nichts davon ist so real wie deine Schuhe. Sie sind unbezahlbar und übersteigen jeden monetären Wert.

Du kannst mir alles nehmen und musst dir nichts dabei denken, kannst mein Haus anzünden, mich ausrauben, meinen Wagen demolieren, mein Haus in ein flammendes Inferno verwandeln, aber pass auf meine Schuhe auf, die sind unermesslich wertvoll. Sie haben keinen Preis, stehen nicht zum Verkauf. Sei vorsichtig, dass du keine Schramme reinmachst oder in der falschen Richtung drüberreibst. Wenn du am Leben bleiben willst und schlau bist, dann lässt du die Finger von meinen Schuhen. Du bist keiner, der die Klappe aufreißt, harte Sprüche macht, du sagst nur, was dir wichtig ist und was nicht – meinen Alkohol kannst du trinken, mir den Lebenssaft aussaugen, alles runtergluckern, hoch die Tassen, einen Schluck nach dem anderen, dich selbst unter den Tisch saufen. Aber das alles ist für mich lau und alltäglich, tu nur eins nicht, tritt mir bloß nicht auf die Schuhe. Halt dich fern davon, sei kein Trottel.

Diese Schuhe sind mächtig. Sie können in die Zukunft schauen, verlorene Gegenstände lokalisieren, Krankheiten kurieren, Verbrecher identifizieren, all das und mehr, aber wenn es darum geht, dass einer sie anfassen will, ist bei mir eine Grenze erreicht. Sie sind unschätzbar, man müsste sie in Gold aufwiegen, und du wurdest vorgewarnt. Tritt bloß nicht drauf, sonst wird ein Exempel an dir statuiert – ich garantiere dir, das wird Konsequenzen nach sich ziehen.

Diese Schuhe sind nicht wie andere komplizierte Sachen, die kaputtgehen, sich verändern oder transformieren. Sie symbolisieren die Kirche und den Staat, sie bergen die Gesamtheit des Universums in sich, für mich gibt es nichts Besseres als meine Schuhe. Sie beantworten alle meine dummen Fragen. Ich kann achttausend Meilen weit damit gehen. Sie sind wild und bekommen alles mit. Ich gehe nie ohne sie fort, lasse sie nirgendwo zurück, und umgekehrt verlassen sie mich auch nie.

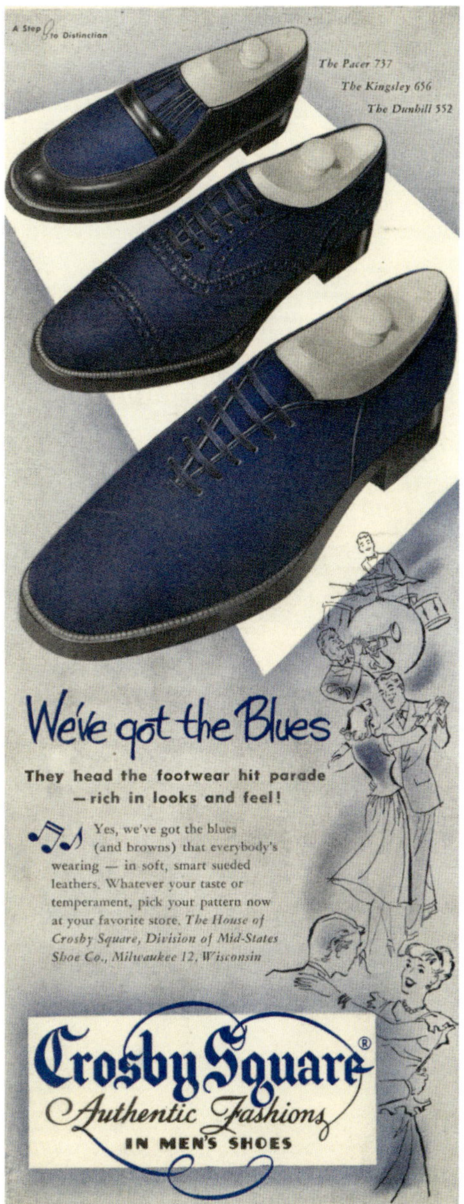

Sie rühren sich nicht und sprechen nicht, vibrieren aber vor lauter Leben und enthalten die unendliche Kraft der Sonne. Sie sind so gut wie der Tag, an dem ich sie fand. Vielleicht hast du von ihnen gehört, den blauen Wildlederschuhen. Sie sind blau, königsblau. Nicht depri-blau, sondern Killer-blau, so wie der Mond blau ist, sie sind kostbar. Versuch bloß nicht, ihren Geist zu ersticken, sei ein Heiliger, halte dich so weit wie irgend möglich von ihnen fern.

★ ★ ★

ES GIBT MEHR SONGS ÜBER SCHUHE als über Hüte, Hosen und Kleider zusammen. Die von Ray Price kehren immer wieder zu ihm zurück, Betty Lou hat ein neues Paar, Chuck Willis wollte seine nicht an den Nagel hängen, Bill Anderson hat sie festgenagelt, und in denen der Drifters war noch Sand. Sugar Pie DeSanto sang über seine Schlappen und Run DMC über ihre Adidas-Sneaker. Es gibt Songs über neue Schuhe, alte Schuhe, schmutzige Schuhe, Laufschuhe, Tanzschuhe, rote Schuhe im Drugstore und the ol' soft-shoe.

Schuhe offenbaren den Charakter, die soziale Stellung und die Persönlichkeit ihres Trägers. Mütter rieten ihren Töchtern, auf die Schuhe zu achten, wenn sie etwas über einen Mann erfahren wollten. In einer Version von *The Prince and the Pauper* wird der Prinz an seinen Schuhen erkannt, die er anders als den Rest seiner Kleidung nicht verändert hatte, weil er nicht auf den Komfort seines ausgezeichneten Schuhwerks verzichten wollte. Und auch Cinderella konnte nur anhand der Passgenauigkeit ihres gläsernen Schuhs identifiziert werden.

Feliks Edmundowitsch Dzierzynski, auch Eiserner Felix genannt, war ein Vertrauter sowohl Lenins wie auch Stalins und Leiter einer frühen Organisation der sowjetischen Geheimpolizei, die als Tscheka bekannt wurde. Während des Roten Terrors, des Beginns des russischen Bürgerkriegs 1918, fragte Lenin ihn, für wie viele Hinrichtungen die Tscheka verantwortlich sei. Dzierzynski schlug vor, die Schuhe der Toten zu zählen und die Zahl durch zwei zu teilen.

Obwohl Schuhe äußerst viel verraten konnten, gaben sie ihre Geheimnisse nicht ohne Weiteres preis. Es ist ein relativ neues Phänomen, dass der Herstellername auf der Kleidung, auch der Fußbekleidung, prangt. Bei Arbeitskleidung dagegen war das häufig der Fall – Levi Strauss zum Beispiel garantierte die Strapazierfähigkeit seiner Jeans mit seinem Namen. Je hochwertiger aber die Kleidung, umso diskreter verriet sie ihre Herkunft. Der Fuß verdeckte den Namenszug auf der Einlegesohle, und der Schuh gab äußerlich weniger preis als ein der Omertà verpflichteter Mafioso.

Klar, in der Fourteenth Street oder einem entsprechenden Billigsupermarkt in einer x-beliebigen Stadt konnte man sich ein Paar nachgemachte Pradas, Bruno Maglis oder Stacy Adams kaufen, aber echte Kenner ließen sich nicht täuschen. Man musste gar keinen Namen sehen, um den Schuh an seiner schlampigen Verarbeitung und der Verwendung von Kunstleder statt Leder zu erkennen. Snoop Dogg fand Kopien nie super und hätte ganz bestimmt keinen Song darüber geschrieben.

Es ist nicht leicht, in jungen Jahren das Geld für den tollsten Wagen im Viertel zusammenzukratzen. Oder das größte Haus. Aber vielleicht reicht es ja gerade so für die schicksten Schuhe. Sie sind etwas, worauf man stolz sein kann. Und sie sind es wert, gepflegt zu werden.

Früher achtete man bei Lederschuhen penibel auf Sauberkeit, ölte sie sorgfältig nach jedem Tragen und polierte sie anschließend mit einem weichen Ledertuch. Es war wichtig, dass sie stets brandneu aussahen.

Der Ursprung extrem jungfräulicher Schuhe lässt sich auf die chinesische Praxis des Füßebindens zurückführen, bei der so lange Druck auf die Füße junger Mädchen ausgeübt wird, bis sie in die winzigen traditionellen Lotusschuhe passen, die höchstens unglaubliche und schreckliche zehn Zentimeter lang waren.

In jüngerer Zeit gab es den White Buck, einen Schuh, der auf seine makellose Oberfläche so stolz ist, dass eine kleine Bürste mitgeliefert wird, mit der etwaige Flecken sofort zu beseitigen sind. Nicht zu vergessen die blauen Wildlederschuhe. Haben Schuhe je freudiger ihre Frivolität verkündet? Hat ein Kleidungsstück je deutlicher gemacht, dass es nicht für die Arbeit auf einer Farm bestimmt ist und man nicht damit durch Schweinescheiße waten sollte?

Der arme Carl Perkins musste 1956 vom Krankenhausbett aus zusehen, wie Elvis Presley seinen Song «Blue Suede Shoes» sang. Zu diesem Zeitpunkt hatte Carl eine halbe Million Platten mit seiner Version verkauft, aber ein Autounfall auf dem Weg zur *Perry Como Show* nahm Carls Karriere den Wind aus den Segeln, und er erholte sich nie richtig davon. Aber vielleicht war er auch nie dazu bestimmt gewesen, der King of Rock 'n' Roll zu werden. Seine Balladen wie «Sure to Fall» waren unglaublich schön, aber eigentlich eher Hillbilly. Zwischen Songs wie «Tennessee», wo Carl sogar so weit ging, damit zu prahlen, dass die erste Atombombe in Tennessee gebaut wurde («they built the first atomic bomb in Tennessee»), und Chuck Berrys «Promised Land» lagen Welten. Für die Rock 'n' Roll-Krone war Carl viel zu sehr Country Boy.

Elvis, der aus der Provinz stammte, aber in der Stadt lebte, verströmte mit seinem düsteren Blick und den markanten Wangenknochen als hüftschwingender Lastwagenfahrer schon eher einen Ruch von Gefahr. Carl hat den Song zwar geschrieben, aber würde Elvis noch leben, dann hätte er und nicht Carl den Deal mit Nike bekommen.

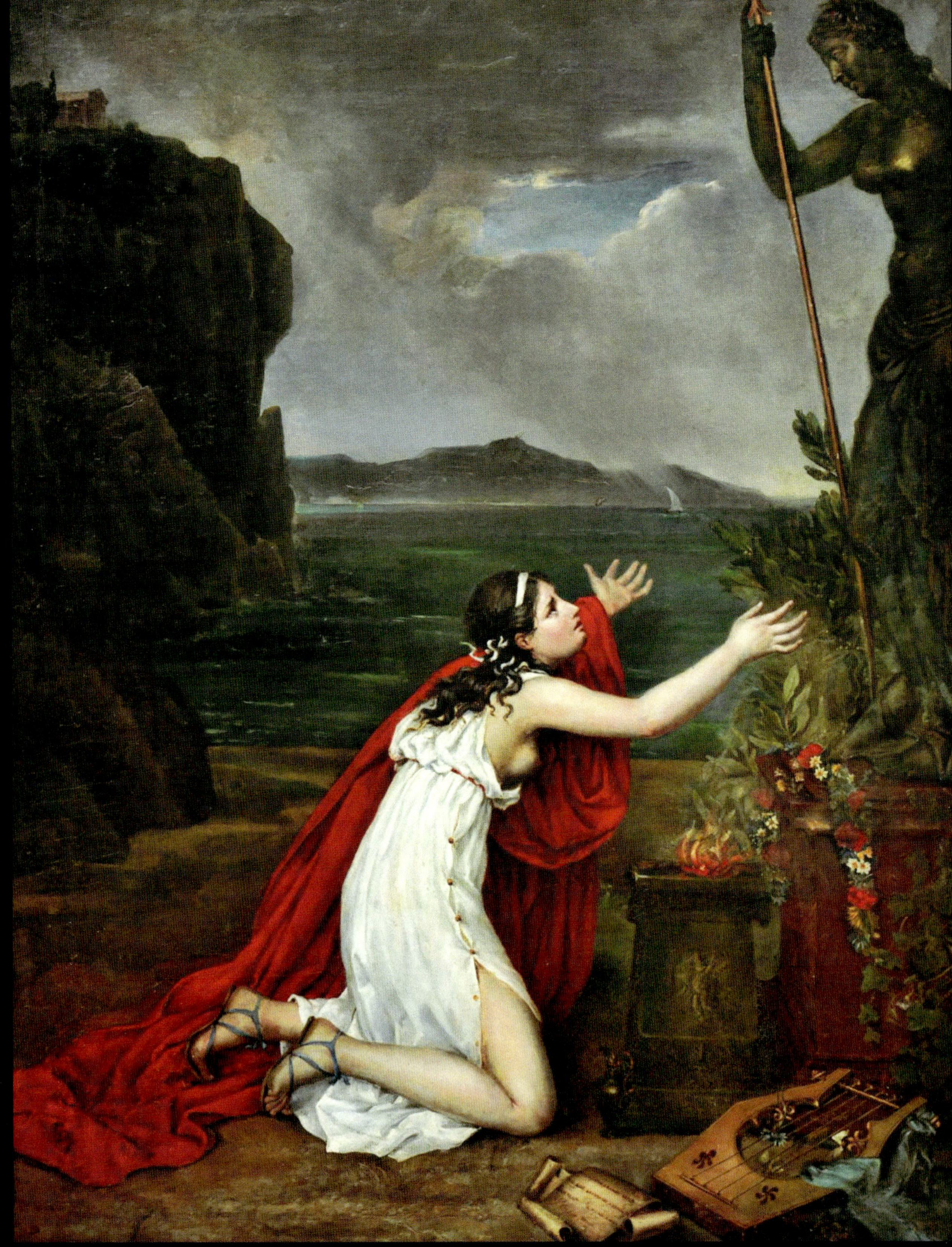

KAPITEL 38

MY PRAYER
THE PLATTERS

Erstveröffentlichung als Single

(Mercury, 1956)

Von Georges Boulanger, Carlos Gomez Barrera und Jimmy Kennedy

★ ★ ★

«MY PRAYER» WAR IN FÜNF VERSCHIEDENEN Jahrzehnten ein Hit und wurde in vierzehn Sprachen aufgenommen. Ursprünglich war es ein Instrumental, komponiert von einem französischen Salongeiger, und trug den Titel «Avant de Mourir», was übersetzt «vor dem Sterben» heißt. Dreizehn Jahre später dachte sich Jimmy Kennedy, ein Amerikaner, einen Text dazu aus und gab dem Song einen neuen Titel, «My Prayer». Sowohl Glenn Miller wie auch die Ink Spots hatten damit Hits.

Auch dieser Song ist einer, der aus einer europäischen Melodie entstand. Der Teil über die Dämmerung fungiert als Intro. Viele Songs, die zu dieser Zeit geschrieben wurden, hatten eingebaute Einleitungen. Wenn man zwei Songs hat und nicht weiß, was man damit machen soll, klatscht man sie einfach zusammen, und das Ergebnis ist dann entweder katastrophal oder aufschlussreich.

Der Text wirkt sehr bedeutungsvoll, weil der Leadsänger der Platters ein so emotionaler Sänger ist. «My Prayer» ist ein melancholischer Rausch. Meist wird dafür gebetet, dass jemand gesund wird oder irgendwas, wofür Leute sonst noch so beten; dass eine geliebte Person wieder auf die Beine kommt oder sich ein Problem in der Familie klärt. Es gibt

1001 Anliegen, für die man beten kann, aber «a rapture in blue», «the world far away» and «your lips close to mine» bringen realistisch betrachtet eher nicht so viel. Garth Brooks hatte einen Song mit dem Titel «Unanswered Prayers», der allem Anschein nach mehr mit dem Beten zu tun hat als dieser.

Bon Jovi hatten einen Song mit dem Titel «Livin' On a Prayer». Außerdem gibt es noch «I Say a Little Prayer», gesungen von Dionne Warwick, aber das sind Popsongs. Der tollste Prayer-Song von allen ist natürlich das Vaterunser, «The Lord's Prayer». Keiner von diesen Songs hier kommt da auch nur annähernd heran.

Tony Williams von den Platters ist einer der großartigsten Sänger aller Zeiten. Alle reden davon, dass Sam Cooke vom Gospel zum Pop kam, aber dieser Mann hier bleibt unübertroffen. Er trug seine Spiritualität in die Pop-Welt. Nicht vorstellbar, dass er splitterfasernackt in einem Motel erschossen wird.

Die Platters brauchen keinen Back-Alley-Blues voller Halbtöne und Doppeldeutigkeiten, sie tragen ihren Soul mit konkurrenzlos cooler Lässigkeit vor, schütteln ihn urban aus dem Handgelenk, verbreiten Hipness wie James Dean Zigarettenqualm und senden von einer Station hoch oben zwischen den Sternen, wo die Dämmerung bereits eingesetzt hat.

★ ★ ★

Hier sind einige andere Popsongs, die auf klassische Melodien zurückgehen:

«All by Myself» auf den zweiten Satz von Sergei Rachmaninows Klavierkonzert Nr. 2 in c-Moll, op. 18.

«American Tune» auf eine Melodie aus einem Choral von J. S. Bachs *Matthäus-Passion*, Teil 1, Nummer 21 und 23, und Teil 2, Nummer 54. Bachs Version war wiederum eine Neubearbeitung von «Mein G'müt ist mir verwirret» von Leo Haßler.

«Can't Help Falling in Love» auf «Plaisir d'Amour» (1784), ein beliebtes Liebeslied von Jean-Paul-Égide Martini.

«A Groovy Kind of Love» auf das Rondo aus der Sonatina in G-Dur, op. 36, Nr. 5 von Muzio Clementis.

«Never Gonna Fall in Love Again» auf den dritten Satz von Sergei Rachmaninows Sinfonie Nr. 2 in e-Moll, op. 27.

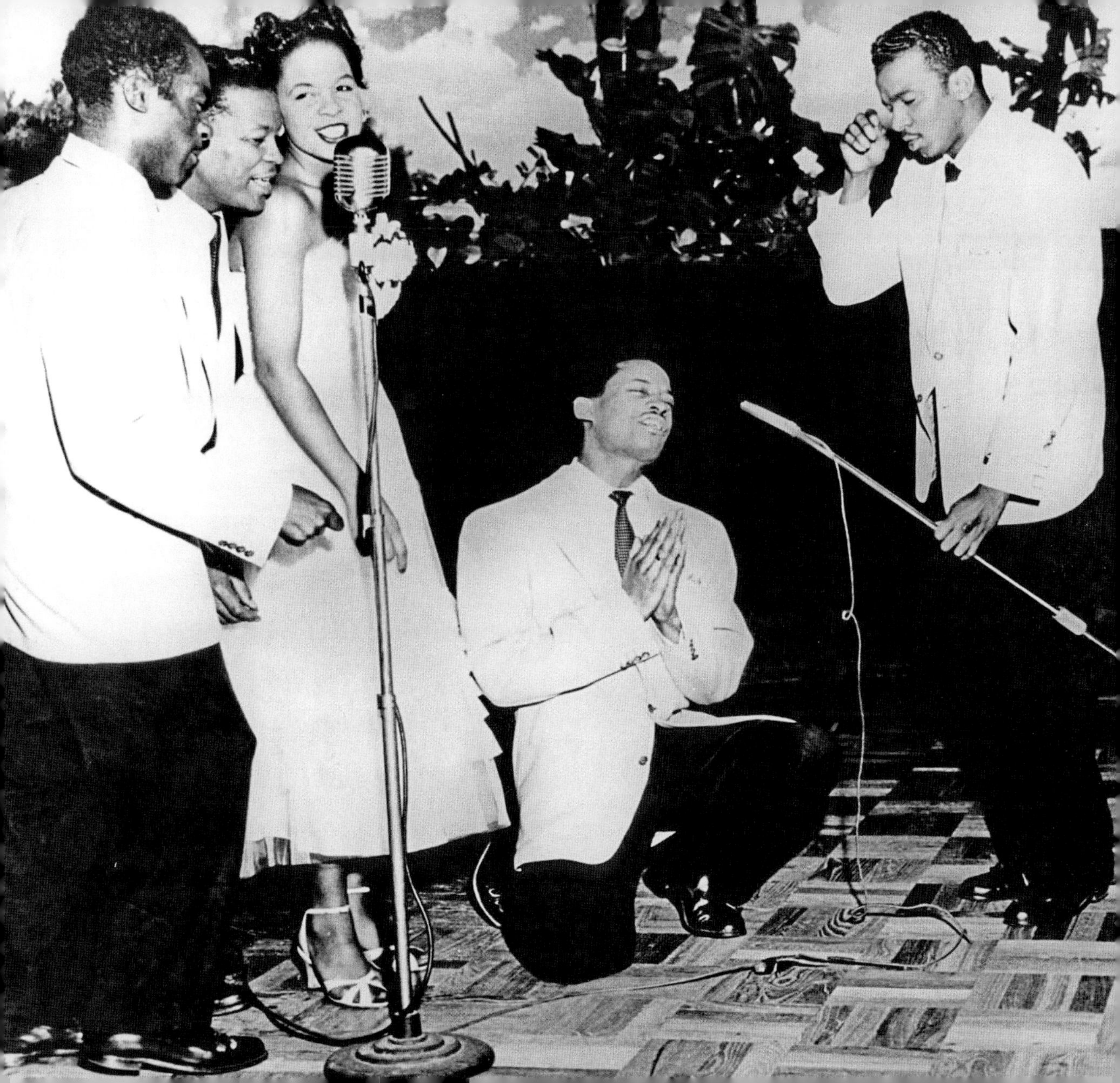

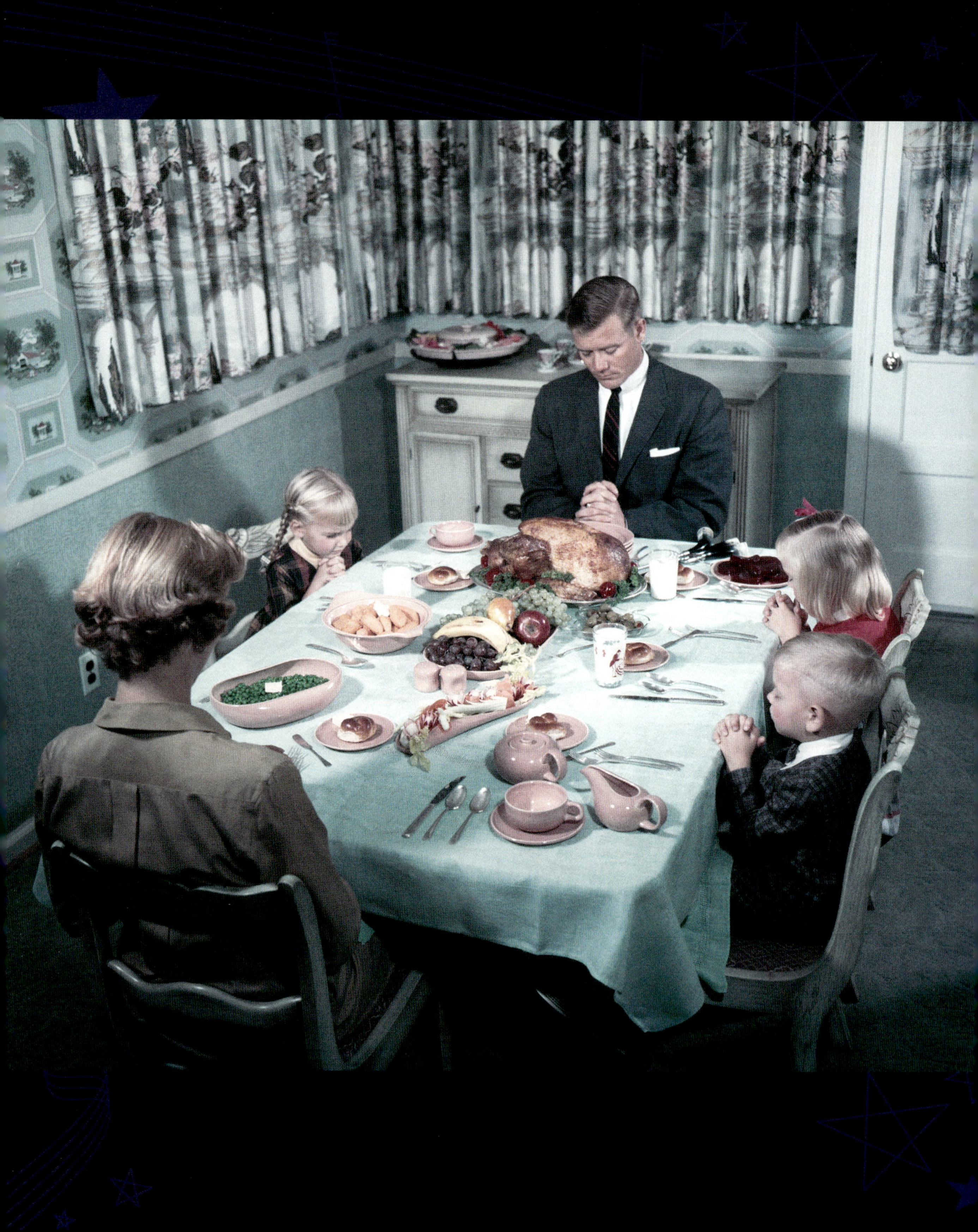

«Stranger in Paradise» auf «Tanz der Polowetzer Mädchen» aus den «Polowetzer Tänzen» in der Oper *Fürst Igor* von Alexander Borodin.

«Catch a Falling Star» auf ein Thema in Johannes Brahms' *Akademische Festouvertüre.*

★ ★ ★

Hier sind ein paar Popsongs mit englischen Texten, die ursprünglich aus dem Ausland kamen:

«Autumn Leaves»: eigentlich ein französischer Song, «Les Feuilles Mortes» («Das tote Laub»), mit Musik des ungarisch-französischen Komponisten Joseph Kosma und einem Text des Dichters Jacques Prévert. Yves Montand und Irène Joachim stellten den Song erstmals in *Les portes de la nuit* (1946) vor.

«Beyond the Sea»: ebenfalls ein französischer Song, «La Mer» («Das Meer») von Charles Trenet. Roland Gerbeau nahm ihn erstmals 1945 auf, Trenet 1946.

«Cherry Pink and Apple Blossom White»: ein französischer Song, «Cerisiers roses et pommiers blancs», mit Musik von Louiguy und einem Text von Jacques Larue. Er wurde erstmals von André Claveau 1950 aufgenommen.

«Feelings»: ein französischer Song, «Pour toi» («For You»), Musik von Louis «Loulou» Gasté und einem Text von Albert Simonin und Marie-Hélène Bourquin. Dario Moreno stellte ihn erstmals in dem Film *Le feu aux Poudres* (1957) vor.

«The Good Life»: ein französischer Song, «La belle vie», mit Musik von Sacha Distel; er kommt in dem Film *Les septs pèchés Capitaux* (1962) vor.

«I Wish You Love»: ein französischer Song, «Que reste-t-il de nos amours?» («Was bleibt von unserer Liebe?»), mit Musik von Léo Chauliac und Charles Trenet sowie einem Text von Charles Trenet. Er wurde erstmals 1943 von Trenet aufgenommen.

«If You Go Away»: ein französischer Song, «Ne me quitte pas», Musik und Text von Jacques Brel. Erstmals aufgenommen 1959 von Brel.

«Let It Be Me»: ein französischer Song, «Je t'appartiens», mit Musik von Gilbert Bécaud und einem Text von Pierre Delanoë. Erstmals aufgenommen wurde er 1955 von Bécaud.

«My Way»: ein französischer Song, «Comme d'habitude» («As Usual»), mit Musik von Claude François und Jacques Revaux und Text von Claude François und

Gilles Thibaut. Erstmals aufgenommen und veröffentlicht wurde er 1967 von François.

«What Now, My Love?»: ein französischer Song, «Et maintenant» («Und jetzt»), mit Musik von Gilbert Bécaud und einem Text von Pierre Delanoë. Er wurde erstmals 1961 von Bécaud aufgenommen.

«Yesterday, When I Was Young»: ein französischer Song, «Hier encore» («Gestern noch»), Musik und Text von Charles Aznavour. Er wurde erstmals 1964 von Aznavour aufgenommen.

«Sukiyaki»: ein japanischer Song, «Ue o muite arukō», mit Musik von Hachidai Nakamura und einem Text von Rokusuke Ei. Er wurde erstmals 1961 von Kyu Sakamoto aufgenommen.

«Answer Me»: ein deutscher Song, «Mütterlein», mit Musik und Text von Gerhard Winkler und Fred Rauch. Erstmals 1952 aufgenommen von Leila Negra und den Wiener Sängerknaben.

«A Day in the Life of a Fool»: ursprünglich ein brasilianischer Song, «Manha de Carnaval» («Morning of Carnival»), mit Musik von Luiz Bonfá und einem Text von Antônio Maria. Der Song wurde erstmals von Bonfá und anderen für den Film *Orfeu Negro* (1959) aufgenommen.

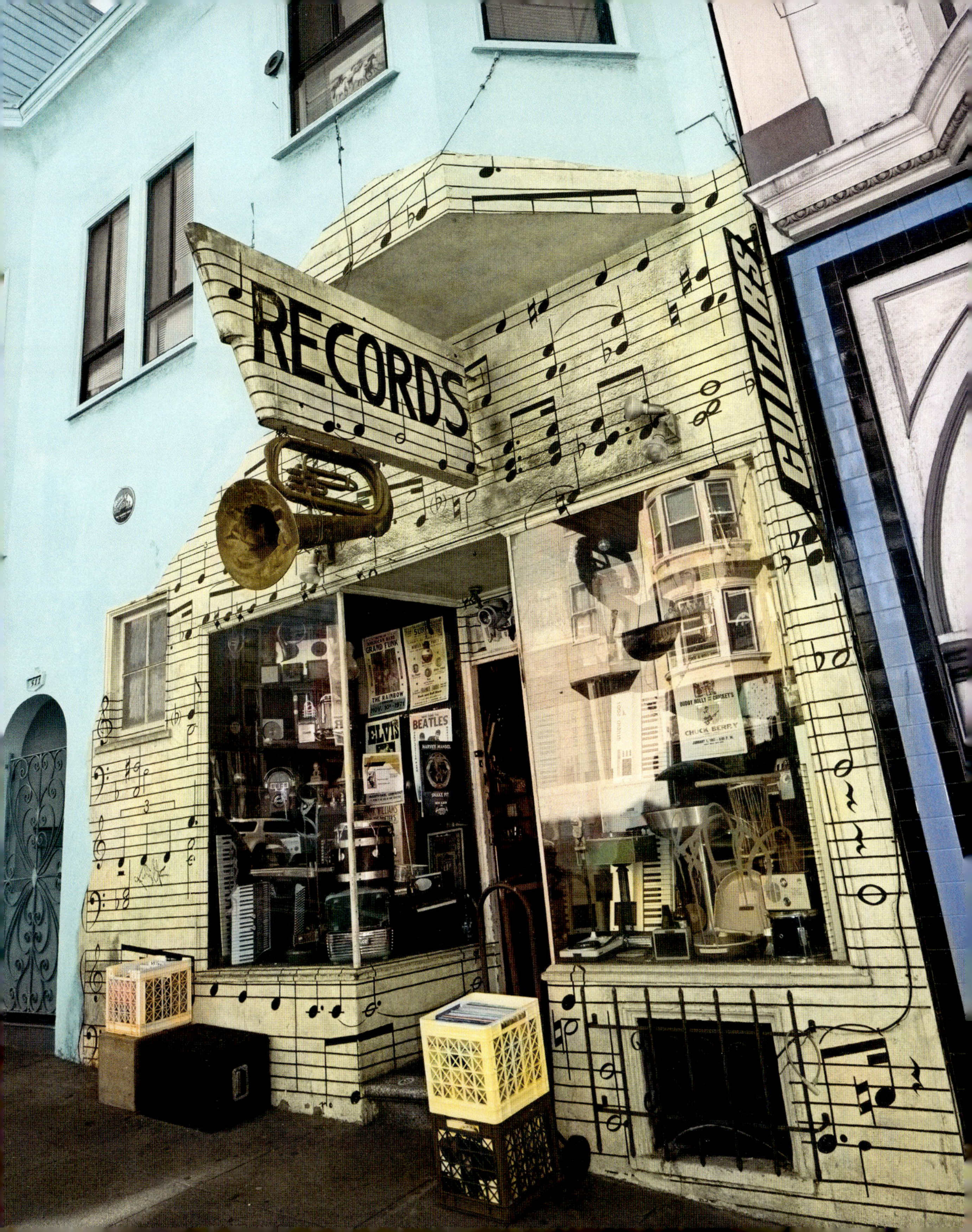
RECORDS
GUITARS
GRAND FUNK
THE RAINBOW
ELVIS
BEATLES
CHUCK BERRY

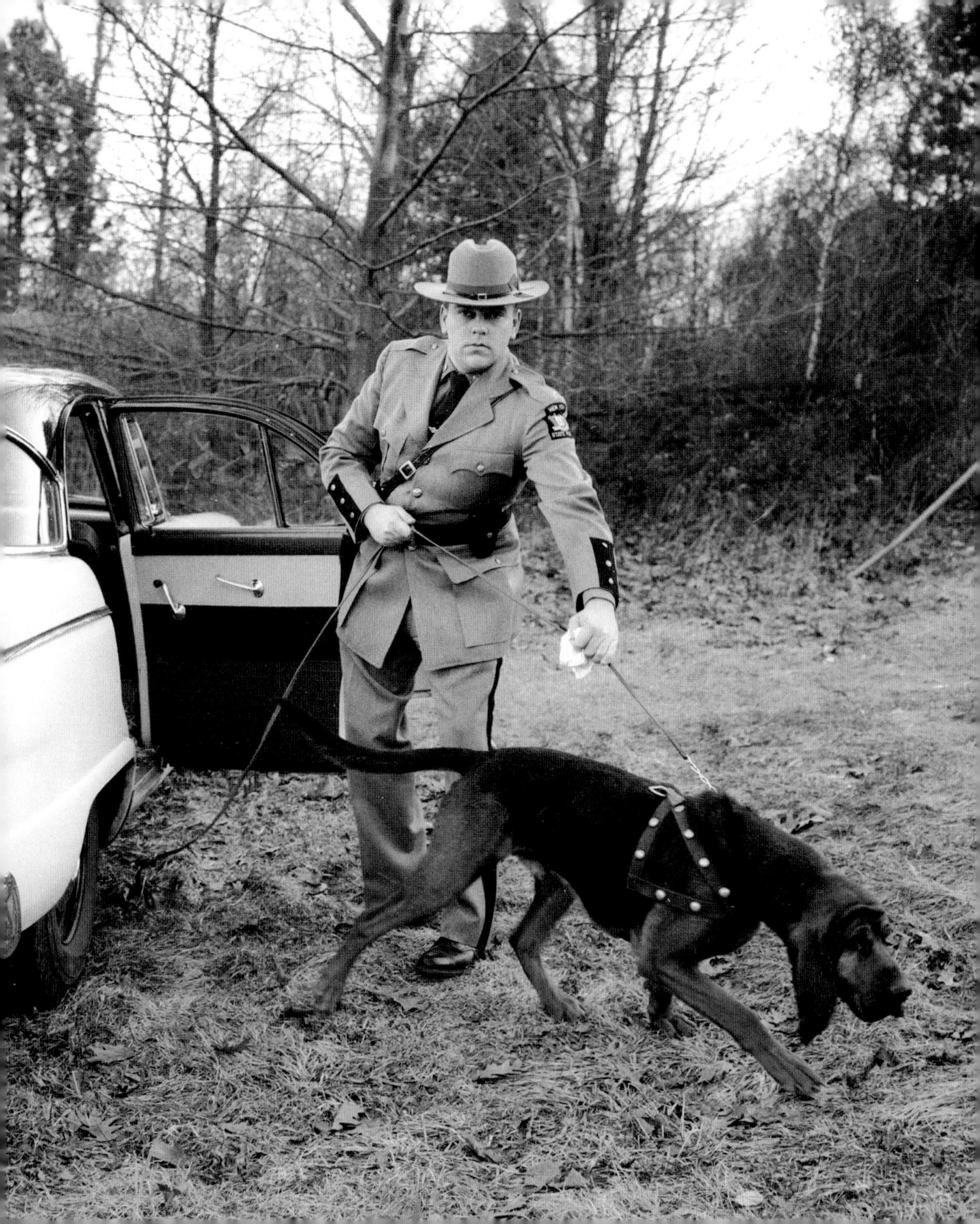

KAPITEL 39

DIRTY LIFE AND TIMES WARREN ZEVON

Erstveröffentlichung auf dem Album *The Wind*

(Artemis, 2003)

Von Warren Zevon

★ ★ ★

DIES IST DER SONG DES VERZWEIFELTEN HALUNKEN, des verdorbenen Lebens – ein Song, der sich selbst und andere kaputtmacht – eine Beichte auf dem Totenbett. Die Zeit der freien Liebe geht zu Ende, ist vorbei. Du hast ein exzessives Leben gelebt, hast dich selbst verhätschelt, warst eigensinnig, hast dich keinen Zwängen unterworfen, jetzt kommt der Kassensturz und du machst Schluss.

Du hast es nicht ertragen, dass dir einer sagt, was du tun sollst, nicht mal dann, wenn es zu deinem eigenen Besten war, du hast Anweisungen nicht ausgehalten, deine eigenen Vorstellungen gehabt. Huren hast du immer gemocht, und krumme Touren waren dir lieber als ehrliche Arbeit und Ansehen, du hast voller Energie gesteckt und konntest ficken wie ein Pferd. Du warst der Weise, der Guru, der Schamane, der in der Toga zur Orgie erscheint. Der Gestrauchelte, der hochtrabend daherredet und alle anschnorrt, ihnen mehr erzählt, als sie wissen wollen. Du warst so schlecht wie es nur geht, ein richtig schlimmer Finger – der eingebildete Herzensbrecher aller Frauen und der gehörnte Stierheld aller Männer, der verrückte Doktor, der den Schwestern die Milch der Weisheit aussaugt. Du bist der Kater mit dem steifen Penis, du pisst reines Gold und bringst Aufregung in langweilige Leben, du hast deine Rechnungen mit ungedeckten Schecks bezahlt, sagst allen, die dir helfen wollen, gehörig die Meinung.

Hast dich mit Nieten und anderen Vollidioten umgeben, sie haben dir geholfen, dich vom Knast fernzuhalten, und so ist das gewesen – aber das ist noch lange nicht alles. Du hast dich von einem Baum zum nächsten gehangelt, dein Brot beidseitig bestrichen, warst ein Radaubruder, deine eigene Frau hat dich abgeschrieben, aber das ist dir gar nicht aufgefallen. Du warst ein paar Häuser weiter, hast dich auf einem Tigerfell um den Verstand gevögelt mit einer, die kaum der Rede wert war, und fröhlich Wasserpfeife geraucht.

Jetzt hältst du Ausschau nach der nächsten, bescheiden im Aussehen, aber mit einem Herzen aus Gold, eine wahre Wucht, aufgeblasen und arrogant. Eine, die dich immer tiefer verstrickt in dein verkommenes Leben. Eine Frau, an der du festhalten kannst, die dir in den Arsch kriecht, und wenn du sie nicht kriegst, dann nimmst du halt eine ihrer Blutsverwandten. Du bist so grob wie es nur geht, lebensmüde und zu Tode gelangweilt. Dein gesamtes Leben war einfach viel zu gut, eine Orgie nach der nächsten, kommt darauf an, wie weit du zurückschauen willst.

Aber jetzt lässt dich dein Körper im Stich – du verlierst an Feuer und Männlichkeit – in dir herrscht Leere. Du feierst einen langen Abschied von der Größe, häufst die Asche deines Lebens in einer Ecke auf. Alles in allem hast du immer noch das Rückgrat und die Dreistigkeit, das Endspiel direkt anzugehen und tapfer weiterzumachen. Sorglos und knallhart, du bist nicht schwermütig oder jammerst herum, du bleibst aufrecht, bist cool, fest entschlossen und stehst noch voll im Saft. Du stemmst ein Leben voller Einschusslöcher, alles auf eine Karte, unerschrocken und furchtlos.

Dieser Song ist von auffallender Schönheit. Ein Teufelskerl von einem Song.

★ ★ ★

EINE GROSSARTIGE PLATTE, aber das ist nicht der Warren, den wir von «Werewolves of London» und anderen Songs wie «Poor Poor Pitiful Me» kennen. Seine Stimme ist hier anders, aber ebenso authentisch. Man höre sich den Harmoniegesang an, er klingt wie in einer Küche aufgenommen. Vollkommen uneinstudiert und so funky wie eh und je. Harmoniegesang wie diesen bekommt man nicht auf vielen Platten zu hören. Eine Wahnsinnsleistung, und das gilt für alle, die mitspielen. Da ist kein einziger schiefer Ton dabei, vom Gitarristen bis zum Bassisten. Hier geht es um den Inhalt, und der wird akkurat rübergebracht.

Das Braggadocio, die Großtuerei und der Stolz des frühen Warren sind hier längst Geschichte. Aber anders als in den meisten Fällen, wenn einer nicht mehr zu bieten hat als das und weg ist vom Fenster, sobald er damit nicht mehr zieht, kann Warren immer noch einiges reißen. Er zeigt uns seine andere Seite, und die ist genauso stark.

Der Angeber, der Sprücheklopfer, der ironische Beobachter und der berauschte Narr sind Rollen, die Zevon in seinen Songs gespielt hat. Und möglicherweise hin und wieder auch im Leben. Aufs Wesentliche reduziert, so wie in diesem Song, schnellt einem die Kunstfertigkeit entgegen wie ein Springteufel aus einem Glas mit Erdnusskrokant.

Autor zu sein ist nichts, wofür man sich entscheidet. Man macht es einfach, und manchmal werden Leute darauf aufmerksam. Warren war bis ganz zum Schluss Autor.

Das Schreiben diente aber nur der Unterstützung seines genialen Klavierspiels. Mit anderen Worten, Warrens Texte und sein Klavierspiel waren Kehrseiten ein und derselben Medaille.

Das ist Ry Cooder, der da spielt, und Ry Cooder ist ein Mann mit einer Mission. Als er dahinterzukommen versuchte, worin die Verbindung zwischen Blind Lemon Jefferson und Blind Alfred Reed bestand, die Stelle, an der Conjunto und Gutbucket Blues aufeinandertreffen und selbst Jake Legs noch Cakewalk tanzen, gab es dafür keine Vorlage.

Ry hat es verkörpert und geatmet, hat von den Meistern gelernt und die Saat seines Wissens von einer Region in die andere getragen. Alle Platten, auf denen er je spielte, sind dadurch besser geworden, und sogar viele, auf denen er es nicht getan hat.

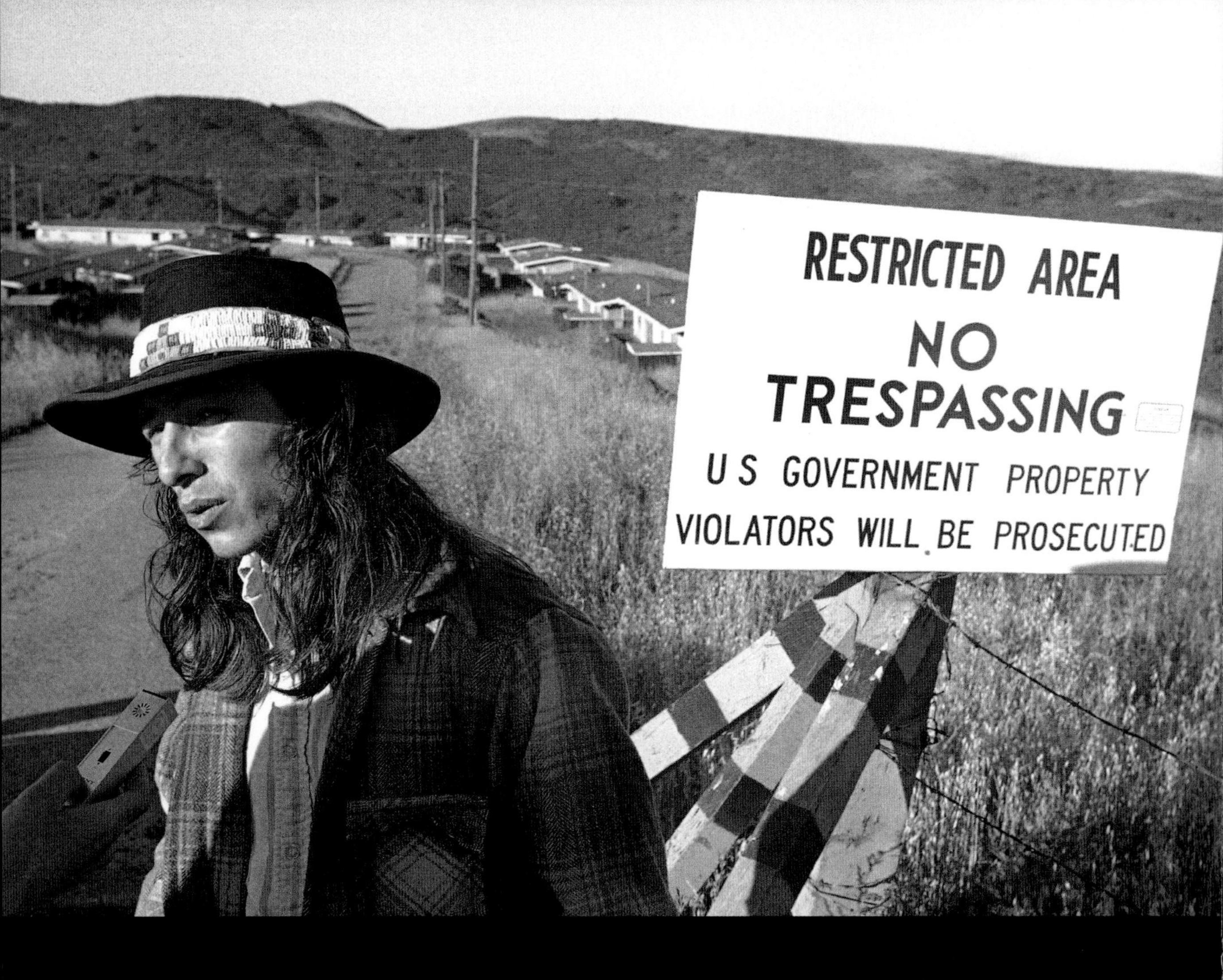
RESTRICTED AREA
NO
TRESPASSING
U S GOVERNMENT PROPERTY
VIOLATORS WILL BE PROSECUTED

KAPITEL 40

DOESN'T HURT ANYMORE JOHN TRUDELL

Erstveröffentlichung auf dem Album *Bone Days*

(Daemon, 2001)

Von John Trudell

★ ★ ★

DIES IST DER SONG DES LEIDENDEN, er dringt zum Kern der Sache durch.

Dein Verlangen und deine Fantasie lassen nach, und je länger deine Lebenslinie ist, umso geringer die Garantie, dass das eine oder andere ausreicht. Du hinterfragst alles an dir, aber du weißt nicht, was du hinterfragst – schwör ab von deinen Gedanken und verzichte darauf, verzichte auf die Gedanken, die in eine dicke Nebelwolke krachen – dick wie eine Mauer aus Stein, sie zersplittert in Millionen Teile und verschwindet – mächtige Gedanken explodieren wie bei einem Urknall.

In diesem Song gibt es eine Million Möglichkeiten, wahnsinnig zu werden, und sie sind dir alle vertraut, du sprichst nur nicht darüber, und selbst wenn, wären deine Worte nur schwer zu verstehen. Du versuchst Erinnerungen an Freundschaft aufzurufen, aber sie lassen sich nicht auffinden – du suchst in Räumen, in denen sich aufgegebene Ambitionen stapeln. Leere Räume, Räume, in denen die genialsten Köpfe, die du je kanntest, zerschnitten und neu zusammengesetzt wurden. Und du hast kein freundliches Wort für niemanden, der dich anspricht, und dein Gefühl für die eigene Existenz wurde gekappt. Alles ist plötzlich zu Ende, du hältst dich an Geistern fest, läufst Schatten hinterher – du bist das

Opfer destruktiver Energien. Hast der Zeit Blitze und Felsbrocken entgegengeschleudert, aber die Zeit ist geblieben. Deinem Herzen wurde übel mitgespielt, es ist beschädigt und funktioniert nicht mehr, aber es verspritzt kein Blut, deshalb erkennst du den Schmerz nicht, schließt dich ihm nicht mal an. Es muss jemanden geben, der bereit ist zuzuhören.

Wo willst du hin? Wie identifizierst du dich mit einer Welt, die dich abgeschoben hat, einer Welt, die dir ohne zu fragen alles genommen hat, einer Welt, die schläft, sich niedergelegt hat und tief im Schlummerland eine lange endlose Siesta hält? Du begibst dich in das sagenumwobene Land der Wiedergeburt, starrst in den Spiegel des nächtlichen Himmels und sprichst mit deinen Ahnen. Sie sind hellwach.

★ ★ ★

MAN KANN DEN FLUSS RAUF ODER RUNTER FAHREN. Aber man braucht einen Orientierungspunkt am Ufer – einen Baum oder einen Felsen –, um zu wissen, ob man sich überhaupt bewegt. Piraten segeln über das offene Meer und haben dabei das Gefühl stillzustehen. Jeder beurteilt die Geschichte vom eigenen Standpunkt aus. Nur so wird sie verständlich. Andernfalls ist sie zu heftig. Deshalb stellen Menschen ständig Verbindungen zum Vorangegangenen her. Sie sagen, wer die Vergangenheit nicht kennt, ist dazu verdammt, sie zu wiederholen, aber wer sie ständig mit Fußnoten versieht, ist genauso dazu verdammt, sie zu wiederholen.

Imitieren und Inspirieren sind zwei verschiedene Dinge. Und dann gibt's auch noch etwas ganz anderes. Einen wie John Trudell.

Seine Geschichte ist brutal. John wurde Anfang der vierziger Jahre als Santee Dakota in Nebraska geboren. Das Gebiet der Santee Dakota reichte von den weiten Ebenen Minnesotas bis nach Montana. Schließlich trieb die Regierung alle auf einem winzigen Streifen Land irgendwo in Nebraska zusammen, und dort ist John aufgewachsen. Er wurde im Reservat groß, besuchte die staatliche Schule, dann ging er zur Navy. Als er wieder rauskam, stellte er fest, dass sämtliche Verträge zwischen Weißen und Indianern gebrochen worden waren, und er besaß das Wissen, das Einfühlungsvermögen und den Mut, etwas dagegen zu unternehmen.

Er ließ sich für den Rundfunk ausbilden und machte sich dies schon früh bei seinen Spoken-word-Auftritten zunutze. Er führte die United Indians of All Tribes an, die 1969 Alcatraz besetzten und einen Radiosender auf der Frequenz von KPFA einrichteten.

Während alldem heiratete er und bekam drei Töchter, dann wurde seine Frau wieder schwanger. Er setzte sich immer aktiver für die Belange der Indianer ein, doch wegen des Vietnamkriegs und der Bürgerrechtsdemonstrationen fielen die Proteste der Native Americans kaum auf.

Der Umgang mit den Indianern war als Thema in Amerika lange vergessen, besonders auf den Titelseiten. Durch die Unruhen der Schwarzen und die Wut auf den Straßen übersah man häufig die Lebensumstände der amerikanischen Ureinwohner. Dabei gehört das, was ihnen angetan wurde, zu den schrecklichsten Verbrechen überhaupt. In Mankato,

Minnesota, erinnert eine Tafel auf dem Marktplatz daran, dass in den siebziger Jahren des 19. Jahrhunderts vierzig Santee Dakota dort gehängt wurden.

Ende der siebziger Jahre führte John eine Demonstration verschiedener Stammesvölker in Washington auf den Stufen des Kapitols an. Am Tag darauf fielen Brandbomben auf seinen Trailer in Nevada im Duck Valley-Reservat, jemand hatte die Tür von außen mit einem Vorhängeschloss verriegelt. Johns schwangere Frau und seine drei Kinder sowie seine Schwiegermutter verbrannten bei lebendigem Leib. Die Brandstifter wurden nie gefasst. Man bekommt eine ungefähre Vorstellung davon, was im Herzen und der Seele vieler Songs steckte, die John später schrieb.

Das Leben geht weiter, auch wenn die Schlagzeilen verstummen. John lebte bis ins neue Jahrhundert und schrieb Gedichte. Er spricht Gedichte zu Musik – immer Musik von einer echten Band mit echten Instrumenten. Egal, welche Platte er aufnahm, seine Band konnte alles, von Rock 'n' Roll bis hin zu stimmungsvollen Melodien zur Untermalung seiner Worte – alles, was dem Ton seiner Stimme und seinen Gedichten diente. Durch ihn verschaffte sich ein uralter Geist Gehör, und man kann ihn verstehen. In all ihrer Schlichtheit transportierten seine Worte die Zuversicht einer uralten Weisheit.

Er ist kein Rapper. Eher ein antiker griechischer Dichter; man weiß genau, was er sagt und zu wem er es sagt. John stand derselben Regierung gegenüber wie Sitting Bull – einer Regierung, die ihn mit Schusswaffen oder Krankheiten umbringen wollte. Die ihn für immer loswerden und ihm sein Land wegnehmen wollte. Er war einzigartig, und jetzt, wo es ihn nicht mehr gibt, ist er sogar noch einzigartiger. Kommerziell erfolgreich war er nie.

John war nicht Mainstream. Er hat nicht über populäre Themen wie Drogendealerei, Zuhälterei oder Materialismus gesprochen und diese Dinge verherrlicht. Johns Musik kann erhebend wirken und tut es meistens auch. Vielleicht ist für so etwas kein Platz. John Trudell war kein Indianer, der sich Federn auf den Kopf setzte und als Attraktion von Buffalo Bill's Wild West Show auftrat. Er war kein aus Holz geschnitzter Indianer vor einem Tabakladen und hätte sich auch nicht mit «Kaw-Liga» identifizieren können. Leute, die sich ununterbrochen über Bürgerrechte, Frauenrechte, Schwulenrechte, Tierrechte und so weiter und so fort auslassen, sollten sich einmal ansehen, was Amerika mit den Menschen gemacht hat, die hier von Anfang an waren.

Nehmt euch einen Augenblick Zeit – lest ein bisschen über das hinaus, was hier über John Trudell steht. Er hat es verdient. Und danach hört euch seine Musik an. Das Album *AKA Grafitti Man* wäre ein guter Anfang, ein einfacher direkter Auftritt, bei dem John sich von Jesse Ed Davis, seinem Soul Brother aus Oklahoma, begleiten lässt.

Steigt man tiefer in sein Werk ein, macht man mit dem Album *Bones* und einem Song mit dem Titel «Doesn't Hurt Anymore» nichts falsch. Der Abstand zwischen diesem Song und «I Don't Hurt Anymore» von Hank Snow ist riesengroß. Der eine ist eine kitschige Abhandlung über trocknende Tränen, der andere zerreißt dir das Herz.

Leid und Leid allein ist in einem sehr realen Sinne das Einzige, was uns wahrhaftig verbindet. Wir alle kennen Trauer, egal, ob reich oder arm. Es geht nicht um Reichtum oder Privilegien – es geht um Herz und Seele, und es gibt Menschen, denen beides fehlt.

Sie haben keine Orientierungspunkte am Flussufer, die ihnen verraten, wie schnell sie vorankommen oder wohin sie fahren. Und das Traurigste ist, sie werden niemals dazu in der Lage sein, John Trudell zu hören.

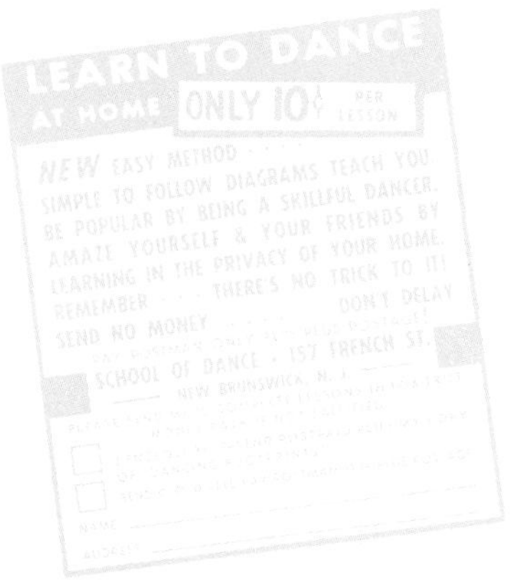

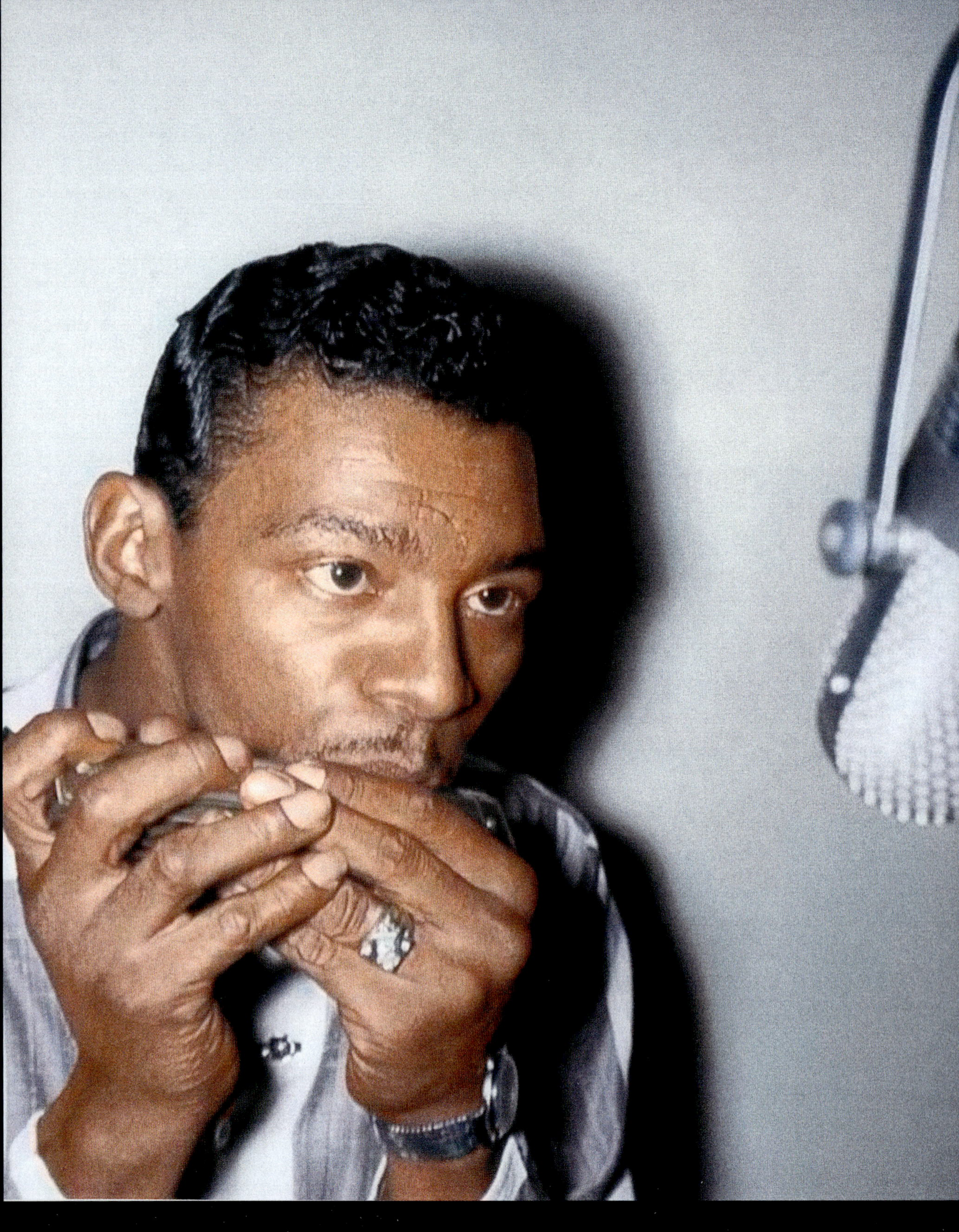

KAPITEL 41

KEY TO THE HIGHWAY LITTLE WALTER

Erstveröffentlichung als Single

(Checker, 1958)

Von Big Bill Broonzy und Charles Segar

★ ★ ★

ES IST SCHON PARADOX, DASS EINEM so viele Honoratioren die Schlüssel der Stadt übergeben. Damit wollen sie zeigen, dass einem jederzeit alles in der Stadt zur Begutachtung freisteht. Ich habe jede Menge Schlüssel für verschiedene Städte bekommen, wollte aber bisher eigentlich nie irgendetwas dort begutachten. Sieben Schlüssel aus sieben Häusern in sieben Städten können angeblich Impotenz heilen. Ein neuer Schlüssel ist besser als ein alter. Knallt man einem Werwolf einen Schlüssel an die Stirn, verwandelt er sich in seine menschliche Gestalt zurück. Wird man gefeuert, muss man seinen Schlüssel zurückgeben. Manche Leute behaupten, wenn man den letzten Nagel aus einem Sarg entfernt, kann man ihn als Schlüssel verwenden und damit alles aufschließen, was man aufschließen möchte.

Little Walter ist ein ausgezeichneter Gitarrist und nach Meinung vieler der beste Sänger bei Chess Records. Er ist unglaublich flexibel, absolut glaubwürdig auf Pop-Blues-Tracks mit Teenie-Themen wie «Too Late», «One More Chance With You» und «I Got to Find My Baby» (mit der unvergessenen Zeile «I'm gonna walk the floor baby till my moustache drag the ground»). Aber bei dem Song «Last Night» liefert er vielleicht auch

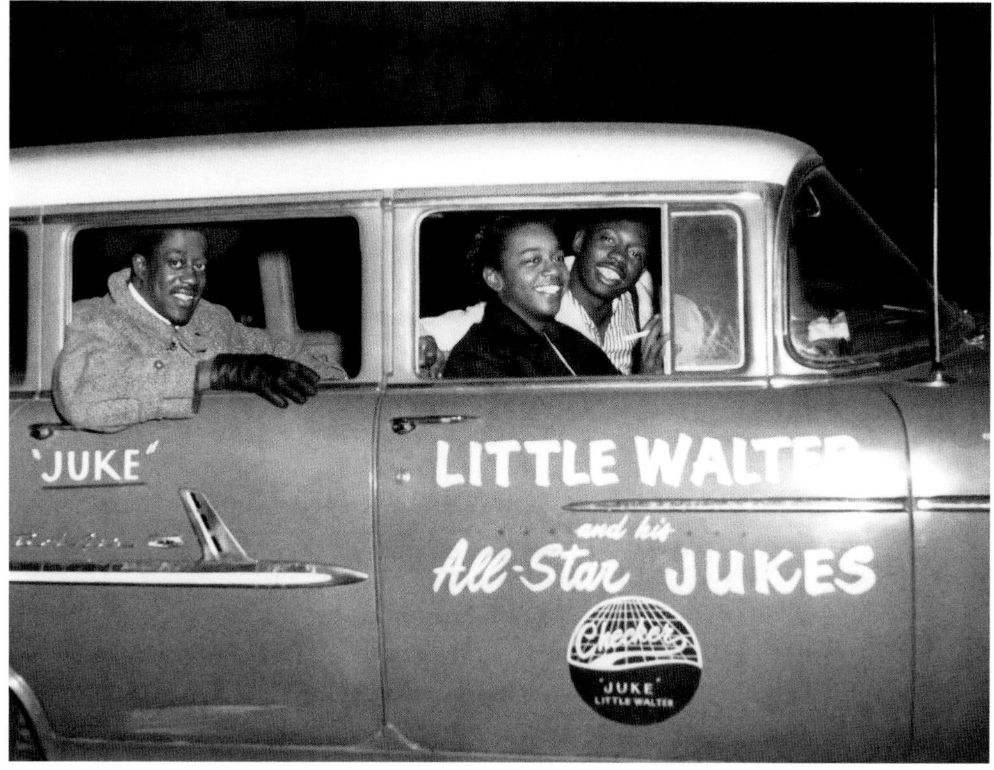

den Gesang in der tiefsten Tonlage des gesamten Chess-Katalogs ab. Schnörkellos und frei von Übertreibungen – kontrolliert, nuanciert und aufrichtig; ein nahtloses Geflecht aus Mundharmonika und Stimme. Little Walter singt stets unangestrengt, er bleibt immer cool und hält sich eher zurück. Seine Platten wirken besänftigend und elegant.

Außerdem ist er bekannt als der Erfinder der Electric Blues Harmonica, er ist deren Meister und treibende Kraft. Diese Platte bestätigt das und noch viel mehr.

Little Walter konnte die Ideen anderer nehmen und in seine eigenen verwandeln. «My Babe» ist ein gutes Beispiel dafür. «My Babe» gab es schon ewig als Gospelsong mit dem Titel «This Train». Walter hat den Text verändert und einen Klassiker daraus gemacht.

«Key to the Highway» ist die aktualisierte Fassung eines Songs von Big Bill Broonzy. Er ist die Blaupause für das, was Walter damit macht. Der Schlüssel zum Highway ist der

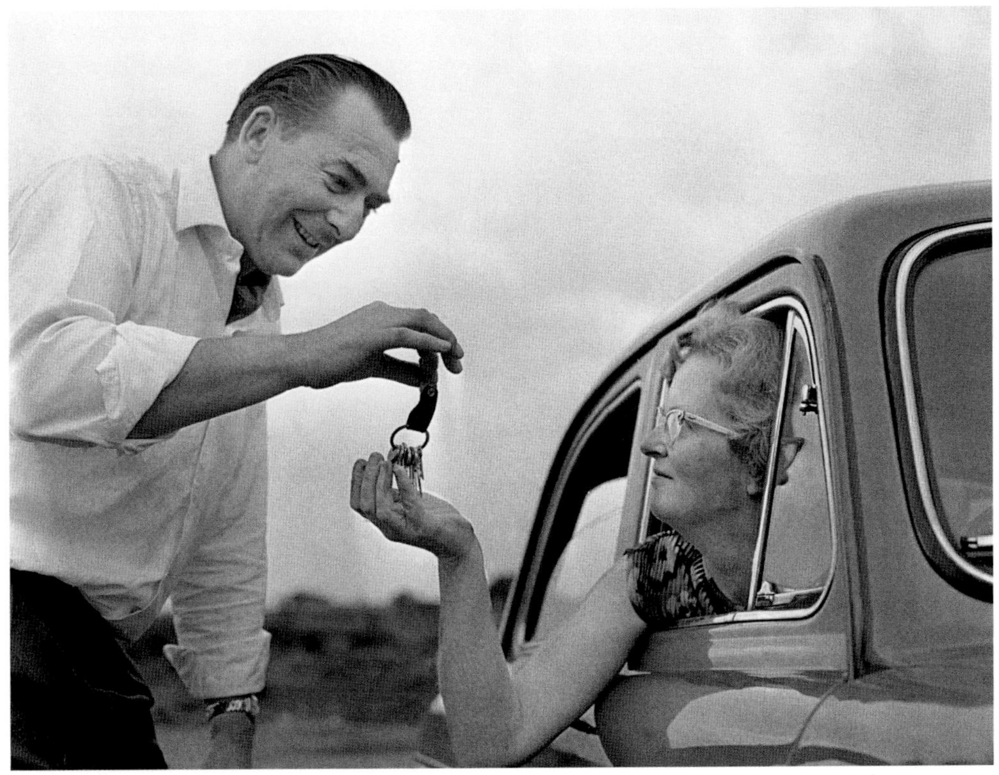

Schlüssel zum Kosmos, und der Song bewegt sich innerhalb und außerhalb dieser Gefilde. Der Schlüssel ist der Schlüssel, der einen aus der Stadt herausbringt. Die Stadt wird im Rückspiegel immer kleiner, eine Stadt in deiner Erinnerung, in die du nie wieder zurückkehren willst. Wenn Walter singt, «I'm going back to the border where I'm better known», dann meint er das auch so. Er hat genug von der Michigan Avenue, dem Lakeshore Drive und dem Sears Tower.

Little Walter hielt sich nicht für einen Back Door Man und stand auch nicht auf Neunzehnjährige. Von allen Künstlern auf Chess war er vielleicht der Einzige mit echter Substanz. Er konnte jeden großartig klingen lassen. Alt zu werden war ihm nie vorherbestimmt.

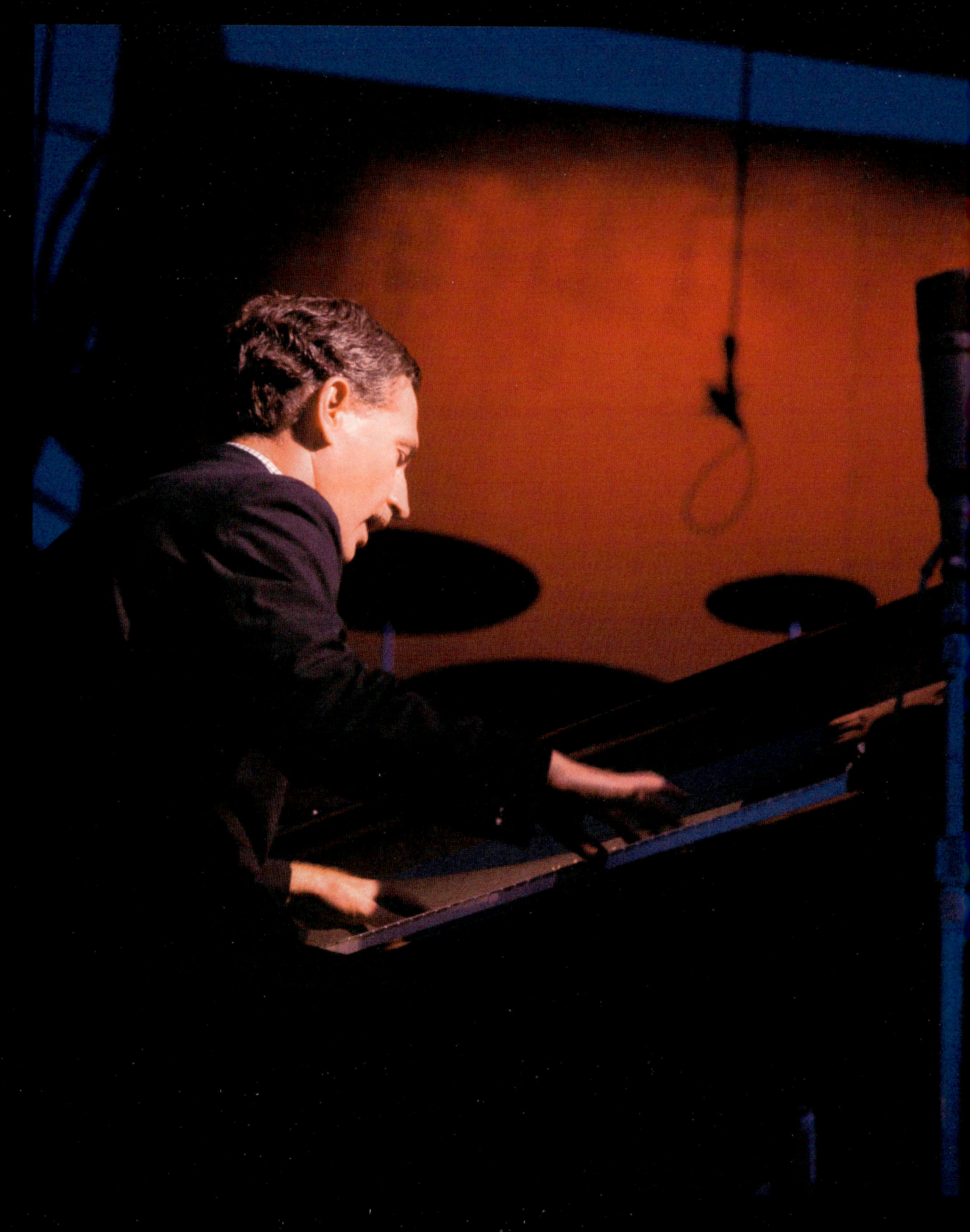

KAPITEL 42

EVERYBODY CRYIN' MERCY
MOSE ALLISON

Erstveröffentlichung auf dem Album *I've Been Doin' Some Thinkin'* (Atlantic, 1968)

Von Mose Allison

★ ★ ★

IN DIESEM SONG STECKST DU FEST, drehst dich immer wieder im Kreis, immer wieder ganz herum – dein Kopf ist leer, du hast keine Ahnung, wohin du gehst, du stolperst durch die Dunkelheit. Du bist sternhagelvoll, schlägst und haust auf Sachen ein, zugeknöpft und haltlos, nonstop in einem fort, und alle tätscheln dir den Hintern.

Du sitzt in der schaurigen Achterbahn drüben im Vergnügungspark. Fährst Riesenrad per Anhalter, gewinnst Kewpie-Puppen am Schießstand, während die ganze Menschheit um Gnade winselt – alle *Races*, Konfessionen und Hautfarben – reich und arm, von überall her, durch die gesamte Schöpfung.

Das Komische ist, du stehst alldem gleichgültig gegenüber, betrachtest es spöttisch, machst keine Zugeständnisse, egal was du hörst. Du bist diplomatisch, bittest nicht um Gefälligkeiten, nimmst Menschen beim Wort und willst genauso behandelt werden. Selbst wenn du es vermasselst, bist du keiner von diesen elenden Halunken, die im Dreck knien und um Erbarmen flehen. Du bist keine Heulsuse. Hast ja nicht mal eine Ahnung, was das Wort überhaupt bedeutet. Was auch passiert, es passiert, also lasst uns einfach weitermachen.

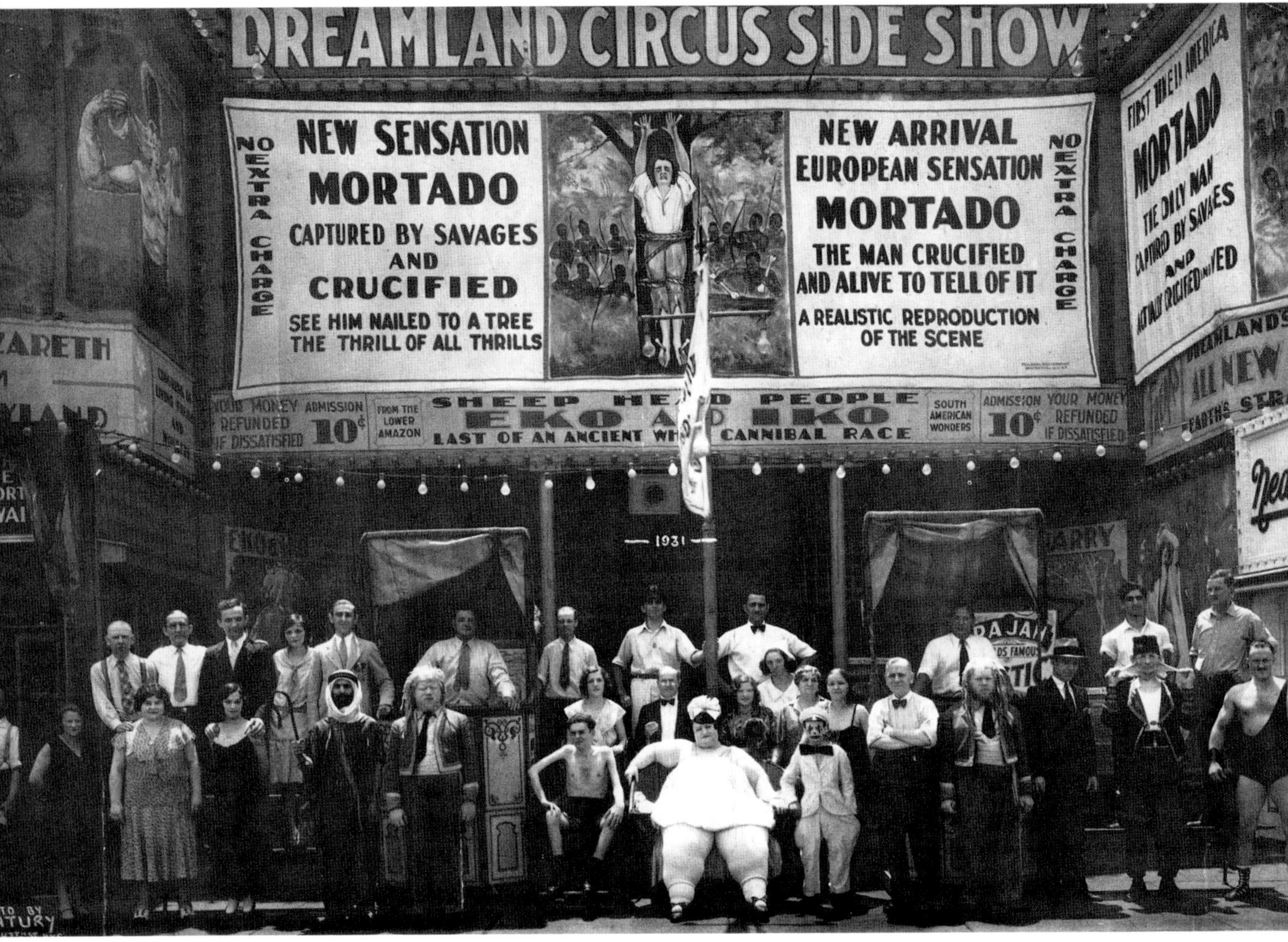

Der Song handelt von Verlogenheit. Zuschlagen und sich aus dem Staub machen, Abschlachten und Auslöschen, den Hauptgewinn einheimsen und als Erster durchs Ziel gehen. Danach heißt es großherzig sein, das Kriegsbeil begraben, bedauern, küssen und vertragen. Es geht um Hetze. Du hast hehre Prinzipien, bist ritterlich und Mr. Anständig, Mr. Don Juan, aber mir kannst du nichts vormachen. Du bist der Schwindler, der Hochstapler, der doppelzüngige Betrüger – der Spitzel, der Verleumder – der Herumtreiber und der Verräter – der Menschenhändler und Autodieb. Such es dir aus, sei wählerisch und ehrlich dabei. Du bist Hardliner bei Fair Play und ehrlichen Geschäften, Hauptsache du hast deine Eisen im Feuer und selbst genug an der Backe. Sensationsmache, Chaos und Konfusion, du bist überall dabei.

Komischerweise findest du das Nichvorhandensein von Gerechtigkeit aber unerträglich, und die fehlende Gnade umso mehr. Das unterscheidet dich von anderen, und du fragst dich, ob das auf dieser Welt überhaupt möglich ist. Unvoreingenommene Gerechtigkeit, die Milch der frommen Denkungsart, das göttliche Licht der Gnade, einer Gnade, die einen Neubeginn verheißt. Du preist sie gern und hebst sie in den Himmel, huldigst ihr beinahe, aber solange du angestellt bist, hat sie keinen Platz in deinem Leben. Egal, welcher Arbeit du nachgehst, welchen Scheißjob du versiehst oder worin deine alltägliche Aufgabe besteht, du hast es nie so gut gehabt, also überlassen wir die Gerechtigkeit und die Gnade lieber den Göttern im Himmel. Gehen lieber ins Kino, wir sind lieber Kinogänger, sitzen in der Oper – irgendeiner bescheuerten Schmierenkomödie, einer albernen, schwachsinnigen Bühnenshow, oder noch besser, wir starren einfach einen Riss in der Wand an. Denken über Güte und Wohltaten nach, darüber, Menschen eine zweite Chance zu geben.

Dieser Song sagt, kommt, lasst uns gerecht und ehrenwert sein, soweit dies unseren naturgegebenen Fähigkeiten entspricht.

Lasst uns keine leeren Gesten machen oder von Menschen erwarten, dass sie von uns ablassen, lasst uns nicht damit rechnen, begnadigt zu werden oder dass man uns verzeiht. Für Dummköpfe kann Gnade zur Falle werden.

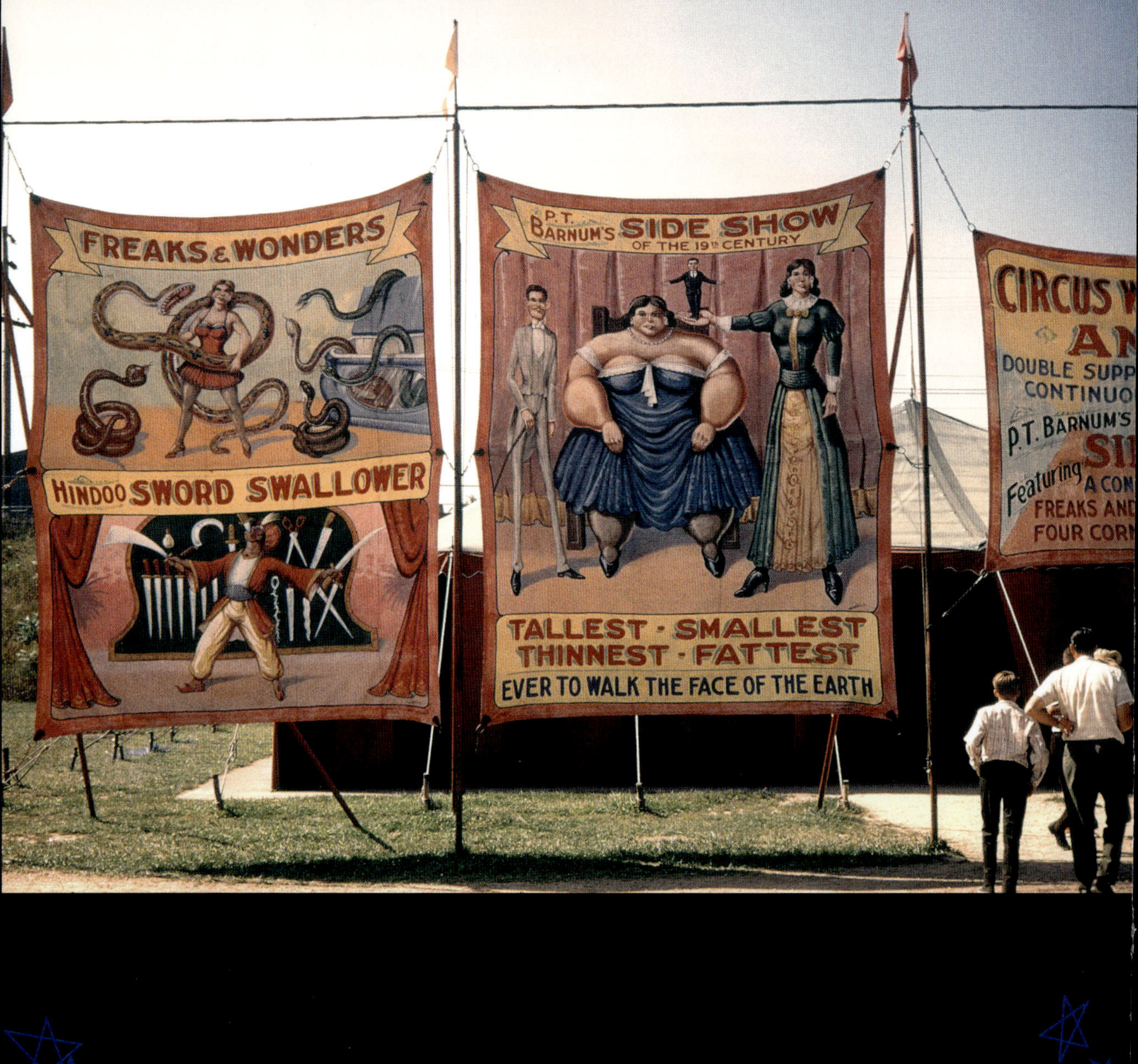
FREAKS & WONDERS
HINDOO SWORD SWALLOWER
P.T. BARNUM'S SIDE SHOW
OF THE 19TH CENTURY
TALLEST - SMALLEST
THINNEST - FATTEST
EVER TO WALK THE FACE OF THE EARTH
DOUBLE
P.T. BARNUM'S
Featuring
FREAKS AND
FOUR

★ ★ ★

EINE EINDRINGLICHE UND ERNSTE AUSEINANDERSETZUNG

mit der Verlogenheit der realen Welt durch den großen Southern Gentleman, den Blues/Jazz-Giganten Mose Allison. Als würde er durch die Ritzen eines Zauns spähen und die Welt so sehen, wie sie ist. «Have Mercy Baby», «Mercy Mercy Me» und «Sisters of Mercy». Das Wort «mercy» geht auf dieselben lateinischen Wurzeln zurück wie «merkantil». Nicht ganz einfach, den Zusammenhang nachzuvollziehen, aber Mose tut es. Deshalb lässt er auch den Satz «just as long as it's business first» einfließen. Haben Sie Erbarmen, sagt man zum Richter. Gnade vor Recht. Give a cheer and get your souvenir. Das Leben ist ein Nebenschauplatz.

Mose singt den Song in seinem gewohnten Stil. Lässig, fast schläfrig. Als wollte er nicht zu viel Energie aufwenden. Es ist zu heiß und schwül. Er singt träge, verschleiert die wichtige Absicht. Gnade ist ein Wort, das aus der gewöhnlichen Sprache fast verschwunden ist. Echte Kerle kennen keine Gnade. Es ist ein Song, der über einen Sozialkommentar hinausgeht, zur menschlichen Natur gehört auch, dass wir's eigentlich nicht so genau wissen wollen. Man muss keine Off-Broadway-Aufführungen besuchen, um etwas schlichtweg Absurdes zu sehen, man muss nur mit offenen Augen die Straße runtergehen. Ja, allerdings. In dem Song sind viele Jazzakkorde – übermäßige Terzen und Quinten, jede Menge Übergangsakkorde, auf die Mose nicht verzichten will. Hört euch an, wie Mose seine Vokale singt, dann versteht ihr, wie das alles zusammenhängt.

Dieser Song könnte ohne Weiteres das Skelett des Ungeheuers sein, das «Ball of Confusion» ist. Beide Songs sind beißende Betrachtungen über den Zustand der Welt – sowohl als sie geschrieben wurden wie leider auch jetzt. Doch wo die Tempts mitten im Gewühl wild mit Worten um sich warfen, steht Mose ratlos abseits und verliert nur wenige äußerst sorgfältig gewählte Worte. Er hat sich mit unserer törichten Unzulänglichkeit abgefunden, will sie aber auch nicht unkommentiert lassen.

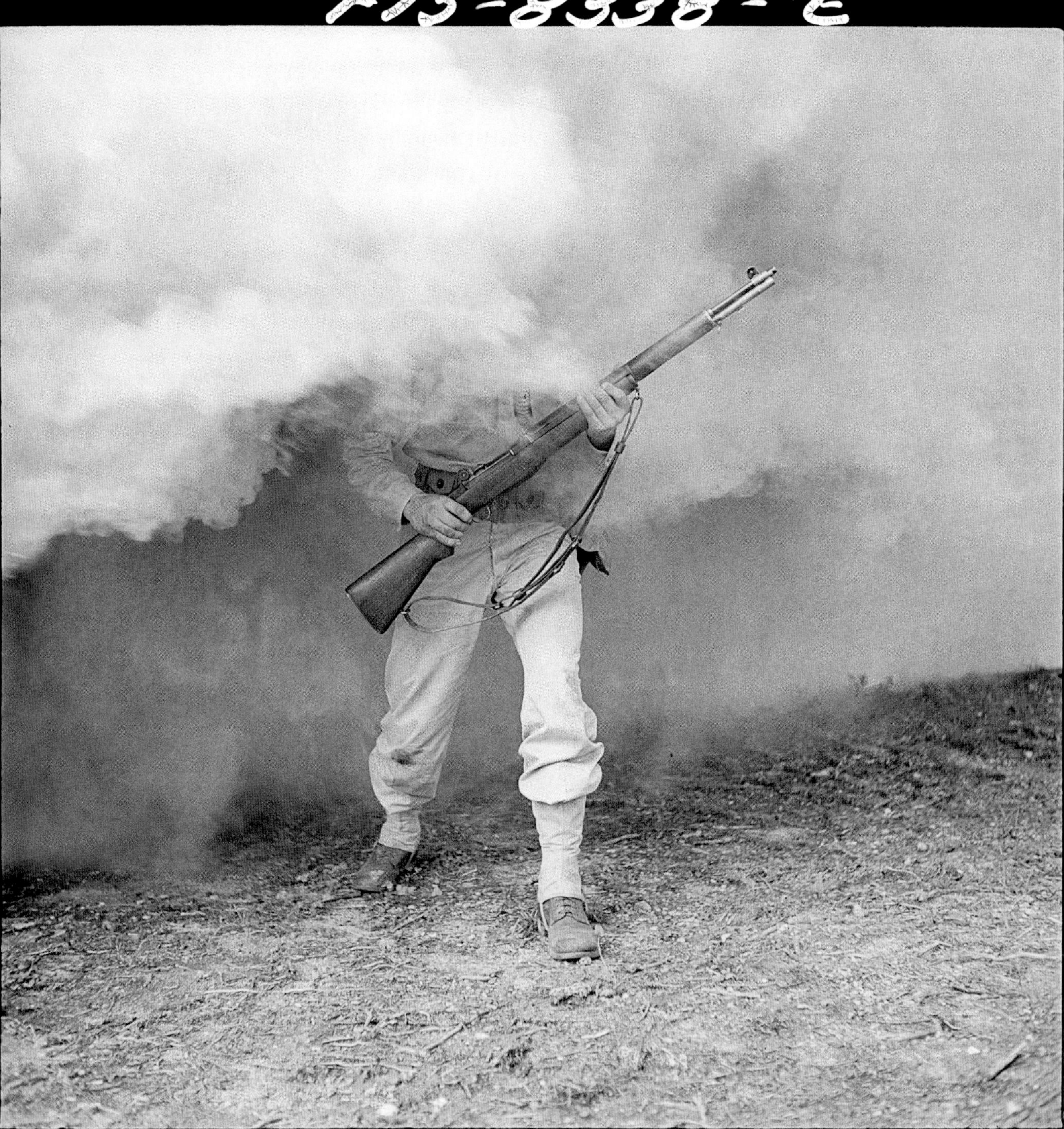
F13-8338-E

KAPITEL 43

WAR
EDWIN STARR

Erstveröffentlichung auf dem Album *War & Peace*

(Gordy, 1970)

Von Norman Whitfield and Barrett Strong

★ ★ ★

INTERESSANT IST, DASS DER SONG ursprünglich im März 1970 auf dem Album *Psychedelic Shack* von den Temptations veröffentlicht wurde. Manche hätten ihn gerne als Single herausgebracht, aber die versierten Marketingmenschen bei Motown wollten den Teil der Temptations-Fans nicht verschrecken, der den Übergang zum politisch brisanten Psychedelic Soul Sound von Produzent Norman Whitfield noch nicht mitvollzogen hatte. Zu dieser Zeit war der Motown-Sound bereits beim weißen Publikum angekommen, fand aber immer noch eine große und erstaunlich konservative Hörerschaft in der schwarzen Mittelklasse. Gerade einmal zwei Jahre zuvor wurden beide Kontingente mit der LP *Live at the Copa* gut bedient, auf der sich Klassiker wie «Hello Young Lovers», «The Impossible Dream» und «Swanee» fanden, eine Komposition von Irving Caesar und George Gershwin, ebenso wie eine Handvoll eigener Hits.

Edwin Starr war ein ehrgeiziger Künstler aus der zweiten Reihe des Labels. Er hatte seit seiner Vertragsunterzeichnung erst einen Hit gelandet und war noch dabei, sich einen Namen zu machen. Er befand sich in der beneidenswerten Lage, keine Fan-Base zu besitzen, die er verschrecken könnte, und durfte daher machen, was er wollte. Er sprach

Whitfield an und schlug vor, «War» neu aufzunehmen. Kluger Schachzug. Starrs Version des Songs war aggressiver als die der Temptations und wurde von Whitfield satt produziert. Die Single kam drei Monate nach *Psychedelic Shack* auf den Markt und erreichte den ersten Platz der *Billboard Hot 100*. Sie prägte Starrs Karriere, trug dazu bei, Motown zu modernisieren, verkaufte sich über drei Millionen Mal und strafte den Text des Songs Lügen.

Unweigerlich fragt man sich, ob die hier zum Ausdruck gebrachte pazifistische Grundhaltung aufrichtig gemeint war oder nur als x-beliebiges Thema diente, um dem jungen Amerika zwischen «Agent Double-O-Soul» und «Mercy Mercy Me (The Ecology)» Geld aus der Tasche zu ziehen. Selbst wenn es sich um eine ungenierte Ausbeutung der Friedensbewegung gehandelt haben sollte, ist der Song trotzdem stärker als «Eve of Destruction».

Kriege brauchen eine klare Botschaft, ein auffälliges Bild auf dem Rekrutierungsplakat, einen Slogan, eine mitreißende Hymne, die sich zum Marschieren eignet. Vietnam dagegen war ein kleiner Krieg, angefacht von Überheblichkeit und für die Bevölkerung undurchsichtig, niemand wusste so genau, wofür eigentlich gekämpft wurde.

Historisch gesehen führen große Nationen keine kleinen Kriege. Im Griechenland des siebten Jahrhunderts v. Chr., in dem über 1500 unabhängige Stadtstaaten nebeneinander existierten, wurden die Regeln des Kampfes bereits hierarchisch gefasst. Damals kam es nicht vor, dass eine größere Stadt einen kleinen Vorposten angreift. Krieg ist selten das erste Mittel einer mächtigen Nation.

«War, what is it good for?» Vielleicht ist das die falsche Frage. Eine bessere wäre womöglich die von Country Joe McDonald, der «Muskrat Ramble» von Louis Armstrong mit einem neuen Text versah und die Frage stellte, die während des Vietnamkriegs allen auf der Zunge lag: «What are we fighting for?» Krieg ist eine mächtige Waffe, manchmal ist er das Einzige, was zwei Parteien übrig bleibt, wenn alle anderen Möglichkeiten erschöpft sind. Sind Verhandlungen und Diplomatie gescheitert, ist er häufig die einzige Lösung.

Kriege haben Menschen erhoben, sie von Unterdrückung und Sklaverei befreit. Kriege haben Handelsstraßen und Kommunikationswege eröffnet. Und so wie die Geschichte von den Siegern geschrieben wird, so verhält es sich auch mit dem Krieg. Das Siegerland erklärt, was gewonnen wurde. Um die Gräueltaten zu finden, muss man sich schon die Verlierer anschauen. Oder den Andersdenkenden zuhören.

Anfang der dreißiger Jahre schied der gleich zweifach mit der Medal of Honor dekorierte Smedley D. Butler aus dem Marine Corps aus, dem er zuletzt als Generalmajor gedient hatte. Er reiste durchs Land und hielt eine Rede, die zuerst im *Reader's Digest* und anschließend auch unter dem Titel «Krieg ist ein Verbrechen» als Buch veröffentlicht wurde. Darin sprach er von Profiteuren, die Öl ins Feuer der kriegerischen Auseinandersetzungen gießen, um ihre Gewinne zu steigern. Er bekannte sich zu seinen eigenen Kampfhandlungen an zahlreichen Fronten, die vielen Menschen Wunden zugefügt hatten, nur um einigen wenigen Profite zu sichern.

Es liegt auf der Hand, dass diese Profite eine Antwort auf die in diesem Song gestellte Frage sind. Was auch insofern passt, als Whitfield den Song gemeinsam mit dem Mann schrieb, dem Motown seinen ersten Hit zu verdanken hatte, die häufig gecoverte Habgier-Hymne «Money». «War» füllte natürlich auch die Kassen bei Hitsville USA, aber Krieg ist ja ohnehin meist gut fürs Geschäft. Wie der Organisator und Vorsitzende der Brotherhood of Sleeping Car Porters, Asa Philip Randolph, 1925 sagte, als Smedley Butler noch beim Militär diente: «Sorgt dafür, dass Kriege unprofitabel werden, dann sind sie unmöglich.» Im Krieg geht es aber um mehr als nur um Geld. Es geht um Rechte. Insbesondere um Besitzrechte. Wem gehört das Land und das Öl im Boden?

Aber so sehr Kriege Privatiers, Allrounder, Schurken, internationale Schlitzohren, Söldner und Profiteure anlocken mögen, die Geldgier allein führt nicht auf den Kriegspfad. Überheblichkeit und Stolz spielen ebenfalls eine Rolle. Kriege wurden schon aus xenophober Angst vor realen wie eingebildeten Überfällen begonnen. Dann gab es Religionskriege wie die Kreuzzüge oder Kriege als Mittel zur Konsolidierung weit auseinanderliegender aufständischer Reiche, wie zum Beispiel den Peloponnesischen Krieg. Menschen haben Kriege geführt, um ihre Grenzen zu erweitern oder zu verteidigen. Sie haben aus Rache gekämpft oder um den Geltungsbereich ihrer Flagge zu vergrößern. Und 1838 fielen Mexiko und Frankreich übereinander her, als König Louis-Philippe feststellte, dass ein eingebürgerter Konditor namens Remontel nach der Plünderung seines mexikanischen Cafés keine Reparationen erhalten hatte.

Manche werden einwenden, dass es bessere Gründe gibt, Krieg zu führen, als eine unbezahlte Rechnung beim Bäcker. Aber dem Krieg haftet von jeher ein machistischer Ruch der Sinnlosigkeit an. Heutzutage hat sich nicht das auslösende Moment verändert, sondern das Wesen des Krieges selbst. Es gab eine Zeit, in der sich die Anführer der gegnerischen Armeen höchstpersönlich auf dem Schlachtfeld einfanden. Sie mussten dem Feind ins Gesicht sehen und den Glauben an ihre eigenen Überzeugungen gegen seinen Eifer ins Feld führen. Sieger war der mit dem eisernsten Rückgrat und der härtesten Klinge.

Ein Kennzeichen der Zivilisation ist das Vermögen, den Abstand zwischen sich und der Person zu vergrößern, die man tötet – die Klinge ist der Schusswaffe gewichen, diese der Bombe und diese wiederum einer unüberschaubaren Anzahl von Langstreckentötungsmaschinen. Je mehr Macht man hatte, umso ferner konnte man sich von den Kampfhandlungen halten. Die Mächtigsten befanden sich eine halbe Welt weit entfernt, saßen gemütlich im Bademantel herum, während namenlose Soldaten das Töten für sie erledigten. Glaubhafte Bestreitbarkeit half diesen Kriegstreibern einzuschlafen, mit aus der Distanz geborener Arroganz und ohne Kenntnis von Einzelheiten glaubten sie, sie würden sich die Hände nicht schmutzig machen.

Es gibt eine Stelle in dem Dokumentarfilm *The Fog of War*, wo der frühere Verteidigungsminister Robert McNamara über die Rolle spricht, die er und General Curtis LeMay im Zweiten Weltkrieg bei der Bombardierung von 67 japanischen Städten und der anschließenden Bombardierung von Hiroshima und Nagasaki gespielt haben. Auf Empfehlung McNamaras verbrannten in Tokio in einer einzigen Nacht hunderttausend Männer, Frauen und Kinder. LeMay sah sich gezwungen einzuräumen, «Wenn wir den Krieg verloren hätten, wären wir als Kriegsverbrecher angeklagt worden.» Für den Rest seines Lebens rang McNamara mit der Frage: «Warum ist etwas unmoralisch, wenn man verliert, aber nicht, wenn man gewinnt?»

Die Antwort ist leicht dahergesagt – Geschichte wird von den Siegern geschrieben. Aber das größere Problem ist, dass in der modernen Kriegführung an zahlreichen Fronten und zu unklaren Zwecken Schlachten geführt werden, die man nicht gewinnen kann – ein Mischmasch aus Ideologie, Ökonomie, Panikmache und Imponiergehabe. In weiten Teilen der Erde kann es über lange Zeit scheinbar ruhig bleiben, aber dann knallt es urplötzlich irgendwo mit verheerenden Folgen, wie von einer Art geopolitischem Herpes befallen.

Im dritten Akt des *Kaufmanns von Venedig* sagt Lanzelot zu Jessica: «Die Sünden der Väter sollen an den Kindern heimgesucht werden.» Viele möchten dasselbe Argument auf unsere bislang einzige Präsidenten-Dynastie und die beiden Golfkriege anwenden, die im Brackwasser der Geschichte so weitreichende Wellen schlugen.

Der Vater, der ein mögliches Ende des Kalten Krieges erlebte, im Nahen Osten aber mit größerer Instabilität und weniger fern der Heimat, in Panama, mit diversen Scharmützeln konfrontiert war, brauchte eine sichere Hand beim Spiel auf dem dreidimensionalen Schachbrett, das die Welt inzwischen geworden war. Er reagierte prompt und chirurgisch auf Saddam Husseins aggressive Invasion Kuwaits. Es gab Opfer, gewiss, aber die Zahlen fielen geringer aus als prophezeit, und nach dem Ende der Schlacht lag der Vater bei Zustimmungswerten von 89 Prozent, den höchsten in der Geschichte der Gallup-Umfragen. Am wichtigsten war aber vielleicht, dass die Vereinten Nationen Sanktionen gegen den Irak erließen und einen Ausschuss einsetzten, der garantieren sollte, dass das Programm zum Bau von Massenvernichtungswaffen nicht wieder aufgenommen wurde.

Dies bekam der Sohn als Hinterlassenschaft, keine Sünden. Aber der Sohn war nicht der Mann, der sein Vater war. Im Zuge der Paranoia nach 9/11 sowie den gescheiterten Versuchen, die «Achse des Bösen» zu brechen, widmete er seine Aufmerksamkeit dem Irak. Sein Blick war nicht so klar, seine Hand nicht so ruhig wie die seines Vaters. Behauptungen wurden in die Welt gesetzt über Massenvernichtungswaffen, die man aber nie fand, und an vielen Fronten wurden Kämpfe ausgefochten. Viele ließen ihr Leben im Zuge einer nicht provozierten Invasion.

Würden Robert McNamara und Curtis LeMay heute noch leben, wüssten sie, als was man diejenigen bezeichnet, die diese Soldaten in den Krieg schickten. Aber damit endet die Schuld noch nicht.

Als Volk neigen wir dazu, sehr stolz auf uns und unsere Demokratie zu sein. Wir stellen uns in eine Kabine, geben unsere Stimme ab und heften uns «Voted»-Aufkleber wie Ehrenabzeichen an. Aber die Wahrheit ist komplexer. Nach Verlassen der Kabine haben wir genauso viel Verantwortung wie beim Betreten. Wenn die Leute, die wir wählen, andere in den Tod oder Schlimmeres schicken – Menschen auf der anderen Seite der Erdkugel, an die wir keinen Gedanken verschwenden, weil sie nicht so aussehen und nicht klingen wie wir –, und wir nichts tun, um es zu verhindern, sind wir dann nicht ebenso schuldig?

Wenn wir einen Kriegsverbrecher sehen wollen, müssen wir nur in den Spiegel schauen.

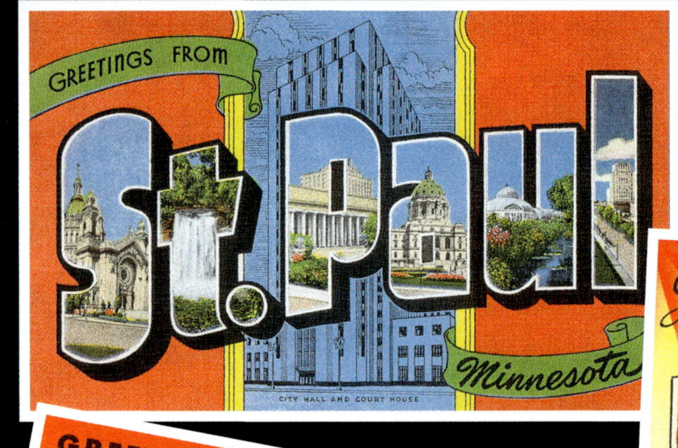
GREETINGS FROM
St. Paul
Minnesota

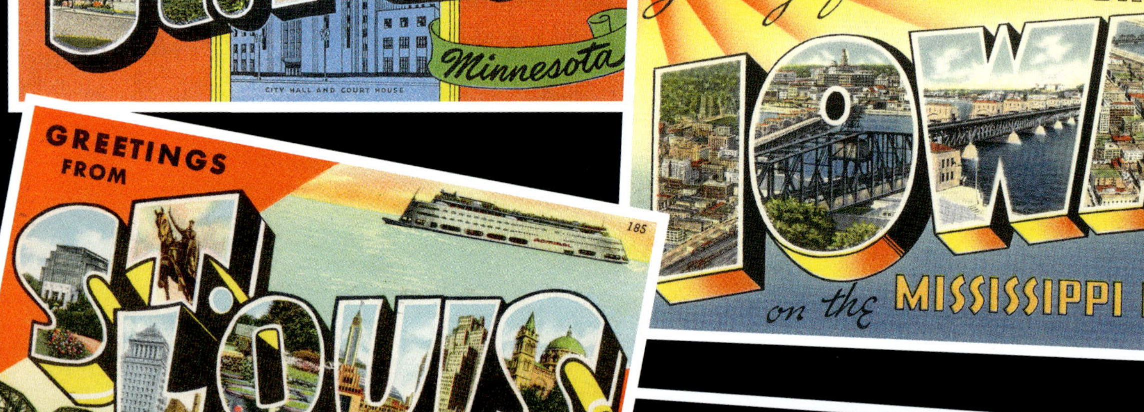
Greetings from DAVENPORT
IOWA
on the MISSISSIPPI RIVER

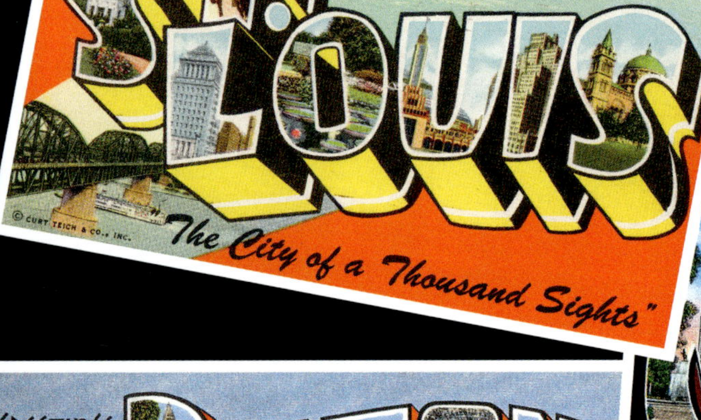
GREETINGS FROM
ST. LOUIS
185
"The City of a Thousand Sights"

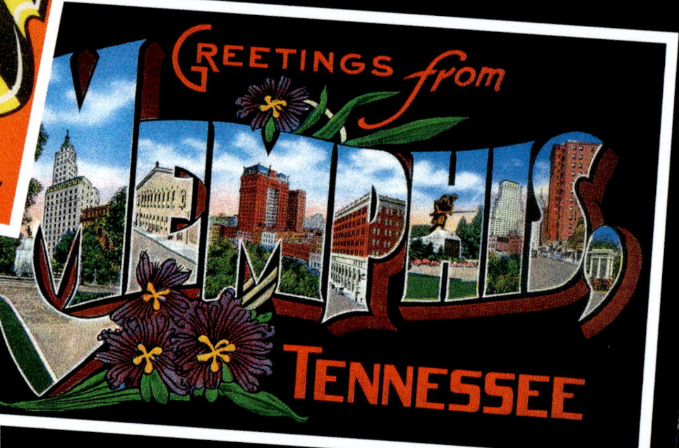
GREETINGS from
MEMPHIS
TENNESSEE

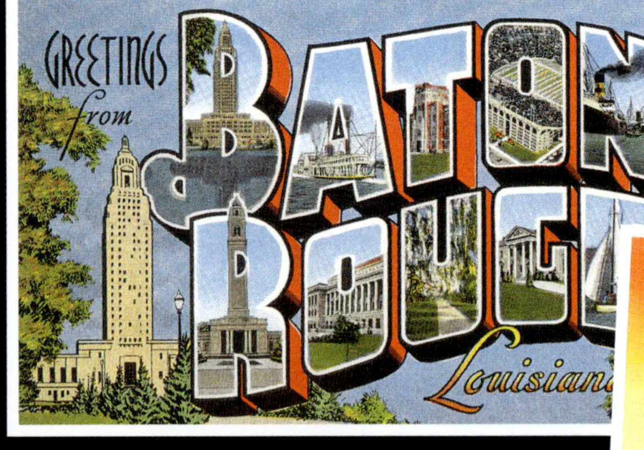
GREETINGS from
BATON

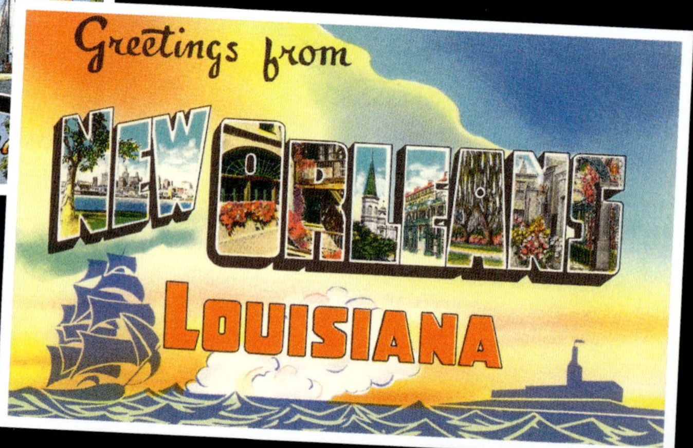
Greetings from
NEW ORLEANS
LOUISIANA

KAPITEL 44

BIG RIVER JOHNNY CASH AND THE TENNESSEE TWO

Erstveröffentlichung als Single

(Sun, 1957)

Von J. R. Cash

★ ★ ★

WOHLMEINENDE MENSCHEN KÖNNEN EINEN mit Lob ersticken. Johnny Cash liebt es, der Man in Black zu sein, und zieht sich auch entsprechend an, in Wirklichkeit aber ist er als Künstler und Mensch deutlich vielseitiger. Seine besten Platten sind lustig, stecken voller Wortspiele und Humor und sind meilenweit entfernt vom feierlichen Ernst der Balladen über Mord und Elend sowie der Trent Reznor-Coverversionen, die seine Fans irgendwann von ihm erwarteten. Songs wie «One Piece at a Time», «Get Rhythm» und der von Shel Silverstein geschriebene Hit «A Boy Named Sue» zum Beispiel.

Johnny hat diesen Song von Woody Guthries «The Biggest Thing That Man Has Ever Done». Zeilen wie «I built the Rock of Ages, 'twas in the Year of One». «I'm the man that signed the contract to raise the rising sun». «I was straw boss on the Pyramids, the Tower of Babel, too». Von dort aus hebt er ab: «I taught the weeping willow how to cry, and I showed the clouds how to cover up a clear blue sky».

Das Schlüsselelement des Songs ist das an die Ketten einer Sträflingskolonne erinnernde Stampfen der akustischen Rhythmusgitarre. Ohne das kann man den Song eigentlich nicht covern. Die veröffentlichte Aufnahme könnte das Größte sein, was Johnny je geschaffen hat. Der Song baut auf dem Call-and-Response der akustischen Gitarren auf. Sie malmen im Einklang mit dem Beat. Es gibt eine Schattenphrase und ein Echo, wie bei einer Sträflingskolonne. Als würde jemand Holz hacken.

Besorgt man sich Johnny Cashs *Essential Sun Collection*, hört man verschiedene Versionen, die vor der endgültigen entstanden. Teilweise sind die Texte anders, und der Call-and-Response-Teil steht auch noch nicht. Ein tolles Beispiel dafür, wie Songs sich im Studio entwickeln.

Johnny Cash ist ein Gospel-Sänger, oder er hält sich für einen. Irgendwie verwandelt er sich im Verlauf in Gargantua, Finn MacCool und Jigger Jones, alle auf einmal. Er konnte über Flüsse steigen. Er konnte neue Welten erschließen und Greenhorns niedermachen. Er ist ein Erzähler von Lügenmärchen – er teilt die Wolken und trinkt Nitroglyzerin. Das ist der wahre Johnny Cash, und «Big River» ist der Song, an dem man ihn erkennt.

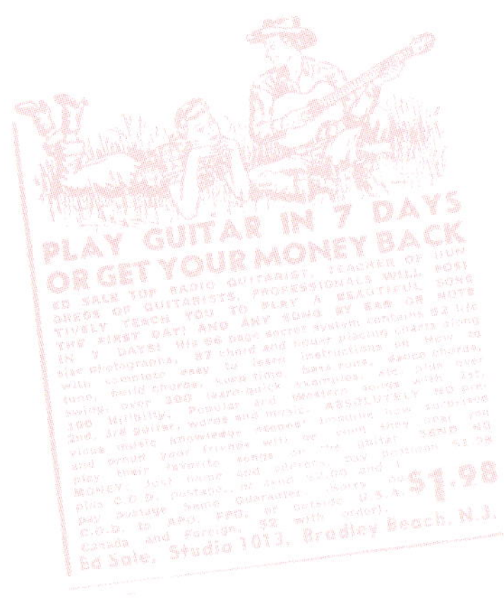

KAPITEL 45

FEEL SO GOOD
SONNY BURGESS

Aufgenommen von Sun Records, 1957/1958 – unveröffentlicht

Von Herman Parker Jr.

★ ★ ★

IN DIESEM SONG FÜHLST DU DICH SO GUT, WIE ES NUR GEHT, und du musst gar nicht überzeugt werden.

Du hast dich nie besser gefühlt und so eine Ahnung, dass du dich für den Rest deines Lebens so fühlen wirst.

Du rockst steady, hast Nerven aus Stahl, bleibst gelassen und bist schnell wie der Wind, wirst Tag und Nacht den Boogie tanzen. Wie ein Regentag, wie ein Schauer, triefend und tropfend, deine Klamotten sind durchnässt. Alle Typen und Spaßvögel, das ganze politische Gemeinwesen, alle Erdlinge, egal von welchem Rang oder welcher Farbe – du weidest sie aus und servierst sie zum Dinner – du bist unglaublich lebendig, kommst durch die Küche und rockst eng und wild, rockst so sehr, dass man dich kaum noch sehen kann, wie die Zephyr Queen, der Panama Flyer, du rockst steady und lässt die Erde beben – brichst einfach ein, machst dir wegen deiner Träume keine Gedanken.

Du bist der Boogie Man, die Bedrohung aus dem All, blutig, sauber und scharf wie ein Skalpell – königlich, seelentief in den Augen der Welt. Du fliegst ganz nah am Boden und hast vor der Landung das Licht ausgeschaltet. Du boogiest zurück zum Anfang, wo alles begann, zur Geburt der Schöpfung, du wirst die Gesetze des Universums entfesseln –

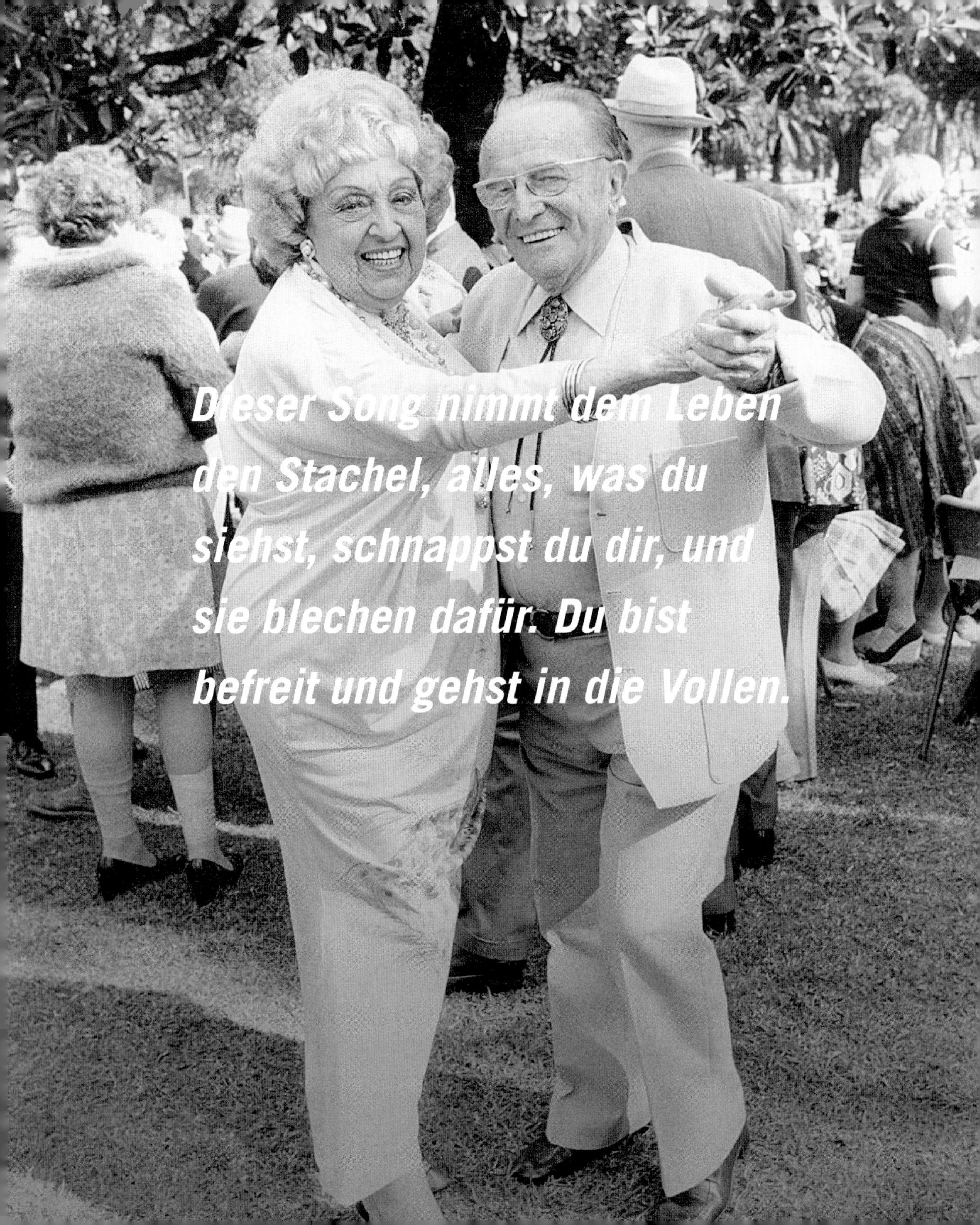
Dieser Song nimmt dem Leben den Stachel, alles, was du siehst, schnappst du dir, und sie blechen dafür. Du bist befreit und gehst in die Vollen.

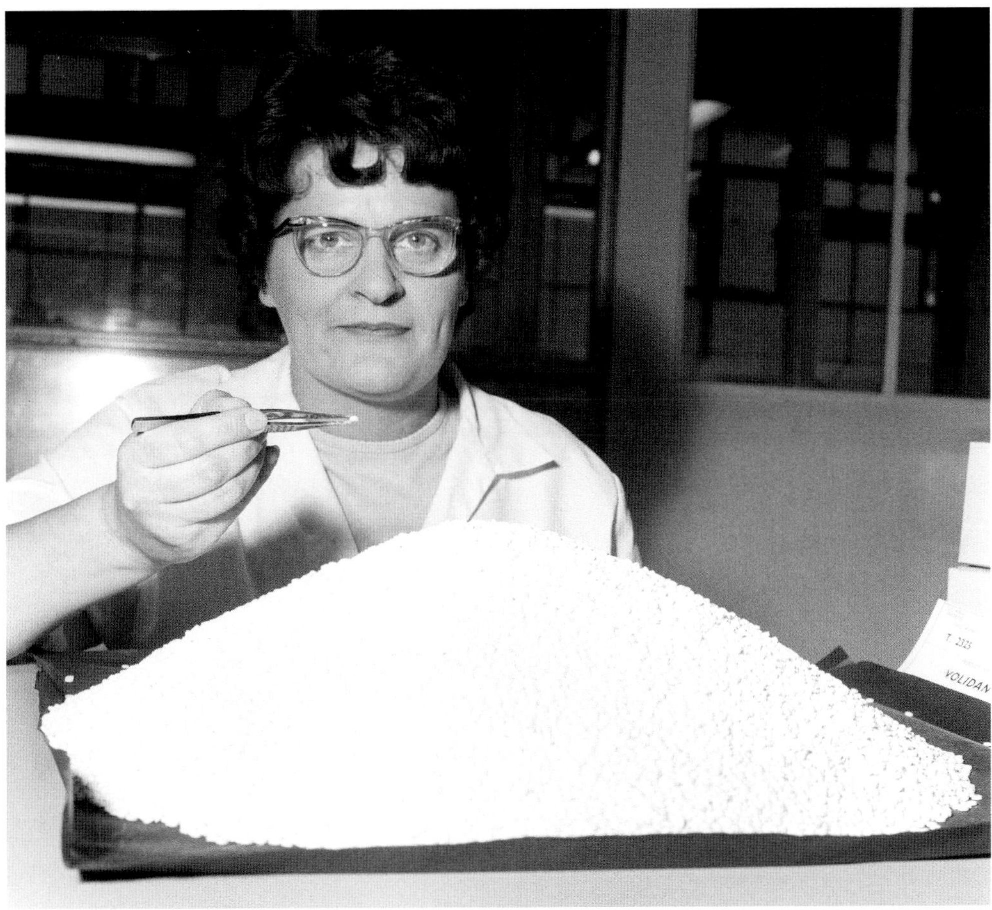

Mark erschüttern und Flüssigbrennstoff verbrennen, du bist eingeseift, elektrifiziert und lässt nichts unversucht. Du bist der nach Lavendel duftende Herzensbrecher, das schwarze Schaf, der perfekte Gentleman im Frack, und du hast ein Mädchen, das ist irre high, ganz schön in Fahrt und wild, eine doppelgesichtige Schönheit, dein raffgieriges Showgirl im Cocktailkleid mit bauschigem Rock. Ein Mordsweib auf Meskalin, ein zickiges Täubchen von nebenan, und sie macht dir die Hölle heiß.

Du bist in aller Leute Schlafzimmer, ziehst die Fäden, teilst die Vorhänge, was auch immer sich dahinter verbirgt – folgst der Natur und haust Akkorde raus. Tanzt den

Hopscotch Boogie, den Rhumba Boogie, den Heel-and-toe Boogie – willst das Geheimnis der Sonne enträtseln, alle tanzen den Boogie. Mütter und Väter, Alte und Ehemalige. Schulberg, Gauguin, Picasso und Little Miss Muffet, alle tanzen den Boogie, aber keiner so wie sie und du. Du klopfst den Rhythmus, hebst dir dein Bestes bis zum Schluss auf, siehst mit deinem dritten Auge, du und deine feuerspeiende Femme fatale. Du spielst und schwitzt auf dem Models Ball, bei der Frauentauschszene. Du wirst Boogie tanzen bis zum Anschlag, hell wie der Tag, unübersehbar entschlossen, hardcore und lebenshungrig, spitz wie ein Stöckelschuh. Denver nach Einbruch der Dunkelheit, Las Vegas, Honolulu auch, alle nacheinander. Physische Schönheit und eine intellektuelle Anziehungskraft, das ist es, und zwar ganz offensichtlich.

Dieser Song ist von Anfang an gierig und irrsinnig furchtlos. Dieser Song nimmt dem Leben den Stachel, alles, was du siehst, schnappst du dir, und sie blechen dafür. Du bist befreit und gehst in die Vollen. Machst Jagd auf die Bestie, so einfach ist das. Dieser Song ist immer der neueste und der allerletzte Schrei, strebt nie nach dem, was er nicht hat. Nichts Wichtiges fehlt ihm. Du wirst Boogie tanzen, bis alle tot sind. Das ist tipptopp Rock 'n' Roll in seiner feinsten, reinsten Form. Der Song wäre das unerreichte Prunkstück in den heiligen Hallen des Rock 'n' Roll-Museums, wenn er nur drin wäre.

★ ★ ★

WENN IHR EINE POLITISCHE PLATTE HÖREN WOLLT, dann legt diese auf. Stellt sie auf Repeat, spielt sie immer und immer wieder, Tag und Nacht, und vielleicht fragt ihr euch, was aus dem tollen Country geworden ist, mit dem ihr aufgewachsen seid, oder wie man Amerika wieder great machen kann, vielleicht kommt ihr durch diese Platte auf eine Idee. Aber egal, was ihr macht, haltet die Fenster geschlossen und erzählt niemandem, dass ihr die Platte auflegt, besonders nicht euren Freunden, es sei denn ihr wollt, dass sie über euch richten.

Es ist eine Platte der Extreme, schwärzer als schwarz, weißer als weiß. In den fünfziger Jahren gab es für so etwas keinen Namen, deshalb wusste niemand, als was man es verkaufen sollte, bis der Discjockey Alan Freed aus Cleveland von einigen früheren, gewagten Platten den Begriff «Rock and Roll» klaute – im schwarzen und weißen Country Boogie und Rhythm and Blues, auf beiden Seiten des Zauns, wurde er als bestenfalls notdürftig verschleierter Euphemismus für den Beischlaf verwendet. Versteht sich von selbst, dass sich die Musik mit ihrem neuen Namen sehr viel leichter verkaufen ließ.

Aber das war natürlich, bevor Amerika unter Drogen gesetzt wurde und in eine Starre verfiel, in der es kaum noch funktionierte. Sicher, die Saat des Missbrauchs wurde bereits gelegt, als sogenannte Wundermittel aus den Laboren auf die Straße schwemmten. Lastwagenfahrer entdeckten White Crosses und Black Beauties, die ihnen halfen, ohne jeden Schlaf verderbliche Ware quer durchs Land zu transportieren, Amerikas Versorgungslage zu sichern und sich ein bisschen was dazuzuverdienen. Zur Entspannung und um besser einzuschlafen, griffen ihre Frauen derweil zu Librium und Miltown, die Jagger und Richards schon bald mit ihrem Song «Mother's Little Helper» unsterblich machten.

Der Drogenmissbrauch steigerte sich von gelegentlich zu ständig, und schon bald konnten die legalen verschreibungspflichtigen Medikamente die Nachfrage nicht mehr decken. Doch es gab einige, die nur allzu gerne einsprangen. Fragt man sich, wie eine Nation zu Fall kommt, muss man sich nur die Drogendealer anschauen. Vielen waren die Dealer in den Städten schon bald ein Dorn im Auge.

Niemand möchte die eigene Stadt in einem solchen Licht betrachten, aber es ist sowieso immer schwer, sich auf einem Foto wiederzuerkennen, das jemand anders aufge-

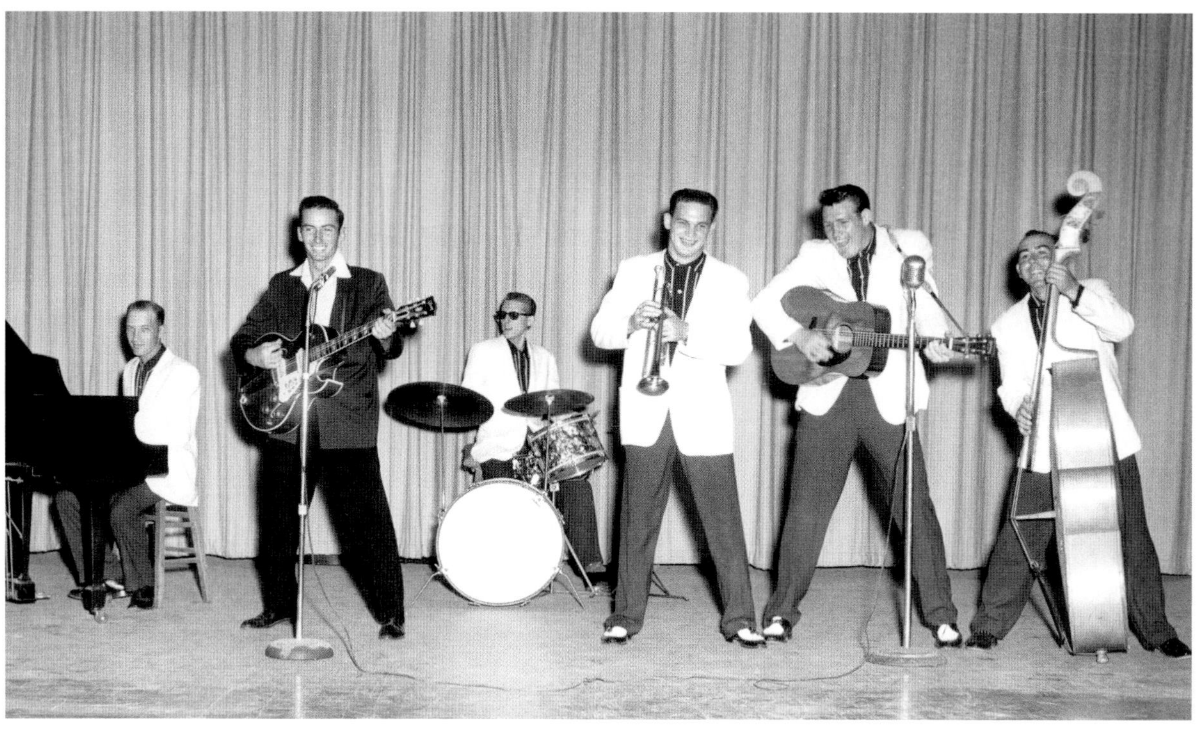

nommen hat. Die erste Selbstbewusstwerdung der Menschheit war eine Spiegelung in einem Fluss, dann in einem Spiegel. Das fertige Bild, das Foto auf Skype, Zoom und Facetime – auf dem wir uns so sehen, wie andere uns sehen, ohne dass das Bild umgedreht wurde wie in einem Spiegel, einem Fluss oder einer Fensterscheibe, in die wir beim Überqueren der Straße zufällig schauen –, wirkt irgendwie falsch, es öffnet möglicherweise Deepfakes und anderen Unwirklichkeiten Tür und Tor.

Ob Sonny Burgess selbst auf diesen Song kam oder ob der gewiefte Sam Phillips eine Sun-Platte von Little Junior Parker wiederverwertet hat, so wie schon bei Elvis Presleys «Mystery Train», bleibt vermutlich für immer im Nebel der grauen Zeiten verborgen. Seine Platten konnten nur von einer verschwitzten Band eingespielt werden, die Nacht für Nacht in zwielichtigen Kaschemmen am Highway hinter Hühnerdraht spielte.

Das ist der Sound, der Amerika great gemacht hat.

KAPITEL 46

BLUE MOON
DEAN MARTIN

Erstveröffentlichung auf dem Album *Dream with Dean*

(Reprise, 1964)

Musik von Richard Rodgers

Text von Lorenz Hart

★ ★ ★

DAS IST DER DINO, DEN ELVIS IMITIERT HAT. Der träge, zu nichts zu gebrauchende Betrunkene. «Blue Moon» – das ist der Daddy des Doo-Wop, auch wenn kein Tropfen Doo-Wop drin ist. Jeder kann den Song spielen und singen. Mit so einem fängt man an, wenn man populäre Musik spielt. Ein Song, mit dem man schwer etwas anders machen kann, auch wenn es viele versucht haben. Einige Versionen sind kaum zu glauben. Sowohl Elvis wie auch Phil Spector haben sich daran versucht. Elvis hat ihn allerdings nie live gesungen. Das ist so ein Song, der gut ist auf Platte, aber zu aufwendig für einen glaubwürdigen Auftritt.

Sein Reiz liegt in seiner Rätselhaftigkeit. Eine Melodie wie von Debussy. Aus dem Nichts erscheint eine Gestalt, und man hört eine Stimme wispern, «Bitte, bete mich an.» Dann dreht man sich um, und der Mond hat die Farbe gewechselt, jetzt ist er golden. Wann hat man das letzte Mal einen goldenen Mond gesehen? Der Song ergibt keinen Sinn, seine Schönheit liegt in der Melodie.

A major new novel by the dean of American science fiction writers

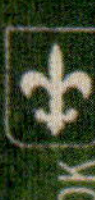

ROBERT A. HEINLEIN

THE MOON IS A HARSH MISTRESS

0-425-03436-4 • $1.75 • A BERKLEY MEDALLION BOOK

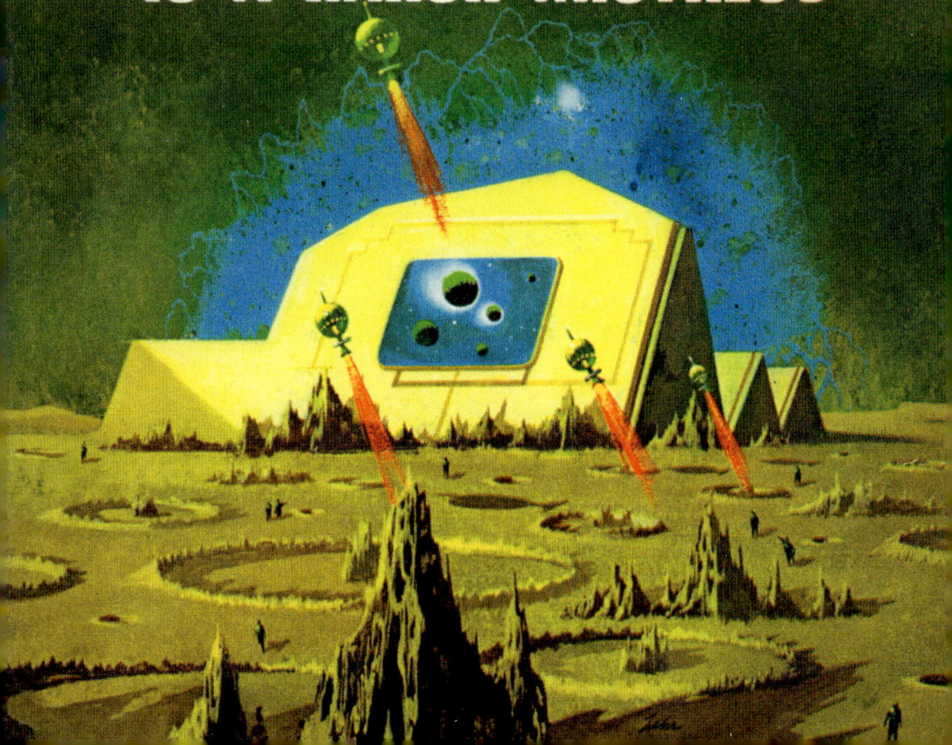

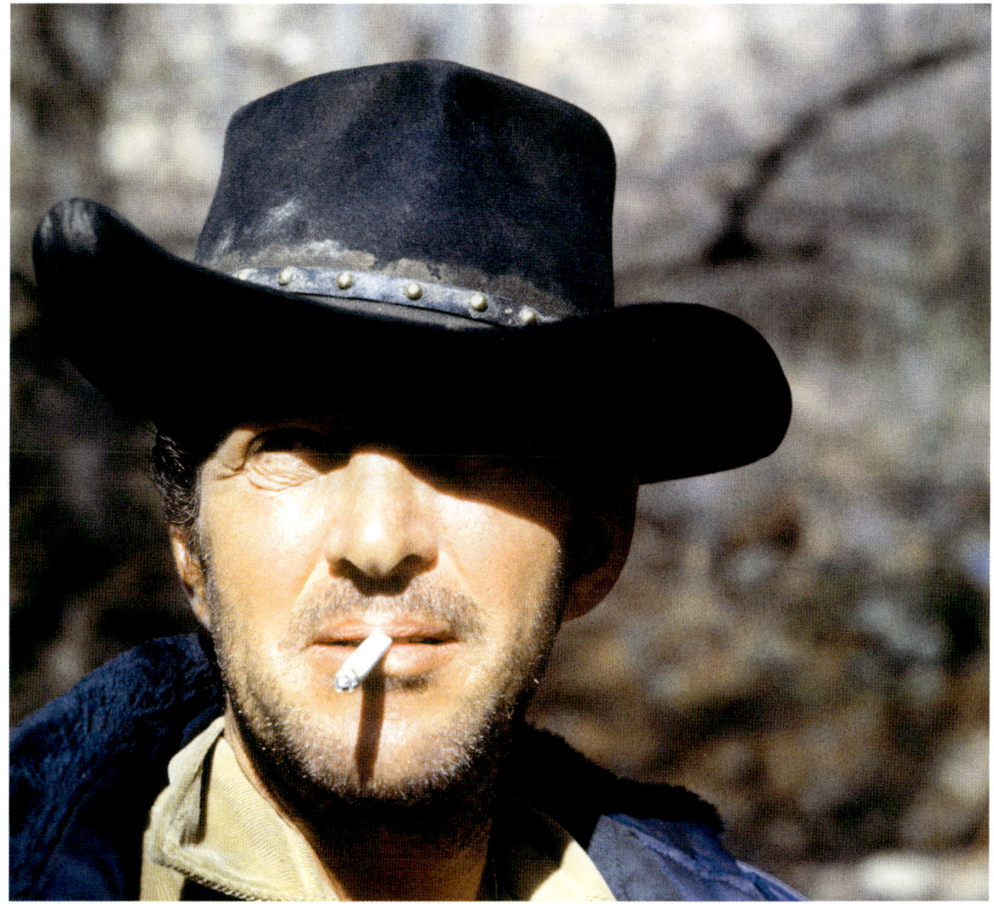

Auch dies ist ein Song, in dem ein lebloses Objekt zum Leben erwacht. Eine Variante des Spruchs «once in a blue moon», einem esoterischen Begriff für einen Mond, den man vermutlich nur alle Jubeljahre einmal zu sehen bekommt. «Once in a blue moon.» Selbst Bill Monroe schrieb «Blue Moon of Kentucky», das Elvis ebenso aufgenommen hat wie eine hufklappernde Version von «Blue Moon» ... mit der er Dino nacheiferte, womit sich der Kreis wieder schließt.

Als Elvis «Blue Moon of Kentucky» aufnahm, machte er dasselbe wie bei «Mystery Train». Er motzte ihn auf. Er nahm relativ langsame Songs wie «Blue Moon of Kentucky» und «Mystery Train» oder auch «Good Rockin' Tonight» – reduzierte sie aufs Wesent-

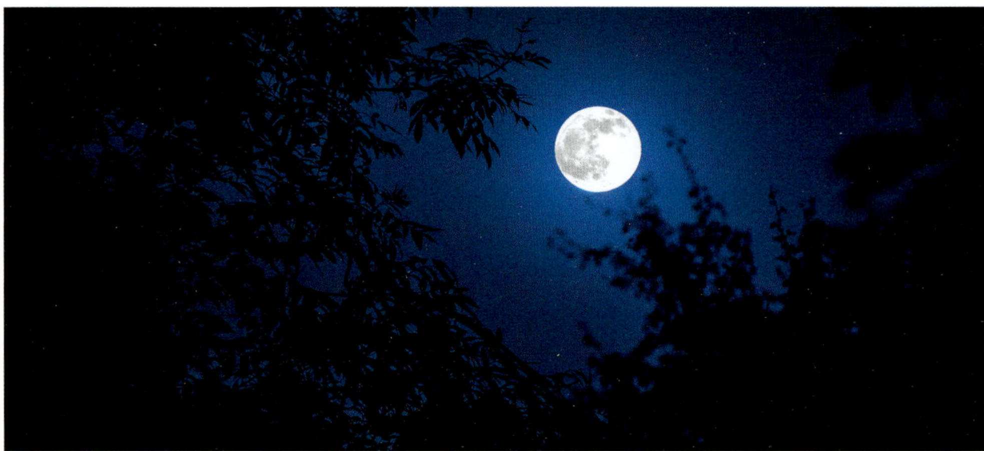

liche und spielte sie schneller. Deshalb nannte man ihn auch den «atomic powered singer». Atomenergie kam gerade auf, und Elvis schwamm auf der Welle mit.

Es gibt eine Aufnahme von Dean Martin von seinen Auftritten im Sands Hotel auf dem Höhepunkt seiner Karriere, offenbar sollte ein Live-Album davon veröffentlicht werden. Hört man sich den ersten der beiden Abende an, scheint ganz unglaublich, dass Dino das Set überhaupt zu Ende gesungen hat. Die Worte sind scheinbar frei von Konsonanten, die sie in die richtige Spur hätten lenken können, und lösen sich in unverständliche Abfolgen von Vokalen auf. Songs beginnen und versiegen nach einem Refrain, werden von unzusammenhängenden Bemerkungen und Scherzen unterbrochen, manchmal beidem. («Frank mag es nicht, wenn bei seinen Auftritten geredet wird. Mir ist egal, ob Sie während meines Auftritts reden. Mir wär's sogar egal, wenn Sie bowlen würden.») Er ist witzig, charmant und besoffen.

Dann hört man sich den zweiten Abend an. Ein paar Scherze sind anders. Bei einigen Songs variiert er seinen Einstieg, aber im Prinzip sind beide Shows gleich. Vielleicht war er in Wirklichkeit gar nicht betrunken, sondern hatte nur die Kunst perfektioniert, einen Betrunkenen darzustellen.

Der hicksende blaue Schwachkopf oder der streitlustige Schwätzer waren beide nichts für Dino. Er war kein aggressiver Weiberheld, auch nicht der wütende Teufel, der sich Mut antrinkt, um seinen Zorn zu entfesseln, er war keiner, der Streit sucht. Ganz und gar nicht.

Dean war ein liebenswerter Wüstling, jedermanns Lieblingsonkel, er betrank sich charmant, mit schelmischem Funkeln in den Augen und einem Partymädchen im Bett. Er trank ohne Kater, lebte Lust ohne Reue, und er war der Mann, der Sinatra und Elvis gerne sein wollten. Er starb gebrochen, traurig und allein – wirklich betrunken in einer dreckigen Windjacke, allein in einem Restaurant abseits des Sunset Strip mit roten Ledersitzen und bernsteinfarbenem Alkohol. Beide, er und das Restaurant, hatten schon bessere Tage gesehen.

Dino singt trügerisch. Man hört keinerlei Anstrengung, man hört ihn kaum atmen. Es gibt kleine Verschlucker und Modulationen, die ebenso schwer zu singen wie gefällig fürs Ohr sind. Im Übergang zwischen Strophe und Refrain stimmt er eine Blue Note an, und ein oder zwei Zeilen später («I heard somebody whisper, please adore me») liegt ein leichtes Flackern in seiner Stimme, das an Nick Lucas, den Mentor von Tiny Tim, erinnert, als er die erste Fassung von «Tip-toe Thru the Tulips» sang.

Der Wiedererkennungswert von Songs wie «Yes! We Have No Bananas», «When I'm Sixty-Four», «North to Alaska» und «Free Man in Paris» beruht ebenso sehr auf dem Arrangement wie auf dem Text oder der Musik. Nicht so bei «Blue Moon». «Blue Moon» ist ein universeller Song, der jederzeit jeden ansprechen kann.

Er ist durch die Zeit gereist und hat jeden kulturellen Abgrund überwunden. Er wurde im Country geschmachtet und soulig wiedererweckt. Er ist ein Eckpfeiler des Doo-Wop und ein Sprungbrett für Jazz-Improvisationen. Popsänger haben es mit ihm aufgenommen und ihn seit seiner Entstehung ununterbrochen gesungen.

Es ist ein Liebeslied, wahlweise hingebungsvoll oder schwermütig. Die Einfachheit des Textes macht es universell, aber es enthält zugleich genügend Details, die es davor bewahren, gewöhnlich zu sein. Die Formbarkeit des Songs verhindert, dass er zu eng in Verbindung mit nur einer einzigen Version gesehen wird, und ermöglicht ihm, allen zu gehören.

Man muss zum Beispiel nur Dinos Version mit Elvis' verträumter Fassung oder Bobby Blue Blands Uptown Blues mit Latino-Einschlag vergleichen. Sie entstanden für ein jeweils völlig anderes Publikum, aber die Schönheit der Melodie und die Poesie des Textes bleiben allen zugänglich.

Es ist die Würde, die in dieser melodischen Ballade liegt, die ihr Klasse und Größe verleiht.

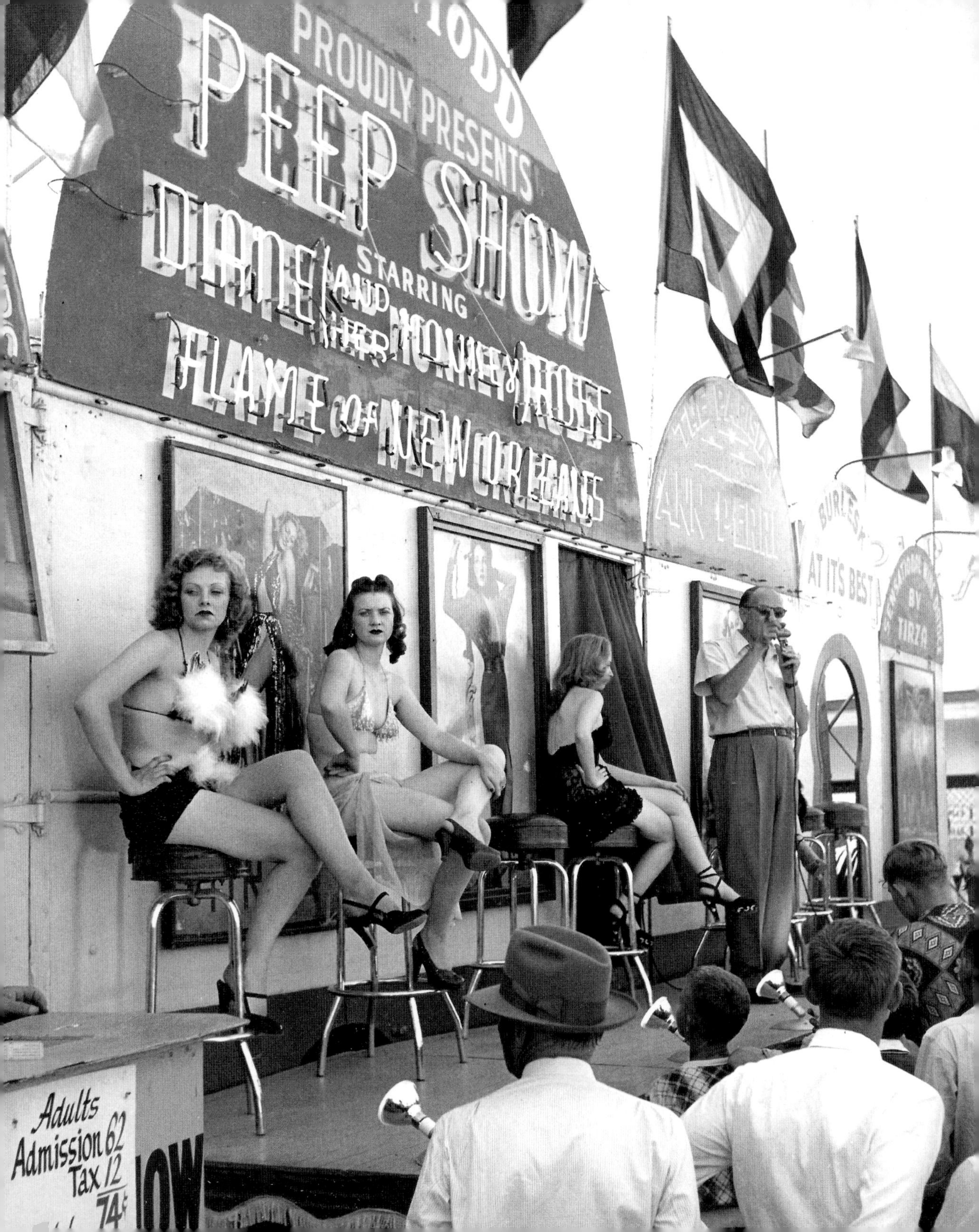
PROUDLY PRESENTS
PEEP SHOW
STARRING
FLAME OF NEW ORLEANS
BURLESK
AT IT'S BEST
BY
TIRZA
Adults
Admission 62
Tax 12
74¢

KAPITEL 47

GYPSIES, TRAMPS & THIEVES CHER

Erstveröffentlichung als Single

(Kapp, 1971)

Von Bob Stone

★ ★ ★

DIESER SONG HANDELT DAVON, DASS MAN UNTERWEGS IST und in Bewegung bleibt – unterwegs geboren wird. Auf großer Fahrt, eine Stadt dient dem Absprung in die nächste – Sackgassen gibt es nicht. Ein wer-, wer-war's- und wen-interessiert's-Song. Man fährt nirgendwohin, wo man nicht erwünscht ist, und wenn man erstmal da ist, lehnt man es nie ab, weiterzuziehen. Abschiedsworte gibt es für niemanden, und niemand hält einen je davon ab, wiederzukommen. Was auch immer es ist, wenn es nicht deine Angelegenheit ist, dann machst du es dazu.

Du hast dich über tausende von Jahren weiterentwickelt und bist immer noch auf der Durchreise, du schlägst dein Lager auf und kommst über die Runden. Schwindel, Turniere und Spektakel, das ist deine Sparte. Drugstore Cowboys, Mädchenbeobachter, Nachteulen – Gott und die Welt, du unterhältst und schröpfst sie mit Leichtigkeit. Du machst Leuten Alpträume, wenn sie vollkommen wach sind. Sie tuscheln hinter deinem Rücken –

verspotten dich, nehmen dich aufs Korn, machen sich lustig und veralbern dich, lassen gehässige Bemerkungen fallen, aber dein Platz an der Sonne ist dir sicher. Du bist die Sexualpartnerin von Mondgeistern und du kannst ansonsten gewöhnliche Leute dazu bringen, vollkommen sinnlose und erschreckende Dinge zu tun, du hast dein Leben voll im Griff.

Auch der Mann, den du Grand Daddy nennst, war immer unterwegs. Grandad hat anrüchige Schmiermittel zur Behandlung von Gallenblasen, Verstopfung, Arthrose, Rheuma und Lustlosigkeit vertrieben – er hat Hinz und Kunz die wahre Lehre verkündet – Feuer und Schwefel gepredigt, Flammenmeer-Rhetorik, hat Leute religiös oder politisch bekehrt, jetzt kann er nicht mehr über den eigenen Tellerrand schauen und ist nicht mehr bei Verstand genug, um sich im Regen unterzustellen. Bald verwandelt er sich in einen Schmetterling, und seine Knochen werden davonfliegen.

Menschen ohne ethischen Hintergrund sind leichte Beute für dich und fallen in deine Sparte – Förderer, Snobs und Intellektuelle, für wen auch immer sie sich halten.

Du verstehst sie als geometrische Körper mit festen Winkeln und Ebenen, du weißt, wie du sie dazu bringst, wunderbare Dinge zu sehen, und du kannst Musik machen, von der sie irre werden. Du hast den Charakter des Saturn und den Geist der Venus. Leidenschaft und Verlangen schiebst du ihnen unter der Ladentheke zu. Deine Richtlinien sind einfach, und du schließt nichts von vornherein aus. Zieh dich aus und tanze den Schwerttanz, splitterfasernackt in einem Zelt, eingehegt, wo der Stadtadel sitzt, die großen Nummern und führenden Bürger, kahl wie Frühstückseier werfen sie mit Geld um sich, manchmal sogar bündelweise.

Floater und Taschendiebe nennen es manche. Mischlinge und Bastarde andere. Aber sie sind dumm wie Bohnenstroh, was die sich gefallen lassen, du würdest das keine Sekunde lang dulden. Es hat nie einen Tag gegeben, an dem du nicht aufgewacht bist und gesagt hast, dass es kein guter Tag wird.

Es liegt in der Familie. Cousins, Halbbrüder, Tanten, Großonkel, Nichten, Vetter zweiten Grades, eine Bruderschaft und eine Schwesternschaft, ein geschlossener Kreis ist das, eine Geheimgesellschaft. Dein Herz ist der Sitz deiner Weisheit, in deinem Gehirn sind keine grauen Zellen, du hältst immer eine Tür zur Freundschaft offen. Du schaust in den Spiegel und siehst eine Vertraute – du bist dir selbst nie unzugänglich. Deine Lebensphilosophie lautet, abwarten und weitersehen. Jedem, der dich anschaut, gibst du das

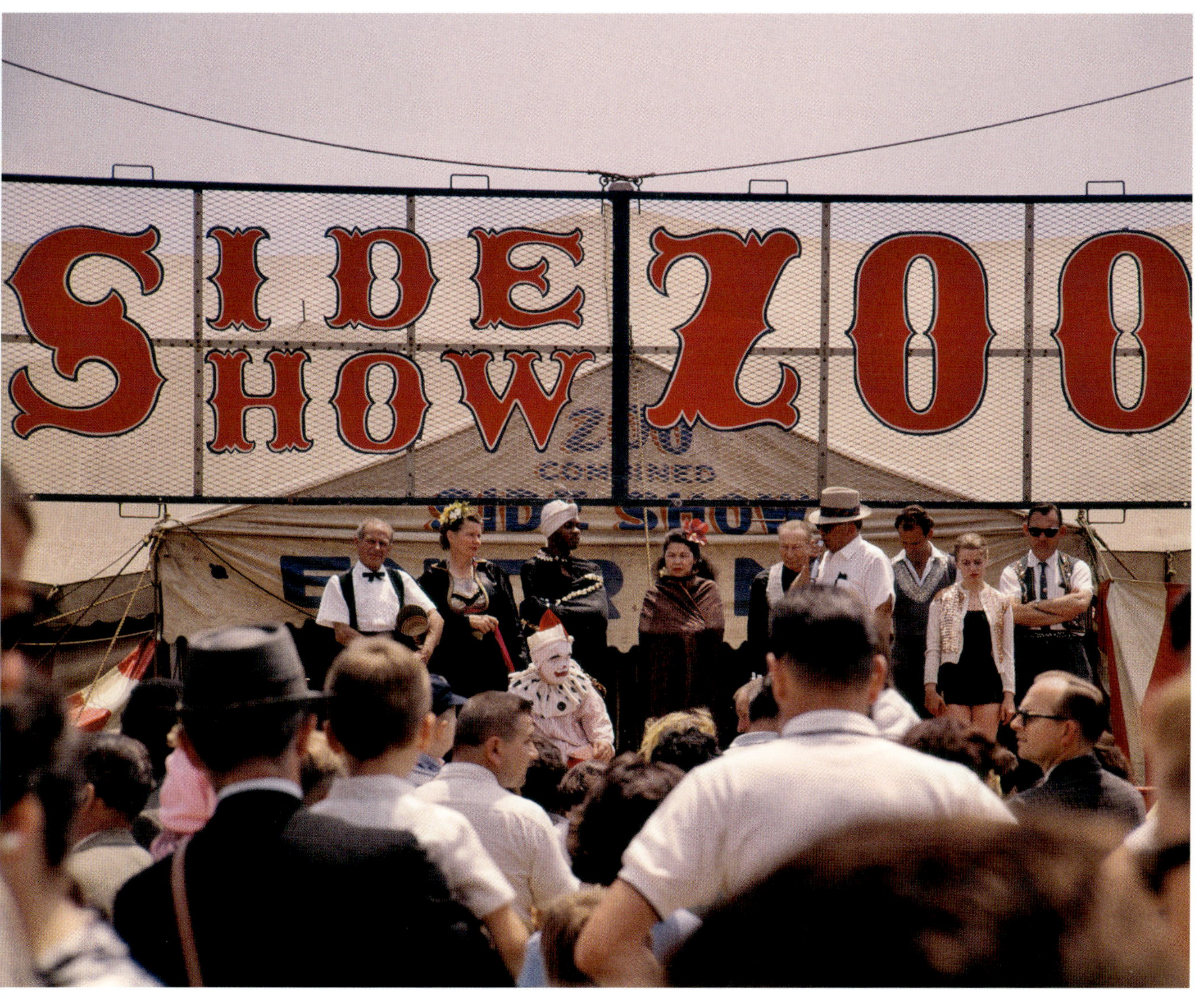

Gefühl, er oder sie würde sich verlieben, du blickst auf eine lange Abstammungslinie zurück – und du gehst jederzeit überall hin. Hierhin und dorthin, über den Hügel, um den Berg, die Straße hinauf und die Straße hinunter, du kommst über den Schwellenwert hinaus – klar, geh, wohin du willst.

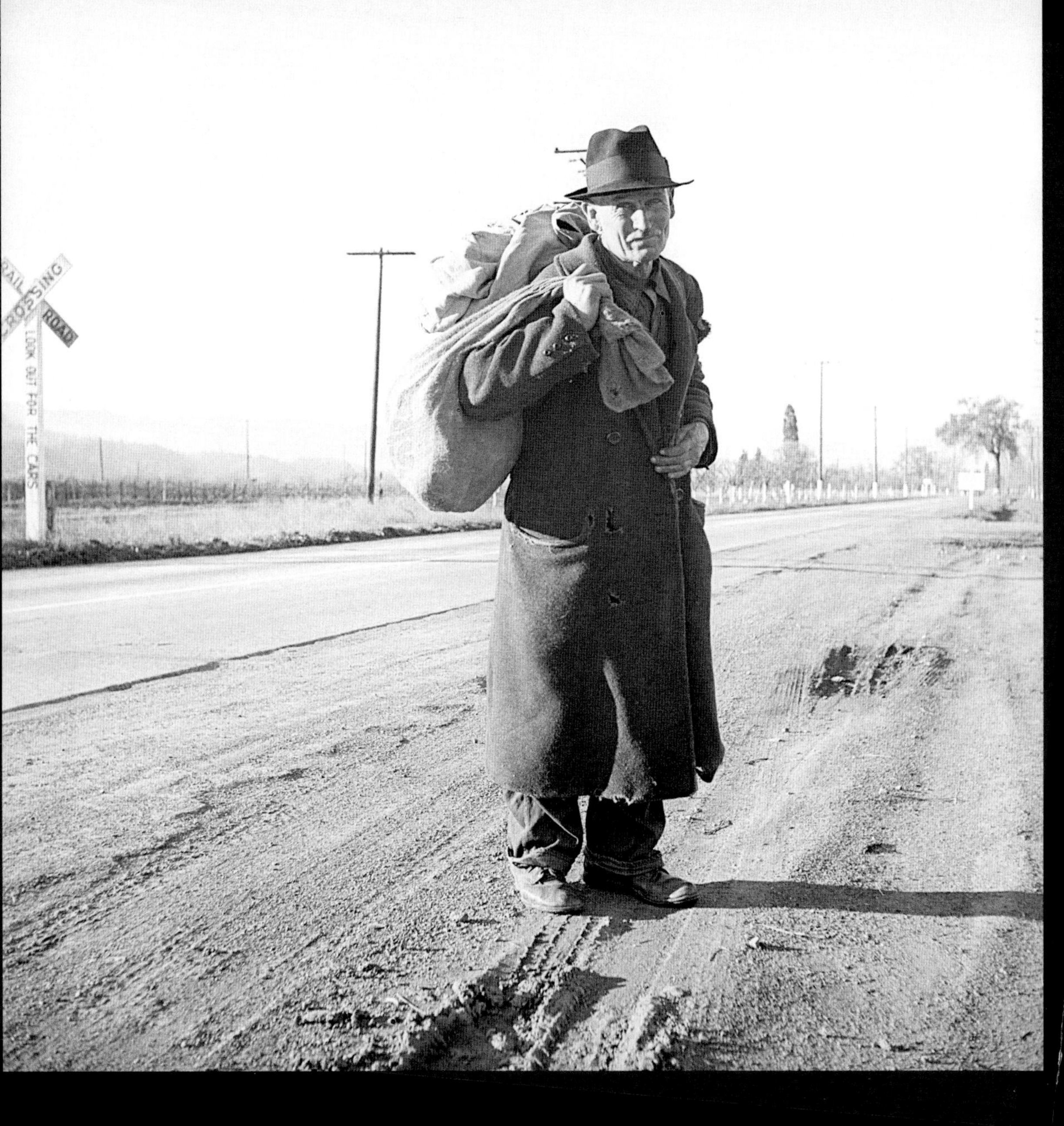
RAIL ROAD
CROSSING
LOOK OUT FOR THE CARS

★ ★ ★

WIR WERDEN DEN KARNEVAL ÜBERSPRINGEN. Der Song handelt von einem schwangeren Mädchen. Früher haben wir gesagt, einer «angestochenen». Das ist Tanya Tucker, die jemanden im Süden von Mobile aufgabelt. Ihre Mama und ihr Papa schlagen sie, und ihr Grandpa ist ein Betrüger. Das passt zu ihr – immerhin ist sie eine schwangere Sechzehnjährige. Der Song spielt auf der Trennlinie zwischen der alten Kultur und der neuen. Wahrscheinlich ist es eine der letzten umherziehenden Medicine Shows. Vielleicht wie Oral Roberts oder so. Geldeinsacken und was nicht sonst noch alles. Oral Roberts, der alte Prediger aus Oklahoma.

«Gypsys, Tramps und Diebe» könnte die Antwort lauten, wenn man aufgefordert wird, «Nennen Sie drei Typen von Menschen, mit denen sie gerne zu Abend essen würden.» Kommt wohl darauf an, was man isst, oder? Andererseits ist auch wieder gar nicht so wichtig, was man isst, entscheidend ist einzig und allein, mit wem.

Das Märchen vom gefallenen Engel ist schwer zu glauben. Viel leichter kann man sich Little Egypt mit ihrem Tanz der Pyramiden vorstellen. Wenigstens hat es den Anschein, als hätte sie Spaß daran, Männer zu umgarnen.

Cher hatte eine schwierige Kindheit. Ihr leiblicher Vater verließ die Familie, als sie neun Monate alt war. Ihre Mutter heiratete noch fünf Mal.

Dieser Song ist eine kaum verhohlene Metapher für ihre Mutter- und Vaterbeziehung. Schließlich lernte Cher Sonny Bono kennen, einen aufstrebenden Sänger und Schauspieler, und verliebte sich in ihn. Sonny war Plattenproduzent, Schützling von Phil Spector, und gemeinsam mit Cher hatte er großen Erfolg. Seine größte Leistung aber vollbrachte er als Kongressabgeordneter, als er zur Verabschiedung des «Sonny Bono Act» beitrug, durch den die Geltungsdauer der Urheberrechte für Songwriter verlängert wurde.

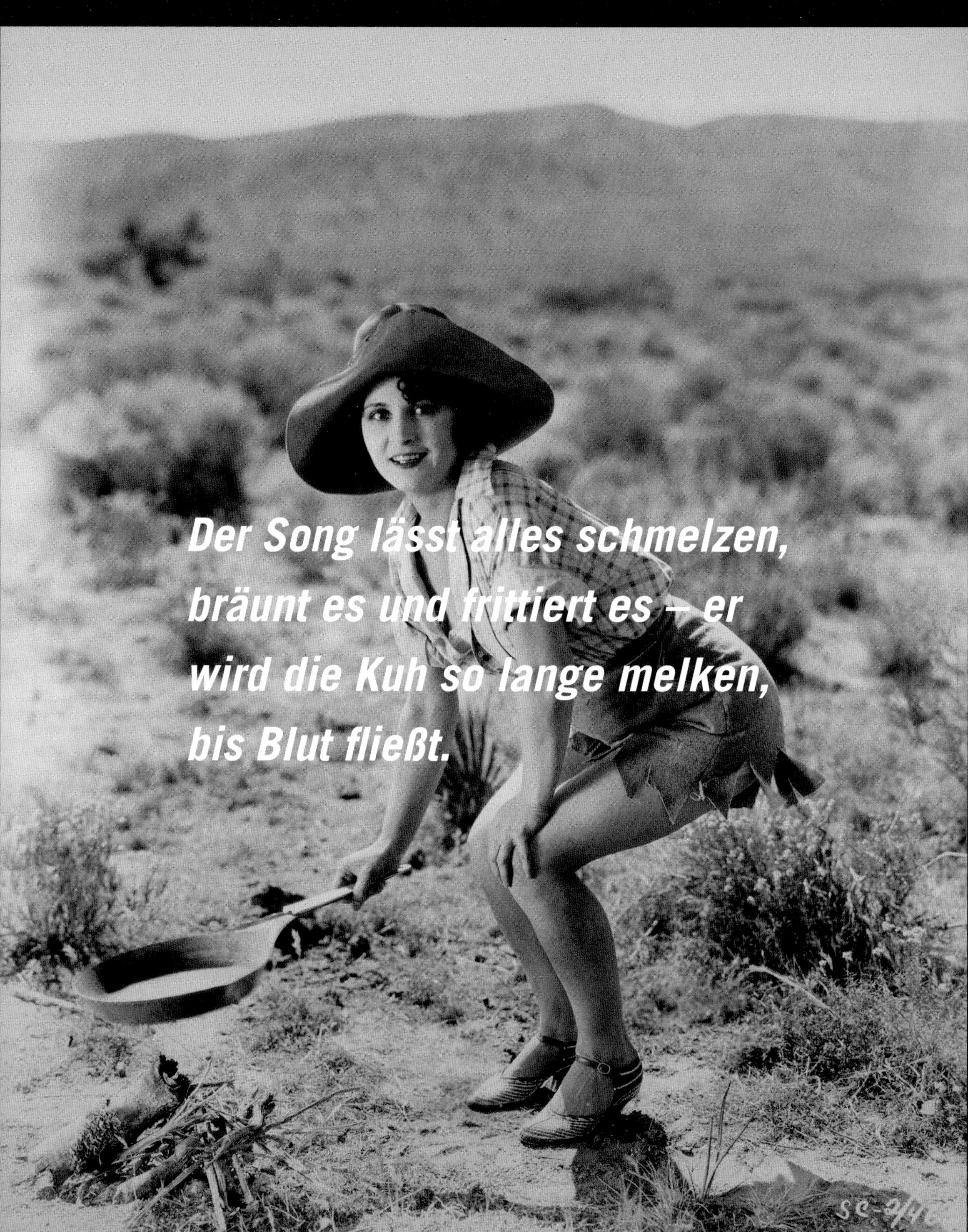
Der Song lässt alles schmelzen,
bräunt es und frittiert es – er
wird die Kuh so lange melken,
bis Blut fließt.

KAPITEL 48

KEEP MY SKILLET GOOD AND GREASY UNCLE DAVE MACON

Erstveröffentlichung als Single
(Vocalion, 1924)
Von Uncle Dave Macon

★ ★ ★

DAS IST EIN HOCHOFEN VON EINEM SONG, und er steigt über dich drüber – räuchert dein Fleisch und zersetzt dein Gehirn. Er hängt an der Flasche. Der Vorfahr aller Kochshows – ein echter Renner. Gefettet, gut geölt, so richtig schön zum Brutzeln bereit.

In diesem Song sind deine Identitäten miteinander verwoben, jede einzelne ist das Ebenbild der anderen. Du bist der Dalai Lama, der Black Monk und der Dieb von Bagdad, alle in einem, und die ganze Welt ist deine Stadt. Du treibst dich herum und klaust, schleichst dich ins East End, zurück dorthin, wo du hergekommen bist, in die Wildnis und ins Gebüsch – zurück nach Chinatown und Little Italy – Satteltaschen voller Gerste und Maisbrot, Rosmarin und Efeu, du hast ganze Schinken in der Tasche. Du bist von Maulkorb und Leine befreit, spazierst des Nachts auf krummen Touren über die Royal Road, stiehlst Truthahnschenkel und alles, was süß und scharf ist, schlenderst über die Tabakfelder wie Robin Hood, grillst und schmorst, was dir in den Blick kommt. Packst dir alles aufs Brot und spülst es mit Pflaumenschnaps runter. Jeden Tag wachst du auf – du fragst dich, wirst du heute wieder die Hand an den Pflug legen, wirst du ackern, malochen, wirst du dich zu Tode schuften, nur um deinen Lebensunterhalt zu verdienen – nein, das wirst du nicht, das ist vorbei.

Du machst von dir reden, wirbelst Staub auf, und die Leute sind hinter dir her. Scharfschützen, Heckenschützen, Oger sind dir auf den Fersen, aber du machst dir deshalb keine Sorgen, schreckst nicht davor zurück, hast vor niemandem Angst. Unter Beschuss reagierst du furchtlos – hast Löwenmut. Du bist gemischter Herkunft, bisexuell, zölibatär, aus Blechteilen, Kupfer und Schmiedeeisen zusammengeschraubt, mit Butterfett und Essig verarztet, die können dir nicht das Wasser reichen, du wirst sie entmannen, ihnen das Maul stopfen und sie unter den Beton bringen. Du bist ein Freigeist, großzügig, verbindest die Wahrheit mit dem Vergnügen und sprichst es offen aus – fickst und furzt dich mit Dörrpflaumen und Rizinusöl aus aussichtslosen Situationen heraus – schmeißt die Wiener und Leberwürste in die Pfanne und kostest alles. Vielleicht machst du eines Tages mal langsamer, ziehst die Schuhe aus, schnallst den Gürtel ab, nimmst dir Urlaub, aber nicht jetzt.

Du bist Long John Silver und hast Schlangen in den Stiefeln, Glückskekse und Donuts mit Zuckerguss, und du trinkst Eiskaffee – isst getrocknetes Rindfleisch und Schweinebraten, verschlingst Unmengen Bostoner Cremetorte und gefüllte Biskuitrollen wie ein Konditor, dir gehört die komplette Nahrungskette, und du wirst sie am offenen Feuer garen, perfekt rösten.

Du bist der Mann mit dem Pfannenwender am glühend heißen Grill, zu jeder Minute eines jeden Tages, zu jedem Zeitpunkt. Du beherrschst den Markt, haust Angebote raus, machst mit allen Geschäfte. Du hast das Gewehr, mit dem der Westen erobert wurde, ein todsicherer Selbstschutz, und den Impuls zum Abfeuern. Triffst Zehn-Cent-Stücke in der Luft, schießt deiner Freundin Zigaretten aus dem Mund, machst sie betrunken mit kanadischem Whiskey und Sangria, verwandelst sie in eine Schnapsdrossel. Du leckst dir die Lippen, wenn du dir die ganzen Schufte anschaust – den Schläger, den Schmarotzer, den Zuhälter, alle sollen sie einen tödlichen Bissen bekommen – du räucherst sie und schmorst sie, du hast von Anfang an alles in Gang gebracht. London Broil, Rumpsteak, Lamm-

PORK CHART

RETAIL CUTS OF PORK - WHERE THEY COME FROM AND HOW TO COOK THEM

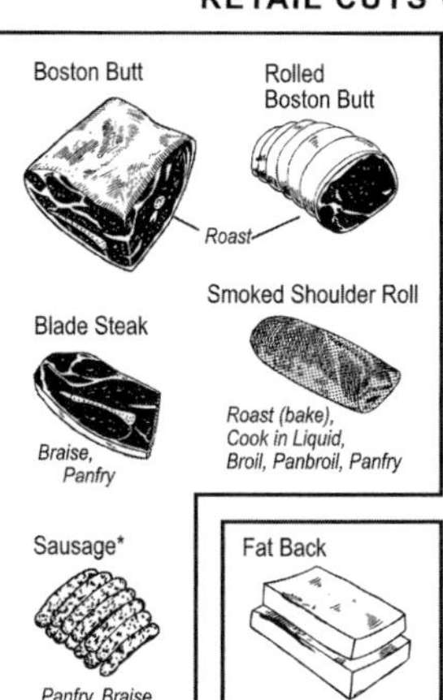

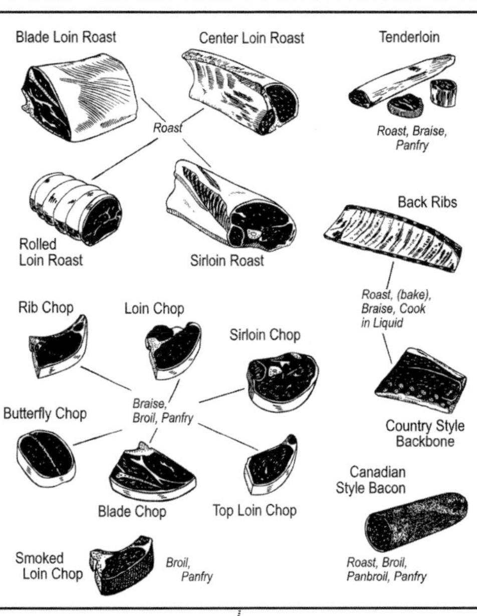

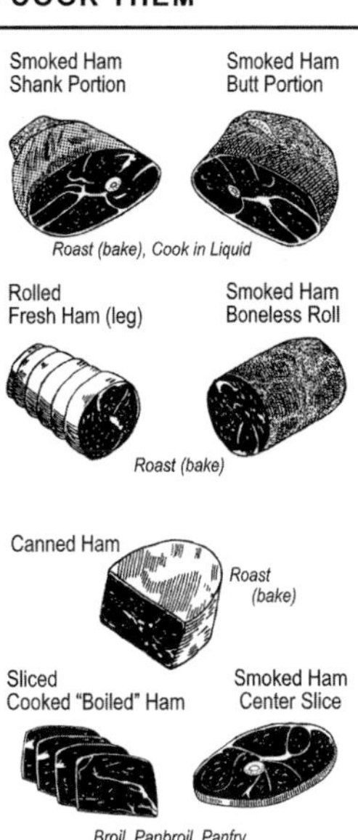

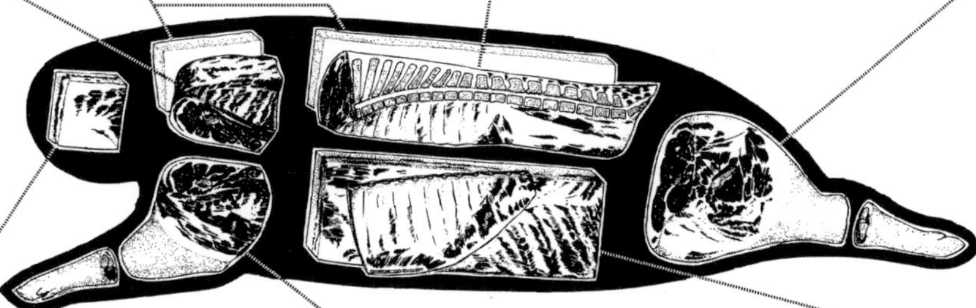

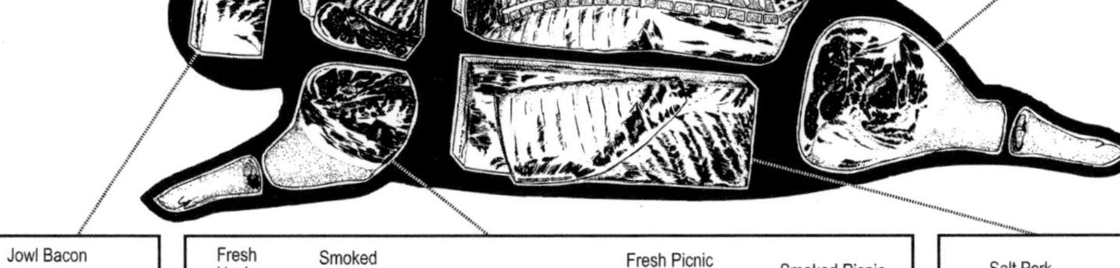

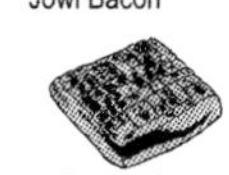

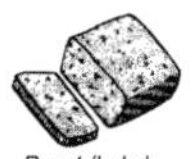

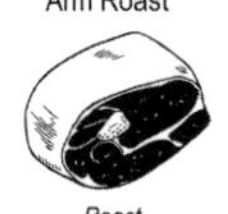

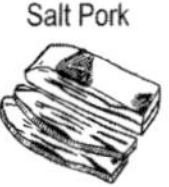

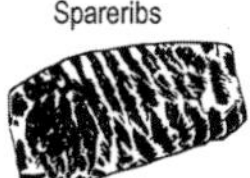

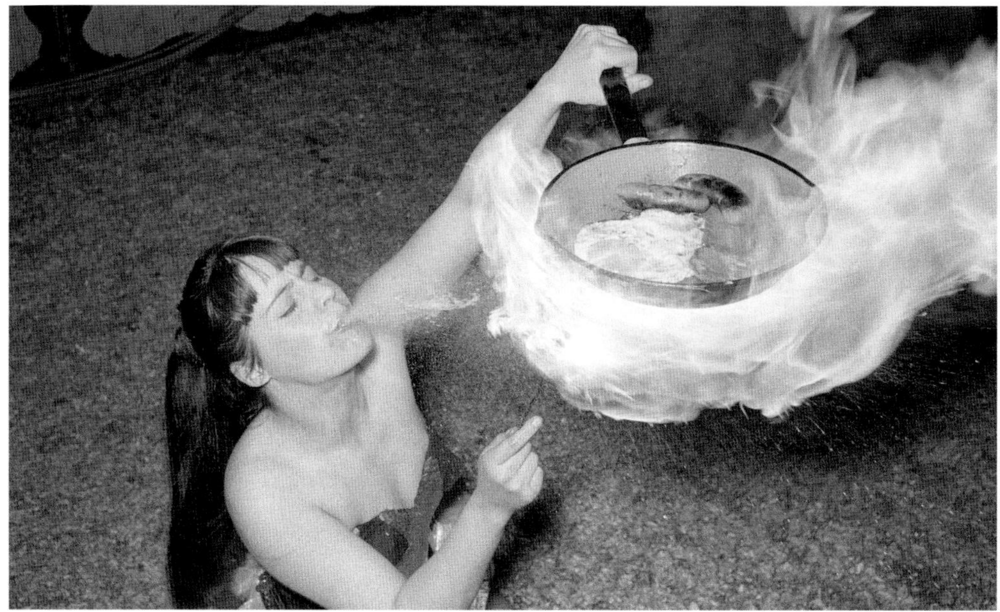

keule, du kochst und wärmst es auf wie ein Küchenchef am warmen Buffet. Drumsticks, Hush Puppies und Chicken Gizzards, was du auch siehst, du grillst es und röstest es rund um die Uhr, gehst von Haus zu Haus und von Straße zu Straße, gibst die Fackel von einer Hand in die andere weiter.

Der Song ist wie ein Stummfilm – keine Unregelmäßigkeiten, nichts Schnelles, nichts Langsames, er zeigt, was er hat. Es ist ein geeinter Song, alles befindet sich in ständiger Bewegung, alles hängt zusammen, die Form zieht sich durch, folgt keiner Linie, ein Teil kann ohne Weiteres durch einen anderen ersetzt werden. Er ist verwegen, imposant, stolz und aufsässig – er hat den Finger fest am Abzug, den kleinsten am Knüppel. Kekse und Pfannkuchen, grüne Zwiebeln und Eisbergsalat, und es ist so heiß, dass du dir eine Verbrennung dritten Grades holst. Der Song lässt alles schmelzen, bräunt es und frittiert es – er wird die Kuh so lange melken, bis Blut fließt. Der Song ist ein Geistführer und wird in fremden Ländern als Dolmetscher dienen.

★ ★ ★

DER SONG IST DEM ROCK 'N' ROLL UM ungefähr fünfzig Jahre voraus. Worum geht's? Er handelt von einem zufriedenen Herumtreiber, einem Hühnerdieb. Bluegrass-Bands machen so was, aber der Song entfaltet seine Wirkung nur, wenn das Wort «time» dreimal wiederholt wird. So wie Uncle Dave das macht. Dadurch funktioniert er sozusagen. Der Song ist ein gutes Beispiel dafür, warum Reden nicht wie Singen ist. Niemand sagt «Come here, here, here» oder «I'm gonna do that, that, that». Aber wenn man es singt, ergibt es eine Menge Sinn.

Manchmal fragen Leute Songwriter, was ein Song bedeutet, weil sie nicht begreifen, dass sie schon im Song mehr Wörter verwendet hätten, um etwas zu erklären, wenn sie diese gehabt hätten. Dieser Song handelt von der Wiederholung – all the time, time, time, home, home, home.

Die Wiederholung verleiht ihm Struktur wie ein Spalier, das eine Rebe stützt. Sie lässt den Song dorthin wandern, wohin er will. Zwei Zeilen in der ersten Strophe, eine in der zweiten, in der dritten und der vierten, dann wieder zwei, eine und zum Schluss drei. Die Struktur ist im Fluss, Wörter und Formulierungen werden erfunden – «a ham of meat». «Fell on the hog with all his grip». Charaktere kommen und gehen – wer ist Mandy und wieso trinkt sie, ist sie dasselbe Mädchen, dem die Hütte gehört, und wer ist der Mann auf dem Holzklotz? Aber eigentlich spielt das alles keine Rolle, weil die Pfanne des Sängers gut gefettet ist – all the time, time, time. Und was heißt das? Es klingt nach großspuriger Erotik, aber der Song ist keine erweiterte sexuelle Metapher. Vielmehr geht es ums Kochen und ums Klauen, Saufen und Tanzen, um Bluthunde und Schweine. Es handelt sich um eine Reihe von Schnappschüssen, zufälligen Momentaufnahmen, die ein größeres Bild heraufbeschwören.

Der Song folgt seinen eigenen Regeln, egal was man sich dabei denkt oder nicht denkt. Mit aristotelischer Logik hat er nichts am Hut. «Baby, if you tell me not to work, that's good enough for me. I won't work no more.» Uncle Dave hat Phrasierungen eingebaut ohne Ende, und das damals schon. Man muss nur versuchen, die letzte Strophe zu singen, ohne Phrasierungen reinzuhauen.

Das ist Chuck Berry Jahre vor seinem ersten Duckwalk. Bei beiden wird deutlich, dass sie von «ham of meat» bis «coolerator» eine Sprache erfinden. Das «blip/zip» von «gun» und «bullet» findet Widerhall in Chucks «bolt of thunder and streak of heat» aus «Jo Jo Gunne».

Wie weit ist es von dort zu Kristoffersons «He's a walking contradiction, partly truth and partly fiction»? Ist das dieselbe Botschaft, nur für ein anderes Publikum? Oder wie Sly gesagt hätte, «different strokes for different folks».

Ist Uncle Dave Macon also Rock and Roll? Nicht mehr und nicht weniger als Chuck Berry. Aber das ist nicht der Grund, warum man die beiden hört, sondern einfach nur der Sack, in den man sie steckt. Man hört sich das an, weil es in gewisser Hinsicht nach Heimat klingt, nach «home, home, home».

Der Song ist mit dem Talking Blues verwandt. Er klingt wie Walt Whitman, wäre er Musiker gewesen. Da steckt wahnsinnig viel drin. Außerdem wird er mit Resonator am Banjo gespielt. Es scheppert und schreit wie eine elektrische Gitarre. Der Mann ist ein Dieb. Er klaut Fleisch, er klaut Hühner und macht seine Frauen schön betrunken. Über Unterhaltungskünstler wird gesagt, dass sie zwar gut singen und spielen, aber keine guten Menschen sind. Dieser Song verrät, warum.

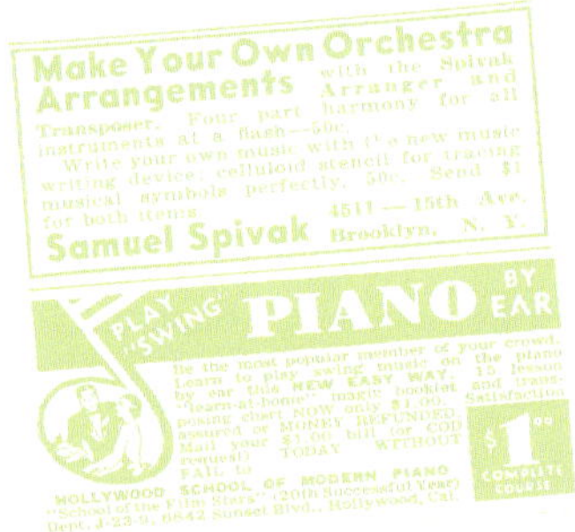

KAPITEL 49

IT'S ALL IN THE GAME TOMMY EDWARDS

Erstveröffentlichung als Single

(MGM, 1958)

Musik von Charles G. Dawes

Text von Carl Sigman

★ ★ ★

CARL SIGMAN SCHRIEB DEN TEXT ZU DIESEM SONG, aber Charles Dawes, der später unter Calvin Coolidge Vizepräsident wurde, komponierte die Melodie mindestens vierzig Jahre vorher. Es ist nicht ungewöhnlich, dass Politiker Melodien und Songs schreiben – Jimmie Davis hat «You Are My Sunshine» geschrieben. Die Praxis setzt sich bis in die Gegenwart fort, der frühere Politiker Mike Huckabee komponiert ebenfalls und ist außerdem ein versierter Bassist. Nixon und Truman spielten klassische Musik auf dem Klavier. Und Bill Clinton spielt Tenorsaxophon. Lyndon Johnson hat sich angeblich die Zeit mit einer Mundharmonika vertrieben.

Jedenfalls ist Carl ein erstklassiger Textschreiber, er schrieb Texte zu bereits existierenden Melodien und übersetzte viele fremdsprachige Songs, die dadurch zu amerikanischen Hits wurden. Er schrieb den unglaublich mystischen Text zu «Ebb Tide». Tommy Edwards war Rhythm and Blues-Sänger, er bediente dasselbe Genre wie Little Willie John oder Joe Williams. Beide hätten den Song singen und zum Hit machen können. Die vielen auf dem Klavier gehämmerten Achtel treiben den Song an. Für eine Ballade ist er äußerst

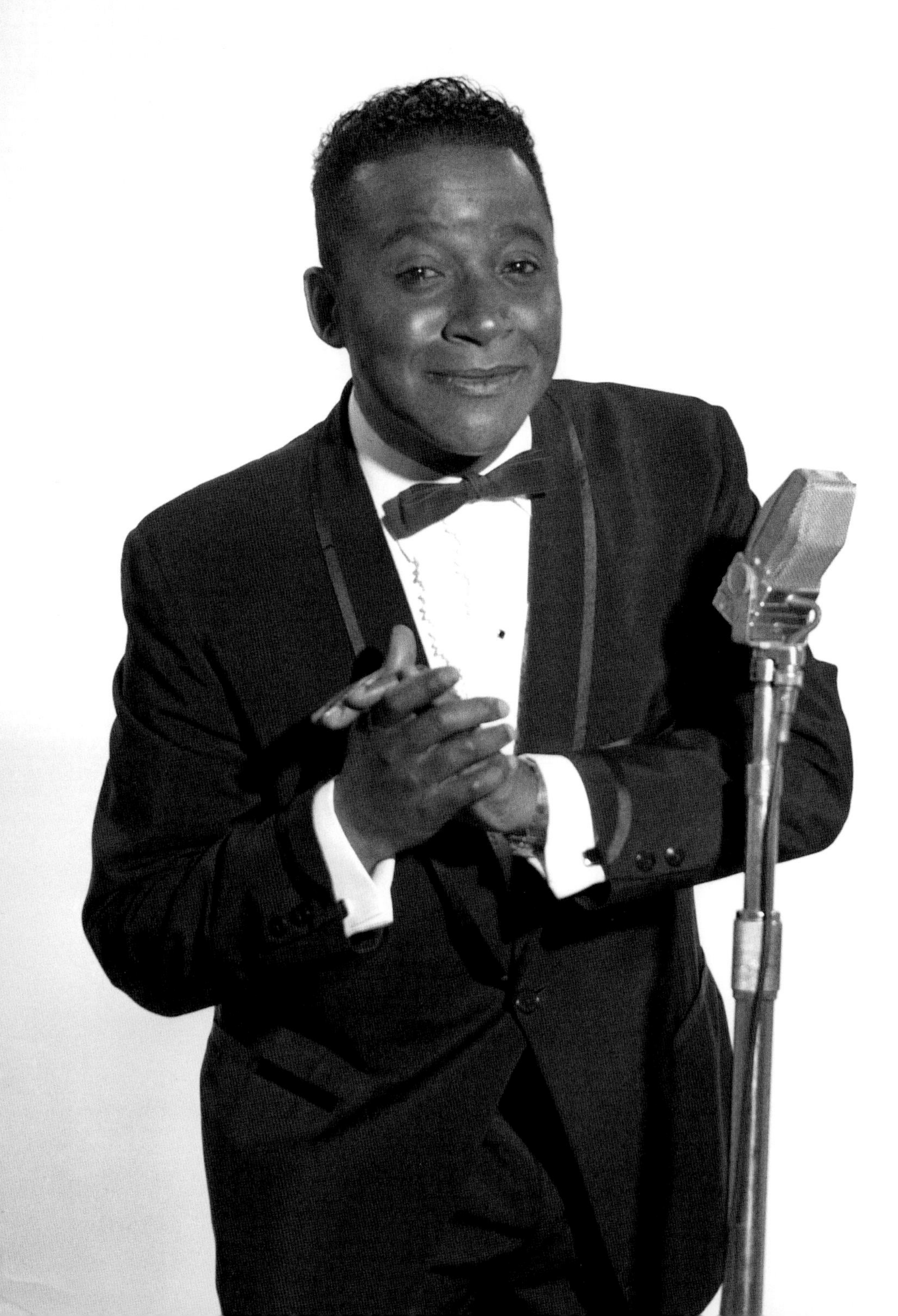

raffiniert. Zu seiner Zeit konnte man Jitterbug oder langsam dazu tanzen. Entscheidend ist aber das Arrangement. Heutzutage hört man nicht mehr viele seiner Art. Es ist sehr durchdacht, auf der Stimme liegt viel Hall, und bei den Streichern überlagern sich die Gegenparts, mehrere Stimmen füllen die Lücken, kommen sich aber nirgendwo in die Quere. Damals wurden die Namen der Arrangeure nicht genannt, wir wissen also nicht, wer den Song arrangiert hat. Egal wer, er musste sich ganz bestimmt nicht hinter Nelson Riddle und solchen Leuten verstecken.

Dawes diente unter Calvin Coolidge und taucht als Figur auch in Randy Newmans «Louisiana 1927» auf. Darin besucht Silent Cal den Fluss, um sich ein Bild über das Ausmaß der Katastrophe zu machen. Hier hat Cal sich längst fest am Schreibtisch etabliert, nachdem er Charles Dawes aufgefordert hatte, als Vizepräsident mit ihm zu kandidieren. In Anbetracht der häufig belächelten Bedeutungslosigkeit des Vizepräsidentenamts – unser erster Vizepräsident, John Adams, bezeichnete es als das «unbedeutendste Amt, das ein Mensch je erfunden oder ersonnen hat» – hatte Dawes jede Menge Zeit, an seinen Fertigkeiten als Songschreiber zu feilen.

Carl schrieb den Text vierzig Jahre, nachdem Dawes die Melodie komponierte, und noch einmal sieben Jahre später hatte Tommy Edwards einen Hit damit. Manchmal muss ein Song einfach seine Zeit finden. Dann wieder muss er gleich am nächsten Tag raus auf die Straße.

Und was das Spiel der Liebe betrifft, bisweilen kann man ein Spiel als Zuschauer oder Beobachter viel besser verstehen oder verfolgen als diejenigen, die es spielen.

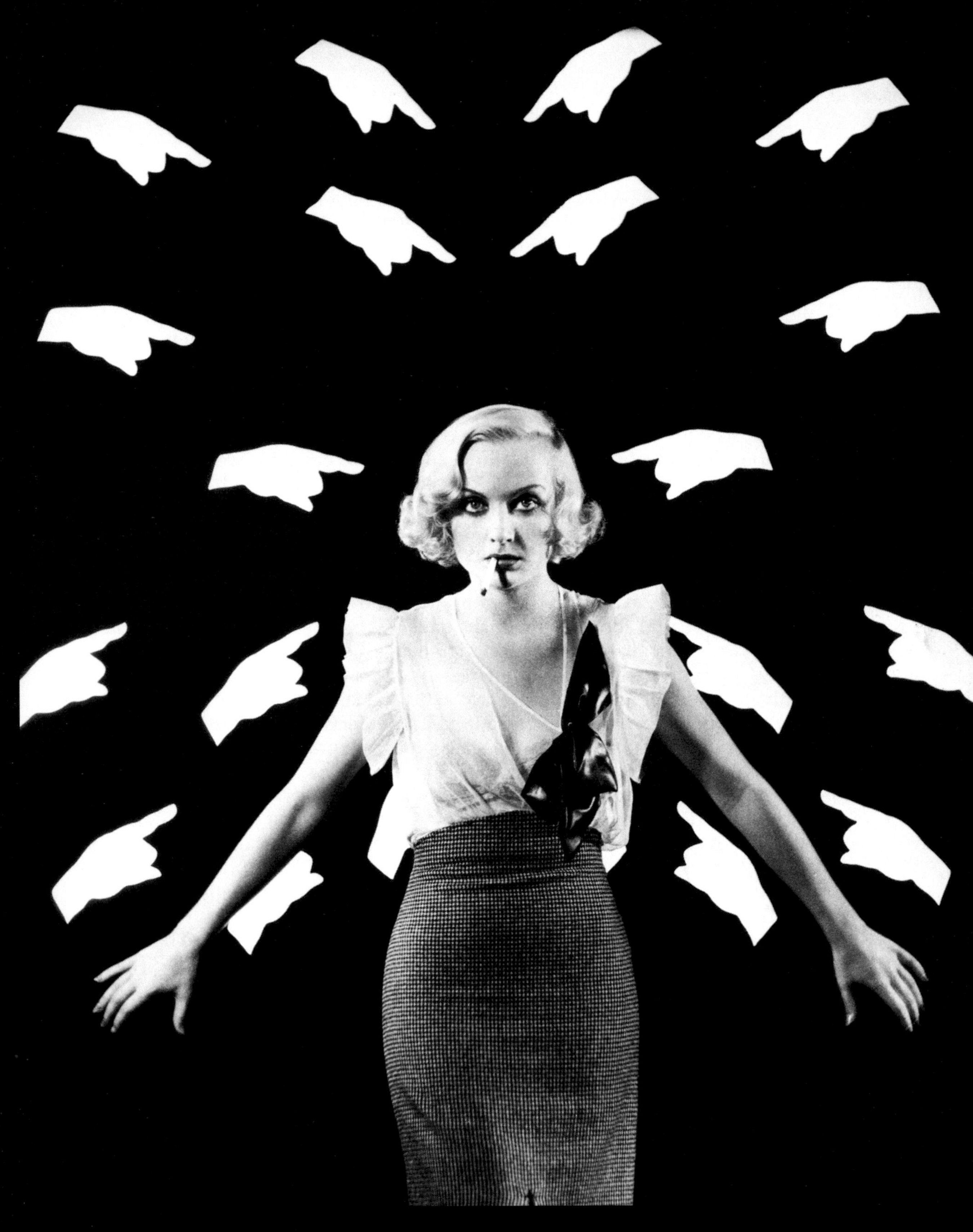

KAPITEL 50

A CERTAIN GIRL
ERNIE K-DOE

Erstveröffentlichung als Single

(Minit, 1961)

Von Naomi Neville alias Allen Toussaint

★ ★ ★

ERNIE K-DOE IST DER, DEN DU KENNENLERNEN und mit dem du zu tun haben willst. Der Mann weiß, wie man ein Geheimnis bewahrt. Er verrät niemandem etwas. Du musst dir keine Sorgen machen, dass er hinter deinem Rücken auspackt oder Geld für etwas kassiert, das er über dich weiß. Oder dass er dir in den Rücken fällt. Er rückt keine Informationen raus. Er ist kein Spitzel, kein Spion, kein Verräter. Du kannst dem Mann trauen. Der Typ würde dir nicht einmal den Namen seiner Freundin verraten, so einen willst du an deiner Seite wissen.

Ganz im Gegensatz zu «Do You Want to Know a Secret». Von dem Typen solltest du dich fernhalten. Nicht genug, dass du ihm die Informationen nicht aus der Nase ziehen musst, er drängt sie dir vielmehr ungebeten auf. Das ist einer, der den Mund nicht halten kann – so einer könnte dich dein Leben kosten oder dich in eine Situation bringen, in der du ihn umbringen musst, damit es dich nicht dein eigenes Leben kostet.

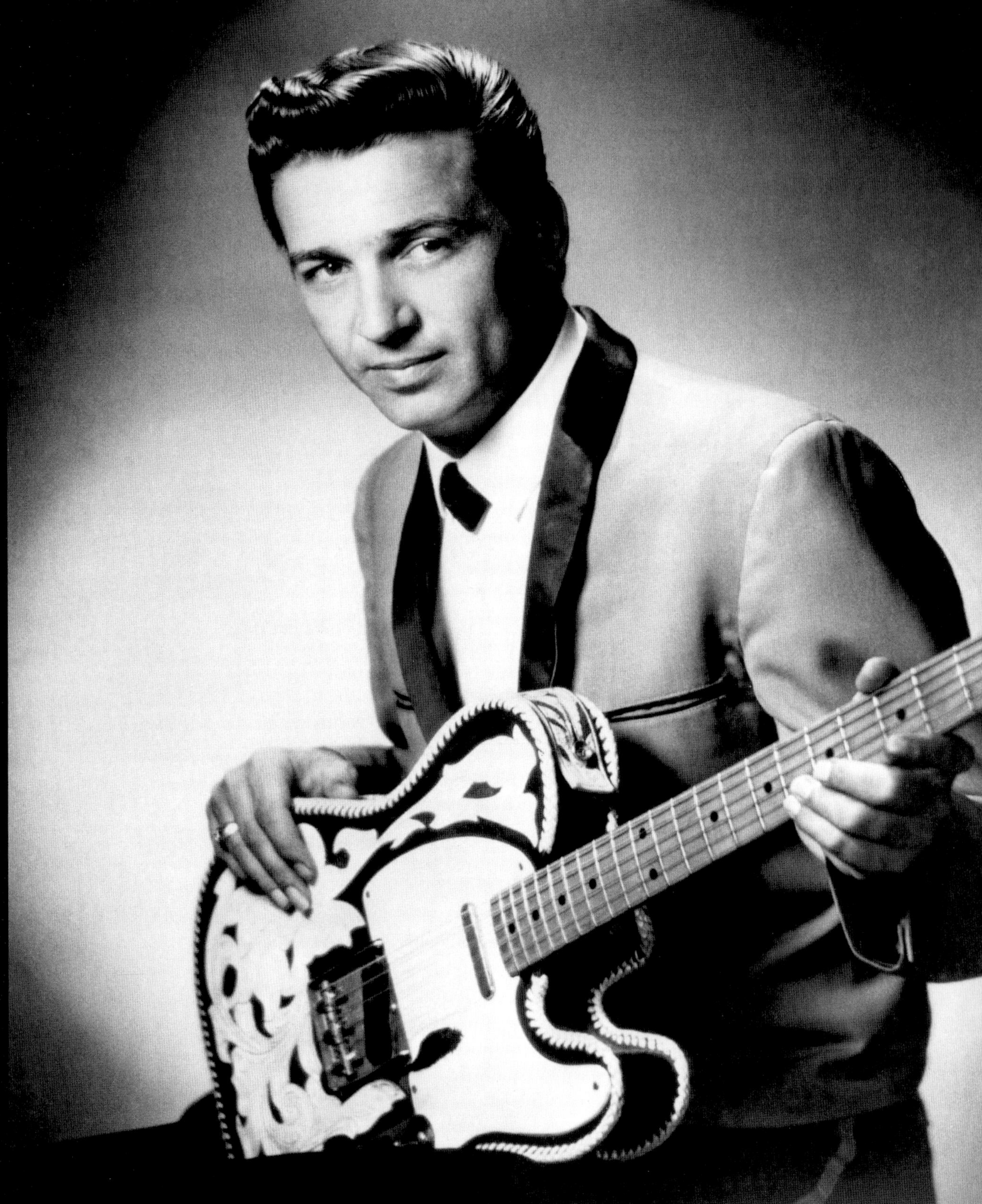

KAPITEL 51

I'VE ALWAYS BEEN CRAZY
WAYLON JENNINGS

Erstveröffentlichung als Single

(RCA, 1978)

Von Waylon Jennings

★ ★ ★

DAS IST EIN SONG, IN DEM DU DER FRAU, die sich überlegt, dir ihr Herz zu schenken, einen sauer erworbenen Rat gibst. Du bist ehrlich, auf dem aufsteigenden Ast, du willst nicht, dass sie sich falsche Vorstellungen von dir macht. Anders formuliert, es könnte sein, dass du zu gut bist, um wahr zu sein. Du bist aufrichtig, und sie soll wissen, dass du der Richtige für sie bist, aber du weißt nicht, ob sie begreift, worauf du hinauswillst.

Du hast eine komplizierte Vergangenheit, man hat dir Steine in den Weg gelegt, dich ausgebremst wegen einiger Fehltritte, menschlicher Irrtümer – Missetaten und dumme Fehler, du hast einiges verbockt. Warst sogar mal bei einer Gegenüberstellung und wurdest für Verbrechen verantwortlich gemacht, die du nicht begangen hast, du wurdest eingesperrt für Dinge, mit denen du nichts zu tun hattest. Du willst die Frau schützen und so authentisch wie möglich sein, knipst das Licht an in ihrem Kopf, damit sie sieht, wer du bist. Keine Angeberei, keine Prahlerei mit deinem Leben, du machst keine Werbung für dich. Du willst ihr nur sagen, dass du zwar ein paar üble Dinge gemacht hast, dir aber auch ganz schön viel Übles widerfahren ist, und nichts davon geschah mit Absicht oder Vorsatz.

Es ist nur so, dass dein Leben alles andere als glatt verlaufen ist. Du hängst es nicht an die große Glocke, du willst sie nur warnen, sollte sie dir ihr Herz schenken, könnte das ein kalkuliertes Risiko sein.

Du willst nicht die Kurve kratzen oder ein neues Kapitel aufschlagen – dafür fehlt dir das Motiv, du willst sie nur schützen und dich selbst entmythologisieren, denn du bist auf jeden Fall schwer einzuordnen. Bist du einer, dem man wegen seiner Taten huldigen und applaudieren sollte, oder muss man dich kritisieren und an den Pranger stellen, da bist du dir wirklich nicht sicher. Du willst, dass sie all das weiß – weiß, worauf sie sich einlässt.

Die meisten Männer würden mit einer Frau nicht so reden, die sich überlegt, sich in sie zu verlieben, aber du bist nicht wie die meisten. Du warst immer schon anders, ein komischer Vogel – du hast einen Dachschaden, aber du hattest noch nie nicht alle fünf Sinne beisammen.

Kann sein, dass du in diesem Song ein bisschen vorschnell bist – du erklärst dich gegenüber einer Person, die gar nicht darum gebeten hat.

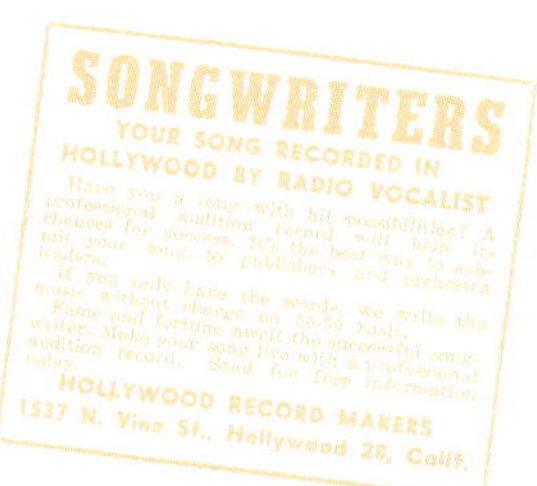

★ ★ ★

MANCHMAL ZEIGEN SICH LIEBESLIEDER in verschleierter Form. Ein Liebeslied kann sich hinter allen möglichen Emotionen verstecken, zum Beispiel Wut und Verbitterung. Songs können fröhlich klingen, aber einen tieftraurigen Abgrund bergen, während einige der traurigsten im Kern einen riesigen Quell der Freude transportieren. Dieser hier lässt sich auf unterschiedliche Weise betrachten. Auf den ersten Blick geht es um Verrücktheit und Wahn. Aber das könnte ein typischer Trugschluss sein – eine Unterscheidung ohne Unterschied. Schauen wir genauer hin. Angenommen Waylon stünde unter Mordanklage und wollte seinem Anwalt mit diesem Song erklären, dass er vor Gericht nicht auf Unzurechnungsfähigkeit plädieren möchte. Er will lieber etwas Verrücktes tun und wie ein Mann dazu stehen. Der Antrag auf Unzurechnungsfähigkeit würde ihn von der Welt ausschließen.

Als Eddie Cochran Ende der fünfziger Jahre «Nervous Breakdown» aufnahm, konnte er nicht wissen, dass der Song in modernen Ohren politisch nicht mehr korrekt klingen würde. Heutzutage ist ein Nervenzusammenbruch ein lächerlich breitgefasster Begriff für eine Vielzahl von Zuständen, und die Unterschiede zwischen den individuellen Besonderheiten der conditio humana sind häufig so hauchzart geschnitten wie die Kartoffelscheibchen einer Mahlzeit während der großen irischen Hungersnot in den 1840ern. Zweifellos werden viele diesen Vergleich ebenfalls als politisch nicht korrekte Karikatur betrachten, auch wenn die Kartoffel ein billiges Grundnahrungsmittel der irischen Bevölkerung war und 1845 die halbe Ernte wegen Pilzbefall ausfiel.

Natürlich ist Wissen etwas Gutes, aber ein potentiell gefährlicher Nebeneffekt könnte sein, dass wir mit größerem Wissen auch immer dünnhäutiger werden. Menschen versuchen sich auf unterschiedliche Weise davor zu schützen, dass ihre Nerven blank liegen – es gibt verschiedene stimmungsverändernde Substanzen, einige davon werden selbstverordnet, andere von der Regierung klassifiziert und verschreibungspflichtig gemacht. Aber sie alle wirken nicht präzise – sie ähneln eher Schrot als Scharfschützenmunition. Selbst wenn sie vorübergehend vielleicht helfen, wird doch jeder, der schon einmal mit einer Flinte gejagt hat, bestätigen können, dass das erlegte Kaninchen zwar schmeckt, man aber ziemlich lange auf dem Schrot herumkaut.

Bei vielen funktionieren Therapien, wobei Unterhaltungskünstler es leichter haben als andere. Anstatt ein Stundenhonorar dafür zu zahlen, dass jemand Interesse heuchelt und ihnen zuhört, während sie sich langatmig über ihr Leben auslassen, ruft ein gewiefter Bühnenmensch sein Publikum heran, schüttet ihm sein Herz aus und erntet dafür nicht nur Bewunderung, sondern darf auch noch eine hübsche Gage einstreichen. Welche Probleme hat Elvis abgearbeitet, als tausende von Teenagermädchen laut seinen Namen riefen? Mit welchen Todesängsten schlug sich Screamin' Jay Hawkins herum, als er Leuten Geld dafür abnahm, dass sie ihn aus einem Sarg steigen sehen?

Entertainer verstehen, dass eine gute Geschichte ein ausgezeichneter Rohstoff ist, den sie nicht einfach verschenken dürfen. Der Therapeut steht dabei auf der falschen Seite der Transaktion – hat man eine zugkräftige Geschichte zu erzählen, dass man zum Beispiel mit seinem Vater vögeln oder mit der Mutter schlafen möchte, warum sollte man einen Psychotherapeuten dafür bezahlen, dass er sich das anhört? Er oder sie sollte vielmehr dafür blechen, es sich anhören zu dürfen.

Natürlich ist die Gier der Öffentlichkeit unersättlich, und was gestern noch anzüglich war, gilt heute schon als langweilig. Einstige Erfolgsrezepte werden schnell zur Formel. Oder anders ausgedrückt, so dass man es gleichermaßen auf die Musik wie auf das Ausheben von Gräben beziehen kann – was einst als Spur begann, ist längst zum Gleis geworden.

Menschen beginnen zu schauspielern, um bessere Geschichten erzählen zu können und ihr Publikum nicht zu enttäuschen, egal ob es sich dabei um tausend weibliche Teenager oder einen einzigen Therapeuten handelt. Und an diesem Punkt wird aus Verrücktheit Unzurechnungsfähigkeit.

Bei vielen Künstlern weiß ich es nicht, aber ich bin bereit, Waylon beim Wort zu nehmen. Er mag verrückt sein, aber ich denke, unzurechnungsfähig ist er auf keinen Fall.

KAPITEL 52

WITCHY WOMAN
EAGLES

Erstveröffentlichung auf dem Album *Eagles*

(Asylum, 1972)

Von Don Henley und Bernie Leadon

★ ★ ★

DIE WITCHY WOMAN IST DIE OBDACHLOSE, sie ist die Frau mit einer Weltsicht – die progressive Frau – jugendlich, sonderbar und grotesk. Die Frau aus dem globalen Dorf im Nirgendwo – Zerstörerin von Kulturen, Traditionen, Identitäten und Gottheiten.

Ihre Schamlippen sind Fangeisen, und sie schüttet dich mit Kuhscheiße zu – eine echte Killerin, und du begegnest ihr zu Recht mit Misstrauen und Angst. Sie ist häuslich genug, dass die Uhr stehen bleibt, aber kein Schmusekätzchen. Sie trägt Perücken, künstliche Wimpern, Schmuck und Schminke. T-Shirt, Shorts und hohe Stiefel, Pelzmantel und Nickelbrille – schiefergraues Haar und Lippen wie guter Wein – sie reibt den Mittelfinger am Daumen und lässt Funken sprühen. Etwas an ihr lässt dich nicht los, es könnten die Upper und Downer sein, die Schlaftabletten, die Steroide oder auch goldenes Heroin. Was auch immer es ist, es lässt dich nicht los, und du scheinst einen tödlichen Schatten zu werfen. Wegen ihr haben deine Augen die Farbe von Blut und deine Haut die von Roter Bete. Sie ist die alte Kröte, die mit der Nase schaut und mit der Zunge riecht – sie weiß, wie du tickst, nennt dich Dickhead, One-eyed Willie oder Humpty-Dumpty.

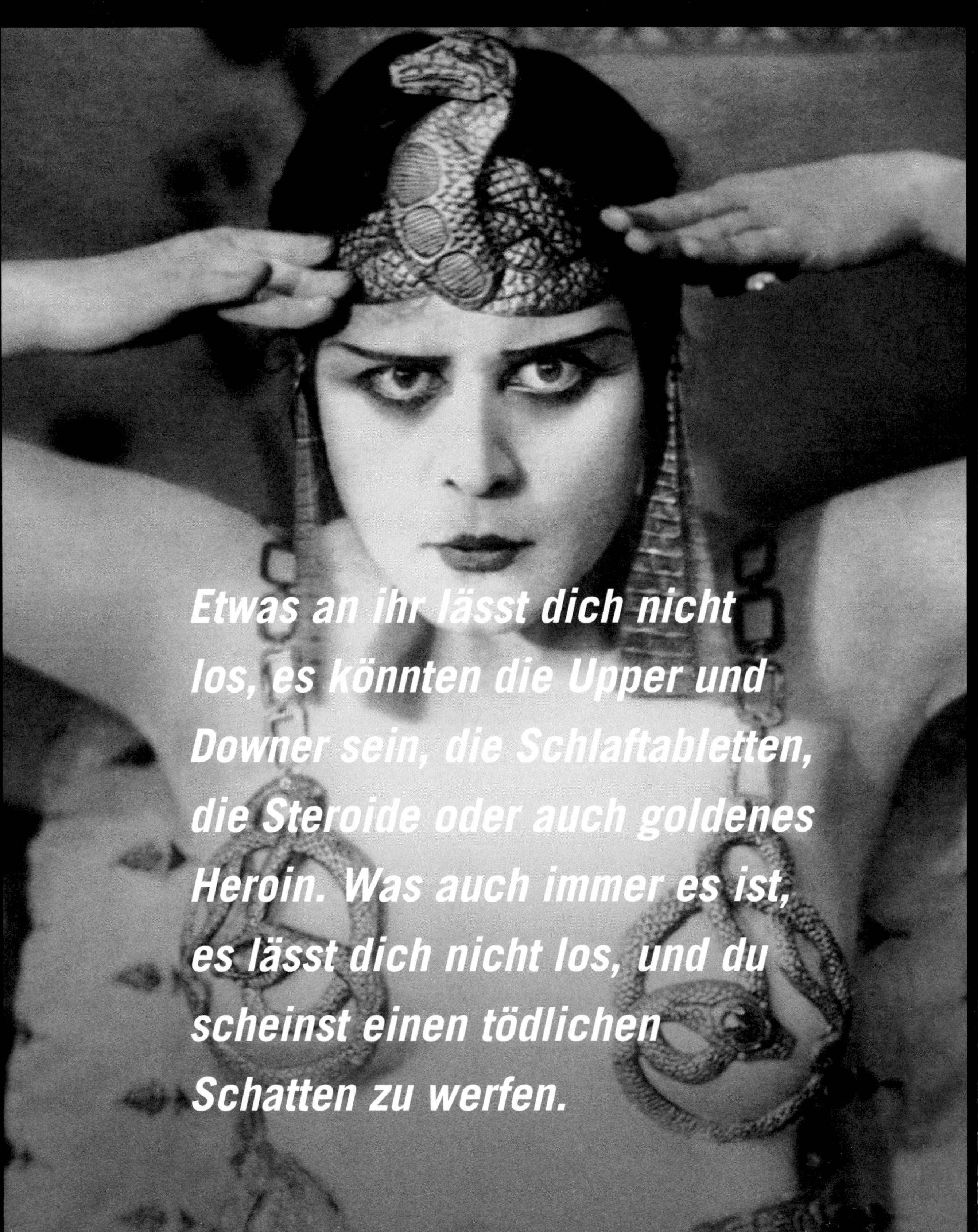
Etwas an ihr lässt dich nicht
los, es könnten die Upper und
Downer sein, die Schlaftabletten,
die Steroide oder auch goldenes
Heroin. Was auch immer es ist,
es lässt dich nicht los, und du
scheinst einen tödlichen
Schatten zu werfen.

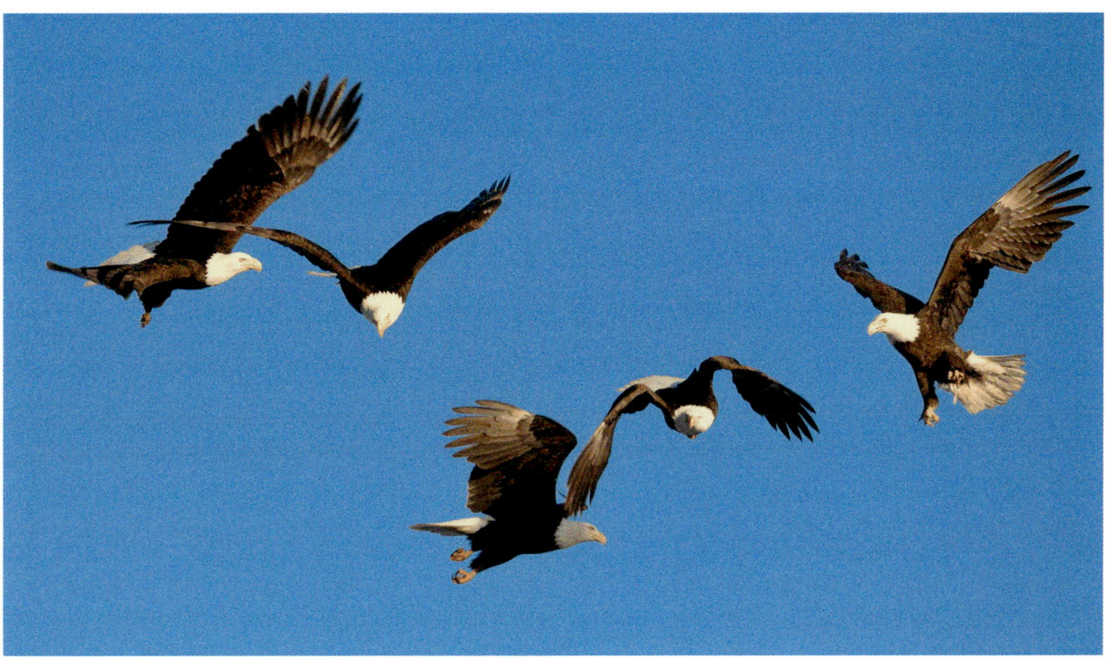

Die alte Henne ist leicht reizbar, hat alles Heilige und Reine aus deinem Leben verbannt, dich in einen kindlichen Zustand zurückversetzt. Sie ist scharf wie Pfeffer, schmeckt widerlich, eine wirklich irre Schlampe, sie hat dich zum Gefangenen deiner inneren Dämonen gemacht.

Lass mich dir eins sagen, Bruder, pass lieber auf dich auf. Du warst mal ein ungeschliffener Diamant, hattest ein reines Gewissen und saubere Hände – jetzt bist du ein eingebildeter, wertloser Kerl mit bösem Charakter – der Abschaum der Erde, und sie hat es echt satt mit dir. Wie stehen die Chancen, dass du überlebst? Du wirst deine Manieren vergessen müssen, Schluss machen mit Höflichkeit und dir besser eine Löwenhaut überziehen.

Das ist ein Song, dem man nur schwer beipflichten kann. Er handelt von Luftgeistern. Er ist trostlos und düster – streut dir Asche in den Mund.

★ ★ ★

BOB LUMAN SCHRIEB 1954 den Rockabilly-Song «Twitchy Woman», nahm ihn auf und veröffentlichte ihn als B-Seite bei Imperial. Bis heute ist er einer seiner weniger bekannten Songs geblieben. Vierzehn Jahre später strichen Bernie Leadon und Don Henley den ersten Buchstaben aus dem Titel und starteten Henleys Songwriter-Karriere mit einem Text, der eine Mischung aus Succubus und Wunderheilerin beschreibt, zu gleichen Teilen singende Verführerin wie Jazz Age-Opfer – Vorstellungen, die zumindest teilweise auf seine Lektüre von Nancy Milfords Biografie über Zelda Fitzgerald während eines grippebedingten Fiebertraums zurückgehen.

Ich frage mich, warum noch nie jemand einen weiteren Buchstaben gestrichen und einen Song über eine «Itchy Woman» aufgenommen hat.

Witchy Women, Hexenköniginnen oder schlicht in schwarzer Magie bewanderte Frauen kamen in Songs nie gut weg. Peter Green schrieb über eine, die ihn so blind gemacht hatte, dass er nicht sah, wer ihn in einen Teufel verwandeln wollte. Er kam kaum in die britischen Top 40 damit, aber als Carlos Santana den Song coverte, kletterte er auf Platz 4.

Marie Laveau war die Hexenkönigin von New Orleans und die erste ihrer Abstammungslinie, die unversklavt in Amerika geboren wurde. Sie lebte als freie Frau in der St. Ann Street in Fußnähe zum Lake Pontchartrain, wo sie im Rahmen von Zeremonien und Feierlichkeiten ihre Begabung als Hellseherin, Mystikerin, Wunderheilerin oder schlicht als eine Person zur Geltung brachte, die zu kennen von Vorteil war, wenn man jemanden mit einem Fluch belegen wollte. Wahrscheinlich wäre sie heute vergessen, hätten inbrünstige Inquisitoren keine Leitartikel in der Tageszeitung *Picayune* in New Orleans veröffentlicht und sie als «treibende Kraft und Seele des schändlichen Voudous» bezeichnet.

Madame Laveau tat die Angriffe lachend ab, sie war als Geschäftsfrau clever genug, um zu wissen, dass ihr schlechter Ruf nur die Nachfrage nach ihren besonderen Dienstleistungen steigern würde, vermutlich handelte es sich um eines der ersten überlieferten Beispiele von Markenentwicklung. Aber ich bezweifle, dass selbst die weit in die Zukunft schauende Miss Laveau geahnt hat, welche Popularität sie nach ihrem Tod 1881 später im 21. Jahrhundert als Touristenattraktion mit dazugehöriger Souvenir-Industrie erlangen sollte.

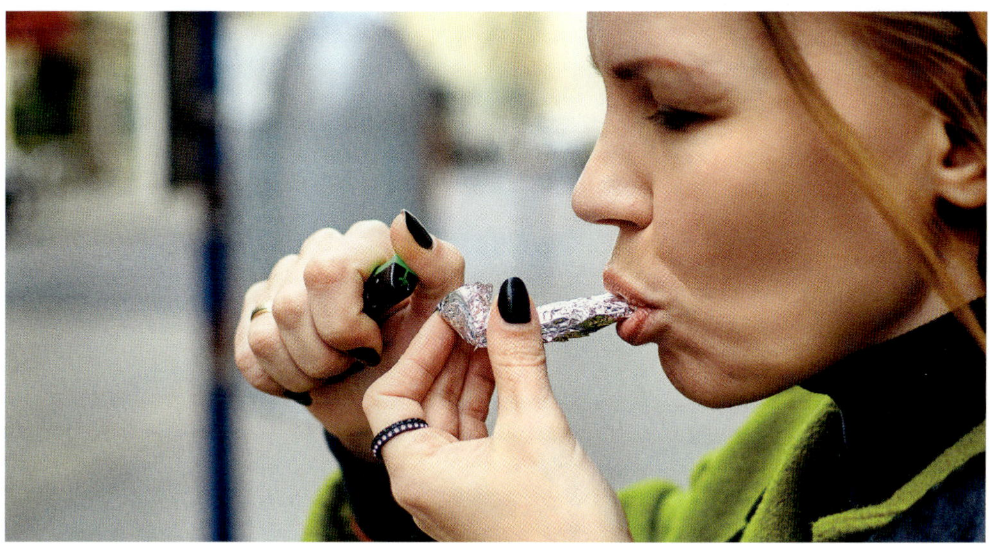

Sie wurde in mehreren Songs gefeiert, am denkwürdigsten vielleicht die von Redbone und Bobby Bare. Beide sind gut, aber ich muss Bobby den Vorzug geben, der Text von Shel Silverstein handelt vom Zahn einer schwarzen Katze und einem dreibeinigen Hund.

Die nach der Hexenkönigin benannten Läden in der Bourbon Street, in denen Talismane und gesegnete Hühnerkrallen feilgeboten werden, waren nicht die Ersten, die aus der Angst vor dem Unbekannten Kapital schlugen. In Salem, Massachusetts, fanden Gerichtsverhandlungen wegen des Vorwurfs der Hexerei statt. Bei diesen Prozessen ging es um Religion, Politik und Geschlechterfragen. Auf beiden Seiten gab es Extremismus, Menschen erfanden Fakten und ignorierten den gebotenen Lauf des Gesetzes. Es gab Tote. Und heute werden an diesem Ort Eintrittskarten und Souvenirs verkauft, Leute verkleiden sich zum Spaß und fotografieren sich gegenseitig.

Als Bernie und Don den Song schrieben, als zweite Single der Eagles, hatten wohl alle eine bestimmte Vorstellung von einer Hexe im Kopf. Eine Hexe hat rabenschwarze Haare, sie lässt Funken sprühen und tanzt mit irrem Gelächter nachts im Mondschein. Wir kennen sie alle. Und sollten wir Zeldas Absinthlöffel für einen Kokainlöffel gehalten haben, wäre das auch okay. Immerhin war es das Jahr 1972. Hexen verwendeten inzwischen andere Zaubertränke.

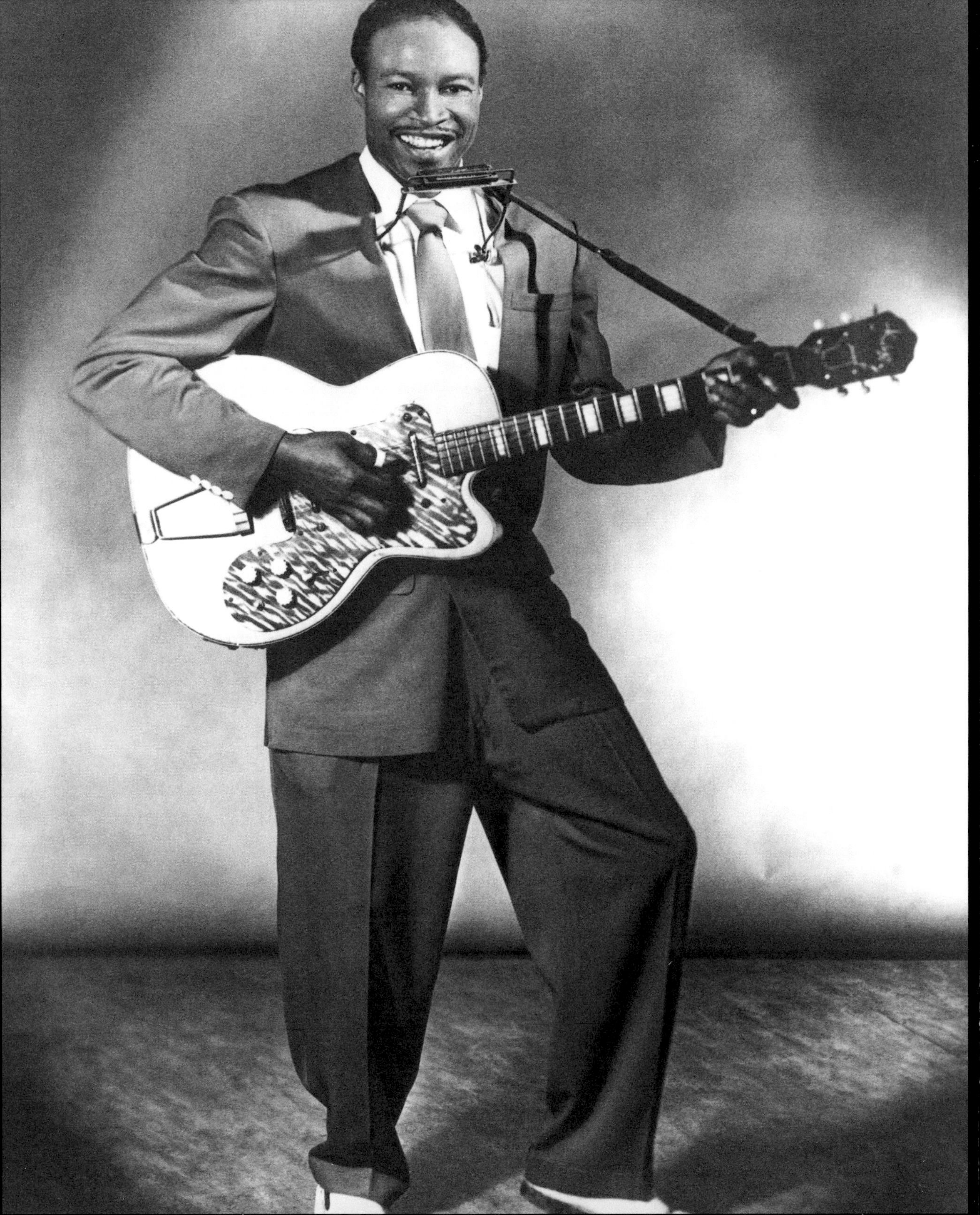

KAPITEL 53

BIG BOSS MAN JIMMY REED

Erstveröffentlichung auf dem Album *Found Love*

(Vee-Jay, 1960)

Von Luther Dixon und Al Smith

★ ★ ★

DU BIST DER BIG BOSS MAN, DER HERR IM HAUS, und du stehst in dem Ruf, gemein und geizig zu sein. Du bist der berühmte Stammesführer, der knauserige Pfennigfuchser, der alle Arbeiter wie Laufburschen behandelt. Du hast die Kontrolle über die Finanzen und sitzt an den Schalthebeln der Macht – du bist der Despot, der die Druckerfarbe vom Dollarschein wegreibt.

Der moderne Mensch ist dein Angestellter – er ist servil und heuchlerisch, er ist der informierte Bürger, das rationale Wesen, der Ja-Sager und der Arschkriecher, und das Kino ist sein Tempel. Er arbeitet rund um die Uhr für dich, und er ist dehydriert. Man würde ganze Ozeane brauchen, um ihn von seinen früheren Leben zu reinigen. Er braucht Ströme von Poesie und Musik, aber du lässt ihn keine Sekunde verschnaufen oder von seinen Aufgaben zurücktreten. Gewerkschaften, Aufstände, Revolten, leere Drohungen – auf so was achtest du gar nicht, du lässt das alles laufen, stehst drüber. Du bist der riesenhafte Zyklop – du befindest dich auf der richtigen Seite der Geschichte. Der oberste Oligarch, der Generalissimo, der omnipräsente Overlord, der die gesamte Welt wie Butler und Zimmermädchen behandelt. Du bist ein Mann von hohem Ansehen. Du solltest dich darüber freuen, dass Menschen dir nacheifern.

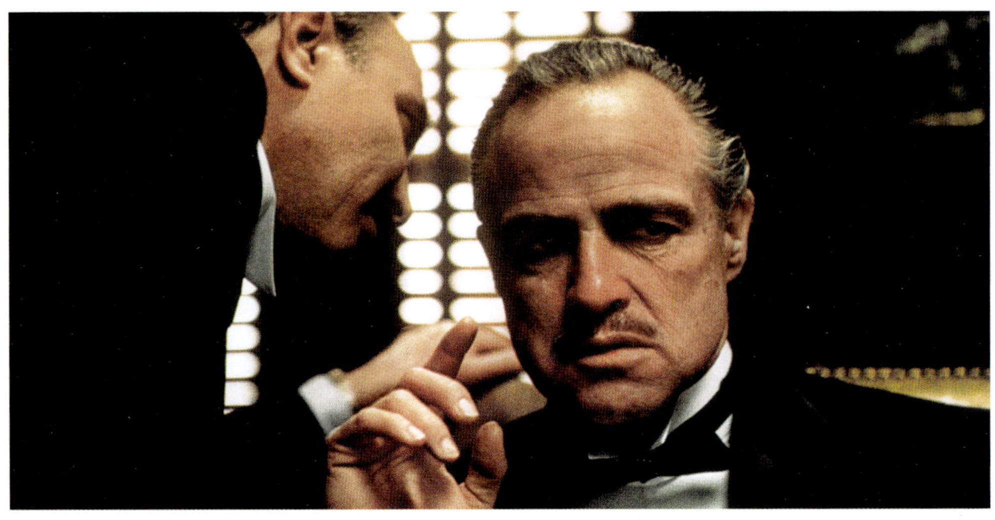

★ ★ ★

JIMMY REED, DIE ESSENZ DER ELEKTRISCHEN Einfachheit. Man kann den Twelve-bar Blues in hunderten verschiedenen Variationen spielen, Jimmy Reed kannte sie alle. Keiner seiner Songs berührt je den Boden. Sie kommen nie zum Stillstand. Von allen Blues-Musikern in den fünfziger Jahren war er am meisten Country. Er ist raffiniert und lässig. Unter seinen Füßen befindet sich kein städtischer Asphalt. Er ist Country durch und durch.

Bei Jimmy Reed geht es um den Raum. Um die Luft, die sich im Raum bewegt. Man hat das Gefühl zu sehen, wie Licht auf den Staub fällt, der vom Schwung der Musik aufgewirbelt wird. Er steht in einer Reihe mit Jimmie Rodgers und Thelonious Monk, auch das sind zwei Musiker, deren Musik niemals überladen klingt, egal wie viele andere noch mitspielen. Manche Musiker sind wie Musclecars – Jimmy Reed nicht, er ist schon froh, wenn die Sitze bequem sind und das Radio funktioniert.

Kein Chicago Blues, nichts Ausgeklügeltes, leicht wie eine Feder, er fliegt durch die Luft und rollt über den Boden ab. Wenn von Rock 'n' Roll die Rede ist, geht der Roll auf Jimmy Reed zurück. Ist er nicht dabei, kann man es auch nicht für Rock 'n' Roll halten. Einer seiner Songs heißt sogar «Let it Roll». Er wusste, wovon er sprach. «You've got me

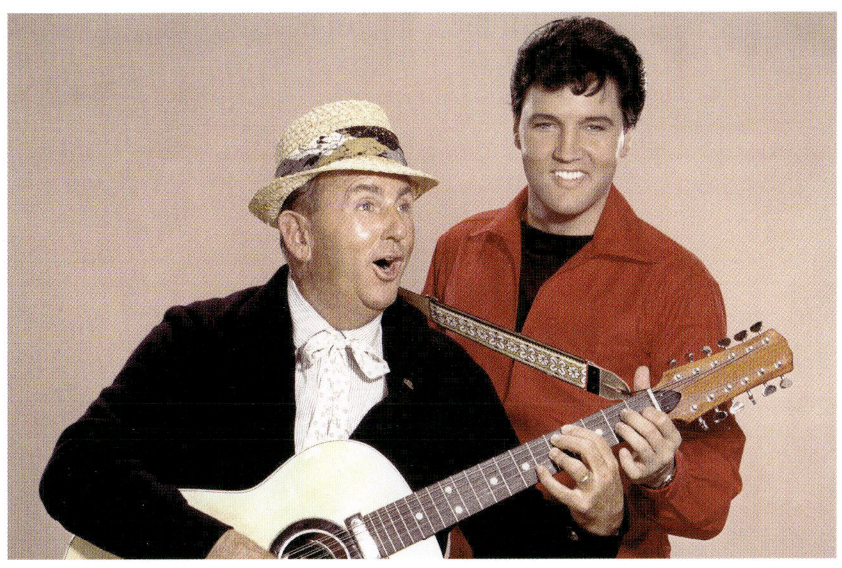

runnin', you've got me hidin', you've got me run, hide, hide, run anyway you wanna, let it roll.» Yeah, Jimmy.

Er spielt Mundharmonika auf einem Halter. Aber mit einer Mundharmonika auf einem Halter kann man nicht allzu viel anstellen. Er hat es trotzdem hingekriegt und ist bis heute darin unübertroffen. Jeder Song hat eine typische Mundharmonika-Passage; das ist sein Markenzeichen, genau wie das Yodeling bei Jimmie Rodgers. Eigentlich ist es genau dasselbe. Little Walter, so großartig er war, wäre auf einer Jimmy Reed-Platte fehl am Platz gewesen, genauso wie Jimi Hendrix. Auf einer Jimmy Reed-Platte ist für so etwas kein Platz. Selbst Keith Richards würde es schwerfallen, dort eine Aufgabe zu finden.

Jimmie Rodgers und Jimmy Reed. Sie haben noch vieles mehr gemeinsam außer dem Namen. Jimmys Frau, also die von Jimmy Reed, hatte viel mit seinen Songs zu tun. Wahrscheinlich schreibt sie sie, während er sie singt. Und es klingt, als würden sie das beide ohne lange nachzudenken einfach so aus dem Ärmel schütteln. Man hört ihre traurige Stimme auf den meisten Platten von Jimmy. Sie überschattet ihn nie. Dasselbe gilt für die Frau von Jimmie Rodgers.

Sie singt nicht mit ihm, hat ihm aber geholfen, viele seiner großartigen Songs zu schreiben.

BECAUSE---

I Was Too Tall

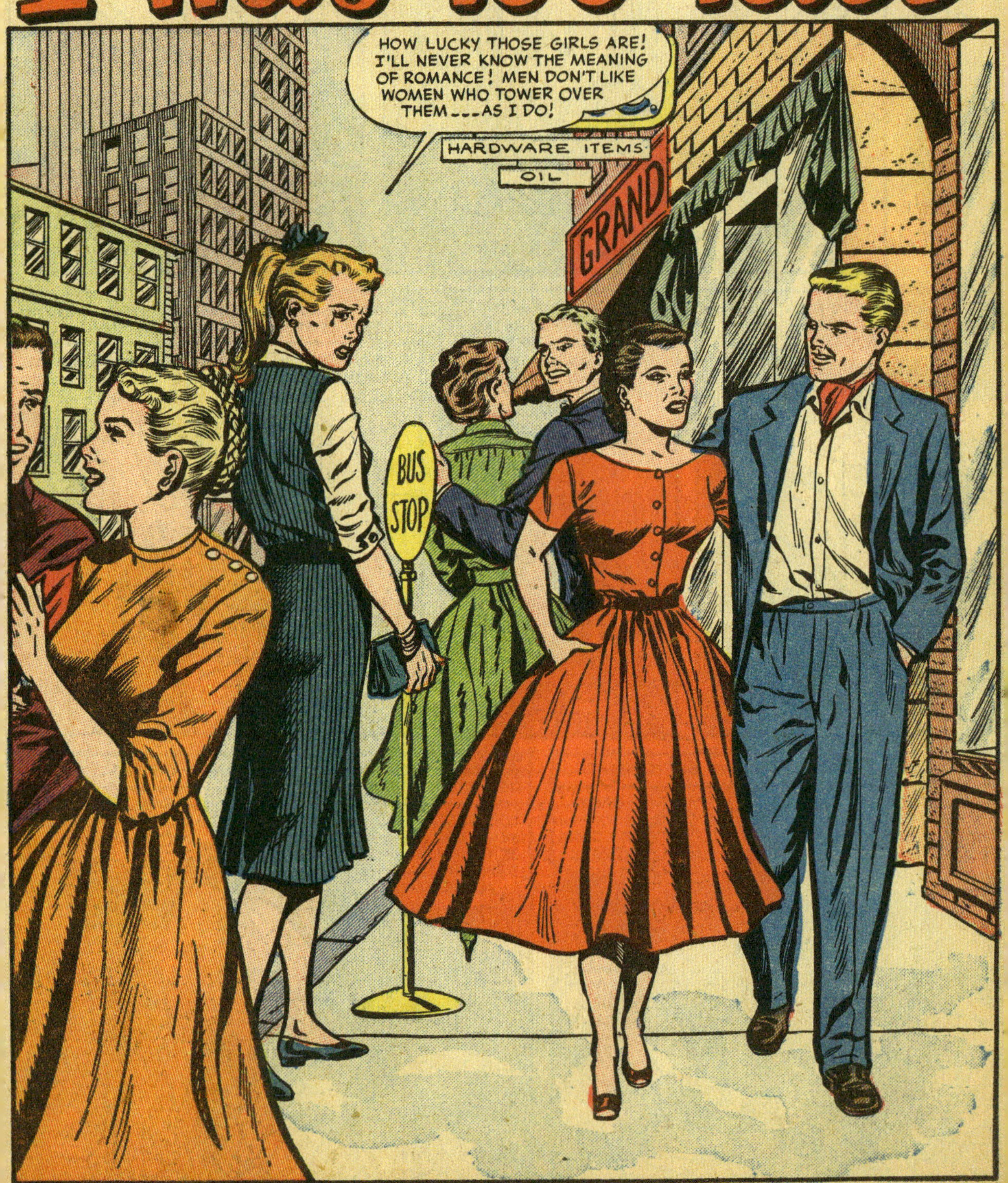

KAPITEL 54

LONG TALL SALLY
LITTLE RICHARD

Erstveröffentlichung als Single

(Specialty, 1956)

Von Enotris Johnson, Robert Blackwell und Richard Penniman

★ ★ ★

LONG TALL SALLY WAR DREIEINHALB METER GROSS. Sie gehörte in alter biblischer Zeit den Nephilim aus Samarien an – das waren Riesen, die lange vor der Sintflut lebten. Man kann Aufnahmen der Schädel dieser Riesen und Ähnliches betrachten. Sie waren Menschen, aber so groß wie einstöckige Gebäude. In Ägypten und im Irak wurden Knochen dieser Hünen gefunden. Außerdem war Sally für hohe Geschwindigkeiten gebaut, sie konnte rennen wie ein Reh. Und Uncle John war ihr Gegenüber unter den Giganten. Little Richard wiederum ist ein Riese anderer Art. Damit niemand in Panik gerät, nannte er sich Little, er wollte ja keinen erschrecken.

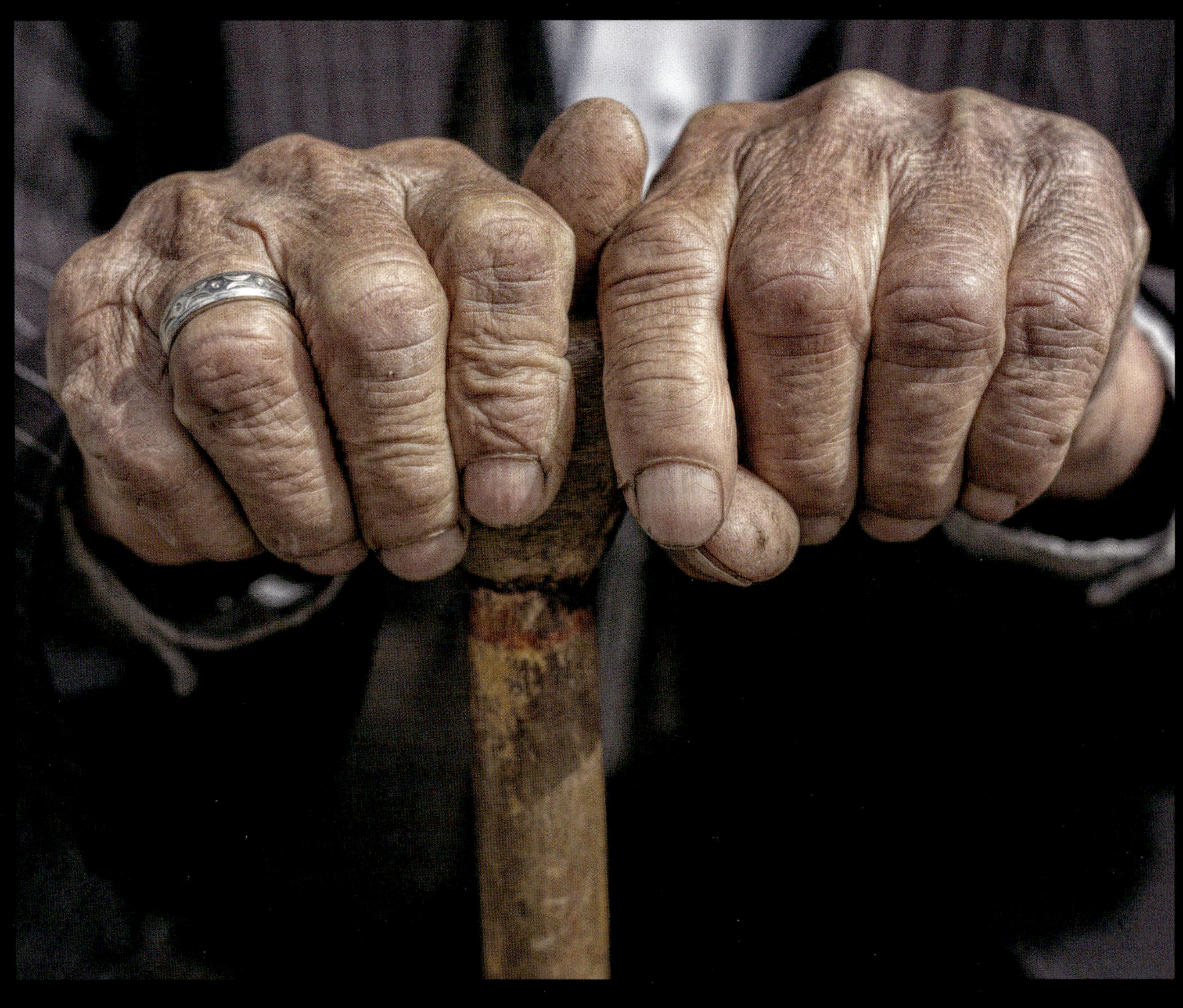

KAPITEL 55

OLD AND ONLY IN THE WAY CHARLIE POOLE

Erstveröffentlichung als Single

(Columbia, 1928)

Von Charlie Poole und Norman Woodlieff

★ ★ ★

AM ANFANG VON BILLY WILDERS FILM *Reporter des Satans* aus dem Jahr 1951 gibt es eine Szene, wo der von Kirk Douglas gespielte versoffene und verlebte Reporter Chuck Tatum losfährt, um über eine Schlangenjagd in der Nähe von Albuquerque zu berichten. Tatum hatte sich die journalistische Karriereleiter heruntergetrunken, war von den prestigereichen Großstadtzeitungen zu kleinstädtischen Schmierblättern abgestiegen. Auf der Fahrt erklärt er dem jungen und naiven Fotografen Herbie Cook (Robert Arthur), was das Geheimnis einer guten Story ist. Tausend Klapperschlangen irgendwo im Gestrüpp sind keine Meldung, behauptet er. Selbst wenn sie da rauskämen, es sind zu viele. Wenn die Schlangen aber gefangen werden, steigt das öffentliche Interesse. Dass auch die Gefahr abnimmt, je weiter sich der Countdown der Null nähert, ist unerheblich. Irgendwann ist nur noch eine einzige da draußen, und die geht den Leuten nicht mehr aus dem Kopf. Niemand kann sich der Geschichte entziehen, wenn es nur noch eine ist. Und das Beste ist, erklärt er Herbie weiter, dass ein schlauer Journalist die letzte Schlange nur in seinem Schreibtisch verstecken muss, um die Story und sein Publikum beliebig zu lenken.

So ist das mit Zahlen – wenn sie zu groß sind, werden sie abstrakt. Trillionen Dollar Schulden sind unerheblich, jedenfalls bekommt man den Eindruck, wenn man die Nachrichten verfolgt. Ist aber einer zehn Dollar mit der Miete im Rückstand, horchen alle auf. Deshalb sind Kriegsfilme so schwierig zu drehen. Die unglaubliche Zahl von Todesopfern während Stalins Säuberungen lässt sich kaum in Szene setzen, aber die Geschichte einer Einzelperson im Krieg, egal in welchem, kann fesselnd sein. Durch die metonymische Erzählweise von Private Ryan, Sergeant York, Colonel Kurtz, Patton, Schindler und Spartacus sind bessere Filme entstanden als bei Versuchen, das gesamte Ausmaß des Konflikts zu zeigen.

Katastrophen passieren. Feuer, Erdbeben oder Viren schlagen zu, und häufig finden sich die meisten Opfer unter den Alten. Sie sitzen zusammengepfercht in Pflegeheimen, ihre Immunsysteme sind geschwächt, auf ihren wackligen Beinen entkommen sie keinem Amoklauf mehr. Die Todesrate ist auch ohne äußere Einwirkung hoch. Alte Menschen sterben, und sofern es sich nicht um enge Verwandte handelt, betrachtet die Welt diese Abgänge distanziert. Es sind bloß Einträge in den Versicherungsstatistiken.

Konfuzius sprach von der kindlichen Pietät, vom Respekt gegenüber den Eltern, in seinen *Gesprächen* heißt es: «Es gibt selten Menschen, die ihren Eltern mit Ehrfurcht, ihren älteren Brüdern mit Achtung begegnen und die trotzdem gegen die Obrigkeit rebellieren wollen. Das aber hat es noch nie gegeben: dass einer, der die Rebellion gegen die Obrigkeit nicht will, dennoch Aufruhr und Unordnung stiftet. Dem Edlen geht es stets vor allem darum, dem Leben einen festen Grund zu geben. Ist der Grund gefestigt, eröffnet sich der rechte Weg. Ehrfurcht gegenüber den Eltern und Achtung gegenüber den älteren Brüdern – das sind die Wurzeln der Sittlichkeit.»*

Deshalb werden die Älteren in asiatischen Kulturen mit so viel Respekt behandelt – abgesehen vielleicht von den Japanern und deren mythischem Brauch des *Ubasute,* mit dem sich Keisuke Kinoshita in dem Film *The Ballad of Narayama* aus dem Jahr 1958

* Konfuzius: Gespräche. Aus dem Chinesischen übersetzt und herausgegeben von Ralf Moritz. Stuttgart 1982, S. 5.

beschäftigt. Oder Indien, wo bis heute eine Form der unfreiwilligen Euthanasie an den Alten, das *Thalaikoothal*, praktiziert wird.

Wenn man den Begriff «Senizid» googelt, dann stellt man fest, dass in vielen Teilen der Welt tatsächlich eine Push-Pull-Beziehung zu den Älteren gepflegt wird – einerseits ist sie geprägt von Verehrung, andererseits von Verdrängung. Die Vereinigten Staaten waren mit ihren verchromten Träumen einer auf Hochglanz polierten Modernität nie besonders für die Bewunderung ihrer älteren Bürger zu haben. Lange vor dem spöttischen «Okay, Boomer» und der abwertenden Bezeichnung von Menschen mit Erfahrung als «Alte» gab es hierzulande bereits die Tendenz, ergraute Greise zu isolieren, wenn schon nicht auf einer Eisscholle, dann doch zumindest in Seniorenheimen, wo sie fern der empfindlichen Wahrnehmung der Jugend Pudding schlabbern und Bingo spielen sollten.

Es wäre leicht, die Gründe dafür in den Sechzigern zu suchen, bei albernen Sprüchen wie «Trau keinem über dreißig» oder noch alberneren Filmen wie *Wild in the Streets*, in dem alle über fünfunddreißig in Lager gesperrt und gezwungen werden, LSD zu nehmen.

Im Juli 1928 fuhr der Banjo-Spieler Charlie Poole mit dem Gitarristen Roy Harvey und dem Fiddle-Spieler Lonnie Austin in ein Studio in New York, um «Old and Only in the Way» aufzunehmen. Es gibt aber jede Menge andere Songs über das Altwerden – das Thema kommt recht häufig vor, wird sowohl ernsthaft verhandelt wie in «Oh Death» von Dock Boggs als auch humorvoll wie in «I Feel that Old Age Coming On» von Wynonie Harris. Außerdem gibt es Songs, die irgendwo dazwischen liegen wie «I Know What It Is Like to Be Young (But You Don't Know What It Is to Be Old)», das Orson Welles 1984 aufnahm.

John Prine beschäftigte sich in «Hello in There» mit der Einsamkeit und Verzweiflung des Alterns. So gut der Song auch ist, und er ist ziemlich gut, so wurde er doch von einem jüngeren Mann geschrieben, der das hohe Alter voller Empathie als etwas betrachtet, das anderen passiert. Joni Mitchells «The Circle Game» erzählt eine Geschichte über einen Zwanzigjährigen, dessen Träume bereits zerschlagen sind, der aber auf eine glücklichere Zukunft hofft. Eigentlich sollte das optimistisch klingen, aber wenn mit zwanzig alle Träume schon in Erfüllung gegangen sind, was macht man dann mit dem Rest seines Lebens?

Pooles Text ist prägnant und inklusiv. Er verweist auf die immerwährende Wahrheit, dass man als junger Mensch Alte lästig findet. Wir hupen sie an, weil sie zu langsam fahren, machen uns über ihren mangelnden technischen Sachverstand und ihre eingeschränkte Hör- und Sehfähigkeit lustig. Aber Poole erklärt in seiner vorausschauenden Überleitung, dass uns das Alter alle erwartet – so sicher wie der Tod. Diejenigen, die ihm lange genug entgehen, um zu Ansehen zu gelangen, werden schon bald feststellen, dass sie nun alt und im Weg sind.

Jerry Garcia besaß jedenfalls einen gewissen Witz, als er eines seiner Nebenprojekte, eine langlebige Bluegrass-Band, Old and in the Way nannte. Jerry kannte seinen Platz im Universum. Bei der Gründung der Band war er jugendliche einunddreißig Jahre alt, Chef einer sehr angesagten Rockband und hätte von dem im Namen bezeichneten Zustand kaum weiter entfernt sein können. Doch schon damals wusste er, dass Jugend und Ruhm flüchtig sind. Charlie Pooles Worte berührten eine Saite in ihm.

Wie der große römische Redner, Philosoph und Staatsmann Cicero wusste auch er, dass «es sicher kein größeres Gut gibt als die Weisheit, und auch wenn uns das Alter alles andere nimmt, so bringt es uns zweifellos diese.»

Irgendwann heißt es dann nicht mehr «im Weg», sondern «weg vom Fenster», und meist tun wir an der Spitze des Trauerzugs so, als würden wir die Leute vermissen, auch wenn wir gar nicht viel Zeit für sie übrig hatten, als sie noch unter uns weilten.

Alt und im Weg beschreibt den modernen Umgang vieler Amerikaner mit Älteren. Sie stoßen sie beiseite. Es gab mal eine Zeit, in der Ältere respektiert wurden und man wegen ihrer Weisheit und Erfahrung zu ihnen aufschaute. Aber heute nicht mehr. Manche sagen, die moderne Welt besteht vor allem aus ungezogenen Kindern – die offenbar nicht verstehen, dass auch sie eines Tages alt und im Weg sein werden.

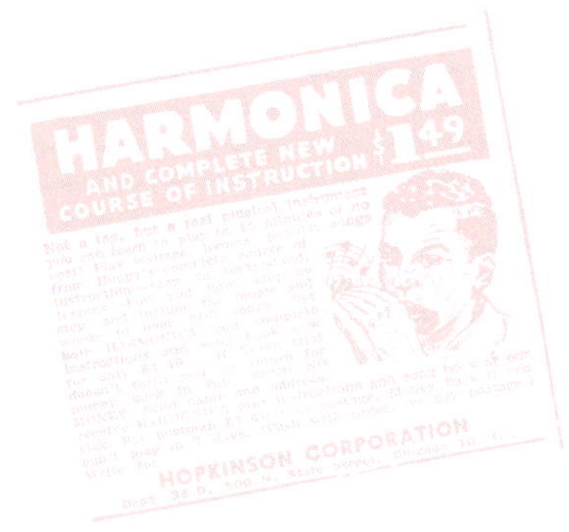

KAPITEL 56

BLACK MAGIC WOMAN SANTANA

Erstveröffentlichung auf dem Album *Abraxas*

(Columbia, 1970)

Von Peter Green

★ ★ ★

DIE BLACK MAGIC WOMAN IST DIE IDEALE FRAU – sie ruft Dämonen herbei, hält Séancen ab, sie kann schweben, ist geübt in der Kunst der Geisterbeschwörung, veranstaltet rituelle Orgien mit Toten, immer körperlos, eine Kreatur mit dunklen Kräften, und du hast sie ganz für dich allein.

Barbusig, blaugeädert – klein, mächtig und hässlich. Sie sorgt für dich, du bringst es nicht fertig, irgendetwas ohne sie zu machen – sie ist die unsichtbare Hand, die Macht hinter dem Thron. Black Power, Flower Power, Solar Power, was auch immer – Charisma, sie hat es. Sie ist der Stoff, aus dem die Träume sind, sie fährt auf der inneren Bahn deines Bewusstseins. Setzt jedermann in deine Schuld, macht andere von dir abhängig, sie ist die böse Fee, das gemeine Genie, das dich in einen Werwolf verwandelt, dir Hörner und einen Pferdefuß verpasst, aber du hast keine andere Wahl.

Sie hat dich vermögend, gefürchtet und steinreich gemacht, hat dir Knüppel zwischen die Beine geworfen, sie ist deine Beschützerin, deine Hüterin. Sie verhext deine Feinde, bezirzt deine Konkurrenten, raubt deinen Gegnern die Kraft und schwächt alle dir feindlich gesinnten Rivalen, lässt sie erschlaffen, gute Verlierer werden und erfüllt ihre Todessehnsüchte.

HYPNOTIZE WITH THE AMAZING DUNNINGER'S HYPNOTIC GLASSES

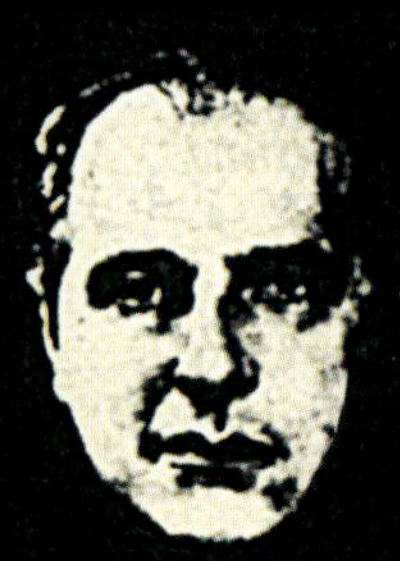

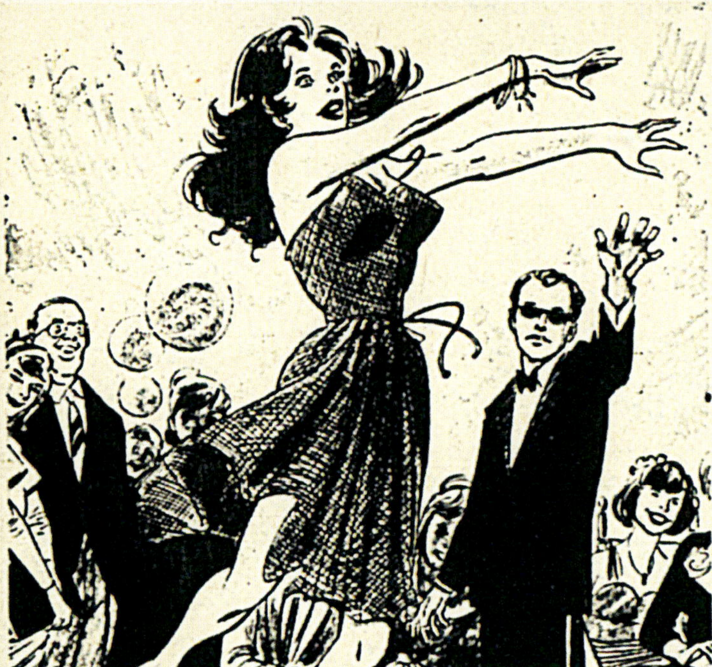

DUNNINGER SAYS: "I can make YOU become a REAL HYPNOTIST! You need NO experience, yet ASTONISH YOUR FRIENDS AND ENTERTAIN PEOPLE with feats made possible only with the use of my HYPNOTIC GLASSES!"

Dunninger's Hypnotic Glasses enable YOU to hypnotize AT A GLANCE! This long-sought power is now at your command by merely wearing a pair of GLASSES (Pat. 2,815,310) and gazing into the eyes of your subject! Demonstrate your power at a MOMENT'S NOTICE in PUBLIC or in PRIVATE! You WILL BE ABLE TO HYPNOTIZE if you use these glasses with the instructions provided!

Meet DUNNINGER, acknowledged as the GREATEST MENTALIST OF ALL TIME! He amazed HISTORIC GREATS as EDISON, EINSTEIN, King EDWARD, SIX Presidents and many MORE! 49-MILLION DUNNINGER FANS saw his T.V. shows that EACH WEEK BAFFLED THE WORLD! Recognized as a FOUNDER OF MEDICAL HYPNOSIS by Winner of The NOBEL PRIZE and OTHER FAMED INDIVIDUALS, the Glasses & 16-page Manual are the only AID he ENDORSES!

SEND TODAY!

$2.98

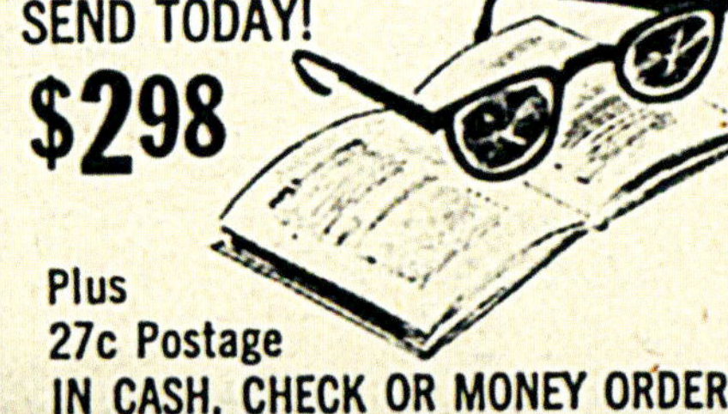

Plus
27c Postage
IN CASH, CHECK OR MONEY ORDER

ELLBARR DIST. - DEPT. HV-25 WESTON, ONT.

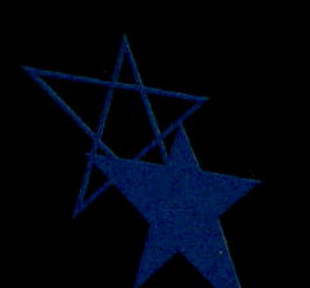

Sie hat eine mesmerisierende Energie, sie kappt die Verbindung zu deinem Vitalzentrum, zieht eine Mauer um dein inneres Wesen und packt auch noch Stahlbeton obendrauf. Sie ist einzigartig, wunderbar eigenartig. Ragt in einem Militärmantel vor dir auf, einem Matrosenanzug – mit hochgeschnalltem Büstenhalter und schwarzer Schlangenlederpeitsche. Du bist ihr Page, ihr aufgedonnerter Lakai, im zweireihigen Jackett, im weißen Hemd mit steifem Kragen und einem Einstecktuch mit Kronenfaltung. Sie ist geistreich, belesen und gebildet. Manchmal glaubst du, dass sie dich töten will oder es in Erwägung zieht. Dann wieder denkst du, du bildest dir was ein.

Ihre Stimme geht dir auf die Nerven – das tiefe Brummen, die quietschenden Töne, der Singsang kann nach einer Kuh klingen, einem Vogel, einem Pferd oder dem Bellen eines Hundes. Sie ist hochwohlgeboren, blaublütig, sie achtet auf Zeichen. Du berätst dich mit ihr in allen Fragen, besonders geschäftlichen, sie sorgt dafür, dass es in deinem Sinne läuft, immer um Mitternacht, immer am Abend vorher. Sie ernährt sich von den Eingeweiden deiner Opfer, und wenn du ihre Haut zurückziehst, wirst du einen Tierkopf sehen.

Sie ist der Champion der Kampflesben, deine Spider Woman, deine Hoochie Coochie Queen, und sie bringt dich ganz nach oben – es gibt keine Höhen, die du nicht erklimmen könntest. Für sie bist du der Prototyp eines Helden, ein echter Mann, der Kingfish, aber du bist auf dem absteigenden Ast, unterwegs zur Müllhalde, trittst demütig vor sie, hast den Hut in der Hand – kniest nieder, flehst sie an, dich nicht zu verlassen, bittest sie inständig darum. Bist du nicht gut genug? Warum liebst du mich nicht? Ich werde dich niemals lieben, versuch ruhig, mich dazu zu zwingen.

Sie ist ein schwieriger Fall, alles fauler Zauber, und ihre Küsse riechen streng, aber du hast Glück gehabt, bist ins Scheißhaus gefallen und mit Scheffeln voller Gold wieder aufgetaucht. Du bist die Leiter raufgeklettert, jedes Mal mit einer Gehaltserhöhung, du tanzt nicht aus der Reihe und hältst dich an die Vorschriften.

Mit der Knollennase und dem finsteren Blick ist sie eher unansehnlich – dafür aber groß und auch gebieterisch. Gelbblondes Haar, schulterlang, immer barfuß, teilnahmsvoller Blick, die Augen gelb, die Pupillen schwarz, die rechte Hand hält sie geöffnet und ausgestreckt.

Deine Identität, deine übersinnliche Aura findet sie anziehend. Sie geht vor dir oder hinter dir, manchmal wirft sie sich wild auf dich, aus Spaß oder Grausamkeit, zum

Guten oder Schlechten. Wer noch ein Hühnchen mit dir zu rupfen hat, fällt dir vor die Füße. Sie ist dein Fels in der Brandung, und du kannst sie nicht gehen lassen. Lass sie dir nicht durch die Lappen gehen, du wärst verloren und ruiniert, aufgeschmissen ohne einen Cent.

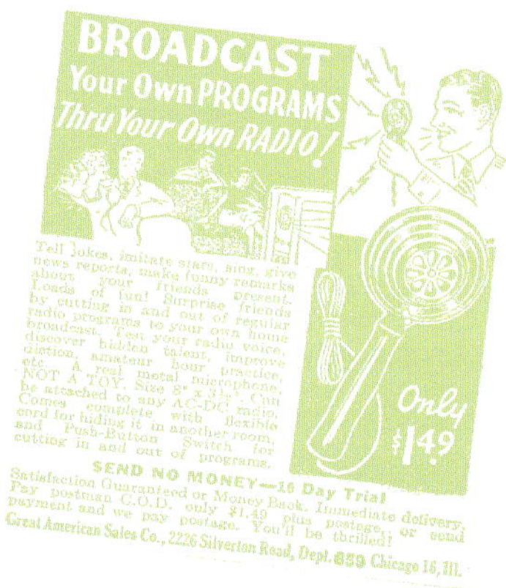

★ ★ ★

LEIGH BRACKETT WURDE 1915 IN LOS ANGELES geboren. Anfang der vierziger Jahre schrieb sie billige Science-Fiction-Romane, kam dann aber zum Drehbuch, nachdem Howard Hawks *No Good from a Corpse* gelesen hatte, einen 1944 von ihr verfassten Krimi. Hawks war auf der Suche nach einem Autor, der mit William Faulkner zusammen an der Verfilmung des Romans *The Big Sleep* von Raymond Chandler arbeiten würde, einem Film mit Humphrey Bogart, bei dem Hawks Regie führen sollte. Hawks dachte, Brackett könnte dem Drehbuch mit ihrem Hardboiled-Stil zu ein bisschen mehr Blood and Guts verhelfen, und da er anhand des Namens das Geschlecht des Autors nicht erkennen konnte, sagte er bekanntermaßen zu seinem Assistenten, «Hol mir diesen Brackett her.» Zum Glück störte sich Leigh Brackett nicht daran und half Faulkner durch den labyrinthischen Plot des Romans. Bogart fragte sie, wer Owen Taylor umgebracht hatte, den Chauffeur in der Philip Marlowe-Geschichte. Brackett, Faulkner und Hawks waren überfragt, und rasch wurde ein Telegramm an Chandler geschickt, der sich sein Buch noch einmal ansah und zurücktelegrafierte: «Ich weiß es auch nicht.»

Brackett machte tapfer weiter und stellte fest, dass ein offenes Rätsel eine Geschichte nicht unbedingt schlechter macht. Sie tauchte bei verschiedenen Filmen im Abspann auf, zum Beispiel neben John Wayne, Dean Martin und Ricky Nelson in dem Western *Rio Bravo*, ebenfalls unter der Regie von Howard Hawks. Als sie 1978 starb, hatte sie gerade einen ersten Entwurf zu *Das Imperium schlägt zurück*, dem zweiten *Star Wars*-Film, geschrieben, George Lucas und Larry Kasdan verfassten die folgenden.

Leigh Brackett hörte nie auf, Western, Krimis und Science-Fiction zu schreiben, fast bis ganz zum Schluss. In der Ausgabe von *Thrilling Wonder Stories* vom Juni 1949 veröffentlichte sie eine packende Geschichte mit dem Titel *Sea Kings of Mars*, die schließlich unter dem neuen Titel *The Sword of Rhiannon* erschien und einer ihrer besten Romane wurde. Liest man ihn, versteht man, warum Lucas Brackett um eine Fortsetzung für *Star Wars* bat. Das Buch ist eine Reise durch die Zeit und das Sonnensystem, kommt einem aber ebenso vertraut spannend vor wie eine Westernserie an einem Samstagvormittag. Die Hauptfigur Matt Carse erinnert ein bisschen an Indiana Jones, wenn dieser auf dem Mars nach einer versteckten Höhle sucht, wo der marsianische Gott Rhiannon von anderen Gottheiten gefangen gehalten wird, weil er vor vielen tausend Jahren früheren Arten auf dem roten Planeten fortschrittliche Technologie verschafft hat, unter anderem auch Waffen.

In diesem Zusammenhang nahm Brackett das dritte der drei Science-Fiction-Gesetze von Arthur C. Clarke vorweg – *Jede hinreichend fortschrittliche Technologie ist von Magie nicht zu unterscheiden*. Sie schrieb: «Hexenwerk für die Unwissenden … schlichte Wissenschaft für die Gelehrten», womit sie unterstellte, dass Rhiannons Geschenk, das in Matt Carses Zeitalter etwas ganz Gewöhnliches war, in der prä-technologischen Vergangenheit wie Magie gewirkt haben musste.

Ein Gebiet jedoch, auf dem zusätzlich erworbene Kenntnisse nichts dazu beitragen, Geheimnisse zu entwirren, ist die Musik. Tatsächlich ließe sich sogar einwenden, je mehr man sich mit Musik beschäftigt, umso weniger versteht man sie. Nimm zwei Menschen – der eine studiert kontrapunktische Musiktheorie, der andere weint, wenn er ein trauriges Lied hört. Welcher von beiden versteht die Musik besser?

E. B. White hatte einen Spruch über Humor, der sich wohl auch auf Musik anwenden lässt: Humor analysieren ist wie einen Frosch sezieren. Nur wenige interessiert es, und der Frosch ist hinterher tot. Doch hat das Menschen nie davon abgehalten, sich so sehr auf Fakten, Gesetze, Vorschriften und Strukturen zu verlassen, dass die Freude an der Entdeckung und der Zauber einer Melodie auf der Strecke blieben.

Und dann ist da noch der Text. Häufig hört man Abwertendes über das, was die Tin Pan Alley hervorgebracht hat. Es war allgemein üblich, die Songs mit ihren Moon/June/spoon-Reimschemata und simplen Strukturen abzutun. Wenn man die Texte geschrieben sieht, wirken sie oft so dürftig, dass man sich kaum vorstellen kann, wie überhaupt ein Song daraus werden soll.

Man darf aber nicht vergessen, dass sie fürs Ohr geschrieben wurden und nicht für das Auge. Wie in der Comedy, wo sich ein scheinbar simpler Satz durch die Magie der Inszenierung in einen Witz verwandeln kann, passiert etwas Unerklärliches, wenn der Musik Worte beigegeben werden. Das Wunder liegt in ihrem Zusammenspiel.

So wie der Klettverschluss erfunden wurde, als der Schweizer Ingenieur George de Mestral mit tausenden von Kletten an seinem Wollmantel und im Fell seines Hundes von einem Jagdausflug zurückkehrte und zu forschen begann, so heftet sich die Musik hartnäckig an zahllose Stellen der Erinnerung und Emotionen. Die Vielzahl von Regeln, die sowohl für die Literatur der Songtexte wie auch die Mathematik der Melodie gelten, sind lediglich Orientierungsmarken, und wer sich sklavisch daran hält, wer nur vorgegebene Umrisse ausmalen kann, der läuft Gefahr, nie über das reine Handwerk hinauszugelangen und etwas wahrhaftig Bleibendes zu schaffen.

«Black Magic Woman» ist ein wunderbares Beispiel. Ist es ein Blues? Musikexperten werden andere Einflüsse anführen, andere Künstler und Zitate aus anderen Songs ins Spiel bringen. Wer in musikalischen Strukturen besonders bewandert ist, wird vielleicht auf Tempowechsel und technischen Firlefanz wie Hammering, transponierte Harmonien und den Übergang zwischen ungarischen und lateinischen Polyrhythmen verweisen. Über das Herz des Songs wird damit aber nichts gesagt.

Oberflächlich betrachtet mag der Text nicht beeindrucken. In zwei der drei sechszeiligen Strophen wird eine der Zeilen gleich viermal wiederholt. In der dritten nur dreimal. Doch im Verbund mit der Musik wirkt er hypnotisch, ekstatisch, gleichermaßen mysteriös und so direkt wie ein Telegramm. Er besitzt die Tiefe eines großartigen Gemäldes, verändert sich je nachdem, wie man sich ihm nähert, und scheint von innen heraus zu leuchten, er fordert zu wiederholter Betrachtung auf.

Die ganzen selbsternannten Sozialkritiker, die mit todernster Stimme Texte lesen, um deren mangelnde Tiefgründigkeit lächerlich zu machen, demonstrieren nur ihre eigene Beschränktheit. Sie sind genauso überflüssig wie der Polizist, der bei der Verhandlung gegen Lenny Bruce die Mitschrift des vermeintlich obszönen Sketches laut vorlas. So wie dem Vortrag des Polizisten der entscheidende Funke von Lennys Darbietung fehlte, so übersehen die anderen die Magie, die sich ereignet, wenn sich ein Text mit Musik verbindet.

Einige würden diesen Zusammenschluss als Chemie bezeichnen, aber Chemie beruht auf Wissenschaft und ist daher nachvollziehbar. Was mit Texten und Musik geschieht, ähnelt eher der Alchemie, einer wilderen, weniger disziplinierten Vorläuferin der Chemie, ständig scheitern Experimente, und trotzdem wird immer wieder der aussichtslose Versuch unternommen, gewöhnliche Metalle in Gold zu verwandeln. Man kann weiterhin aus der Musik eine Wissenschaft machen wollen, aber in der Wissenschaft wird eins und eins immer zwei ergeben. Musik dagegen erklärt uns, wie alle Kunst, auch die Kunst der Liebe, dass eins plus eins unter optimalen Bedingungen drei ist.

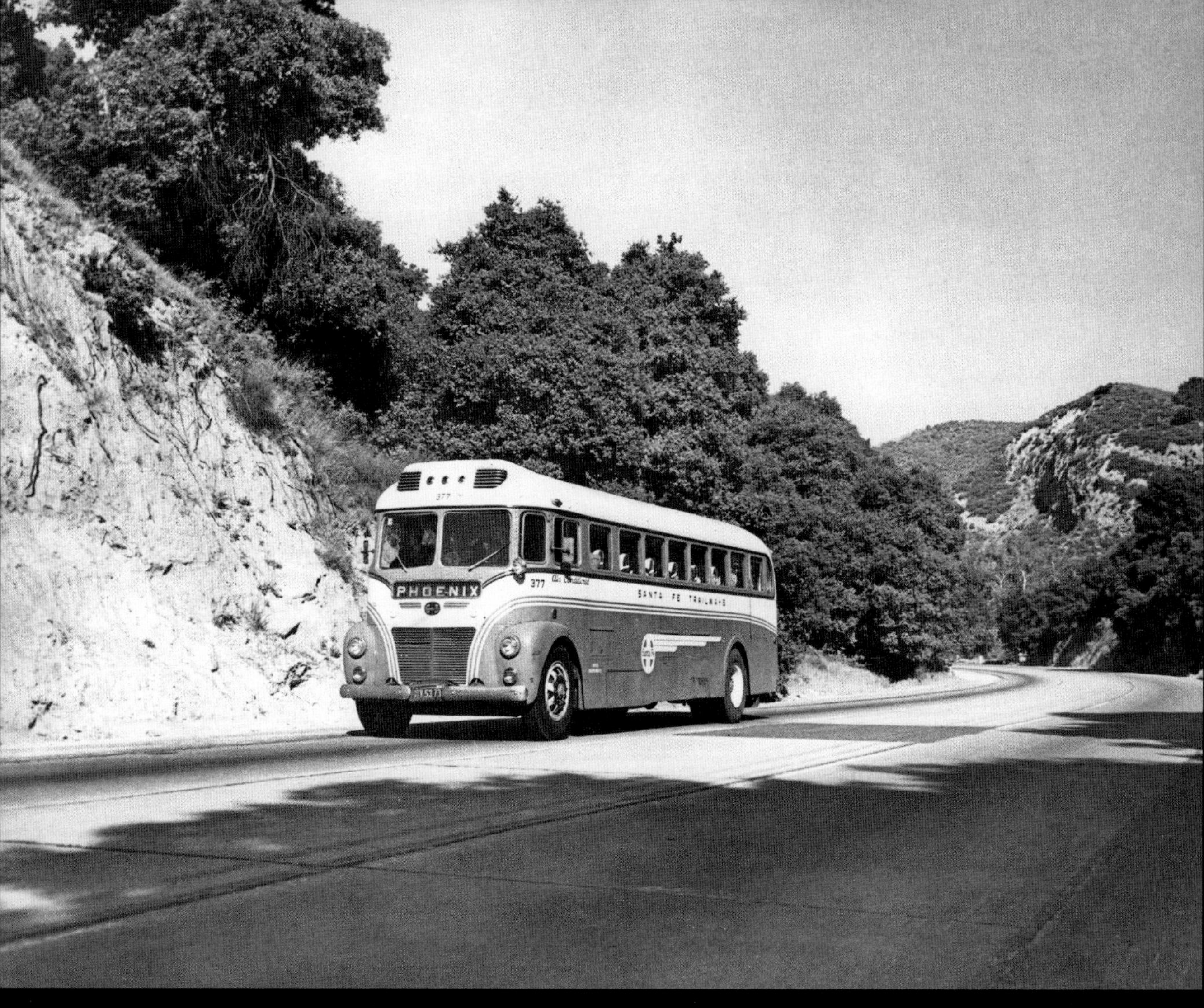
377
PHOENIX
377
SANTA FE TRAILWAYS

KAPITEL 57

BY THE TIME I GET TO PHOENIX JIMMY WEBB

Veröffentlichung auf dem Album *Ten Easy Pieces*
(Guardian, 1996)
Von Jimmy Webb

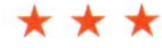

WENN DU NACH PHOENIX KOMMST, IST ES DA, wo sie ist, schon Morgen, und sie steht gerade auf. Sie lässt den Rollladen hoch, geht durch den Raum und sieht den Zettel, den du an die Tür gehängt hast. Eine Nachricht, du teilst ihr mit, dass du sie verlässt. Sie liest die Worte und muss ganz bestimmt schmunzeln, sie lacht laut auf, findet die Nachricht echt lustig, weil du das in der Vergangenheit schon so oft gesagt hast. So oft hast du sie verlassen und bist jedes Mal wieder zurückgekommen, sie weiß, wie oft du deine Meinung änderst, ständig, und du bist bei allem so wankelmütig, also wieso sollte es dieses Mal anders sein, du wirst wiederkommen. Das ist keine ernstgemeinte Botschaft, und sie wirft sie in den Müll.

Am Nachmittag bist du fast schon in New Mexico und weißt, jetzt wird sie bei der Arbeit sein. Tagsüber arbeitet sie von neun bis fünf als Masseurin, fertigt ihre Kunden ab und kümmert sich um Arbeiter, um das Fußvolk, sie befindet sich im aktiven Dienst.

Sie macht Mittagspause und ruft dich an, inzwischen müsstest du wieder zu Hause sein. Sie ruft an und lässt das Telefon klingeln, aber niemand geht dran, es klingelt und klingelt, fast vibriert die Wand. Ganz allmählich begreift sie, dass niemand da ist.

Um Mitternacht herum bist du beinahe schon in Oklahoma und denkst, dass sie sich jetzt wahrscheinlich im Bett hin und her wälzt, nicht schlafen kann, immer wieder hochschreckt und deinen Namen ruft, behutsam und leise, fast schon flüsternd. Dann fängt sie an zu weinen, heult und schluchzt, vergießt Tränen, die ihre Nase herunterlaufen und auf den Boden tropfen. Sie hat nicht geglaubt, dass du sie jemals verlassen würdest, sie hat es keinen Augenblick für möglich gehalten, aber jetzt weiß sie, dass es tatsächlich so ist. Sie hat nicht geahnt, dass du wirklich gehst.

Eine Million Mal hast du versucht, es ihr zu sagen, aber du hast es einfach nicht über dich gebracht.

Du bist auf deine Kosten gekommen, und jetzt bist du weg. Du hattest nicht mal den Mut für einen Abschiedskuss.

KAPITEL 58

COME ON-A MY HOUSE ROSEMARY CLOONEY

Erstveröffentlichung als Single

(Columbia, 1951)

Von Ross Bagdasarian und William Saroyan

★ ★ ★

DIES IST EIN SONG DER VERFÜHRUNG, der groß angelegten Anmache. Du wirst aufgefordert, reinzuschauen und eine Show hinzulegen, der Song ist abwegig und – hush hush – nur für deine Ohren bestimmt. Durch die Hintertür, die hintere Treppe hinauf, dort wirst du herrlich reife Früchte kosten, alle möglichen Sachen. Früchte und Nüsse, Trauben mit zerstoßenen Kernen, Berge von Birnen und viele verschiedene Sorten von übriggebliebenem Gebäck, der Song wirft dir alles in den Schoß. Du musst nur auftauchen.

Es gibt Schränke voller Äpfel, Pink Ladys und hochgezüchtete Sorten, die goldenen Äpfel der Sonne. Da sind Granatäpfel aus dem Heiligen Land, die mit den tausend Samen, du hast Traubenkernöl und Traubensaft, du hast weiß gewachste Pflaumen, dir läuft das Wasser im Mund zusammen, dieser Song wird dir alles geben. Pfirsiche aus Persien, alles vom Baum des Lebens, rosa gefärbt und triefend vor Honig, geräucherte Aprikosen, alle verbotenen Früchte und Süßigkeiten, Haufen von Süßigkeiten.

Kaugummikugeln und Lakritz, Geleebonbons und Snickers, der Song wird dich mit Desserts und bunten Ostereiern einfach so weglutschen.

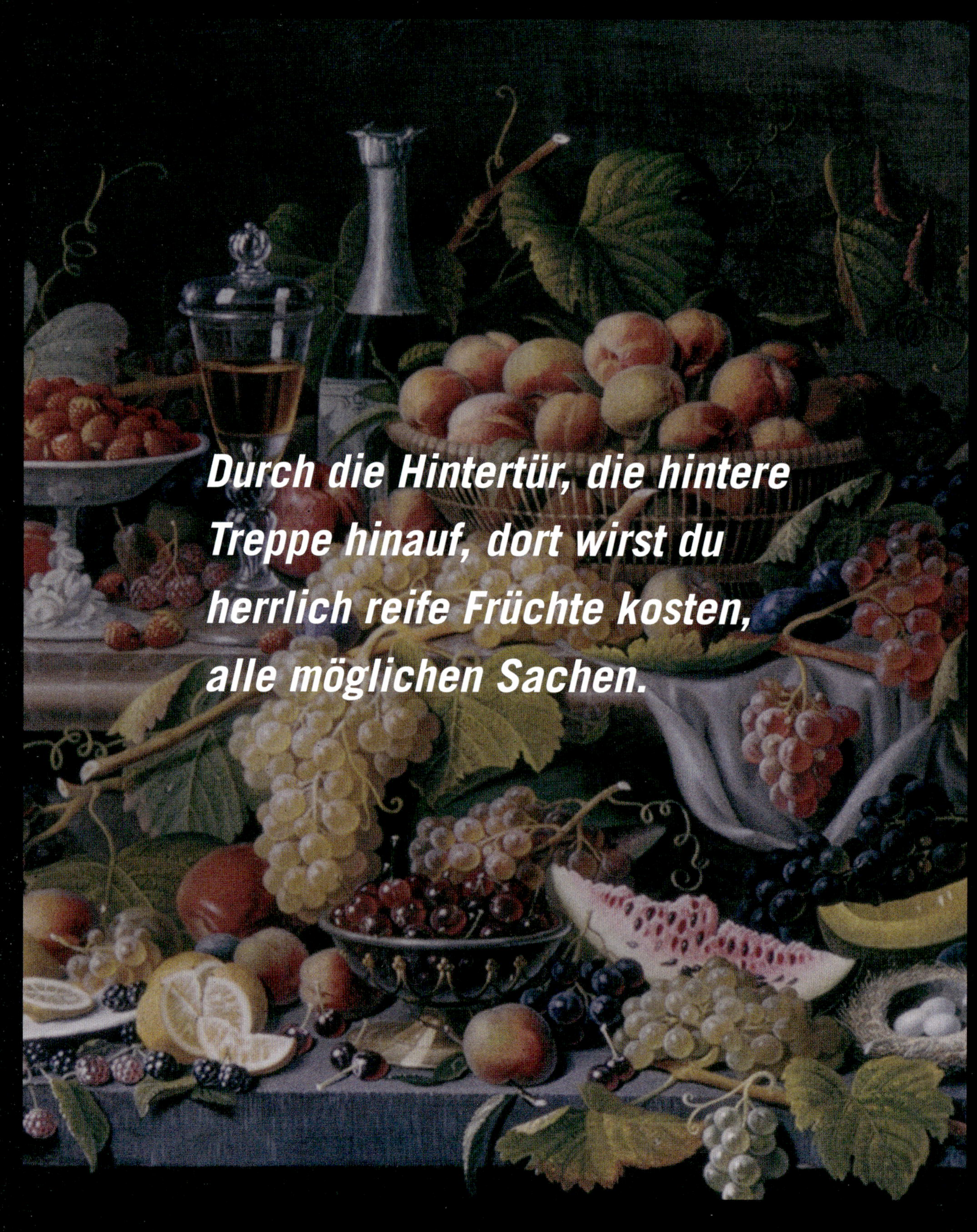
Durch die Hintertür, die hintere
Treppe hinauf, dort wirst du
herrlich reife Früchte kosten,
alle möglichen Sachen.

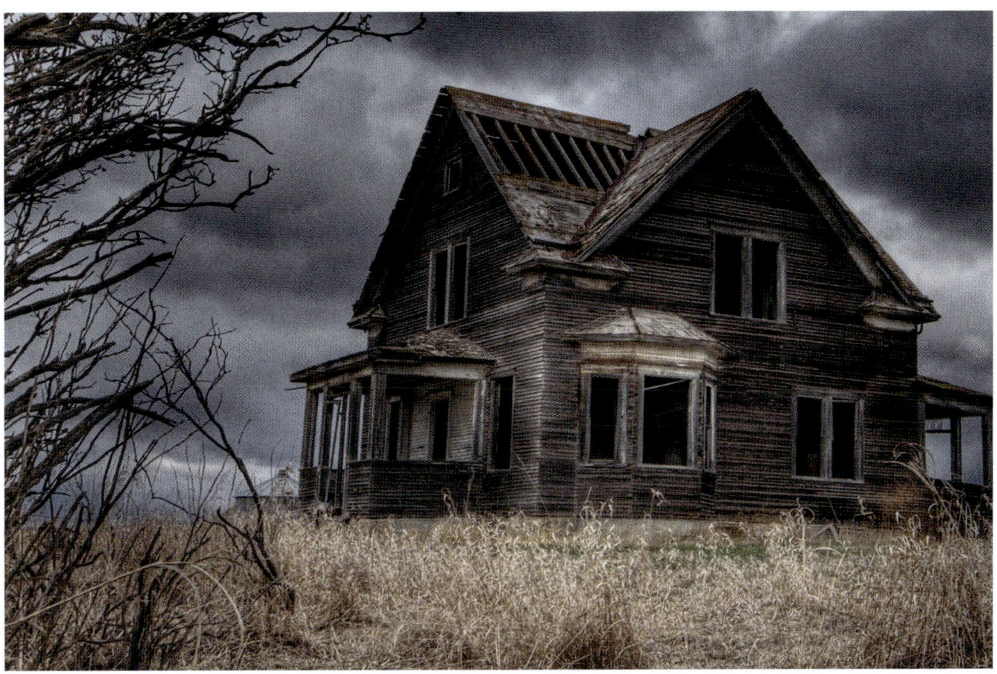

Er hat noch einen Dattelvorrat von vor fünfzig Millionen Jahren und macht dir Zeichen reinzukommen, ruft dich auf, da drin steckt das gesamte Universum, eine Sammlung von Kuchen. Hochzeitstorten, Marmorkuchen, gestürzte Kuchen mit Zuckerguss, Red Velvet Cake, Erdbeerkuchen, Käsekuchen, das komplette Buffet. Du bekommst das pralle Füllhorn, die komplette Rekordernte. Unmengen Aprikosen, mehr als genug, die allerbesten. Es reicht, um sich ein Jahr lang vollzufressen. Gebackene Pfirsiche und afrikanische Feigen, alles im Überfluss, das volle Programm. Sogar einen Ehering, 24 Karat an deinem Finger. Du bekommst einen Weihnachtsbaum, nicht bloß einen zarten Setzling, sondern eine ausgewachsene Tanne.

Der Song macht dir Zeichen, fordert dich auf, dich selbst zu entdecken. Er bedrängt dich, ködert dich in deinem Ruhestand, los, spring rein. Bist du schon in Versuchung geraten? Na klar. Aber du denkst nicht darüber nach, was passieren wird, wenn du dich dort hineinlocken lässt, du denkst nur an das, was passieren könnte.

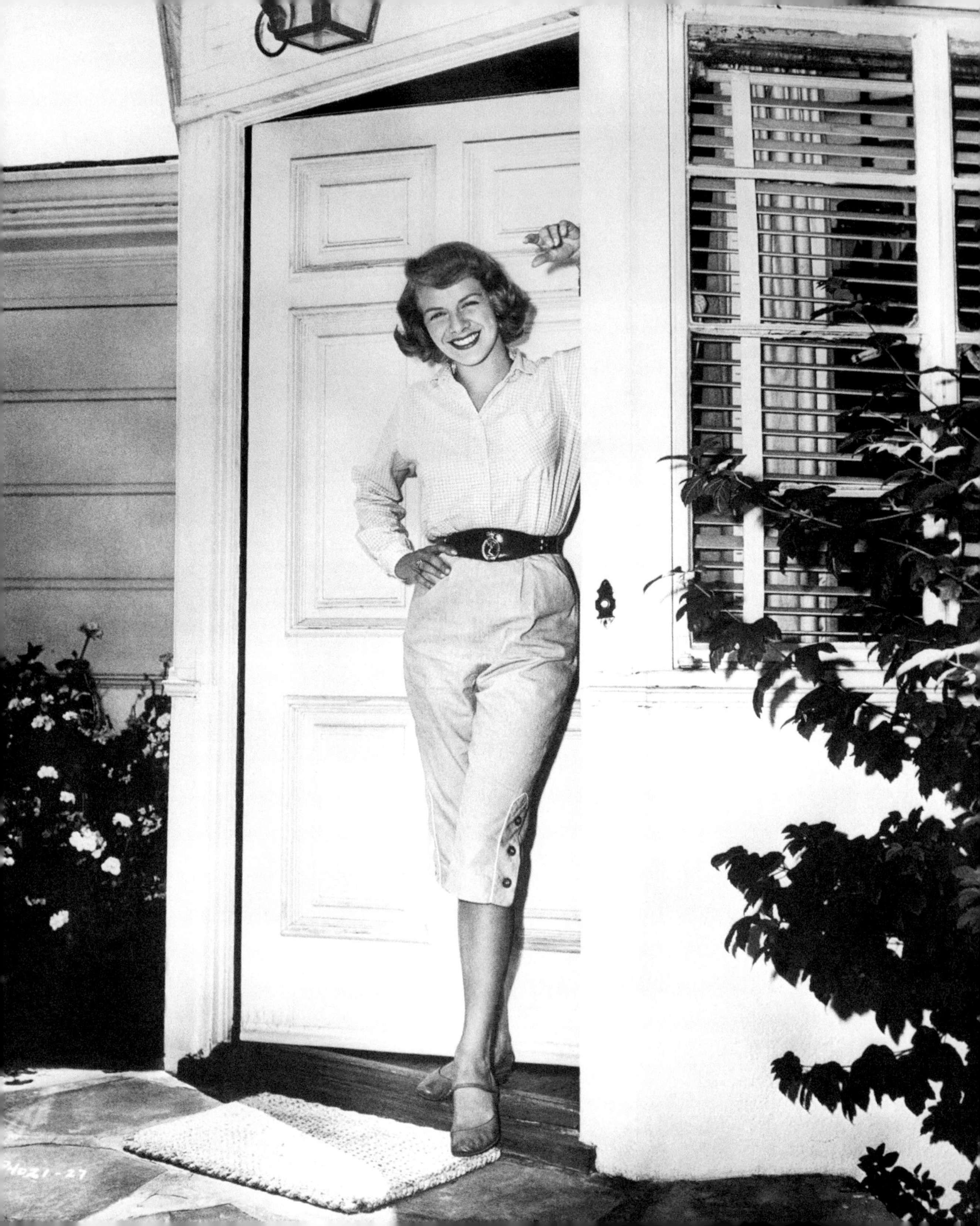

★ ★ ★

DIESER SONG HAT EINE INTERESSANTE Geschichte. Clooney war eine gute Popsängerin mit viel Gespür für den Jazz. Sie wusste, wie man einen Song verkauft, auch einen so kleinen wie diesen. Der Pulitzer-Preisträger William Saroyan und sein Cousin Ross Bagdasarian schrieben ihn bei einer Fahrt durch New Mexico. Der ganze Kram über exotische Früchte und was nicht alles gehört zur traditionellen armenischen Gastfreundschaft.

Mitch Miller liebte Novelty-Platten, und diese hier hat er sich einverleibt und einen Hit für Clooney daraus gemacht. Schade, dass er nicht stärker auf die Songwriter geachtet hat. Saroyan schrieb später keine Songs mehr, aber sein Cousin Ross wurde einer der größten Novelty-Hit-Fabrikanten aller Zeiten. Unter dem Namen David Seville hat er seine Stimme schneller laufen lassen und als Alvin and the Chipmunks eine Reihe von Hits gelandet. Ross/David/Alvin kann als der Klavierspieler betrachtet werden, der in *Das Fenster zum Hof* gegenüber von Jimmy Stewart wohnt.

Es ist der Song des Verhaltensgestörten, des Pädophilen, des Massenmörders. Der Song des Mannes, der dreißig Leichen im Keller und Menschenschädel im Kühlschrank hat. Einer, in dem eine schwarze Limousine die Straße entlangfährt, eine Scheibe heruntergelassen wird und eine Stimme ruft: «Hey, Kleine, komm mal kurz her … ich hab einen Granatapfel für dich, außerdem Feigen, Datteln und Kuchen. Lauter erotische Sachen, Äpfel, Pflaumen und Aprikosen. Komm schon, nur ganz kurz.» Das ist ein als fröhlicher Pop-Hit getarnter Hoodoo-Song. Ein Rotkäppchen-Song. Gesungen von einer Geistheilerin, einer Hexe.

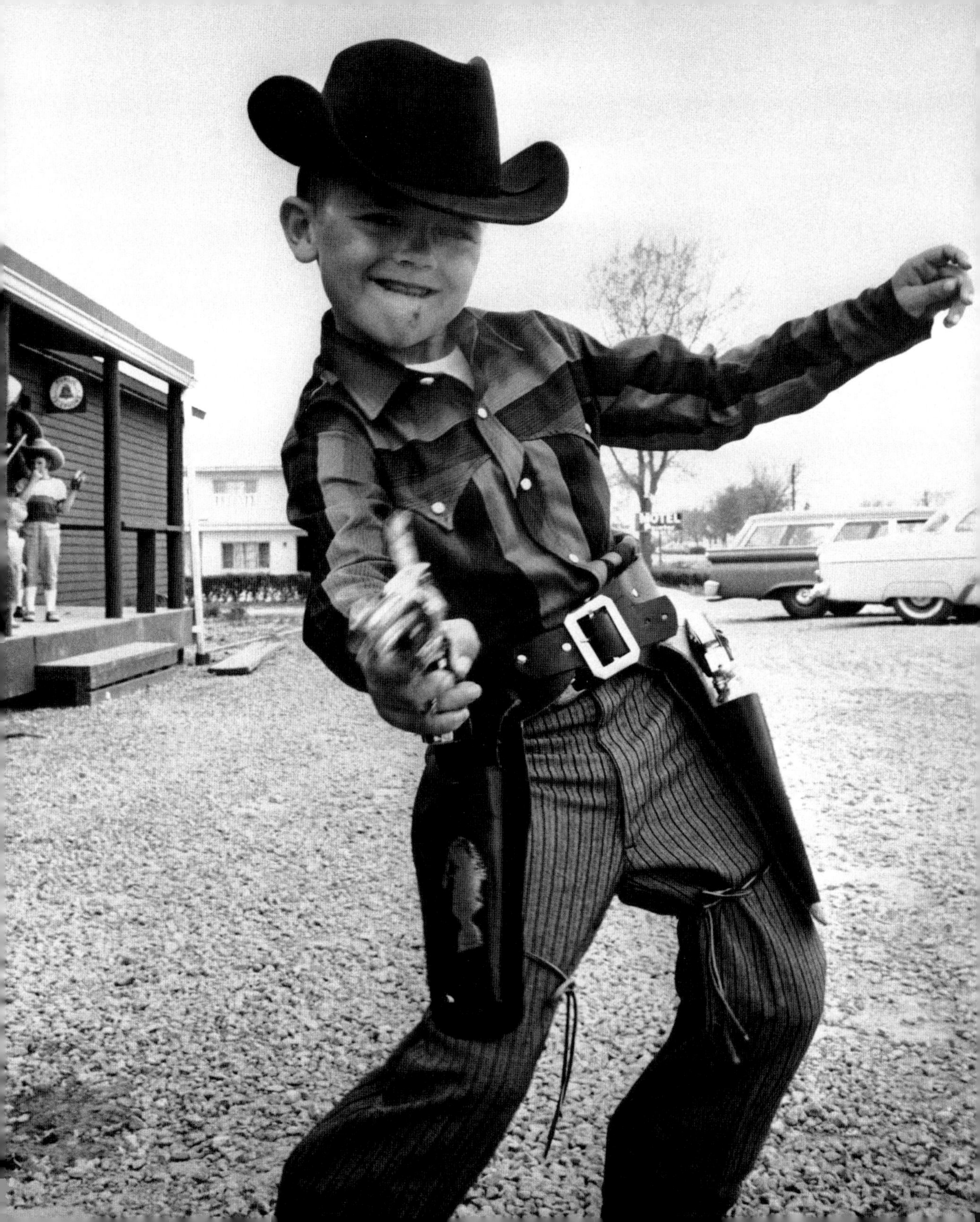
MOTEL

KAPITEL 59

DON'T TAKE YOUR GUNS TO TOWN JOHNNY CASH

Erstveröffentlichung als Single
(Columbia, 1958)
Von Johnny Cash

★ ★ ★

WIE BEI EINER LIEBESKOMÖDIE WISSEN WIR bei diesem Song von Anfang an, worauf es hinausläuft. In einer Liebeskomödie wissen wir, dass der Kerl das Mädchen kriegen wird, und hier wissen wir, dass es für Billy nicht gut ausgehen wird.

Der Song ist eine Warnung. Sei nicht so oberschlau. Lass andere immer in dem Glauben, dass sie klüger sind als du. Gib anderen nicht zu viele Möglichkeiten. Auch wenn dir ein ganzes Alphabet an Buchstaben zur Verfügung steht, gib ihnen nur das A und das B. In dem Song trinkt ein junger Mann zu viel Whiskey. Das Problem ist nicht, dass er mit seinen Colts in die Stadt gegangen ist, sondern dass er sich betrunken hat und dann erschossen worden ist. Schusswaffen und Alkohol vertragen sich nicht. Und Johnny Cash wusste das so gut wie alle anderen. Im Sterben erinnert sich der Junge an die Worte seiner Mutter, aber es ist zu spät.

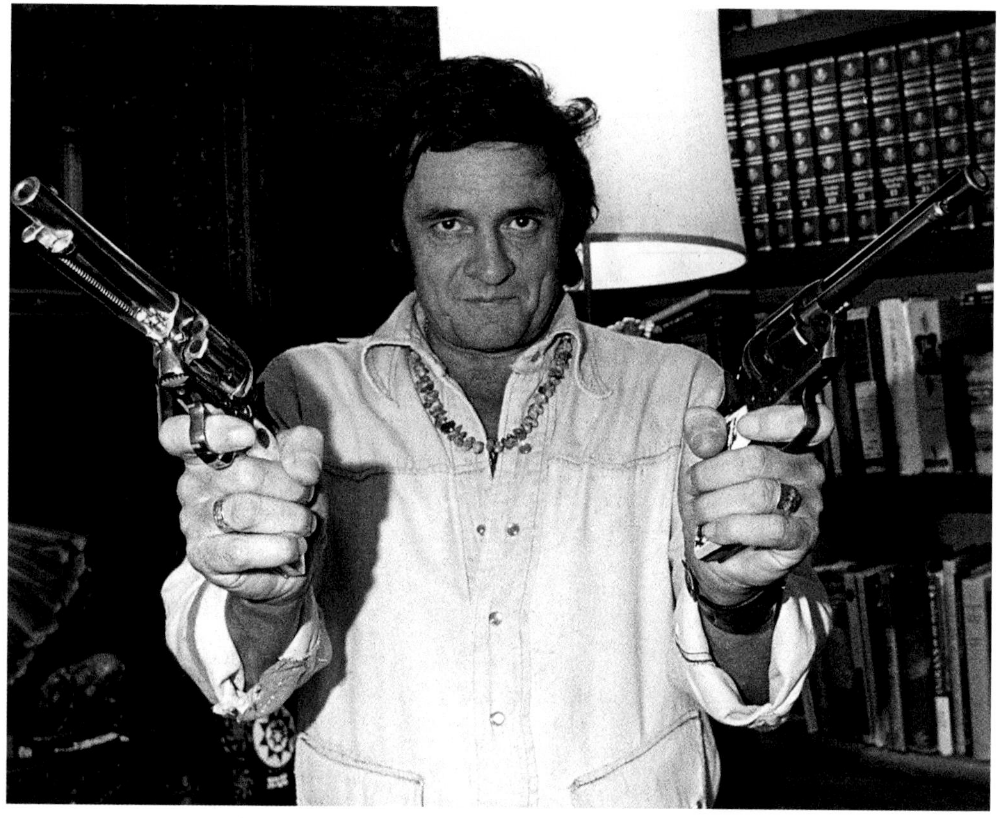

Geschichten sind einfach. Wir kennen sie alle. Junge trifft Mädchen. Junge verliert Mädchen. Junge stiehlt Brotrinde. Junge wird auf dem Marktplatz niedergeschossen. Mädchen tötet Ehefrau von Junge. Kind sucht Mörder von Vater. Mädchen heiratet Junge. Junge brennt Stadt nieder.

Bewaffnet in die Stadt ziehen, um zu beweisen, dass man ein Mann ist, könnte nicht die beste Idee sein – überleg dir das lieber, solange noch Zeit ist.

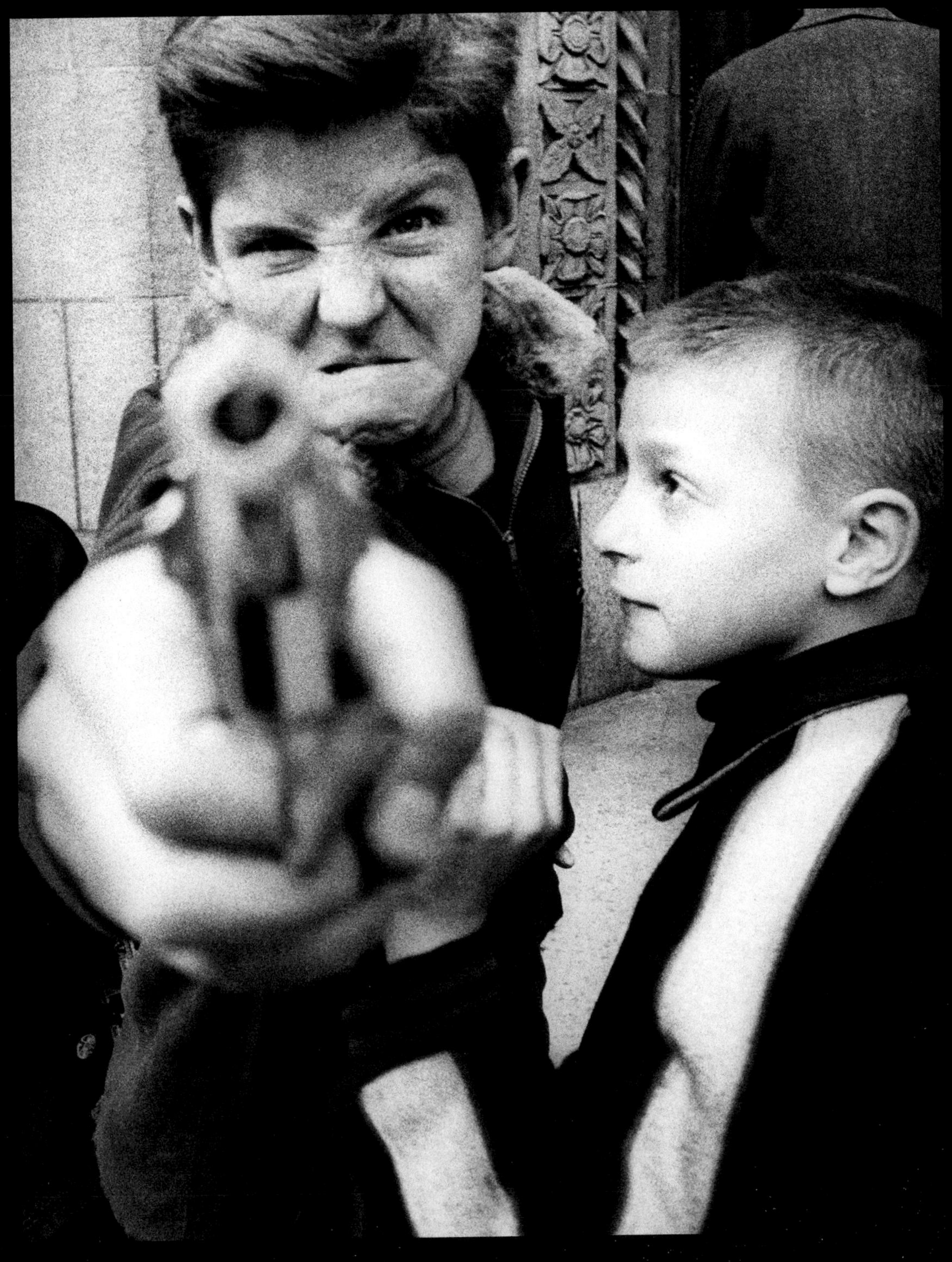

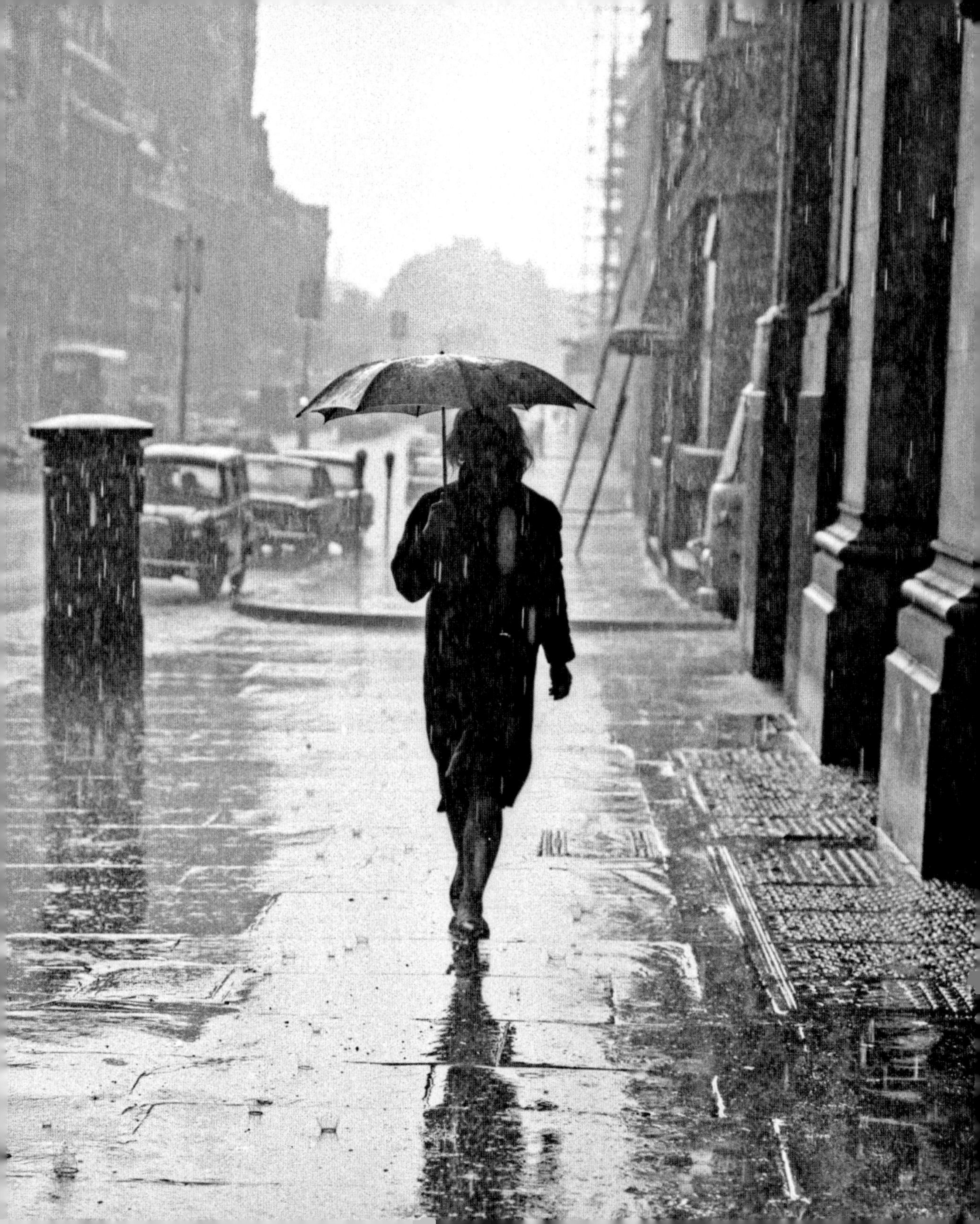

KAPITEL 60

COME RAIN OR COME SHINE JUDY GARLAND

Erstveröffentlichung auf dem Album *Judy*

(Capitol, 1956)

Musik von Howard Arlen

Text von Johnny Mercer

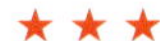

DER SONG IST EIN GLAUBENSBEKENNTNIS, ein feierliches Gelöbnis.

Wenn man jemanden liebt, ist die Wertschätzung echt, man steht unter allen Umständen dazu. Ob es regnet oder die Sonne scheint, ob es schneit oder hagelt, ganz egal, eure gegenseitige Verbundenheit ist grenzenlos. Ob du gut gelaunt bist oder unzufrieden, spielt alles keine Rolle, eure Zuneigung ist im Gehirn verankert, im Nervensystem. Ob ihr heiter gestimmt seid oder den Kopf hängen lasst, diese Freundschaft besteht seit vielen Jahren und ist großartig. Optimistisch oder pessimistisch, die Treue steht außer Frage. Du bist mit ganzem Herzen dabei, unverändert engagiert, diese Liebe ist schlüssig und tief in deinem Unterbewusstsein beheimatet.

Eure Liebe füreinander ist widerstandsfähig und verlässlich, und sie wird immer erwidert werden, egal ob ihr betrunken oder nüchtern seid, sie wird erwidert. In guten wie

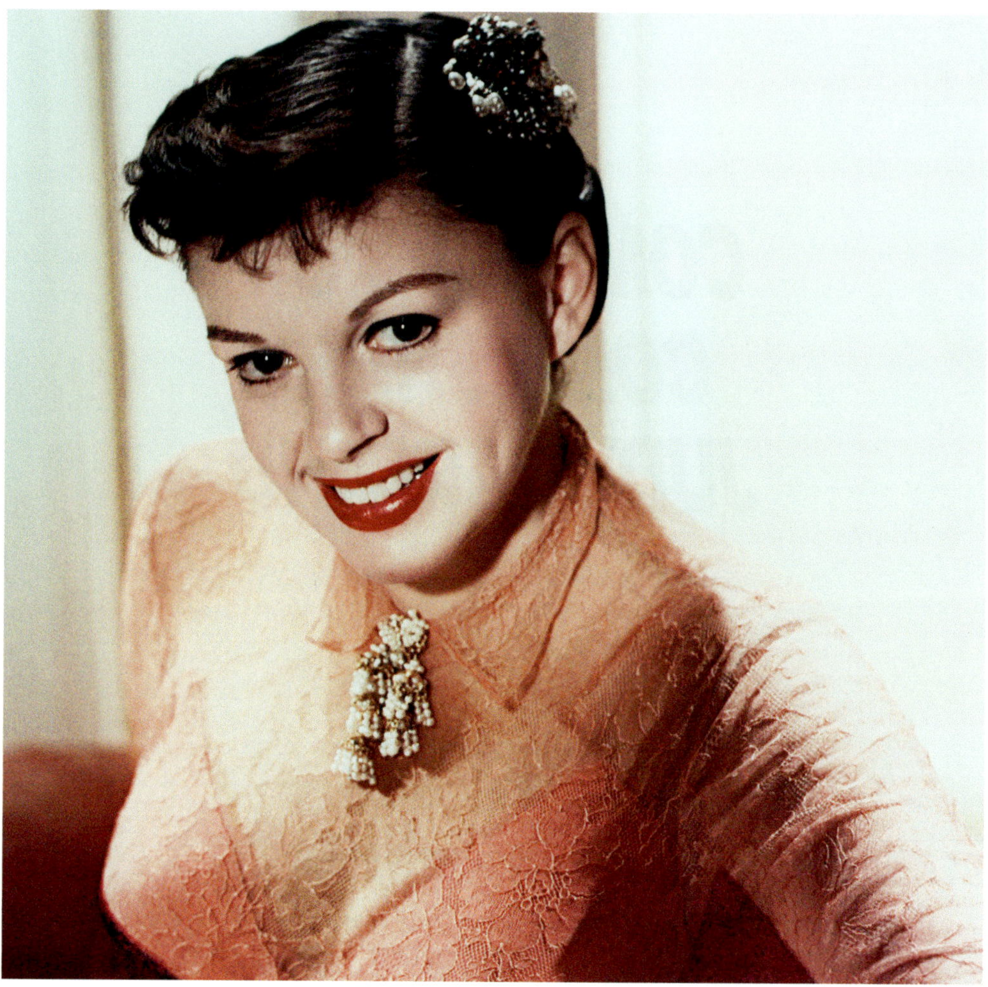

in schlechten Zeiten beruht sie auf Gegenseitigkeit, darauf kannst du wetten. Egal was dir in die Quere kommt oder welcher Kummer dich befallen mag, diese Liebe ist nicht kleinzukriegen. Mit Geld oder ohne, sie ist eindeutig und gehört dazu. Elend und Aufruhr können ihr nichts anhaben. Ihr nehmt euch gefangen. Ihr seht mit den Augen des anderen, so gut wie nichts kann euch provozieren. Ihr betrachtet die Dinge von Anfang bis Ende und leiht euch vom anderen Verständnis.

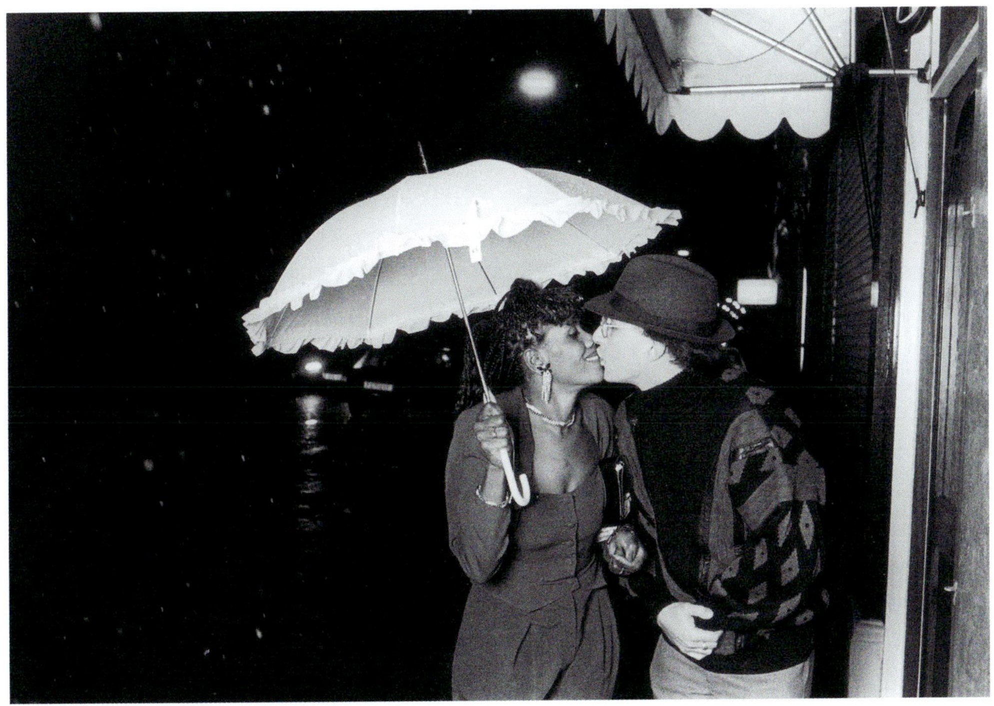

★ ★ ★

BEI SEINER ERSTVERÖFFENTLICHUNG 1946 (im Musical *St. Louis Woman*) verfehlte der Song die Charts. Aber die Komposition von Harold Arlen (Musik) und Johnny Mercer (Text) hat eine größere Bandbreite an Coverversionen hervorgebracht als viele andere Klassiker. Neben den üblichen Verdächtigen – Frank, Billie, Judy, Ella – haben sich auch Don Henley, Bette Midler, James Brown und viele andere daran versucht. Zum Teufel, Dr. John hat ihn gleich zweimal aufgenommen.

Vielleicht liegt das auch an der Ernsthaftigkeit des Textes. Ernsthaftigkeit sollte man nicht mit Einfachheit verwechseln.

In den sechziger Jahren wurden die sogenannten Tin Pan-Alley-Songschreiber von aufgeblasenen Wichtigtuern wegen ihrer Flower-Power-Shower-Reime belächelt. Wie so oft wurde wahres Talent mit dem Banalen in einen Topf geworfen.

Arlens Melodie ist gleichzeitig sehnsüchtig und selbstsicher, Mercers Text sachlich, kein bisschen schwülstig und ohne einen Funken Ironie. Ob im Dienst von Judy Garlands wuseligem «How You Like Me Now?»-Arrangement oder Anita O'Days supercooler, auf Jazzflöten gebetteter Verträumtheit, der Song wirkt nie gefühlsduselig oder aufgesetzt.

Eben diese Ernsthaftigkeit war es wahrscheinlich, die Scorsese bewogen hat, den Song in seinem Film *The King of Comedy* gleich zweimal zu verwenden. Ray Charles' sanfte Anrufung legt die Lücke in einem Verhalten frei, in dem sich schiere Besessenheit als wahre Liebe ausgibt. Wenn Sandra Bernhard den Song später für einen gefesselten Jerry Lewis singt, besteht kein Zweifel an der entsetzlichen Ehrlichkeit ihrer Gefühle. Nichts ist angsteinflößender als eine Person mit echten Wahnvorstellungen.

Der Song hatte großen Einfluss auf Phil Spector, der die dritte Zeile «high as a mountain and deep as a river» herausgriff und ein musikalisches Spektakel für Tina Turner daraus machte, das er «River Deep – Mountain High» nannte. Außerdem ließ er ungefähr zur selben Zeit die Turtles, ein Pop-Phänomen von der West Coast, ein paar Zeilen aus der zweiten Strophe für ihren Hit «Happy Together» klauen.

KAPITEL 61

DON'T LET ME BE MISUNDERSTOOD NINA SIMONE

Erstveröffentlichung auf dem Album *Broadway – Blues – Ballads* (Philips, 1964)

Von Bennie Benjamin, Horace Ott und Sol Marcus

★ ★ ★

DAS IST DER SONG DES WUNDERKNABEN, des Ausnahmetalents. Der Mann, der sein Handwerk versteht, der ein ehrenwertes Anliegen hat und sexuell unschuldig ist. Dessen Lust und Begierde so schlicht sind, wie es nur geht, so schlicht wie die Nase in seinem Gesicht. Es ist ein Song der Missverständnisse und falschen Vorstellungen. Vieles wird falsch wiedergegeben und aus dem Zusammenhang gerissen – manches geht in der Übersetzung verloren, die Leute bekommen einen falschen Eindruck davon, worum es dir geht.

Du bist ein Nachfahre von Adam, ein jolly good fellow, ein Vertreter des Menschengeschlechts, und egal, was du machst, du hast es dir vorher genau überlegt, bist stets mannhaft und aufrecht, aber du gerätst in Rage, wenn man dir die Worte im Mund verdreht, sie verzerrt, das kann dich echt frustrieren. Du versuchst, dich am Riemen zu reißen und Zurückhaltung zu üben, aber das geht nur bis zu einem gewissen Grad, du kannst nicht im-

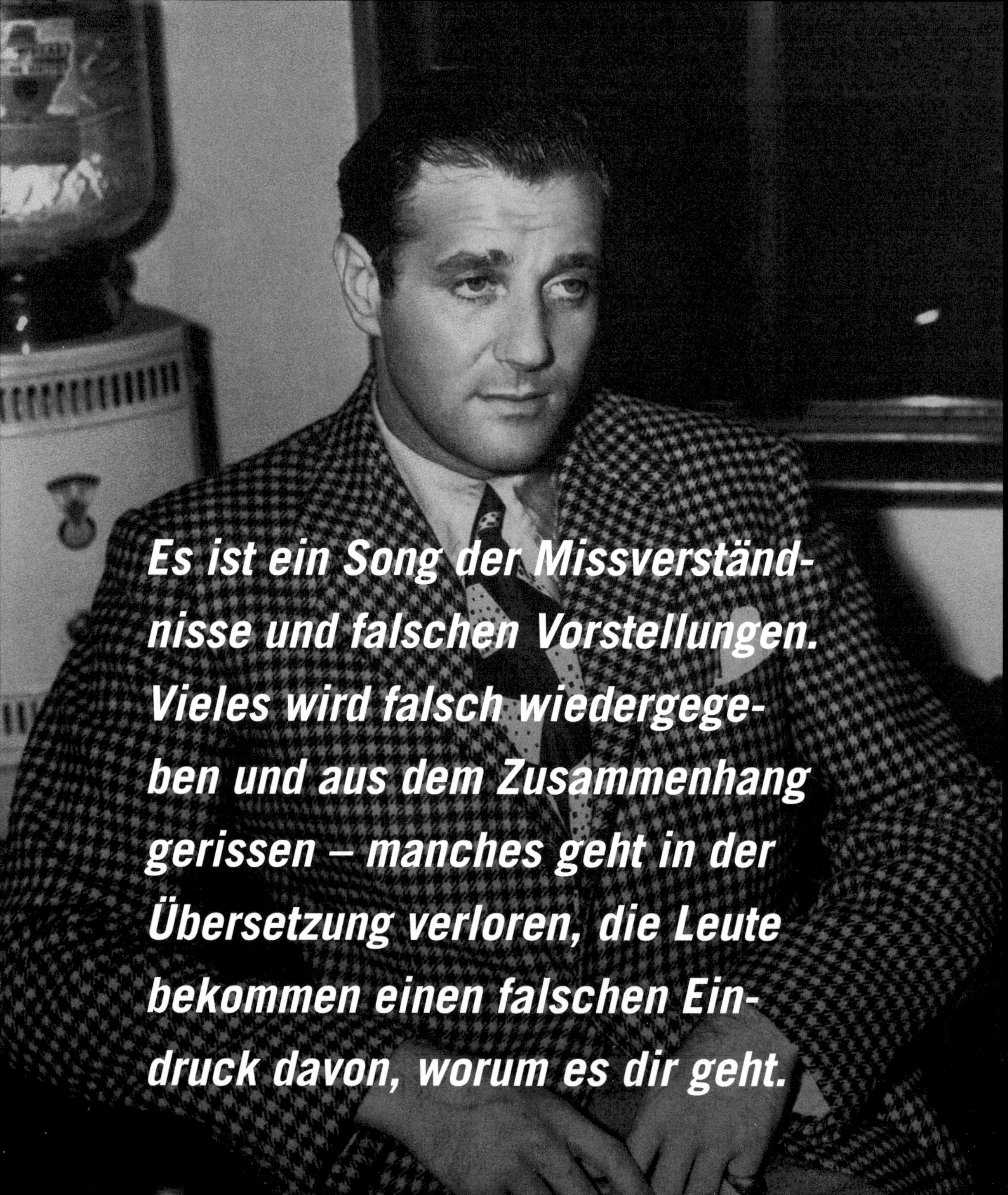
Es ist ein Song der Missverständ-
nisse und falschen Vorstellungen.
Vieles wird falsch wiedergegeben und aus dem Zusammenhang
gerissen – manches geht in der
Übersetzung verloren, die Leute
bekommen einen falschen Eindruck davon, worum es dir geht.

mer ein Heiliger sein, ein Engel der Liebe – ein Michael, ein Raphael und nicht einmal ein Gabriel.

Du kannst nicht immer der nette Typ sein. Dennoch sind deine Motive stets grundsolide und verlässlich.

Meist bist du wohlgelitten, unbeschwert und munter – du strahlst Freude aus, körperlichen Überschwang und Glück, das lässt sich unmöglich verbergen. Gleichzeitig bist du mit deinem Latein am Ende, dir ist alles peinlich, du bist in jeder Hinsicht ratlos, hast dir die Zunge verbrannt, und du weißt, dass es alle merken, du hast dein wahres Gesicht gezeigt und die anderen haben es mitbekommen, es war nicht zu übersehen. Alles in allem sind deine Grundsätze die allerbesten. Du bist ein Gentleman und ein Gelehrter, deine Worte sollten nicht falsch ausgelegt werden, das macht dich streitsüchtig und bitter, ein ziemlich übler Kunde – völlig stupide, und dich ärgert, dass jemand das, was du sagst, in den falschen Hals bekommen oder dir was unterstellen könnte.

Du sagst ja nur, dass das Leben so seine Tücken hat, seine Unannehmlichkeiten, manchmal ist es eine See von Plagen, und dass du deinen gerechten Anteil von alldem hattest. Beim Stand der Dinge willst du einfach nicht, dass deine Worte falsch gedeutet oder verdreht werden. Du willst nicht für selbstverständlich gehalten werden, schon gar nicht von jemandem, den du liebst. Du willst, dass alles im Rahmen und deine Zuneigung auf höchstem Niveau bleibt. Vollkommen aufrichtig von Kopf bis Fuß. Aber du bist nur ein Erdling, ein ganz normaler Typ, der Mann auf der Straße, und du hast Ansichten und Vermutungen, die wertvoll sind, manchmal stechen sie dir ins Herz, gehen nach hinten los, bringen dich dazu, dich selbst zu hassen.

Missverstanden zu werden kann dir auf die Nerven gehen. Irgendetwas Bescheuertes, etwas Idiotisches, irgendein Allerweltsding zieht dich runter und gibt dir das Gefühl, nicht ausreichend gewürdigt zu werden.

Das Problem mit dem Missverstandenwerden ist, dass es deine Lebensfreude schmälert.

★ ★ ★

HEUTE IST MUTTER GESTORBEN.

Oder stimmt das überhaupt?

Als Gilbert Stuart den französischen Roman *L'Étranger* von Albert Camus ins Englische übersetzte, wirkten die ersten beiden Sätze einigermaßen unmissverständlich. Später aber gaben sie zu umfänglicheren Diskussionen Anlass, als das Buch überhaupt Worte enthält. Übersetzer begaben sich nicht nur in den Sumpf der Mehrdeutigkeiten und paradoxen französischen Zeitstrukturen, die es im Englischen gar nicht gibt, sondern stritten auch darüber, wie sich die Gewichtung der Wörter im Satz durch ihre Anordnung verändert.

Und dann ist da noch die Frage nach der Mutter selbst. Im französischen Original lautet der erste Satz: «*Aujourd'hui, maman est morte.*» Camus verwendet bewusst *maman* und nicht *mère,* was der förmlichere Ausdruck wäre. *Maman* ist umgangssprachlicher, irgendwo zwischen Mama und Mutti, der Übersetzer zeigt das Verhältnis des Erzählers zu seiner toten Mutter also in einem etwas anderen Licht.

Spätere Übersetzer und Kommentatoren haben die Sprache analysiert, versucht, sich aus dem Morast der verschiedenen französischen Verbformen zu befreien, indem sie den Unterschied zwischen dem *passé simple* und *passé composé* erklärten. Es ist nicht einfach. Vom 16. bis ins späte 20. Jahrhundert folgten französische Autoren bei der Entscheidung zwischen den beiden Zeitformen einer inoffiziellen Regel. Die sogenannte «24 Stunden-Regel» wurde von dem französischen Drucker und Gelehrten Henri Estienne eingeführt und besagte, das *passé composé* sei für Ereignisse im Zeitraum der vorangegangenen 24 Stunden zu verwenden, außerhalb dieses Zeitraums durfte das *passé simple* herangezogen werden.

Wenn man sich klarmacht, dass dies nur ein einziges Problem in einem einzigen Satz in einem Buch in einer einzigen Sprache ist, dann beginnt man zu verstehen, was L. L. Zamenhof vorhatte. Zamenhof war ein polnischer Augenarzt, der Sprachbarrieren für Mauern hielt, die den Fluss der Ideen, Freundschaften und Bündnisse zwischen Kulturen und Ländern behinderten.

Weil er wusste, wie schwierig es ist, auch nur eine einzige fremde Sprache zu erlernen, erfand Zamenhof Ende des 19. Jahrhunderts die Kunstsprache Esperanto in der Hoffnung,

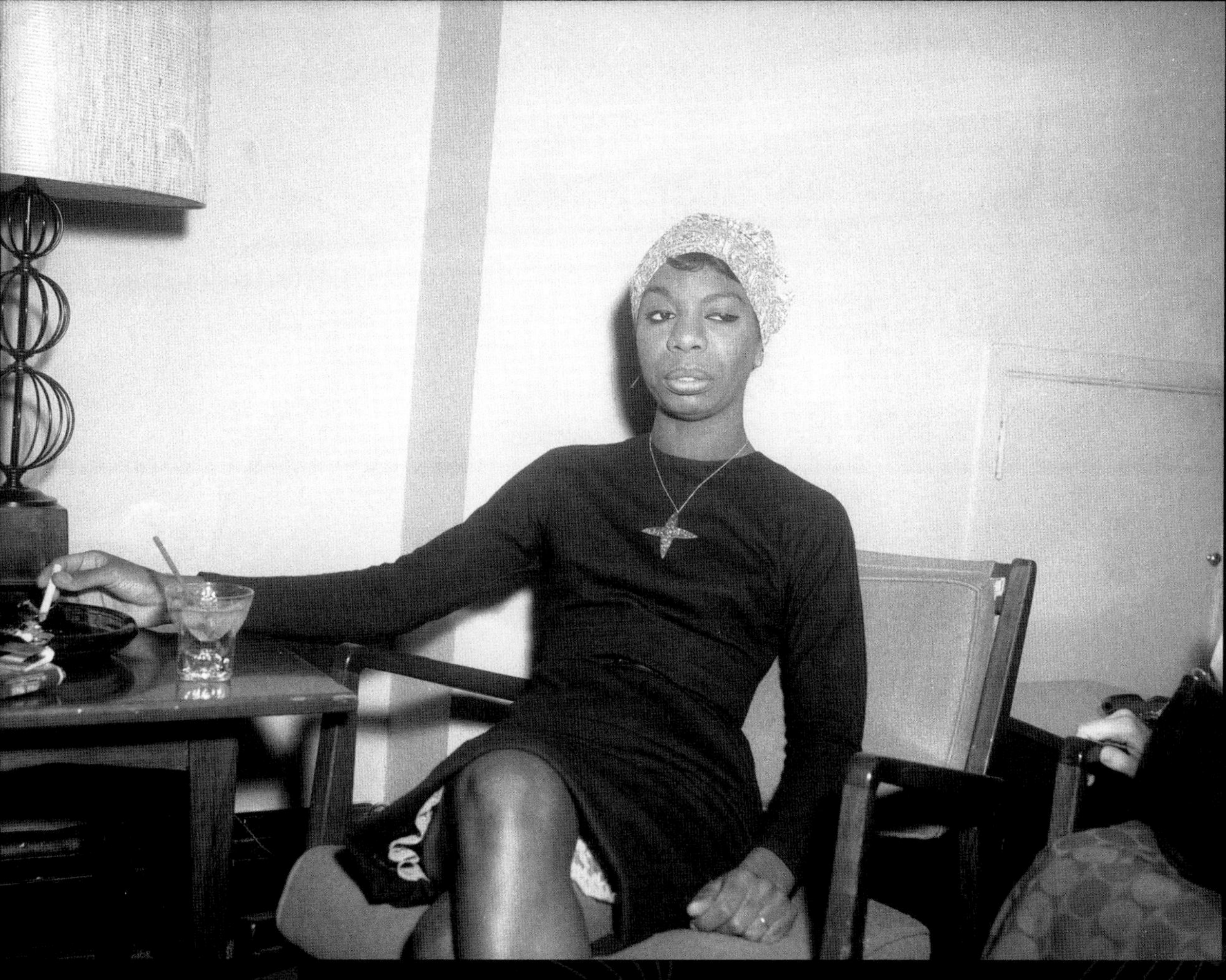

sie möge zu einer «universalen Zweitsprache» werden, einer vereinfachten Sprache, die jeder lernen kann, ohne den eigenen Dialekt dafür zu opfern. Auf diese Weise könnten viele verschiedene Mundarten gedeihen und man wäre dennoch in der Lage, sich mit jedermann auf der Welt auszutauschen.

Gescheitert ist dies aus zahlreichen Gründen. Menschen zu separieren und uninformiert zu lassen, verschaffte Faschisten einen Zugewinn an Stärke, Esperanto passte ihnen nicht. Nazis und Stalinisten brachten Zamenhofs Traum öffentlich in Misskredit. Andere fanden, wer Esperanto spreche, gebe an mit Gottes Wort und baue mit dem Erlernen einer allen gemeinsamen Sprache einen neuen Turm zu Babel.

Esperanto gibt es heute immer noch, auch wenn sich einige in diesem Zusammenhang vor allem an ESP-Disk erinnern, ein 1963 in New York gegründetes Plattenlabel, das ursprünglich Esperanto-Musik veröffentlichen sollte, inzwischen aber vor allem für Aufnahmen von Albert Ayler, Pharoah Sanders, William Burroughs und The Fugs bekannt ist. Und über Google kann man Texte in und aus Esperanto übersetzen.

Sprache ist aber nicht die einzige Verständnisbarriere – Tonfall und Implikationen spielen auch eine Rolle. Der Einbrecher Derek Bentley sagte zu seinem Komplizen Christopher Craig: «Let him have it, Chris» («Gib's ihm» oder «Gib sie ihm»). Als Craig den Londoner Polizisten erschoss, der die beiden aufhalten wollte, wurde Bentley wegen Beihilfe zum Mord angeklagt. Bei seiner Verteidigung aber behauptete er, er habe Craig aufgefordert, dem Polizisten die Pistole zu überlassen.

Er brauchte keinen Übersetzer, um falsch verstanden zu werden.

1964 stritt sich Horace Ott mit seiner Freundin und tat sich mit zwei anderen Songwritern zusammen, mit Bernie Benjamin und Sol Marcus. Sie schrieben «Don't Let Me Be Misunderstood» und gaben den Song Nina Simone.

Sie brachte ihre eigene Kunst dazu, und heutzutage sind die atmosphärischen Spannungen zwischen Horace Ott und seiner nicht namentlich genannten Freundin längst vergessen. Den Song kann jeder singen, der das Gefühl hat, zu einer geliebten Person nicht durchzudringen. Aber er hat durch Ninas verhaltenen, herausfordernden Vortragsstil, den einige als subtiles Plädoyer für soziale Gerechtigkeit auffassten, darüber hinaus Bedeutung erlangt.

Songs können das. Wie jedes andere Kunstwerk streben auch sie nicht danach verstanden zu werden. Kunst kann man schätzen oder interpretieren, aber nur ganz selten gibt es

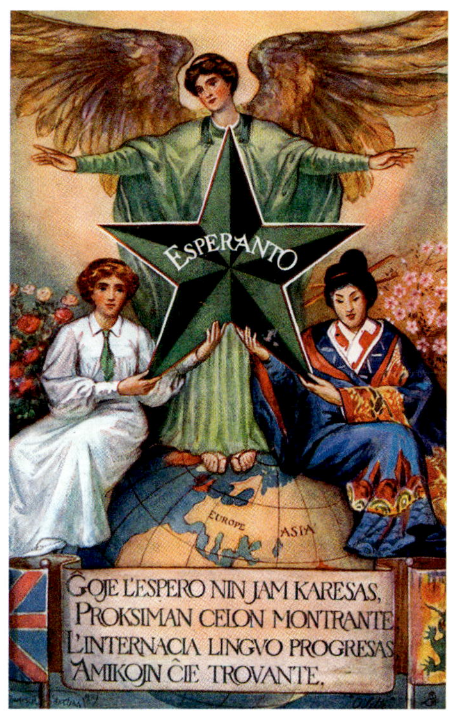

dabei etwas zu verstehen. Ob es um *Dogs Playing Poker* oder das Lächeln der *Mona Lisa* geht, die Bilder zu verstehen, bringt einen nicht weiter.

Kann sein, dass man etwas davon hat, wenn man den Kontext kennt, in dem ein Gemälde wie *Das Floß der Medusa* von Théodore Géricault entstand, oder einen die brandaktuellen Bezüge von Banksys jüngster Breitseite auf etwas aufmerksam machen, aber in beiden Fällen bleibt trotzdem Raum für Gefühle, für Meinung.

Manchmal kann Kunst eine stumpfe Faust sein – die farbigen Rechtecke von Mark Rothko, die Unmengen von Tupfen bei Yayoi Kusama oder John Lennons unermüdliche Wiederholung des Satzes «I want you» in einem einzigen Song. Diese Künstler kennen ihr Handwerkszeug so gut, dass sie genau wissen, was sie tun. Dennoch haben manche Leute es eilig, diese Werke als zu simpel abzutun.

Don't let me be misunderstood.

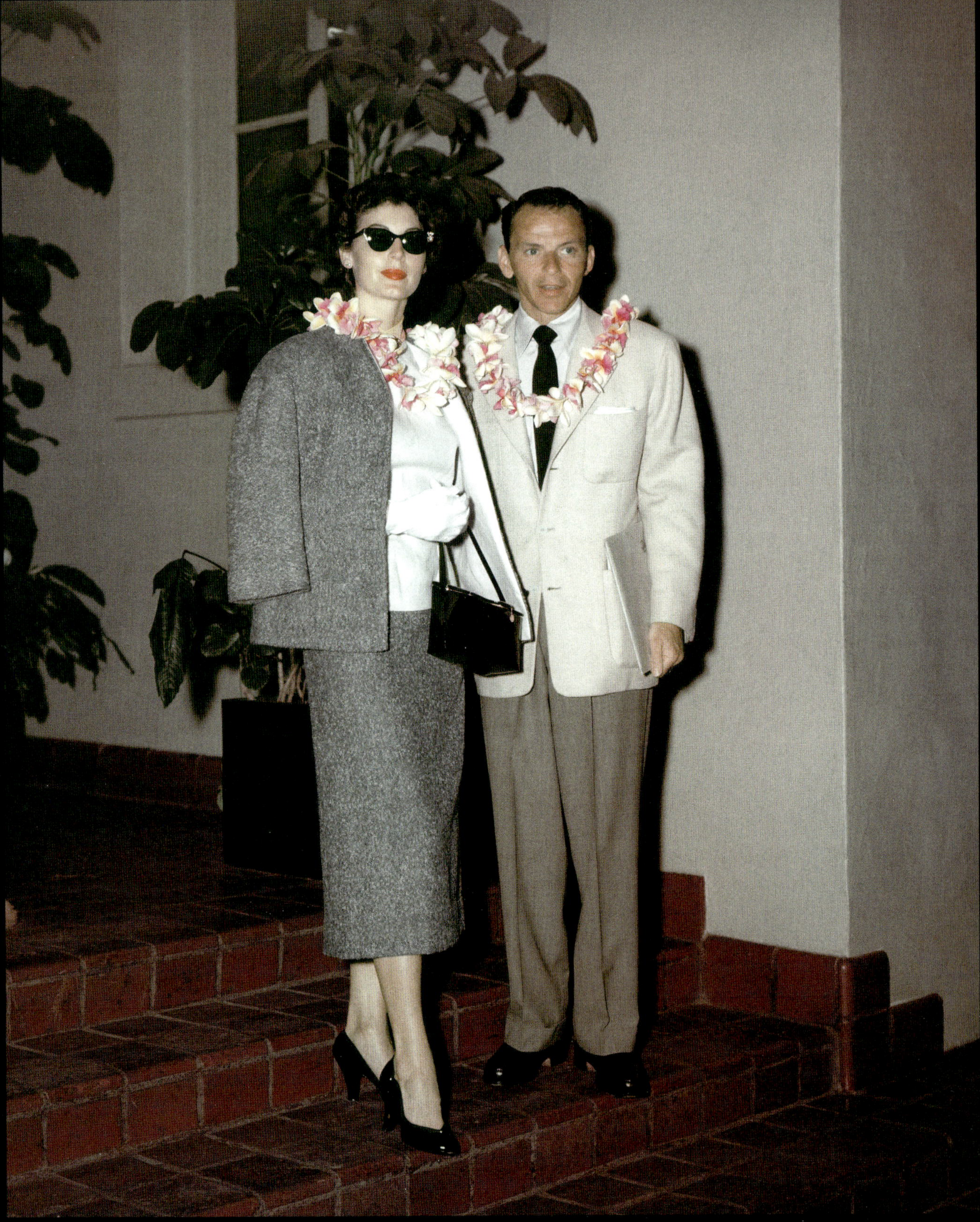

KAPITEL 62

STRANGERS IN THE NIGHT FRANK SINATRA

Erstveröffentlichung als Single

(Reprise, 1966)

Musik von Bert Kaempfert

Text von Charles Singleton und Eddie Snyder

★ ★ ★

DAS IST DER SONG DES EINSAMEN WOLFES, des Außenseiters, des Fremden, des Ausländers, des Nachtschwärmers, der unsaubere Geschäfte betreibt, alles verscherbelt und darüber sogar sein eigenes Interesse aus den Augen verliert. Ziellos streift er durch die schmutzige Dunkelheit – schneidet seine sentimentalen Gefühle auseinander, zerteilt sie wie einen Kuchen in Stücke, wechselt bohrende Blicke mit jemanden, den er kaum kennt.

Tramps und Mavericks, das Objekt der Zuneigung des anderen, verzückt voneinander und im Begriff, ein Bündnis zu schließen – sie ignorieren sämtliche menschlichen Zeitalter, das goldene, das elektronische, das Zeitalter der Angst, das Jazz-Zeitalter. Du bist hier, um eine andere Geschichte zu erzählen, du bist von einem anderen Schlag. Du bist ein harter Typ, zäh wie Rindfleisch, du bist in Fahrt und erregt, grinst wie ein Honigkuchenpferd von einem Ohr zum anderen und überdenkst dein gesamtes strukturloses Dasein. Dein ganzes Wesen ist vom Duft dieser zu Kopf steigenden Ambrosia erfüllt. Dein Lebensgeist, dein Puls, irgendetwas in deinem Blut verrät dir, dass du dieses zarte Gefühl von Liebe jetzt und immerdar haben musst, diese Essenz der hingebungsvollen Liebe musst du festhalten – sie ist unentbehrlich und lebensnotwendig, wenn du den Tod hinters Licht führen willst.

Eindringlinge, schräge Vögel, Durchgedrehte und Schurken machen sich in dieser leblosen, düsteren Dunkelheit die Plätze streitig. Zwei entwurzelte und entfremdete Menschen, zurückgezogen und isoliert, haben einander die Tür geöffnet, Aloha gesagt, Hallo, wie geht es so und Guten Abend. Woher hättest du wissen sollen, dass Schmusen und Fummeln, Eros und Bewunderung nach nur einem einzigen depressiven Mambo zu haben sind – ein Schielen aus dem Augenwinkel und ein wollüstiger Blick –, und ihr seitdem, seit diesem Moment der Wahrheit, heiß lauft, voll verschossen und des anderen Herzensglück seid. Liebende und Schätzchen von Anfang an. Gleich vom ersten verstohlenen Seitenblick, dem Ursprung an – dem Beginn. Jetzt seid ihr ein Paar, ein Fleisch, für immer vereint – bis in alle Ewigkeit – unsterblich.

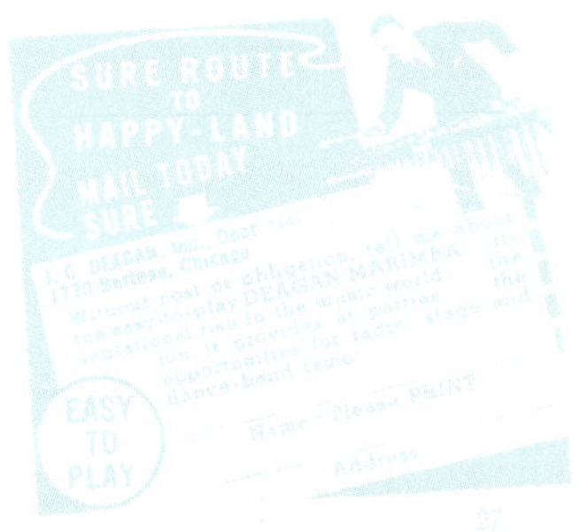

★ ★ ★

ALS FRANK SINATRA AM 11. APRIL 1966 ins Studio ging, um «Strangers in the Night» aufzunehmen, sang er bereits seit einunddreißig Jahren professionell und nahm seit 1939 Platten auf. Er hatte Trends in der populären Musik kommen und gehen sehen und einige davon selbst gesetzt, über Jahrzehnte Dutzende von Nachahmern hervorgebracht.

Trotzdem war es unglaublich, dass der Soundtrack des Sommers 1966, laut der Ausgabe der *Billboard Hot 100* vom 2. Juli, von diesem kleinen Popsong getoppt wurde. «Strangers in the Night» des aus Hoboken stammenden Künstlers schlug sogar «Paperback Writer» von den Beatles und «Paint It Black» von den Rolling Stones. Heute sind die Charts so spezialisiert und nischenorientiert, dass so etwas gar nicht mehr vorkommen könnte. Mittlerweile bleiben alle in ihrem eigenen Fahrwasser, wo ihnen in ihrer Kategorie die höchsten Auszeichnungen sicher sind, auch wenn die Kategorie so eng gefasst ist wie Bester Klezmer-Gesang auf einem Heavy Metal-Soundtrack mit Americana-Samples.

Frank aber musste es damals mit allen aufnehmen, auch wenn er «Strangers» hasste und den Song wiederholt als «Stück Scheiße» abtat. Aber wir wollen nicht vergessen, dass Howlin' Wolf angeblich einmal dasselbe über seine erste E-Gitarre gesagt hat und die beiden Chess-Brüder es fett auf der Hülle einer seiner Platten abdruckten.

Frank mag den Song gehasst haben, aber Tatsache ist, dass er ihn sich ausgesucht hat. Dazu gibt es eine Geschichte. Bis wir «Strangers in the Night» zu hören bekamen, gab es mindestens zwei verschiedene Textfassungen, und allerhand Leute hatten bereits die Urheberschaft für sich beansprucht. Die Geschichte ist verwirrend und erstreckt sich über mehrere Kontinente. Ich gebe sie hier zum Zwecke der Unterhaltung wieder und bürge nicht für ihren Wahrheitsgehalt.

Viele Zigarrenraucher haben sich die Avo XO, eine feine dominikanische Zigarre, schmecken lassen. Der bekannte Schweizer Tabakhändler Davidoff aus Genf stellte sie der Welt vor, und inzwischen werden davon über zwei Millionen jährlich verkauft. Außerdem dienten sie einem armenischen Musiker, einem in New York lebenden Einwanderer aus Beirut, als eine Art Einnahmequelle im Sinne ausgleichender Gerechtigkeit, weil er sich um die Einkünfte aus einem von ihm komponierten Charthit betrogen sah.

Als junger Mann war Avo Uvezian Jazzpianist und spielte zu Beginn der vierziger Jahre im ganzen Nahen Osten, einmal brachte er sogar dem iranischen Schah Reza Pahlavi bei, wie man richtig Swing tanzt. Mit der Hilfe des dankbaren Schahs siedelte Uvezian 1947 nach New York um und schrieb sich an der Juilliard School of Music ein.

Jetzt wird die Geschichte undurchsichtig. Laut Uvezian schickte er eine kleine Melodie, die er komponiert hatte, an die einzige Person, die er in der Musikbranche kannte – an den deutschen Orchesterleiter und Komponisten Bert Kaempfert. Die Melodie wird heute unter dem Titel «Strangers in the Night» als Komposition von Bert Kaempfert verzeichnet.

Irgendwie kam der Song Frank Sinatra zu Ohren. Der Legende nach verlangte Frank, dass der Text geändert wurde. Man wandte sich an Charles Singleton und Eddie Snyder. Sie nahmen den melancholischen Song mit dem Titel «Broken Guitar», der von der Trennung zweier Liebender handelte, und kamen eine Woche später mit «Strangers in the Night» zurück. Interessanterweise war Charles Singleton auch Co-Autor von «Tryin' to Get to You», einem 1954 von einer Vokalgruppe aus Washington DC namens The Eagles aufgenommenen Song. Diesen wiederum spielte Elvis Presley im darauffolgenden Jahr bei Sun Records ein.

Auch andere sprachen Bert Kaempfert die Urheberschaft von «Strangers in the Night» ab und beanspruchten sie für sich selbst, unter anderem der kroatische Sänger Ivo Robić und der französische Komponist Philippe-Gérard, aber keiner konnte sich so gut behaupten wie Avo Uvezian.

Sein Name findet sich nun zwar nicht auf der Platte, aber auf vielen Zigarrenbanderolen. Er bewahrte sich seine positive Einstellung und lebte fröhlich bis in seine Neunziger. Auch wenn er sich aus dem Musikgeschäft verabschiedet hatte, sagte er sich doch nicht von der Musik los, trat regelmäßig auf und unterhielt Freunde mit seinem Klavierspiel, während er sich gleichzeitig an Millionen von Schweizer-Zigarren-Dollar erfreute. Nicht alle Geschichten müssen ein trauriges Ende haben.

Soweit ich weiß, hat nie jemand die Urheberschaft von «Somethin' Stupid» angezweifelt, Franks Hit aus dem darauffolgenden Jahr, wobei aber vielleicht erwähnenswert ist, dass Van Dyke Parks älterer Bruder Carson ihn geschrieben hat.

KAPITEL 63

VIVA LAS VEGAS
ELVIS PRESLEY

Erstveröffentlichung als Single

(RCA, 1964)

Von Doc Pomus und Mort Shuman

★ ★ ★

DAS IST DER SONG DES SPIELERS, des Sportsfreunds – reine Glückssache – gute Gewinnchancen, schlechte Gewinnchancen, Münzen werfen, Tombolas, Gewinnspiele und Würfel. Das Roulette-Rad, der Flipperautomat, die angeknipste Stadt, die mit Sternen besäte Stadt. Sie ist der Ort, an dem deine Persönlichkeit Feuer fängt. Der Ort, an dem du kalkulierte Risiken eingehst, der Gefahr trotzt und ein Vermögen aufhäufst wie Rothschild, Hobbs, DuPont, Vanderbilt – du wirfst mit Geld nur so um dich wie ein betrunkener Matrose. Die boomendste aller boomenden Städte. Du lebst über die eigenen Verhältnisse, ein blendender Ort. Du blätterst das Geld hin und treibst die Quoten in die Höhe. Handelst mit Geld, lebst auf Pump, erzählst allen, dass du bezahlen kannst. Lang lebe diese Stadt mit all ihren unzähligen Frauen – den Weibern und Damen, den jungen Hühnern und Püppchen, den Escorts, Partnerinnen und Leibwächterinnen. All diese Frauen, weit offen und lebenshungrig, tanzen auf Messers Schneide.

Du hältst keine Sekunde lang inne, holst nicht mal Luft. Du bist der Gauner, der Teufelsanbeter, der böse Mann mit der ganz besonderen Begierde. Lang lebe diese Stadt.

Du machst nie Pause, haust dich nie aufs Ohr. Keine Zeit herumzustehen und abzuhängen, du drehst voll auf. Hätte der Tag doch mehr als achtzig Stunden. Craps spielen, Karten abheben, Lose ziehen und mit Münzen tricksen, Karten aufdecken, Keno und Bingo. Du kommst zu Geld, und du hast einen Lauf. Du mischst die Karten und schlägst ganz unten auf. Ein sechsstelliges Einkommen zum Fenster rausgeworfen, du verlierst ein Riesenvermögen und stößt auf eine Goldader. Du hast einen atomkraftbetriebenen inneren Spirit, bist bullenstark – aus Eisen geschmiedet und hart wie blanker Stahl. Du hast Nerven, stoßfest wie Ladestöcke und hart wie Marmor.

Las Vegas, Scheideweg der modernen Welt. Utopia, Garten Eden, Land der Träume. Hast du es einmal gesehen, und sei es auch nur mit halbem Auge, wirst du nie wieder derselbe sein. Es braucht nur einen kurzen Blick, und du bist verändert, mutierst zu etwas anderem, einer geheimnisvollen Substanz mit unaufhörlichem Lächeln – etwas Reiches und Fremdes. Du hältst den Kessel am Dampfen, stolzierst und schlenderst, vertrittst dir die Beine, gehst bei Rot über die Straße und kommst groß raus. Schnell wie der Blitz drückst du ab. Zitterst wie Espenlaub mit jeder Menge Verve und Vergnügen. Zirpst wie eine Grille und verbreitest Jubel – hast einen Heidenspaß in der Spielhölle. Du singst das Loblied der Stadt, die du liebst. Der Stadt, die den Morgen zur Mitternacht macht und die Mitternacht zum Morgen, wo nach Feierabend die Sonne aufgeht. Das Ende des Tages trifft auf das erste grelle Licht – unsichtbare Strahlung, blinzelnd und funkelnd, glitzernd und blendend – es sprengt den Belichtungsmesser. Es kostet dich deinen letzten Cent, du hast Verluste zu beklagen und verzockst deinen letzten Dollar. Du bist erledigt und endest als Almosenempfänger, abgewrackt und ausgedörrt wie eine Pflaume – hast einen Volltreffer kassiert und bist k. o. gegangen. Dieses Mal setzt du alles auf eine Karte, volle Kanne, du bist total aus dem Häuschen und bittest Fortuna, die Würfel vorzuwärmen, die Kugel in deine Richtung rollen zu lassen – damit das Gesetz der Serie auf deiner Seite ist. Du gehst aufs Ganze, triffst ins Schwarze, knackst das System. Du willst ganz oben landen, und du hoffst, dass es bloß nicht so schnell wieder vorbei ist.

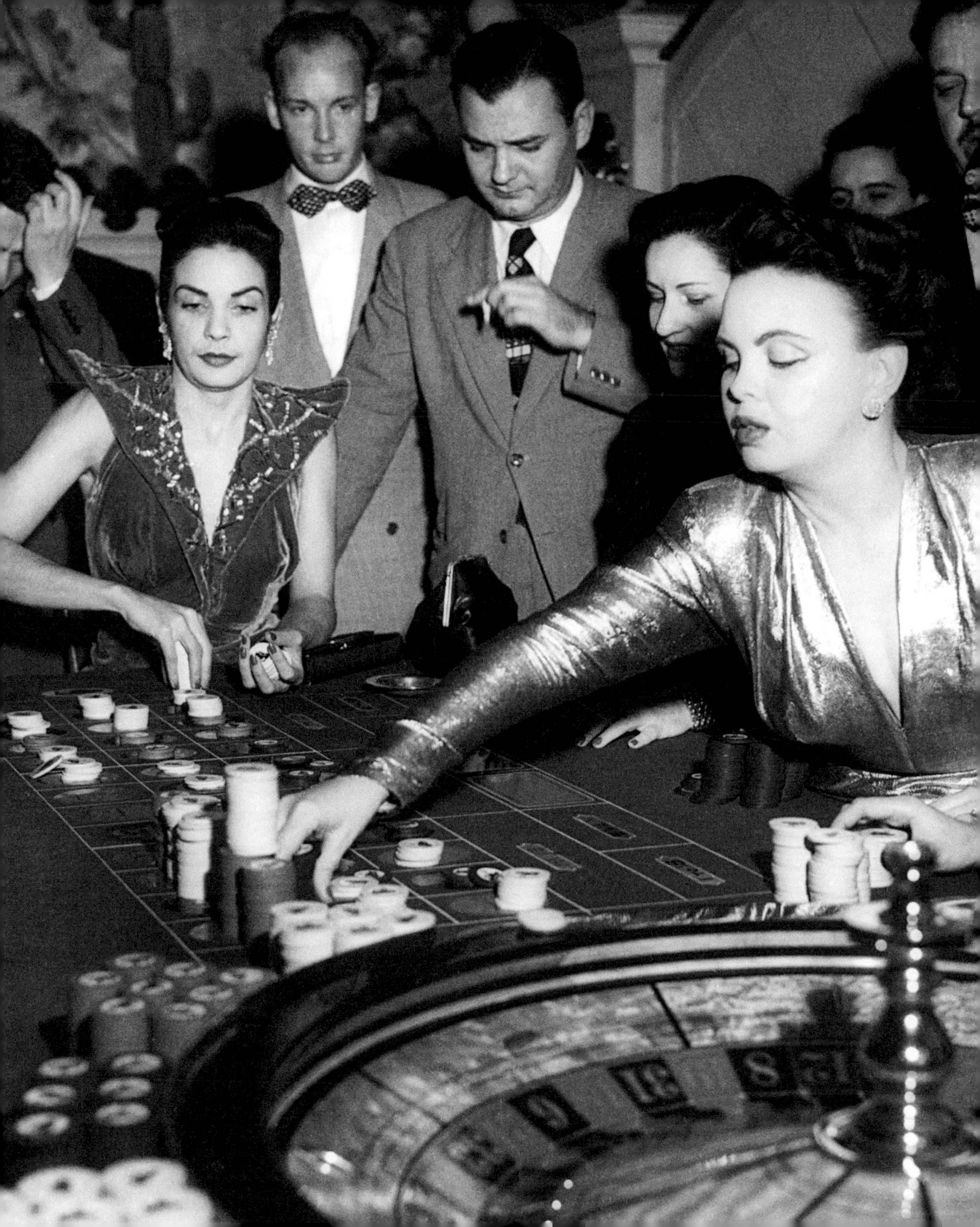

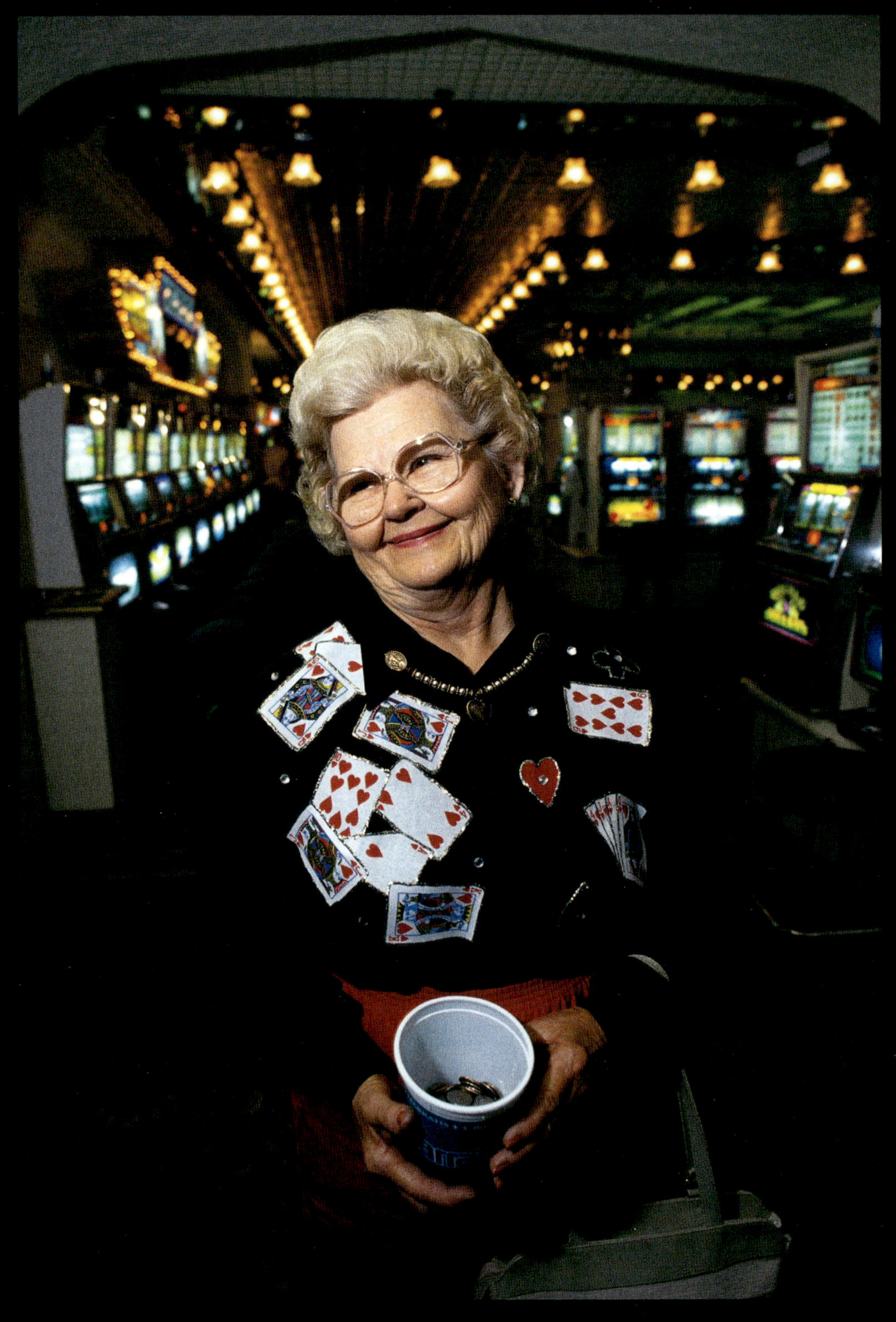

★ ★ ★

DAS IST EIN SONG ÜBER DEN GLAUBEN. Über die Art von Glauben, dem du anhängst, wenn du dich mitten in der Wüste unter eine Brause stellst und felsenfest davon überzeugt bist, dass Wasser rauskommt. Oder konkreter, wenn du dir in einer hellerleuchteten Stadt mit blinkenden Neonlichtern, in der es von Pfandleihern und Selbstmördern nur so wimmelt, in der marmorverkleideten Lobby eines Luxushotels von schönen Frauen in hautengen, paillettenbesetzten Trikots, die für ein Trinkgeld mit dir flirten, kostenlose Drinks servieren lässt und ernsthaft glaubst, dass du gewinnen wirst. Kein Wunder, dass deine Seele Feuer fängt.

«Viva Las Vegas» ist auch Werbung. Als er die Komposition von Doc Pomus und Mort Shuman 1963 aufnahm und ein Jahr später veröffentlichte, wusste Elvis natürlich nicht, dass die in diesem beschwingten Liebeslied besungene Stadt bereits fünf Jahre später, im Juli 1969, das Zentrum seiner Live-Auftritte sein würde – auch nicht, dass die sagenumwobene, von Menschenhand erschaffene nächtliche Oase wie ein Vampir seine schlimmsten Angewohnheiten und Impulse verstärken würde.

Einige Fans verfluchen Colonel Tom Parker, weil er Elvis' Talente in zunehmend unterdurchschnittlichen Spielfilmen verheizte und ihn in Las Vegas festsetzte, indem er einen Freundschaftsdeal mit dem Hilton schloss, um seine eigenen horrenden Spielschulden abzutragen. Bekanntlich ging es mit Elvis' Gesundheit und Bühnenkunst dort steil bergab, trotzdem wurde er Abend für Abend vorgeführt. Das Spektakel ähnelte mit der Zeit einer Nummer bei P. T. Barnum, der seine Stars auch noch lange nach ihrer Glanzzeit als Kuriositäten präsentierte, nur um irgendwie Publikum in sein Zelt zu locken. In diesem Fall war Elvis die Kuriosität und Vegas das Zirkuszelt. Sollten die Zuschauer am Ende von dem abgestürzten Star enttäuscht sein, so gab es noch zahlreiche andere Zerstreuungsmöglichkeiten, um sie davon abzulenken. Und ihnen Geld aus der Tasche zu ziehen. Das war es, was der Colonel irgendwo gelernt hatte auf dem Weg von den heimischen Niederlanden zu den Jahrmärkten, die seine wahre Heimat waren.

Mir erzählte einmal jemand von einem Wunderheiler, der adrett gekleidete Komplizen vor die Türen seiner Shows stellte, die allen Zuschauern mit Krücken, Stöcken oder Laufgestellen oder auch nur ausgeprägt Hinkenden einen kostenlosen Rollstuhl anboten.

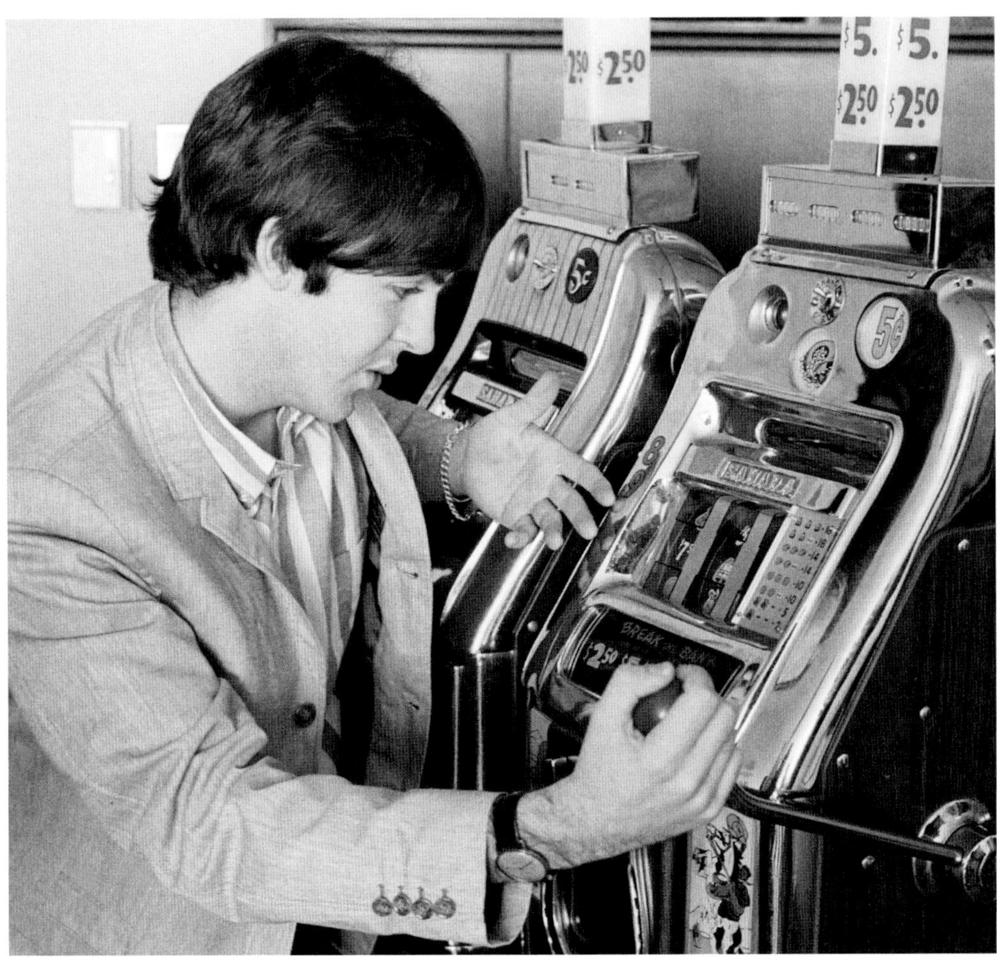

Man erklärte ihnen, neben der Bühne befände sich ein Bereich dafür. Der Wunderheiler kam heraus, sah die Rollstühle und ließ eine dieser Personen auf die Bühne bringen. Er versicherte dem Publikum, die Person brauche gar keinen Rollstuhl. Das wisse er genau. Er bat die Person, aufzustehen und zu gehen. Begleitet vom Jubel der Zuschauer tat sie es, und die Anwesenden glaubten, Zeugen eines Wunders geworden zu sein, ohne zu ahnen, dass der vermeintlich Lahme aus eigener Kraft hereinspaziert war. So funktionierte der Schwindel.

Das Interessante aber ist, dass der Mann im Rollstuhl es selbst offenbar auch glaubte. Auf der Bühne zu stehen und bejubelt zu werden, ist eine starke Medizin. Adrenalin, Endorphin und wer weiß was sonst noch alles pumpt durch den Kreislauf der Person und ermöglicht es ihr wirklich, vielleicht zum ersten Mal im Leben, schmerzfrei zu gehen. Egal, wie man ihm erklärt, was gerade passiert ist, er denkt, ihm sei ein Wunder widerfahren. So funktioniert Glaube. Echter Schwindel, richtig guter Schwindel, braucht eine Prise Glaube, denn wie W. C. Fields gesagt hat: «Einen ehrlichen Menschen kann man nicht betrügen.»

Bei dem ganzen Elvis-Mythos lässt sich der Colonel schnell zum Judas erklären, der dreißig Silberlinge in die Spielautomaten warf. Man darf aber nicht vergessen, dass es ohne seine harte Arbeit und seinen unerschütterlichen Glauben überhaupt keinen King zum Ruinieren gegeben hätte. Selbst in den dunkelsten Stunden war der Colonel treu und ehrlich, diente keinen falschen Thronanwärtern, keinen falschen Göttern, keinen anderen Klienten. Nach Elvis' Tod blieb er im Hilton und sorgte dafür, dass alle Nachahmer den Respekt wahrten. Wobei zynische Zungen behaupteten, der Colonel sei selbst zur Touristenattraktion geworden und habe so weiter versucht, dem stetigen Wachstum seiner Spielschulden entgegenzuwirken.

Der Co-Autor des Songs, Doc Pomus, saß tatsächlich im Rollstuhl, hatte aber keine Wunderheilung nötig – sein Glaube galt irgendetwas zwischen einem Vierling und einem Straight Flush. Da er die Songschreiberei für zu riskant hielt, stieg er aus der Branche aus und zog sich in die relative Sicherheit des Profi-Pokers zurück, veranstaltete in seinem Apartment in Manhattan Spiele mit hohen Einsätzen und gab dies erst wieder auf, als eines Abends einer der Spieler vom Tisch aufstand und später am East River angespült wurde. Danach klopften B. B. King und Dr. John beim Doc an die Tür und zerrten ihn in die lediglich im metaphorischen Sinne mörderische Welt der Musik zurück.

Heute ist Elvis tot, der Colonel auch, Doc Pomus ebenso wie B. B. und Dr. John. Dem Hilton-Konzern aber gehören einunddreißig Hotels in Las Vegas.

Die Bank gewinnt immer.

Viva Las Vegas.

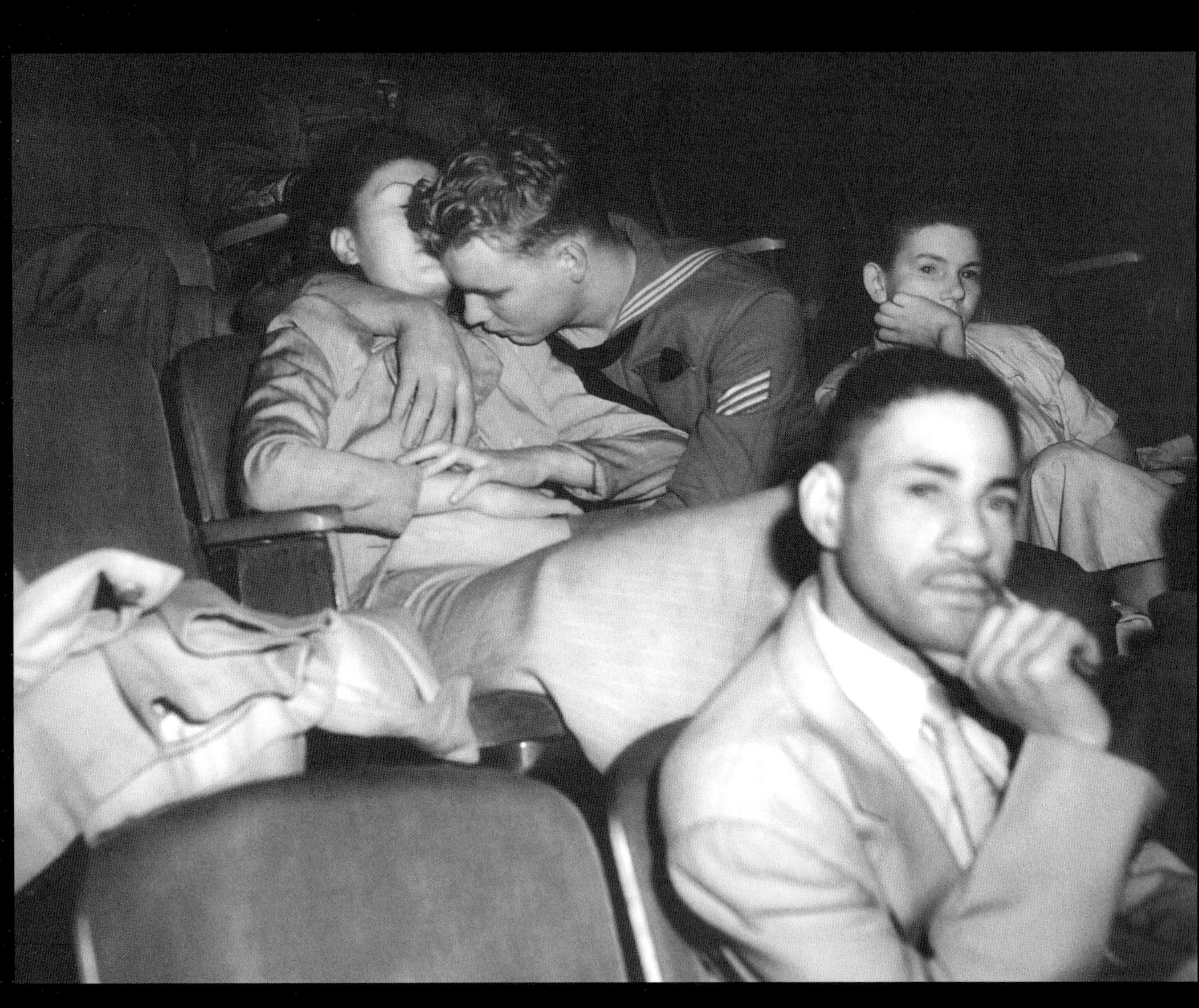

KAPITEL 64

SATURDAY NIGHT AT THE MOVIES THE DRIFTERS

Erstveröffentlichung als Single
(Atlantic, 1964)
Von Barry Mann und Cynthia Weil

★ ★ ★

ERFAHRENE BEOBACHTER AHNTEN, dass die Musikbranche in Schwierigkeiten steckte, als eines ihrer populärsten Genres den Namen «Alternative» erhielt. Das ist natürlich unmöglich, da «alternativ» per definitionem gegen die herkömmliche Norm verstößt – das heißt, es unterscheidet sich von dem, was am populärsten ist.

Moderne Filmemacher befinden sich in einer ähnlichen Zwickmühle. Das bedeutet nicht, dass sie keine interessanten Filme drehen, die zum Nachdenken anregen. Es bedeutet nur, dass die Gegenkultur die Kultur des Mainstream abgelöst hat. Wenn wir herausfinden wollen, wo wir als Publikum stehen, kommen wir uns bisweilen vor wie Paul Newman in *Cool Hand Luke*, wenn Strother Martin zu ihm sagt: «Wir haben hier einen eindeutigen Fall von Kommunikationsversagen.»

In den siebziger Jahren pfiffen Antihelden wie Butch und Sundance, Dirty Harry, Super Fly und Travis Bickle auf fünfzig Jahre lang zur Schau getragene kerzengerade Rücken und unbewegliche Mienen. Samstagabends im Kino ging es immer schon um mehr als nur eine Gelegenheit, mit seinem Date einen Eimer Popcorn in der letzten Reihe zu teilen. Die besten Filme steckten voller Klugheit und Aphorismen, die einen Moralkodex erahnen ließen, der das Publikum müheloser erreichte als die Prediger, die ihn jeden Sonntagvormittag, garniert mit einer Portion Höllenfeuer und Angst, servierten.

Nicht, dass es vor den siebziger Jahren keine Antihelden gegeben hätte, da waren der bereits erwähnte Wild One, Jimmy Cagney und Edward G. Robinson in den Gangsterfilmen der frühen dreißiger Jahre oder James Dean in *Denn sie wissen nicht, was sie tun*. Diese Charaktere mussten ihre Aufsässigkeit aber entweder teuer bezahlen oder sie wurden gezähmt und noch vor Ablauf der Filmspule auf den Pfad der Tugend zurückgeführt.

So wie «Alternative» irgendwann zur einzigen Alternative wurde, verdrängte der Antiheld die echten Helden von der Leinwand, bis schließlich jeder, der auch nur vage auf Gene Autrys Cowboy Code anspielte, schon als ewiggestrig gebrandmarkt und verbannt wurde. Gleichzeitig wurden Filme, die es wagten, eine irgendwie geartete Botschaft zu transportieren, sei sie erhebend oder einfach nur bedenkenswert, von der einen oder anderen Seite der Zuschauer politisiert und nur aufgrund einer vorher festgelegten Ausrichtung gut geheißen. Den längst Bekehrten wurde so viel vorgepredigt, dass man die Filme ebenso gut auch sonntagmorgens statt samstagabends hätte zeigen können.

Heute rollen Fortsetzungen und Remakes mit astronomischen Produktionskosten in beunruhigend rascher Abfolge vom Fließband, trotzdem kommen sie an den Zauber und die Magie der Originale nicht heran. Es gelingt ihnen nicht, uns von unseren Kinositzen in eine Welt der Wunder zu transportieren. Verdammt, meistens schaffen sie es nicht mal, die Leute zu bewegen, ihr eigenes Wohnzimmer zu verlassen und sich das verfluchte Ding anzusehen.

Viele geben eine ganze Reihe von Gründen an, weshalb sie keine alten Filme schauen – weil sie schwarz-weiß sind oder irgendeine Passage von ca. zwei Minuten Länge aufgrund des Wandels der Zeit nicht mehr als politisch korrekt gelten kann. Ihnen fehlt es an Fantasie, und sie haben nichts dagegen, das Kind mit dem Bade auszuschütten.

Wer Filme, die vor der eigenen Zeit gedreht wurden, als zu vereinfachend abtut, dem entgeht Kirk Douglas' bravouröse Darstellung in Billy Wilders *Ace in the Hole*, in dem er die toxischen Machenschaften der Medien vorwegnimmt, ebenso wie Brando in *Die Faust*

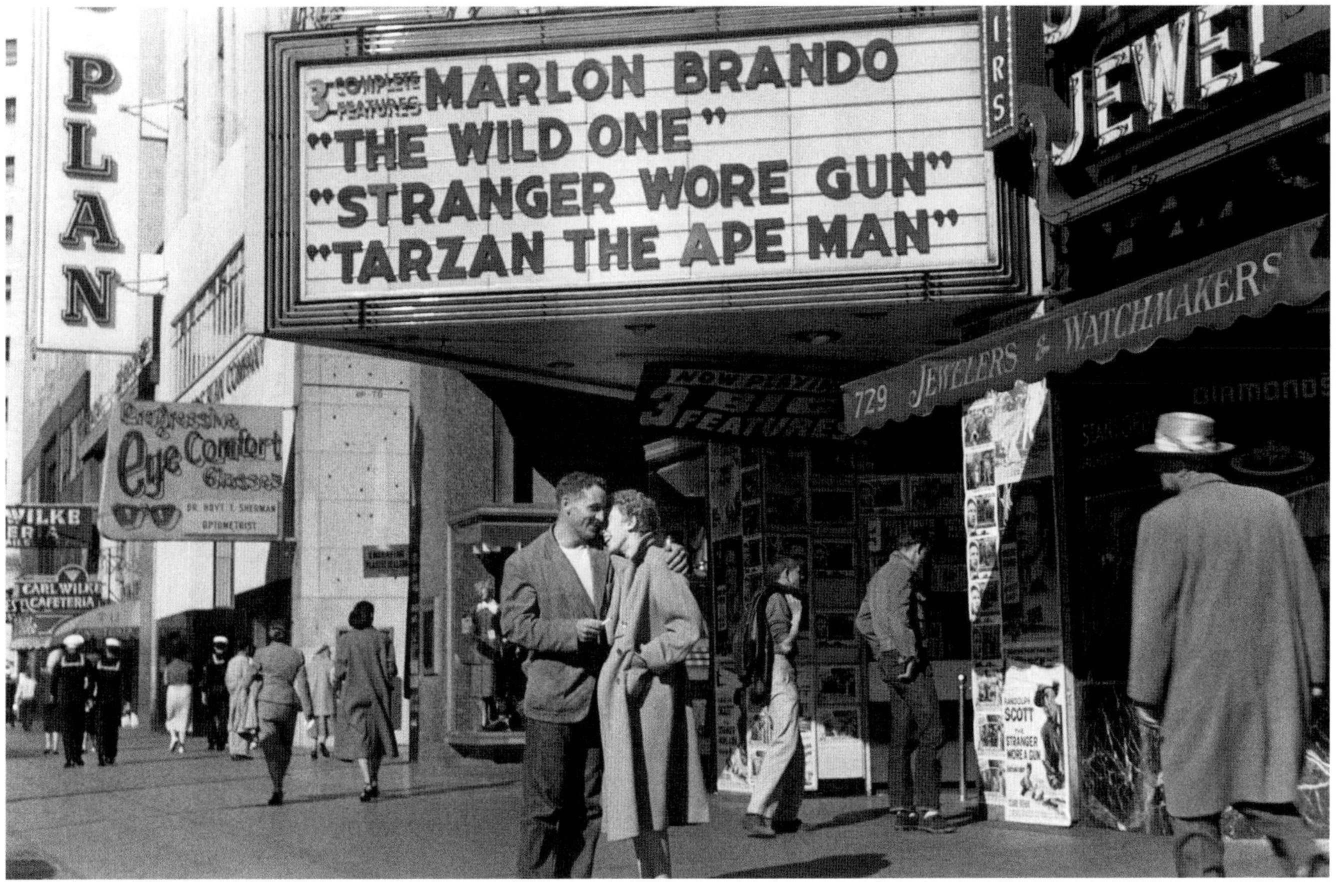

im Nacken, wo er als Hafenarbeiter Terry Malloy gegen den korrupten Gewerkschaftsboss aussagt, der seinen Bruder töten ließ. Der Film ist so stark, man muss nicht einmal den historischen Kontext von Elia Kazan und den Anhörungen vor dem HUAC kennen, um davon voll ins Mark getroffen zu werden.

High Noon ist alles andere als nur ein Western. Der Film erzählt die fein nuancierte Geschichte eines Mannes, der gegen die Uhr kämpft und dabei einiges über Tapferkeit, Loyalität und Liebe lernt. Es wurden Neufassungen gedreht, eine spielt in der Großstadt, eine handelt von der Mafia, und in einer anderen spielt Sean Connery einen Federal Agent

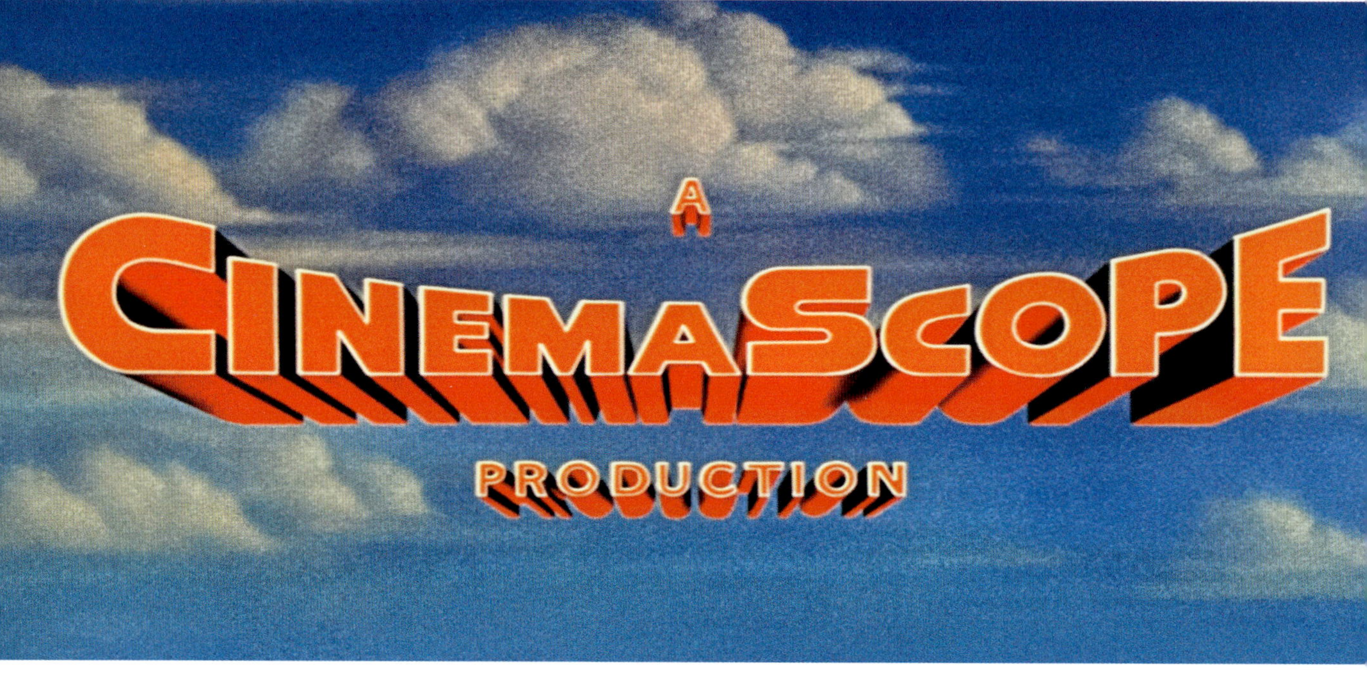

im All, der sich in einer Bergbaukolonie auf einem Jupitermond mit einem Auftragskiller anlegt.

Eine Charakterstudie wie *Die Erbin* erlaubte Olivia de Havilland einen komplexen weiblichen Charakter auf die Leinwand zu bringen, während *Süßer Vogel Jugend* bis an die Grenzen des damals Akzeptablen ging, obwohl das Bühnenstück von Tennessee Williams für das Kino bereinigt wurde. Die beiden Filme sind zum Teil deshalb so spannend, weil sie Grenzen ausloteten und nicht alles sagen konnten. Wenn man immer nur Andeutungen machen darf, trifft man zwangsläufig sorgfältigere Entscheidungen.

Dann gibt es noch *Der Schatz der Sierra Madre*. Bis heute bewährt er sich als reine Unterhaltung, transportiert aber außerdem Themen wie Habgier, Paranoia und Korruption und zeigt die gefährlichen Auswirkungen der Verzweiflung.

Die Dreharbeiten gestalteten sich schwierig, und Jack Warner war mit seiner Weisheit am Ende, als die Verfilmung des Romans von B. Traven über die Goldsuche in den Bergen der Sierra Madre das Budget um ein Vielfaches sprengte. Zum Schluss aber war es das wert, der Film gewann drei Oscars, Walter Huston einen als bester Nebendarsteller, sein Sohn John für die beste Regie und das beste Drehbuch gleich zwei. Jeder weiß, dass der junge Robert Blake als Zeitungsjunge darin auftaucht, aber nicht vielen ist bekannt, dass auch der mysteriöse Autor des Romans, B. Traven, angeblich als Statist in der Bordellszene zu sehen ist.

Die zwölf Geschworenen dürfen wir an dieser Stelle auch nicht vergessen. Man schließe zwölf starke Schauspieler mit einer guten, packenden Geschichte in einen Raum ein. Scheint ganz einfach zu sein, wird aber selten gemacht. Sidney Lumet war der Regisseur des vielleicht ersten Indie-Films überhaupt, die Kosten lagen bei ungefähr 300 000 Dollar. Der Großteil des Budgets ging an die Powerhouse-Besetzung, die zum Schluss nur anderthalb Stunden brauchte, um zu zeigen, dass es genügt, wenn eine einzige Person ein Held ist, und jede Geschichte unzählige Graustufen hat, auch wenn sie schwarz-weiß gedreht wurde. Vielleicht sogar ganz besonders, wenn sie schwarz-weiß gedreht wurde. Der Film wurde parodiert, auf die Schippe genommen, umgeschrieben, nachgeahmt, uminterpretiert, neu verfilmt und modernisiert. Aber nie übertroffen.

Amerika war immer ein großer Schmelztiegel, aber ein paar Dinge wurden hier erfunden und der Welt zurückgegeben. So viel Spaß es auch macht, einen Ferrari zu fahren, Detroit wird immer die Heimat des Automobils bleiben. So gut Stéphane Grappelli sein mag, man wird immer zu King Oliver, Buddy Bolden und Louis Armstrong zurückkehren, um das Herz des Jazz schlagen zu hören.

Genauso haben Fellini, Kurosawa und andere Regisseure großartige Filme gedreht, aber wir alle wissen, wo die Filmbranche ihren ersten Klaps auf den Hintern bekam und wo sie ihren ersten Atemzug tat.

Leute reden davon, Amerika wieder great machen zu wollen. Vielleicht sollten sie mit den Filmen anfangen.

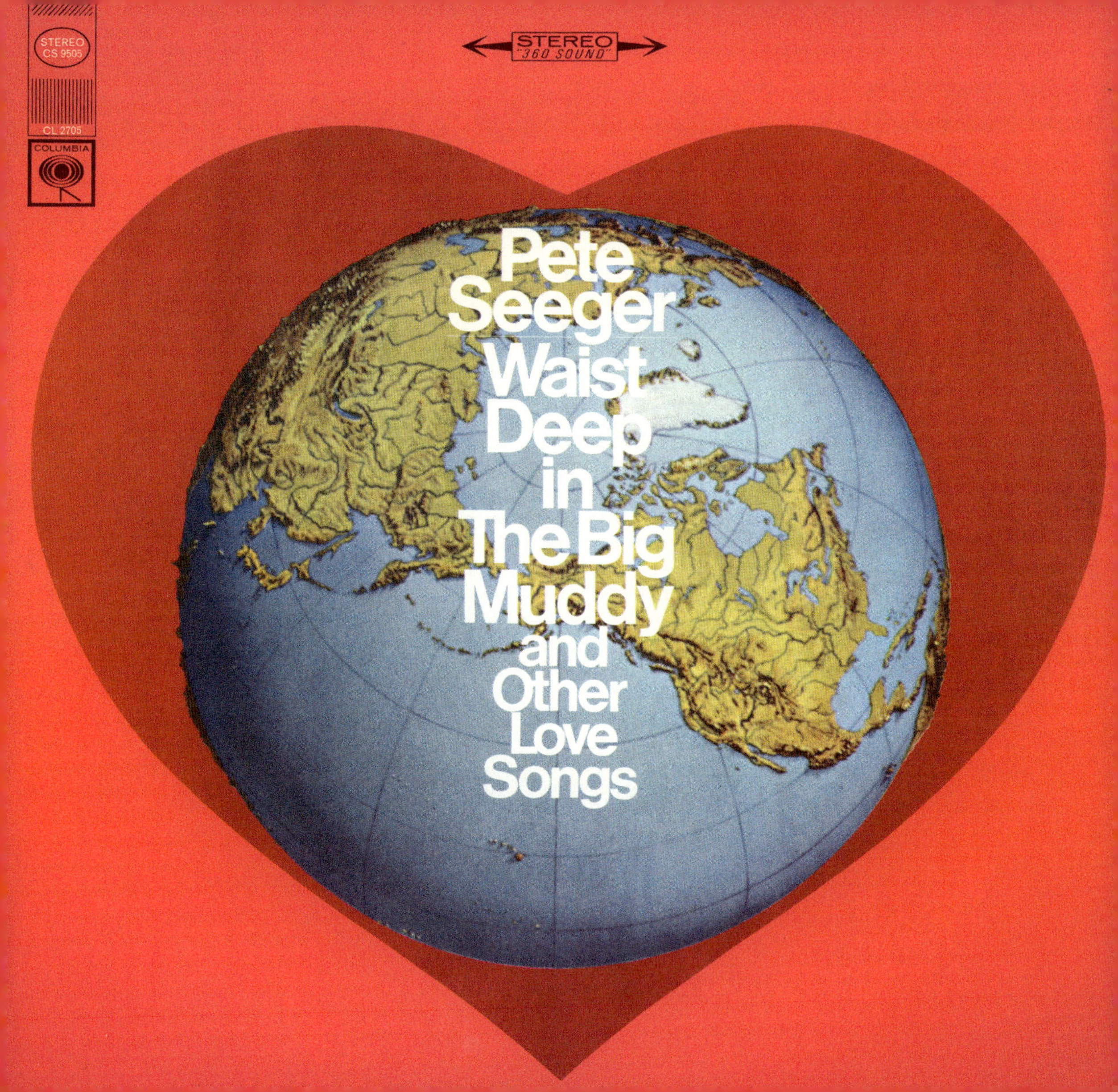

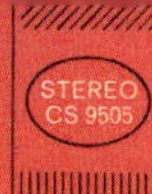

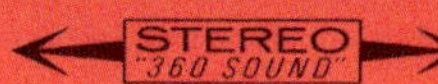

CL 2705

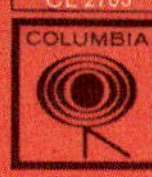

Pete Seeger

Waist Deep in The Big Muddy and Other Love Songs

KAPITEL 65

WAIST DEEP IN THE BIG MUDDY PETE SEEGER

Erstveröffentlichung auf dem Album
Waist Deep in the Big Muddy and Other Love Songs
(Columbia, 1967)
Von Pete Seeger

★ ★ ★

DIESER SONG ERINNERT AN VERGANGENES, du schaust zurück auf die alten Zeiten, auf Dinge, die sich früher ereignet haben. Du bist bei einer Miliz, einer Armee von Freiwilligen. Ein Neuling, ein blutiger Anfänger, du übst Taktik und spielst Krieg im Sumpfgebiet. Du lernst, wie man sich unter Beschuss verhält, wie man Minen zündet und Bomben wirft.

In dunkler Nacht sagt euch der Skipper, ihr sollt den Nebenfluss überqueren, den großen schlammigen, und ihr steht knietief drin. Der Zugführer treibt euch weiter voran, aber ein Reserveoffizier stellt den Befehl in Frage. Er sagt zu seinem Vorgesetzten: Bist du sicher, dass das der beste Weg zurück zum Ziel ist? So wie die Lage sich gerade entwickelt, sieht es nicht danach aus. Der Chef will aber nichts davon hören und sagt: Ich bin eine Meile weiter oben schon mal rübergewatet, und diese Fragen sind völlig unangebracht.

Kann sein, dass es ein bisschen nass und ungemütlich wird, aber da müsst ihr durch, einfach immer weiter, dann haben wir in Nullkommanichts wieder festen Boden unter den Füßen.

Bevor du weißt, wie dir geschieht, stehst du bis zum Bauchnabel in der Suppe, und allmählich machst du dir Sorgen. Trotzdem sagt der Oberboss: Los weiter, bewegt euch, kein Wenn und Aber. Der Sergeant sagt: Sir, wir sind zu schwer beladen, Gepäck und Gerätschaften ziehen uns nach unten. Der Kommandeur erwidert: Red keinen Blödsinn, deine Einwände sind unbegründet, komm schon Mann, zeig mal Rückgrat und Willenskraft, mach's wie ich, komm schon, bringen wir es hinter uns. Aber jetzt steht ihr schon bis zum Hals im Schlamm, und immer noch treibt euch der durchgeknallte Captain weiter. Wenig später zieht ein trüber dunkler Schatten über deinen Kopf, und du hörst es platschen und gluckern, der Helm vom Oberhäuptling schwimmt an dir vorbei, der Sergeant sagt: Macht kehrt Männer, allesamt zurück, ich bin jetzt der Chef, tut, was ich euch sage.

Du stürzt dich in die schlammige Tiefe, sinkst bis auf den Grund und siehst den Leichnam deines toten Anführers im Sumpf. Er wusste nicht, dass das Wasser hier tiefer ist als dort, wo er schon mal war, er hat nicht gemerkt, dass er schnurstracks in einen Abgrund marschiert. Hat nicht gewusst, dass ein zweiter Fluss hier in diesen mündet und die Gegenströmung ihn herumwirbeln und nach unten ziehen würde. Du bist dem tiefen Morast entkommen, aber den alten Haudegen hat es erwischt.

Nur durch Zufall bist du da rausgekommen, hast Glück gehabt, der irre Captain weniger. Nach dem bedauerlichen Vorfall ist dir schlecht geworden, aber du wirst niemanden zusammenstauchen, niemanden beschuldigen, willst deine Hände in Unschuld waschen und nichts mehr damit zu tun haben. Als du die Berichte über das tragische Ereignis in den Nachrichten siehst, kommt unweigerlich das alte Gefühl zurück. Dass wir alle tief in einem gigantischen, kolossalen Schlamassel stecken und uns irgendein bescheuertes Großmaul immer tiefer hineintreibt. Es würde ein Leben lang dauern, deine Erinnerungen noch einmal zu durchleben. Du willst das alles an einem Tag.

★ ★ ★

HÄUFIG HAFTET DEMJENIGEN, der eine List entlarvt, der Ruch des Spielverderbers an. Sei es der stolze Besserwisser, der bei einer Zaubervorführung die abgelenkten Zuschauer auf eine präparierte Münze aufmerksam macht, oder der Lokalreporter im Fernsehen, der eine moderne Form der Quacksalberei aufdeckt – das selbstgefällige Grinsen, mit dem er signalisiert, dass er allen anderen einen Schritt voraus war, ist immer dasselbe.

Klärt man entgegen der verbreiteten Überzeugung, Lemminge würden dem Beispiel ihrer Artgenossen folgend rituell und massenhaft Selbstmord begehen, über die wahren Hintergründe ihres Verhaltens auf, soll das weder desillusionierend noch enttäuschend wirken. Im Gegenteil, das Märchen vom Harakiri der Nager strotzt nur so vor unterhaltsamen Lügen und Irrtümern. Es ist so erbaulich wie eine Flasche Whiskey an einem kalten Winterabend, wunderbar für einen allein, aber noch besser, wenn man es mit anderen teilt.

Die Vorstellung, dass Lemminge sich in großen Gruppen gemeinsam ins Verderben stürzen, ist so lebendig, dass man kaum glauben mag, dass sie sich erst Ende der fünfziger Jahre durch eine falsche Darstellung in einem Oscar-prämierten Dokumentarfilm der Walt Disney Company in den Köpfen festgesetzt hat.

James R. Simon war einer von neun Fotografen, die von 1955 bis 1958 im Auftrag von Disney den Dokumentarfilm *White Wilderness* drehten, eine atemberaubende Nahaufnahme in Farbe vom Leben der Tiere in der wilden und grausamen nordamerikanischen Arktis. Nachdem die Aufgaben verteilt waren, widmete Simon sich der Dokumentation des Verhaltens der Lemminge – kleine, dralle Nagetiere, verwandt mit der gewöhnlichen Ratte und der Rennmaus, die sich mit ihren flachen Klauen an den Vorderpfoten in den verschneiten Boden ihres heimischen Biotops krallen.

Manchmal bemisst sich der Unterschied zwischen Religion und Wissenschaft am Abstand zwischen unbeantworteten und unbeantwortbaren Fragen. Menschen leben in Angst. Wenn die Sonne am Ende des Tages verschwand, fürchteten sie zum Beispiel, dass sie nie wieder zurückkehren würde. Die Religion beruhigte sie mit einer Erklärung ihrer damals unbeantwortbaren Frage – der griechische Gott Helios zog die Sonne morgens mit einem goldenen Streitwagen über den Himmel. Das war seine Aufgabe, er tat es jeden Tag und nahm den Menschen damit die Angst vor einem Leben in Dunkelheit.

Die Zeit verging, die Wissenschaft machte Entdeckungen, und allmählich wurden unbeantwortbare Fragen beantwortet. Die Erde dreht sich um ihre Achse und um die Sonne. Helios trat in den Ruhestand.

Migrationsbewegungen gaben Rätsel auf, weil sie sich über so große Entfernungen und Zeiträume erstreckten. Niemand wusste, wohin die Vögel im Winter flogen. Früher glaubte man, sie schliefen wie Bären in unterirdischen Höhlen. Dann wurde man eines Besseren belehrt.

Lemminge wandern in weitläufigere Gebiete, wenn der Populationsdruck zu groß wird. Da sie sich dabei durch ihnen unbekanntes Terrain bewegen, bleibt eine gewisse Anzahl auf der Strecke, und es ist nicht ungewöhnlich, dass man einige tote Tiere am Fuß eines Felsvorsprungs oder ertrunken in unbekannten Seen und Flüssen findet. Dabei handelt sich aber um keinen Massenselbstmord, auch wenn Einheimische und Jäger gerne solche Märchen auftischen.

Doch dann traten James Simon und die Disney-Filmcrew auf den Plan. Die Wahrheit war nicht sehr fotogen, und Simon wusste als Naturfilmer, wie schwierig es ist, Tiere dazu zu bringen, auf Kommando zu agieren. Simon verwendete eine Reihe von filmischen Tricks, um eine dramatische Sequenz aufzubauen. Er kaufte ein Dutzend Lemminge und nahm sie aus verschiedenen Perspektiven auf, damit sie zahlreicher erschienen. Dann setzte er sie auf eine Drehscheibe, um die Illusion einer frenetischen Wanderbewegung zu erzeugen, und jagte die Tiere schließlich höchstpersönlich über die Klippe in den darunter gelegenen Bow River, so dass es aussah, als hätte der Herdentrieb sie erst in den Wahnsinn und dann in ein feuchtes Grab getrieben.

Die Bilder dieser kleinen Kreaturen, die einander blindlings ins Verderben folgen, wurden zu einer allgemeingültigen Metapher für geistloses Gruppenverhalten, genauso wie der gehorsame Trupp in dem Song von Pete Seeger, der seinem sturen Befehlshaber in der Nähe eines Trainingslagers in Louisiana in den Mississippi folgt, bis dieser im Schlamm versinkt. Zum Glück ließ ein geistesgegenwärtiger Sergeant die Männer umdrehen und zum Stützpunkt zurückkehren.

Der Song «Waist Deep in the Big Muddy» ist absolut wahr. Vielleicht.

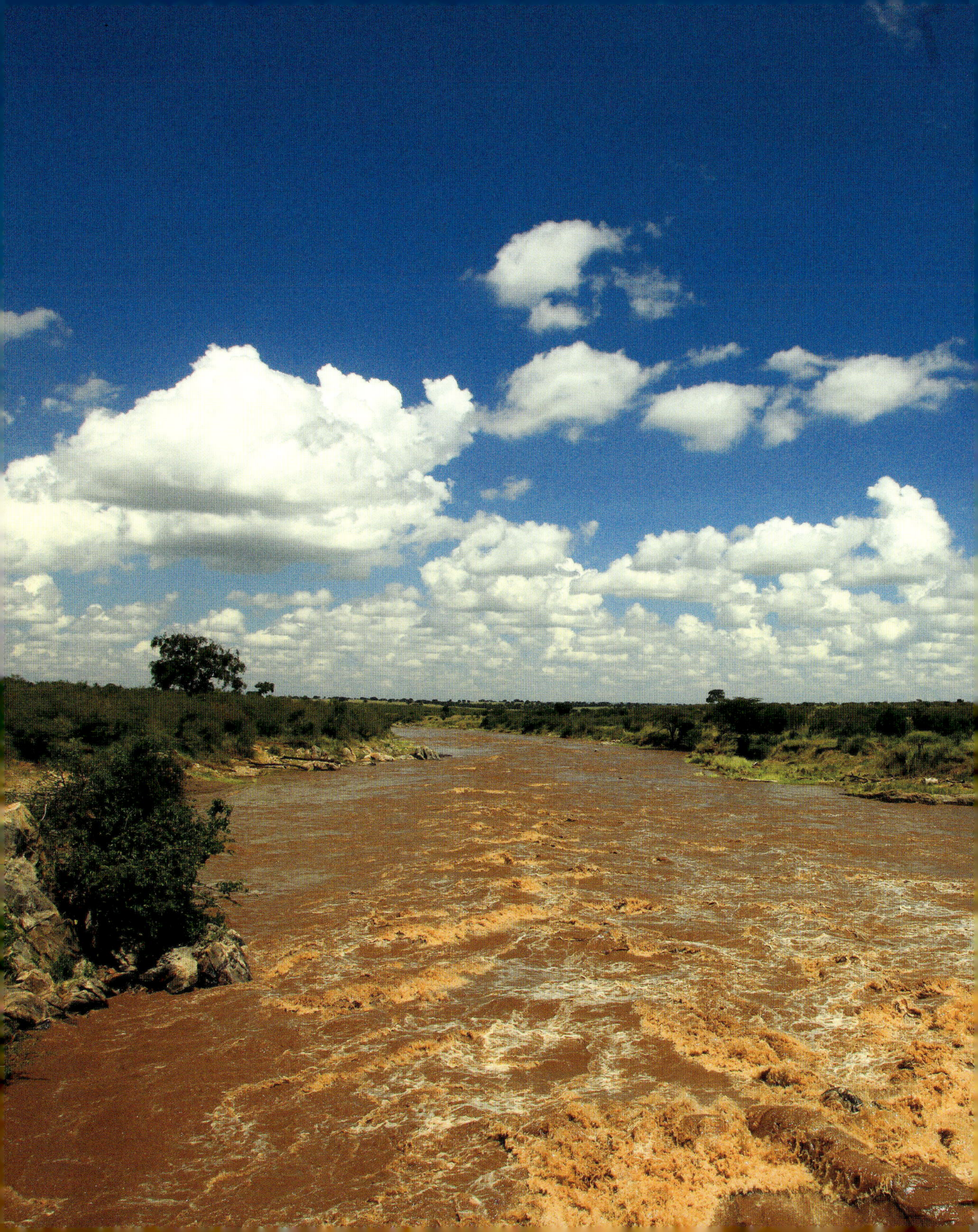

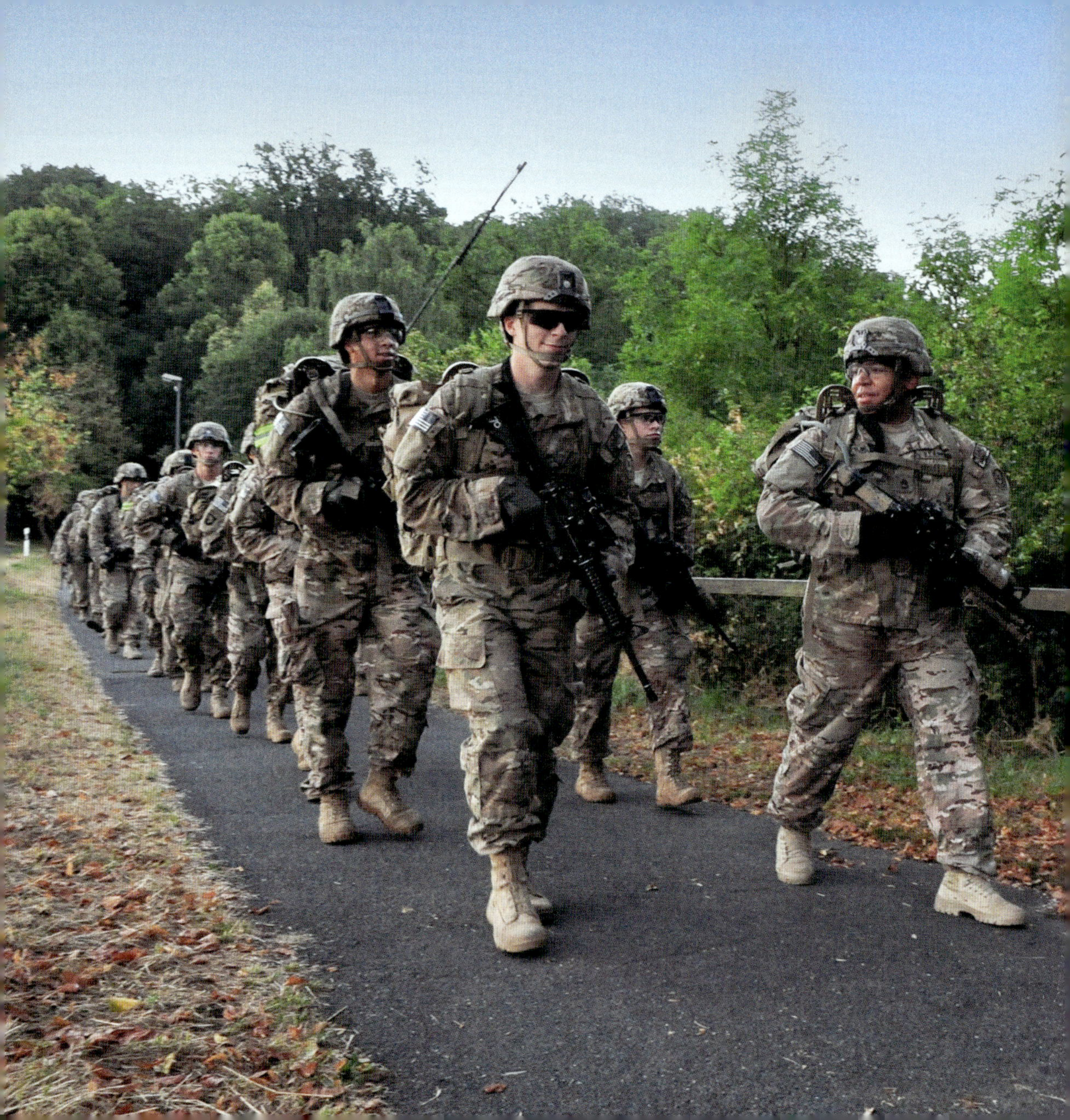

Anfang der fünfziger Jahre hatte Pete Seeger zusammen mit den anderen Weavers Fernsehverbot. Es war die McCarthy-Ära, und Petes linke politische Ansichten sowie seine Weigerung, vor dem House of Unamerican Activities auszusagen oder Erklärungen zu unterzeichnen, hatten ihn bis weit in das darauffolgende Jahrzehnt aus dem Fernsehen verbannt. Trotzdem ließ er sich natürlich nicht davon abbringen, bei Live-Konzerten in einem intimeren Umfeld aufzutreten, zu singen, zu spielen und sowohl politische wie auch kulturelle Botschaften zu verbreiten.

Dann brachen 1967 Tom und Dick Smothers den siebzehnjährigen Bann und luden Pete in ihre Sendung bei CBS ein. Er spielte einige Songs, darunter auch einen, den er erst kürzlich geschrieben hatte, «Waist Deep in the Big Muddy». Als William Paley ihn bei den Proben hörte und begriff, dass der Text als Allegorie auf den Sumpf zu verstehen war, der sich gerade in Vietnam auftat, strich er ihn aus der Sendung. Der CBS-Chef wollte nicht erneut die Erfahrung machen, um drei Uhr morgens von einem wütenden Lyndon B. Johnson geweckt zu werden, so wie unlängst, als der Präsident ihn angerufen hatte, weil er in derselben Sendung in einem Sketch veralbert worden war.

Die Brüder waren selbstverständlich stinksauer. Ein Jahr später aber hatte sich die Stimmungslage bereits geändert. Selbst Walter Cronkite brach mit seiner ansonsten stets neutralen Haltung und sprach sich gegen den Krieg aus. Pete Seeger kehrte zu CBS zurück und sang «Big Muddy» vor dem Publikum der Smothers Brothers. Der Song sorgte mehrfach für Schlagzeilen, erst, als er ihn nicht sang, und dann noch einmal, als er ihn sang.

Was daran lag, dass damals alle dieselben Fernsehsendungen einschalteten – Menschen, die gegen den Krieg waren, und solche, die ihn befürworteten. Wir hatten alle ein gemeinsames kulturelles Grundvokabular. Menschen, die die Beatles in einer Abendsendung sehen wollten, mussten sich auch Flamenco-Tänzer, Komiker in weiten Hosen, Bauchredner und vielleicht sogar eine Szene aus Shakespeare anschauen. Heute ist das Medium so vielschichtig, man muss sich nur eine Sache herauspicken und kann sich ihr ganz ausschließlich auf einem spezialisierten Stream widmen.

Es gibt 24 Stunden am Stück Blues, Surf Music, linkes Gejammer, rechte Hetze, jede nur vorstellbare Glaubensrichtung. Und auch Geschichten, die ebenso interessant sind wie die von den lebensmüden Lemmingen oder so absolut wahr wie die über die Wale, deren Gesang seit den sechziger Jahren auf unerklärliche Weise um 30 Prozent in der Tonhöhe gesunken ist. Aber diese Geschichten bleiben verborgen auf Naturfilmen vorbehaltenen Sendern, von denen aus sie vermutlich niemals die Vorstellungswelten der allgemeinen Öffentlichkeit erobern werden.

Anscheinend stopft man Menschen nicht dadurch am besten den Mund, dass man ihnen ihr Forum nimmt – man muss ihnen nur eine jeweils eigene Kanzel verschaffen. Zum Schluss hören sich die meisten nur noch an, was sie sowieso längst wissen, und lesen nur noch das, womit sie längst einverstanden sind. Sie verschlingen einen faden Abklatsch des Vertrauten und werden vielleicht nie entdecken, dass sie ein Faible für Shakespeare oder Flamenco haben. Das ist genauso, wie wenn man einem Achtjährigen die Entscheidung überlässt, was er essen möchte. Er wird nur noch Schokolade zu sich nehmen und irgendwann an Mangelerscheinungen leiden, schlechte Zähne bekommen und fünfhundert Pfund wiegen.

Irgendwo zwischen Petes «big fool» und den Lemmingen, die über den Abgrund gejagt werden.

KAPITEL 66

WHERE OR WHEN
DION

Erstveröffentlichung auf dem Album *Presenting Dion and the Belmonts*

(Laurie, 1959)

Musik von Richard Rodgers

Text von Lorenz Hart

DAS IST EIN SONG ÜBER WIEDERGEBURT, ein monotones Dröhnen im Raum, stets wird die Werbetrommel für dasselbe alte Thema gerührt, ununterbrochen immer und immer wieder, jeder wache Moment hat auffallende Ähnlichkeit mit etwas, das sich in vorrevolutionärer, vorneuzeitlicher oder vorchristlicher Zeit zugetragen hat, in der alles genau gleich ist und man nichts auseinanderhalten kann. Geschichte wiederholt sich, und jeder Moment des Lebens ist derselbe Moment, mit mehr als einer Bedeutungsebene.

Du hast eine Rede gehalten, drauflosschwadroniert, laut gedacht, diskutiert – hast die Sau rausgelassen, bist anderen von Angesicht zu Angesicht begegnet, hast Kuckuck gespielt – hast dich vorwärts und rückwärts bewegt, hin und her – ohne jeden Unterschied, mit einer Ahnung, dass alles früher passiert ist, aber du kannst nicht feststellen, an welchem Ort, in welchem Bezirk oder welcher Region, und jetzt passiert es wieder, ein zeitloser Augenblick ist mit dem nächsten identisch – voller Erinnerungslücken und mentaler Blockaden, es ist ein übersinnliches Gefühl, auf Nichts gebaut, aber fest mit dem Boden verankert, ein Luftschloss – ein lebenslängliches Bild, das bleibt.

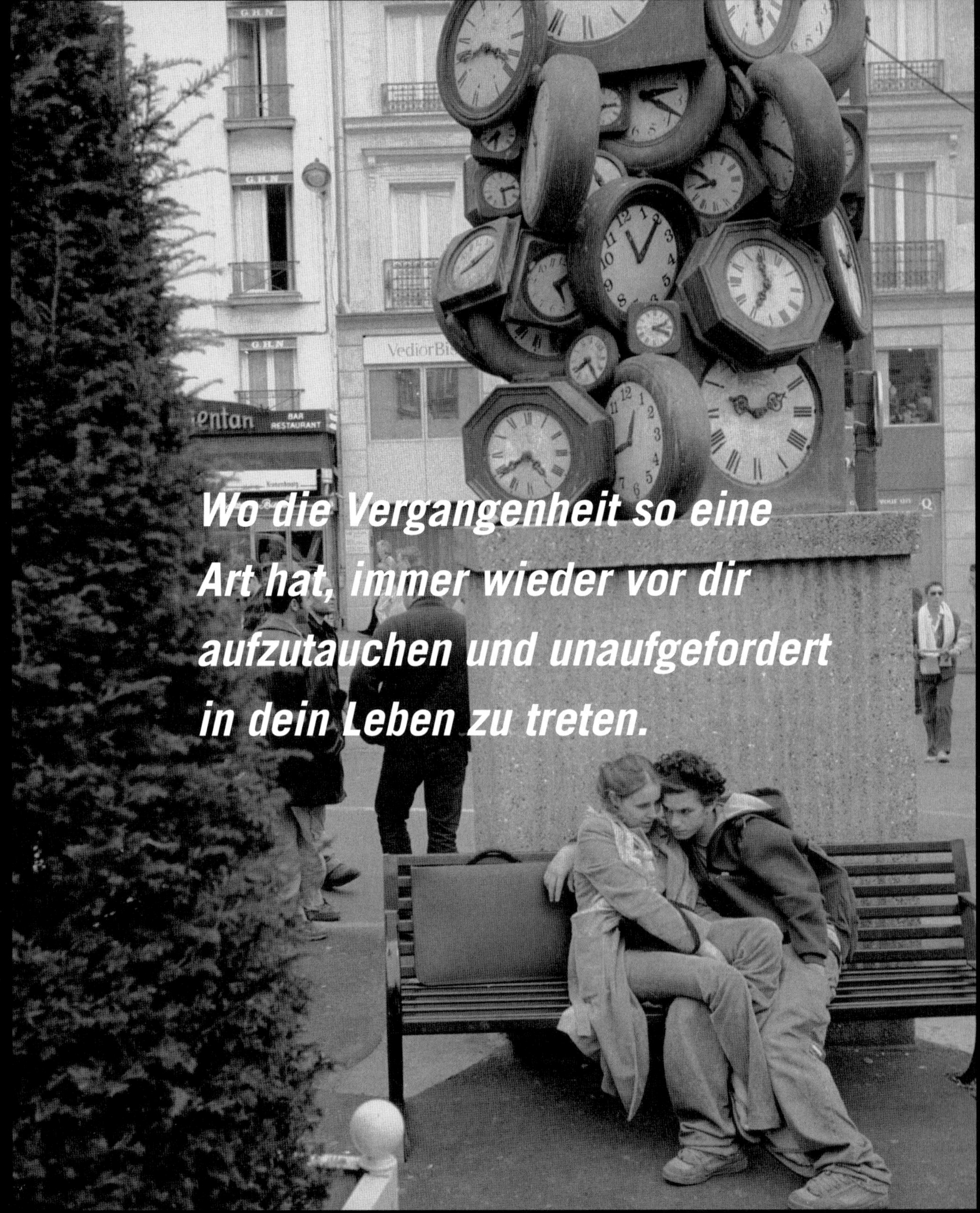
BAR
RESTAURANT
Wo die Vergangenheit so eine
Art hat, immer wieder vor dir
aufzutauchen und unaufgefordert
in dein Leben zu treten.

Die Outfits, Klamotten, Umhänge, der Sonntagsstaat, die pelzgefütterten Mäntel, was man damals trug, in grauer Vorzeit, das alles ist noch genau dasselbe. Die Schürze, das Gewand, der Büstenhalter, die Nylonstrümpfe, der Hüftgürtel, genau wie in alter Zeit – nie aus der Mode. Nähte, Knopflöcher, Maschen und Gesticktes, auf dicke Hose machen – voll in Pose – zoot suit, Windjacke, Flanellhose, Wildlederhandschuhe und Unterhemd – Holzschuhe – aufgedonnert und todschick. Kein Unterschied zwischen jenem Anlass und diesem – alles Jacke wie Hose. Dem eigentlichen Ding zum Verwechseln ähnlich, unverändert und beständig von Anfang an. Schon damals, als sich der Vorhang zum ersten Mal hob, dieselbe Aufmachung, derselbe Schnauzbart, dasselbe Toupet, dieselbe fabelhafte Welt, die einmal auftaucht und wieder auftaucht, immer wieder aufschlussreich. Derselbe alte Song, dieselbe alte Melodie, dieselben Rätsel – dieselbe Schlacht kämpfen, alles in ein und demselben Atemzug, und du kannst absolut sicher sein, dass es schon einmal passiert ist und wieder passieren wird – es ist unausweichlich.

Der Handschlag, ein Handschlag zur Begrüßung, immer wieder dieselbe Koinzidenz. Küssen, umarmen, auseinandergehen und zusammenkommen, verschmitzt und verspielt sein, sticheln, schlagen und hauen – kaputtlachen – sich ausschütten vor Lachen, herumkaspern und sich aufrichtig freuen. Aneinander berauschen, überwältigt sein voneinander, einander bewundern – einander treu sein, füreinander genau das Richtige sein. Das Profane, das Oberflächliche, geboren werden – wiedergeboren und immer wieder geboren werden, die ganze Regeneration. Das ist letztlich das Ziel.

Leben in der Ödnis, wo es kein Morgen gibt und es einem immer so vorkommt, als wäre es erst gestern gewesen, wo wir gemeinsam wieder und wieder dieselben Fehler machen und dich die Reinkarnation überholt. Wo die Vergangenheit so eine Art hat, immer wieder vor dir aufzutauchen und unaufgefordert in dein Leben zu treten.

Wo, wenn es jetzt nicht passiert, es auch damals nicht oder überhaupt jemals geschah.

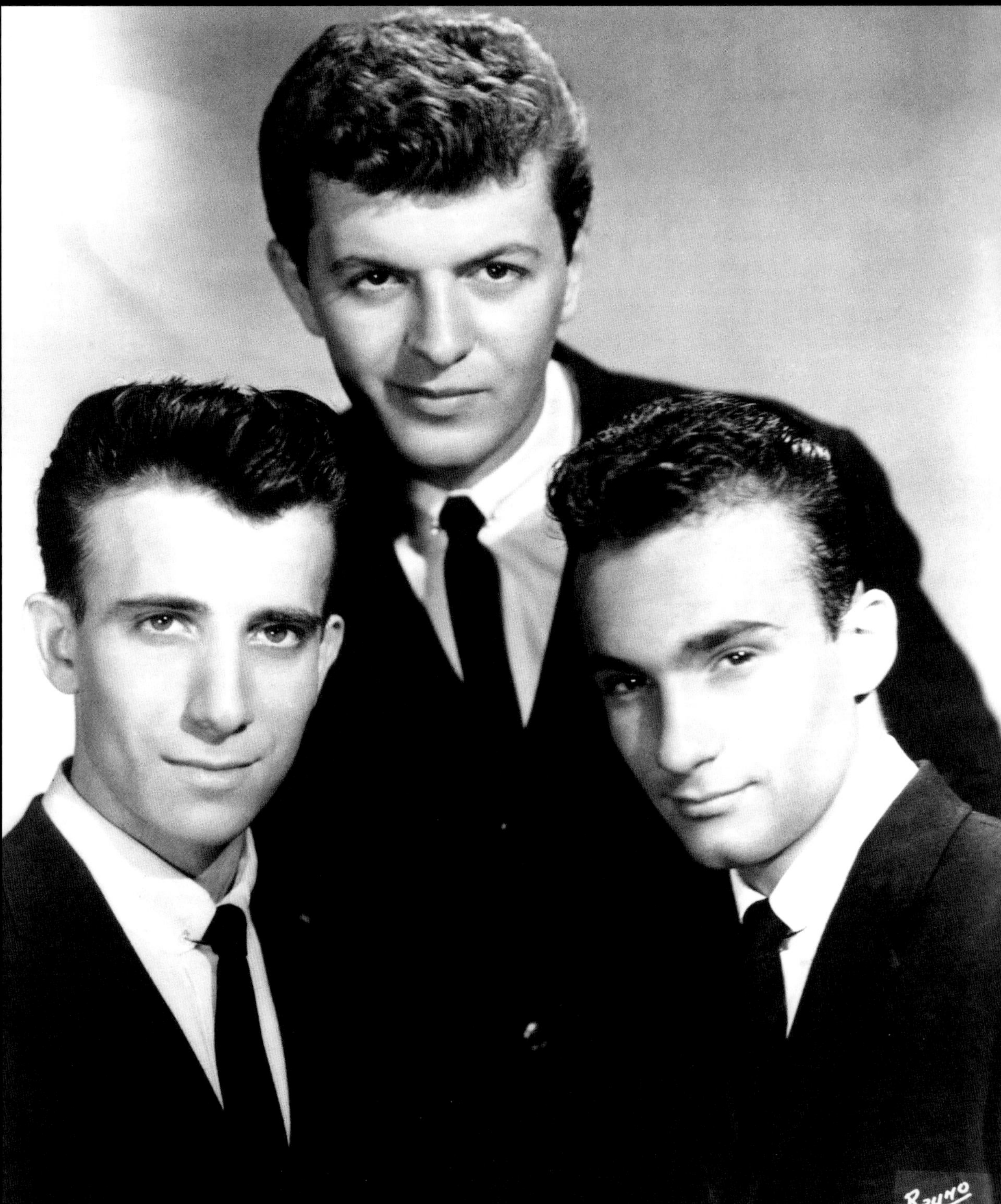
Bruno

★ ★ ★

ES KOMMT MIR VOR, ALS HÄTTE ICH SCHON EINMAL über diesen Song geschrieben. Was verständlich ist, weil «Where or When» an den Rändern unserer Erinnerung tanzt, uns mit vertrauten Bildern anzieht, diese beständig wiederholt und uns mit noch nicht gelebtem Leben umgarnt.

Der zum ersten Mal in der Broadway-Aufführung *Babes in Arms* 1937 vorgestellte Song verbindet einen Text von Lorenz Hart mit Musik von Richard Rodgers. Neben diesem kamen noch viele andere berühmte Songs von Rodgers und Hart in dem Stück vor, unter anderem «The Lady Is a Tramp», «Johnny One Note» und «My Funny Valentine».

Anders, als man vielleicht denkt, ist Letzteres aber kein Lobgesang auf ein namentlich nicht genanntes Objekt der Begierde. Im Stück singt eine Billie Smith genannte Figur den Song, richtet ihn an einen gewissen Valentine LaMar und hält ihm damit seine Unzulänglichkeiten vor, sein Mund ist schmal, die Statur erbärmlich, doch dann erklärt sie, das Lächeln, das er in ihr Herz zaubere, genüge ihr vollkommen zu ihrem Glück.

Zwei Jahre nach der Bühnenpremiere wurde eine Filmfassung von *Babes in Arms* gedreht. In dem Film mit Mickey Rooney und Judy Garland unter der Regie von Busby Berkeley war das Stück kaum wiederzuerkennen, da man sich in Hollywood vor den politischen Zwischentönen des Originals fürchtete und es auf ein stark vereinfachtes Grundgerüst zusammengestrichen hatte.

Die eher ungewöhnlichen Figuren, unter anderem ein Nietzsche zitierender Kommunist und ein rassistischer Südstaatler, wurden aus dem Drehbuch entfernt. Und irgendwie blieben dabei auch einige der berühmtesten Songs von Rodgers und Hart auf der Strecke.

Einer aber blieb von Entwurf zu Entwurf und zog wie eine vage Erinnerung von der Bühne auf die Leinwand. Dieser Song ist, natürlich, «Where or When».

«Some things that happened for the first time seem to be happening again.»

Bis der Song in der Filmfassung auftaucht, befinden wir uns bereits mitten in der bereinigten Geschichte, die jetzt nicht mehr als eine typische «Teenager stellen eine Show auf die Beine»-Erzählung ist. Er wird vor allem von zwei Nebenfiguren gesungen, aber die von Judy Garland gespielte Patsy darf eine Zeile an ihren völlig vernarrten Co-Star richten.

Rooney wird von mürrisch dreinblickenden Kindern begleitet, die scheinbar auf hundert Geigen sägen.

Im Stück ist der Song mehr als nur eine saftige Schmalzsoße. Billie und Valentine, die es in der Filmfassung nicht einmal gibt, vertreiben sich damit die Zeit zwischen ihrer ersten Begegnung und ihrem ersten Kuss. Die verträumte Ode an Liebende, die durch die Zeit taumeln, um einander wiederzufinden, lässt die Anfangsumarmung eher wie Schicksal als bloße Fleischeslust aussehen.

Der verträumt wallende Klang von Rodgers' Melodie vermittelt dem Hörer das Gefühl, die Zeit sei so mysteriös und komplex wie bei Stephen Hawking. Harts Text schwimmt auf der Welle der ätherischen Melodie, erlaubt es dem Sänger, sich in Träumereien zu verlieren, der Geliebten wie einer Erscheinung entgegenzutreten.

Einem Mann wie Lorenz Hart, der kaum größer war als ein Meter fünfzig und sein eigenes Aussehen so sehr verunglimpfte, dass es an Selbsthass grenzte, muss der Gedanke einer Wiedergeburt – einer unter einem schlechten Stern stehenden Liebe zu einer anderen Zeit und in einem anderen Körper – sehr attraktiv erschienen sein.

Die umgemodelte Fassung von *Babes in Arms* war ein Riesenerfolg an den Kinokassen und wurde mit zwei Oscars ausgezeichnet, einen davon gewann der neunzehnjährige Mickey Rooney für die Hauptrolle. Interessant ist auch, dass man zwar große Anstrengungen unternahm, das Drehbuch von Anstößigem zu befreien, der Oscarpreisträger Rooney und Judy Garland sich für das große musikalische Finale aber die Gesichter schwärzten und unverdrossen eine traditionelle Minstrel Show nachstellten, wobei Rooney Mr. Bones, Garland Mr. Tambo und Douglas McPhail den Stichwortgeber mimten. Alle drei Figuren waren feste Bestandteile einer Minstrel Show, was ihren Auftritt erklärt, aber nicht entschuldigt.

Der Auftritt ist ein mindestens ebenso eindimensionales Klischee wie Mickeys hochnotpeinliche Darstellung des Mr. Yunioshi in *Frühstück bei Tiffany* zweiundzwanzig Jahre später.

Dion DiMucci hat sich im Laufe seiner Karriere weiterentwickelt, äußerlich gewandelt, aber typische Merkmale, die ihn wiedererkennbar machten, beibehalten. Strenggenommen durchlief er weniger eine Reinkarnation als eine unglaubliche Reihe von Wiedergeburten, die den grübelnden Teenager in Love zum stolzen Wanderer machen, einen

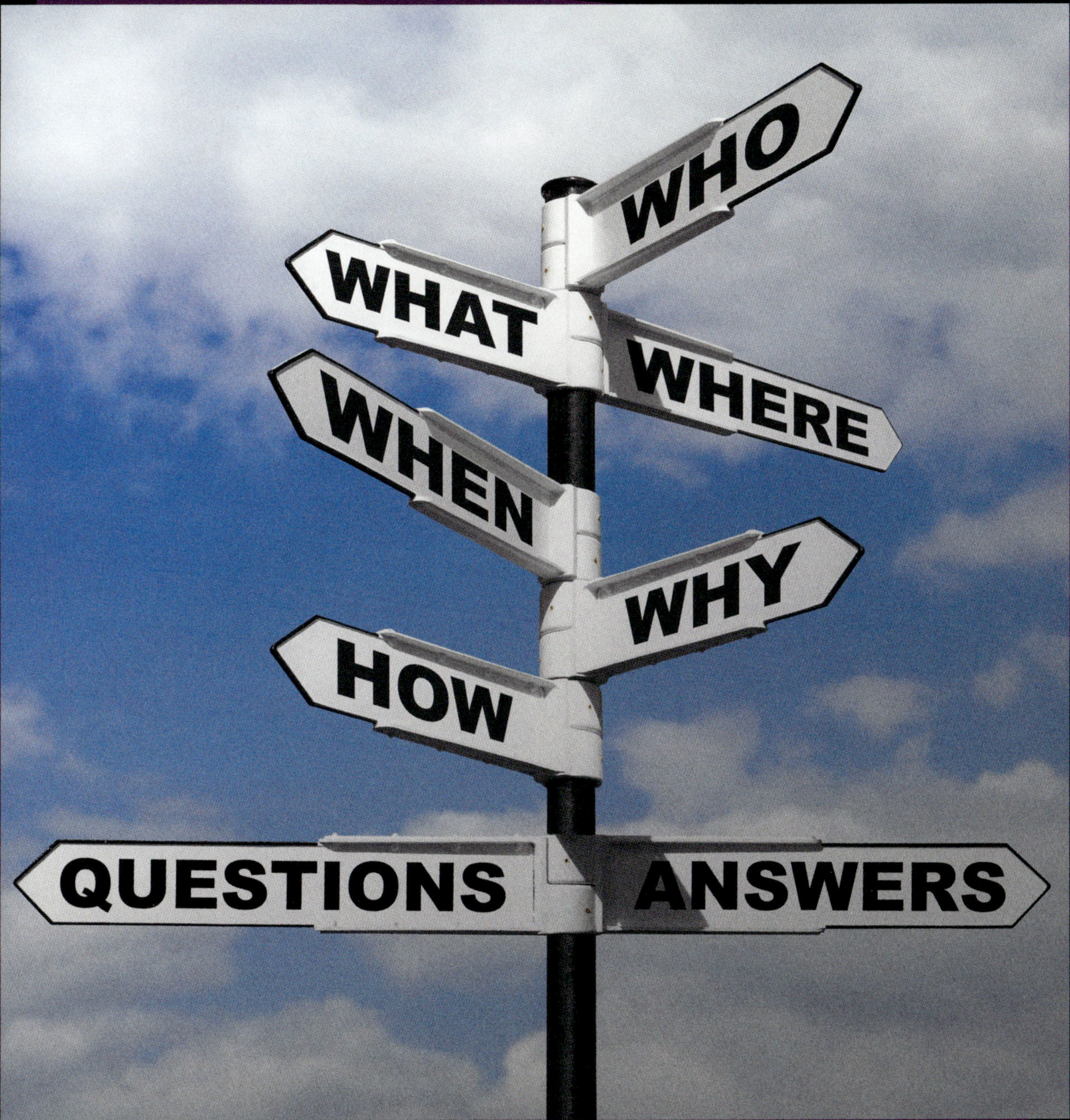

WHO
WHAT
WHERE
WHEN
WHY
HOW
QUESTIONS
ANSWERS

nachdenklichen Freund von Abraham, Martin und John, zum kompromisslosen, lederbejackten König des Großstadtdschungels, der die Vorlage für den Italo-Rocker-Kollegen Bruce Springsteen liefert. In jüngster Zeit machte er einen seiner frühen Träume wahr und wurde zur alten Legende, ein Bluesman aus einem anderen Delta.

Dions Version von «Where or When», 1959 ein Riesenhit, wirft ein Licht auf das Talent hinter diesen Verwandlungen. Dank seiner atemberaubenden Gesangsharmonien war es der größte Hit der Belmonts in den Billboard-Charts, übertraf sogar noch das bereits erwähnte «A Teenager in Love». Wenn Dions Stimme im Mittelteil zu einem kurzen Solo durchbricht, fängt sie die schimmernde Beständigkeit der Erinnerung auf eine Weise ein, die das gedruckte Wort nur anzudeuten vermag.

Aber so ist das mit der Musik. Sie entspringt ihrer Zeit, ist aber zeitlos; durch sie entstehen Erinnerungen und das Gedächtnis selbst. Auch wenn wir dies selten berücksichtigen, baut die Musik so sicher auf ihrer eigenen Zeit auf, wie ein Bildhauer oder Schweißer im physischen Raum arbeitet. Musik überwindet die Zeit, weil sie in ihr lebt, so wie es die Reinkarnation einem ermöglicht, das Leben zu überwinden, indem man es immer wieder von Neuem lebt.

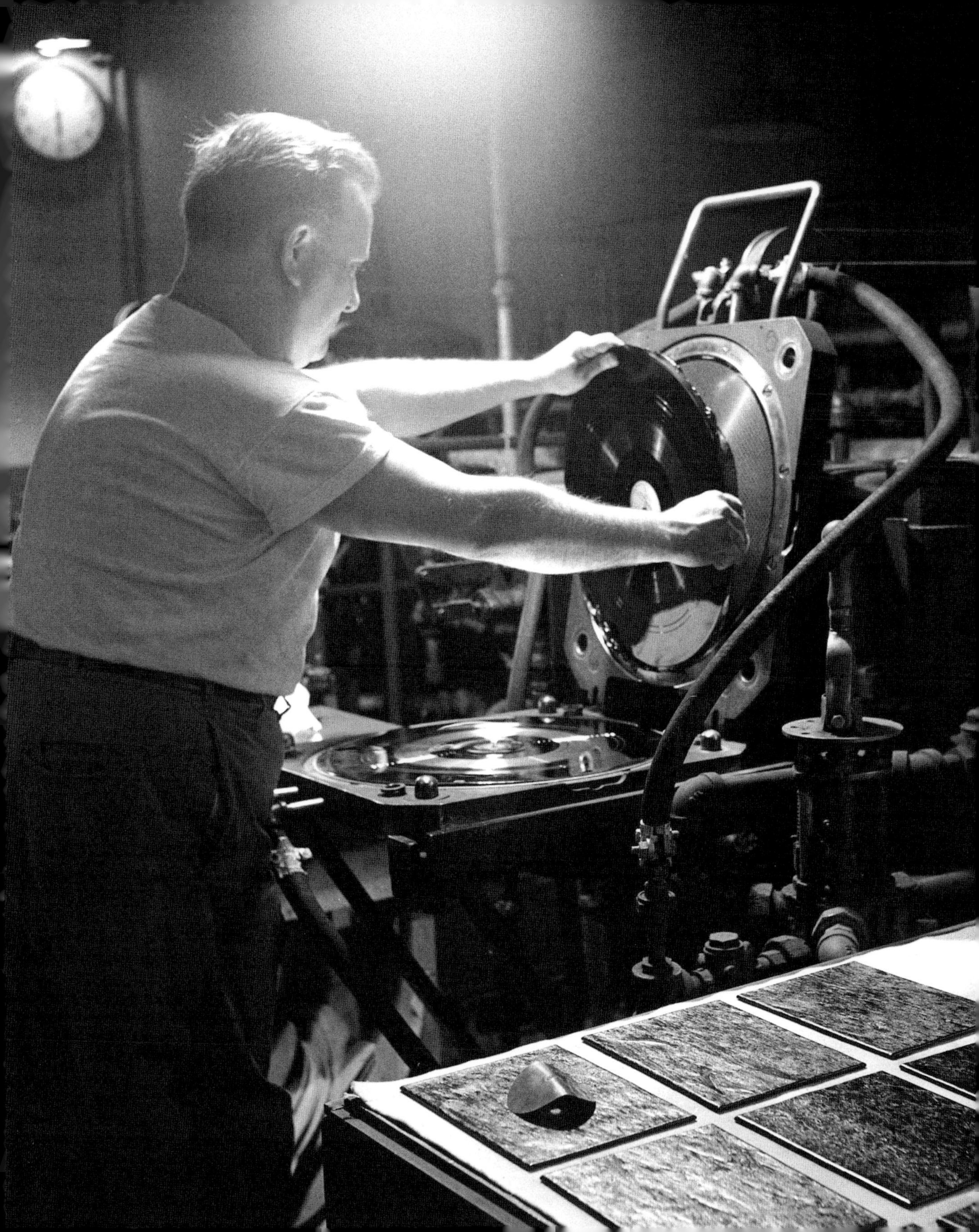

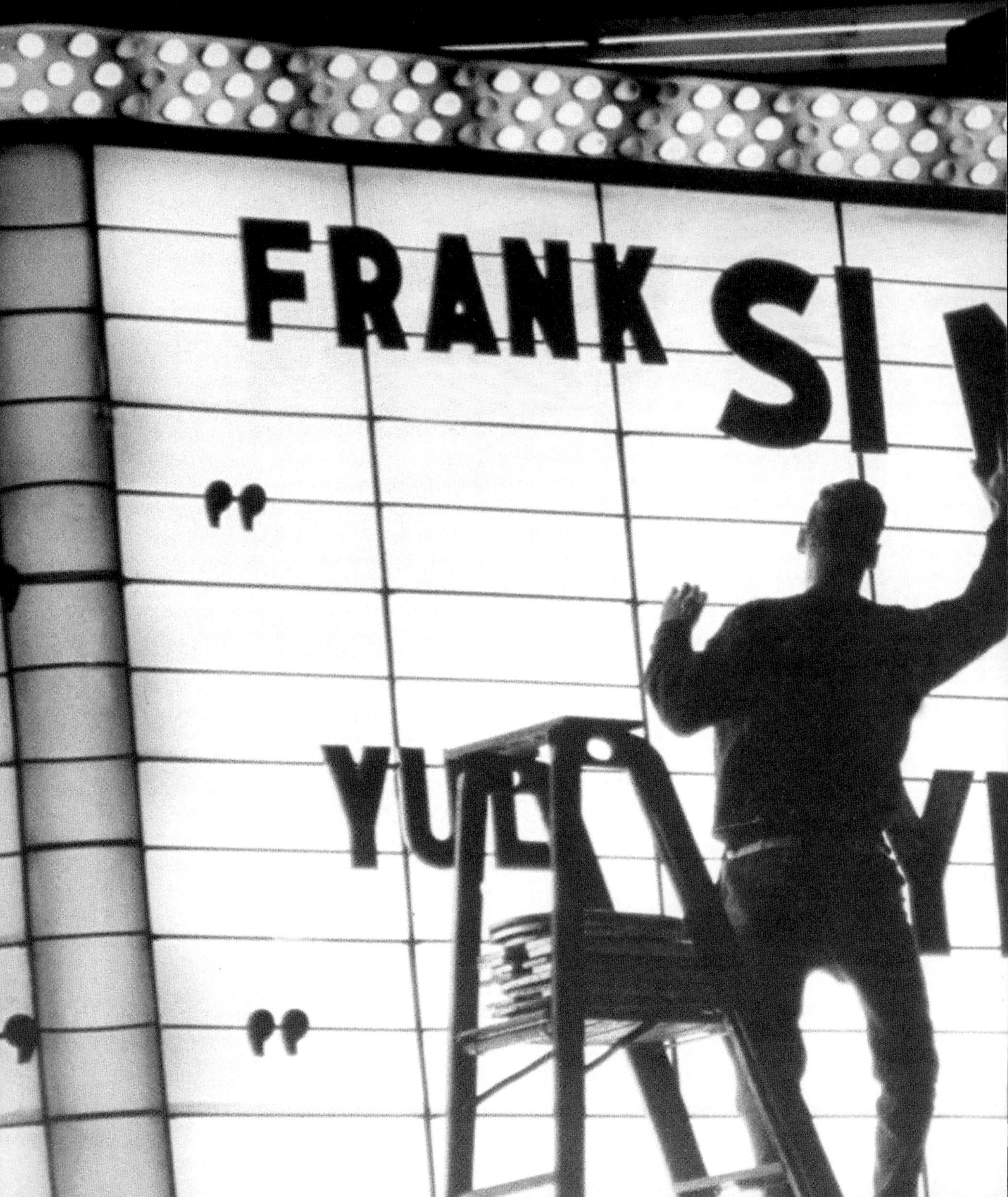
FRANK SI

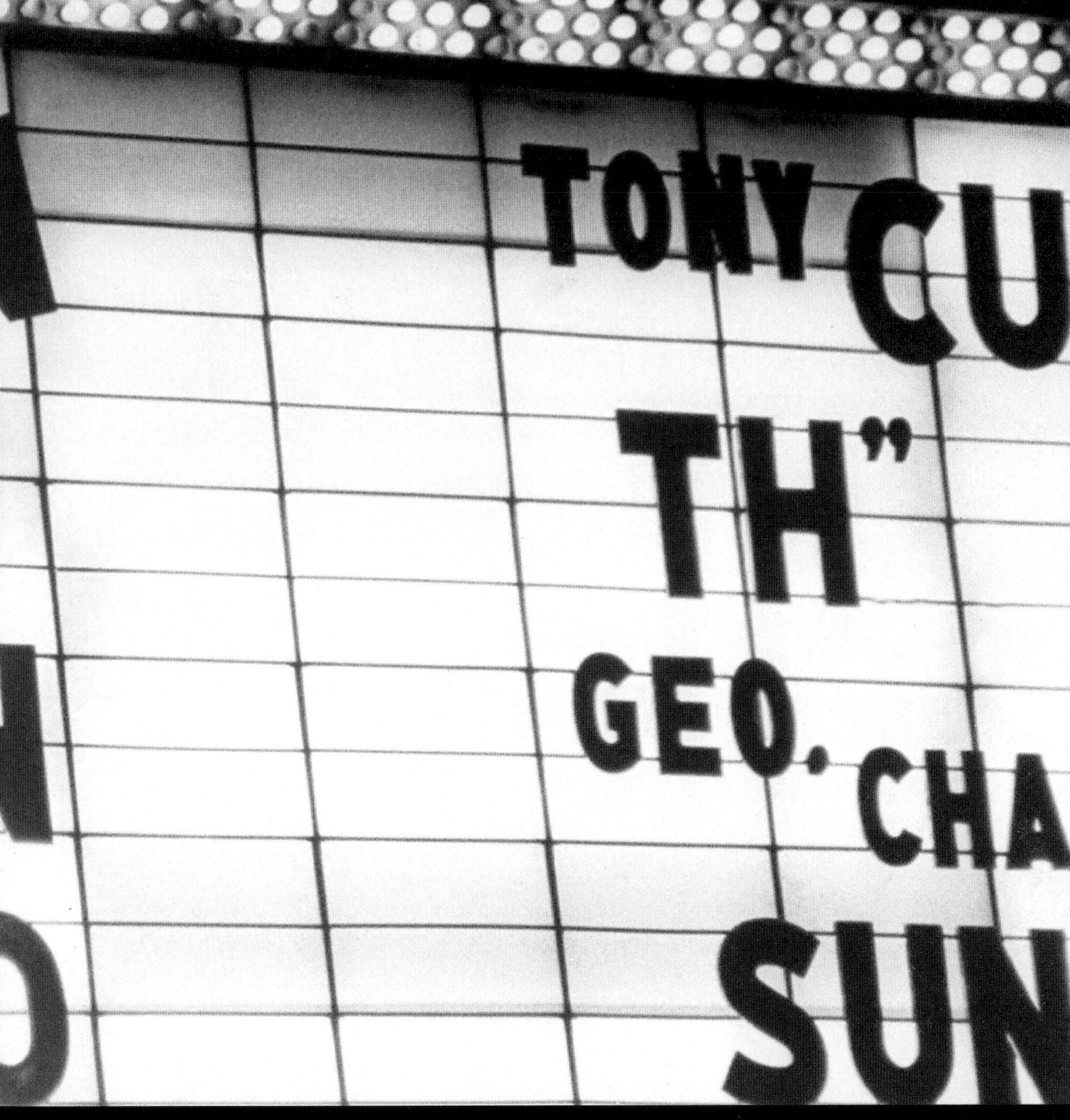
VICTORY
TONY CU
TH"
GEO. CHA
SUN

Archivrecherche und Rechteeinholung: Parker Fishel & David Beal.
Umschlagbild vorne: © William Claxton; S. 5, 40, 187, 197: Pictorial Press Ltd./Alamy Stock Photo; S. 6, 51, 60, 95, 105, 236, 260, 270, 342: Michael Ochs Archives via Getty Images; S. 8: Leonard McCombe/The LIFE Picture Collection/Shutterstock; S. 10–11, 119, 330, 347, 352: courtesy of Sony Music Entertainment; S. 12: Lynd Ward; S. 15: Süddeutsche Zeitung Photo/Alamy Stock Photo; S. 16: © Raeanne Rubenstein, courtesy of the Country Music Hall of Fame and Museum; S. 26: Coppo di Marcovaldo, Bild: Alamy Stock Photo; S. 30: *Beggars Banquet,* Foto: Michael Josephs © ABKCO Music & Records, Inc. https://www.abkco.com/store/beggars-banquet/; S. 31: Everett Collection, Inc./Alamy Stock Photo; S. 32: Hulton Archive via Getty Images; S. 38: © Jean Gaumy/Magnum Photos; S. 42: Paul Cézanne, Bild: FineArt/Alamy Stock Photo; S. 43: Harry Hammond/V&A Images via Getty Images; S. 44: SuperStock; S. 48: Illustration: Robert Osborn. Cover treatment from the pages of *LIFE* © 1962 Meredith Operations Corporation. All rights reserved. Cover treatment reprinted/translated from *LIFE* and published with permission of Meredith Operations Corporation. Reproduction in any manner in any language in whole or in part without written permission is prohibited. *LIFE* and the *LIFE* logo are registered trademarks of Meredith Operations Corporation. Used under license; S. 50: courtesy of NYC Municipal Archives; S. 52, 157: courtesy of Universal Music Group; S. 58: Historic Collection/Alamy Stock Photo; S. 66: The Protected Art Archive/Alamy Stock Photo; S. 69: Ernesto Garcia Cabral; S. 70: Jeremy Woodhouse/Pixel-Chrome; S. 72: Aaron Rapoport/Corbis via Getty Images; S. 76: *Los Angeles Examiner*/USC Libraries/Corbis via Getty Images; S. 84: Lieutenant Whitman, courtesy of the Library of Congress; S. 86: Basil Wolverton; S. 96: Rockwell Kent, rights courtesy of Plattsburgh State Art Museum, State University of New York, USA, Rockwell Kent Collection, Bequest of Sally Kent Gorton. All rights reserved; S. 98: William James Linton, Bild: Asar Studios/Alamy Stock Photo; S. 100: John Springer Collection/Corbis via Getty Images; S. 102: Genaro Molina/*Los Angeles Times*/Contour via Getty Images; S. 106, 158: GAB Archive/Redferns via Getty Images; S. 110: © George Rodger/Magnum Photos; S. 115: Graphic House/Archive Photos via Getty Images; S. 116: Keystone-France/Gamma-Keystone via Getty Images; S. 122: Buyenlarge via Getty Images; S. 124: courtesy of Foster Hall Collection, CAM.FHC.2011.01, Center for American Music, University of Pittsburgh; S. 126: Maureen Light Photography via Getty Images; S. 127: North Wind Picture Archives/Alamy Stock Photo; S. 128: PictureLux/The Hollywood Archive/Alamy Stock Photo; S. 131: Richard Walter/Gamma-Rapho via Getty Images; S. 132: Logo courtesy of Brian D. Perskin & Associates, Bild von Parker Fishel; S. 136: Orlando/Three Lions via Getty Images; S. 137: Gilles Petard/Redferns via Getty Images; S. 138, 145, 161, 294, 296, 319: Bettmann via Getty Images; S. 140: Larry Downing/Reuters/Alamy Stock Photo; S. 141: courtesy of the Central Intelligence Agency; S. 142: Maxim Ersov/Alamy Stock Photo; S. 146 (oben): Warner Brothers/Alamy Stock Photo; S. 146 (unten): Photo 12/Alamy Stock Photo; S. 148: Herb Greene; S. 151 (oben): used by per-

mission of Grove Atlantic; S. 151 (unten): courtesy of Warner Music Group; S. 152: Robert H. Jackson; S. 154: CSU Archives/Everett Collection Inc./Alamy Stock Photo; S. 162: Edgar Bundy; S. 167: Keystone via Getty Images; S. 169: AP Films/Shutterstock; S. 170: Kypros via Getty Images; S. 173: Michael Putland via Getty Images; S. 179: Detail aus *Sixth Avenue Between 43rd and 44th Streets, New York, 1948*, Todd Webb, Copyright © Todd Webb Archive; S. 180: David Redfern/Redferns via Getty Images; S. 182: Ivan Dmitri/Michael Ochs Archives via Getty Images; S. 183: Dukas/Universal Images Group via Getty Images; S. 186: William John Wilgus (zugeschrieben); S. 190: courtesy of the Martha Perkins Bain Collection; S. 194: Margaritis Georgios; S. 198, 245: ClassicStock/Alamy Stock Photo; S. 201: László Henkin; S. 202: Three Lions via Getty Images; S. 206: Richard Drew/Associated Press; S. 212: Don Bronstein, courtesy of Universal Music Group; S. 215: Express via Getty Images; S. 216: Gai Terrell/Redferns via Getty Images; S. 220: R. Krubner/ClassicStock via Getty Images; S. 222: Jack Delano, courtesy of the Library of Congress; S. 228: (St. Louis) von This Old Postcard/ Alamy Stock Photo; S. 228: (alle anderen): Found Image Holdings/Corbis via Getty Images; S. 232: George Lipman/Fairfax Media via Getty Images; S. 233: Freddie Cole/Mirrorpix via Getty Images; S. 238: Buchumschlag von *The Moon Is a Harsh Mistress* von Robert A. Heinlein. Used by permission of Penguin Random House LLC. All rights reserved; S. 239: Pierluigi Praturlon/Reporters Associati & Archivi/Mondadori Portfolio via Getty Images; S. 240, 269, 276, 345: Adobe Stock; S. 242: *Peep Show* © George Tate, courtesy of Craig Krull Gallery; S. 246: Dorothea Lange, Everett Collection/Shutterstock; S. 248: Vintage Images via Getty Images; S. 252: Carl Bruin/Mirrorpix via Getty Images; S. 256: Popsie Randolph/Michael Ochs Archives via Getty Images; S. 266: ScreenProd/Photononstop/Alamy Stock Photo; S. 267: B. Zoller/blickwinkel/Alamy Stock Photo; S. 272: Allstar Picture Library Ltd./Alamy Stock Photo; S. 273: Elvis Presley Enterprises/Authentic Brands Group; S. 282: Retro Ad-Archives/Alamy Stock Photo; S. 288: FPG/Archive Photos via Getty Images; S. 292: Severin Roesen; S. 293: Chuck Ortego/EyeEm via Getty Images; S. 298: © Ken Davidoff/South Florida Rock & Roll Museum; S. 299: *Gun 1, Broadway & 103rd Street, New York, 1954* © William Klein; S. 300: *Evening Standard*/Hulton Archive via Getty Images; S. 302: Herbert Dorfman/ Corbis via Getty Images; S. 303: Leon Morris via Getty Images; S. 306: AF Archive/Alamy Stock Photo; S. 309: Charles «Teenie» Harris/Carnegie Museum of Art via Getty Images; S. 311: Lebrecht Music & Arts/Alamy Stock Photo; S. 312: Pictorial Parade via Getty Images; S. 320: Mark Peterson/Corbis via Getty Images; S. 322: Harry Benson/*Daily Express*/Hulton Archive via Getty Images; S. 324: Weegee (Arthur Fellig)/International Center of Photography via Getty Images; S. 327: Allen Ginsberg/Corbis via Getty Images; S. 335: Sam D. Cruz/ Shutterstock; S. 336: Staff Sgt. Pablo N. Piedra, courtesy of Defense Visual Image Distribution Service; S. 340: © Richard Kalvar/Magnum Photos; S. 348–49: John Duprey/*New York Daily News* Archive via Getty Images; Umschlagrückseite: Graphic House/Archive Photos via Getty Images.

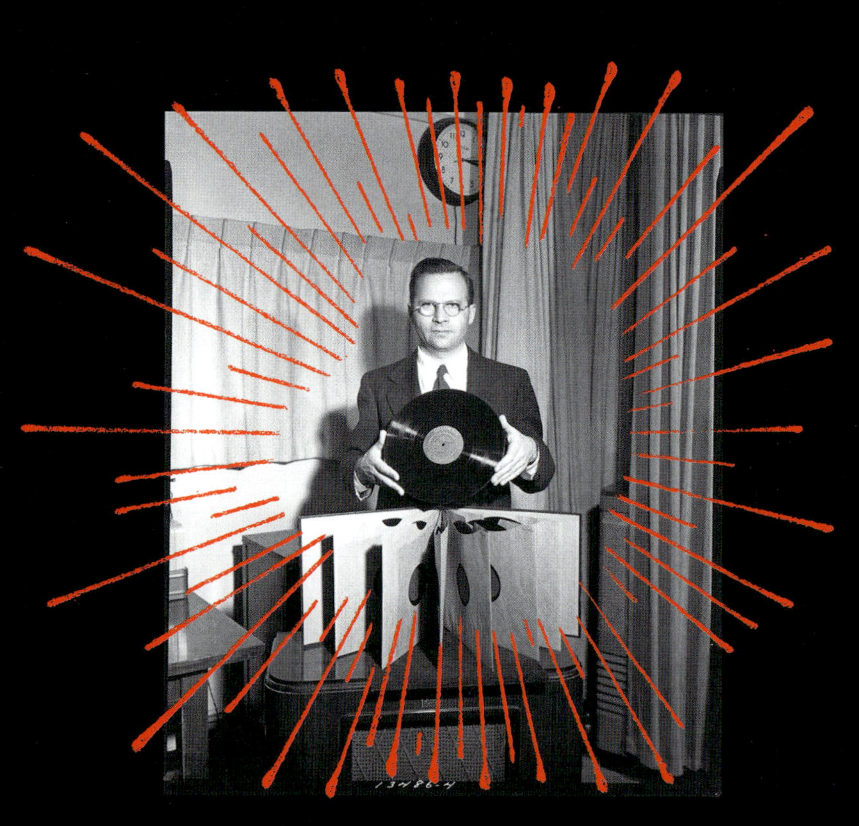
13486-4